战胜一切市场的人

从拉斯维加斯到华尔街

A MAN FOR ALL MARKETS

[美] 爱德华·O. 索普（Edward O. Thorp）——著
陈铭杰 程羽悠 刘允升 张宇雷——译

中信出版集团 | 北京

图书在版编目（CIP）数据

战胜一切市场的人 / （美）爱德华·O. 索普著；陈铭杰等译 . -- 北京：中信出版社，2019.4（2025.10重印）
书名原文：A man for all markets
ISBN 978-7-5086-9778-9

I. ①战… II. ①爱… ②陈… III. ①金融投资－基本知识 IV. ① F830.59

中国版本图书馆 CIP 数据核字（2018）第 267046 号

战胜一切市场的人

著　　者：［美］爱德华·O. 索普
译　　者：陈铭杰　等
出版发行：中信出版集团股份有限公司
（北京市朝阳区东三环北路 27 号嘉铭中心　邮编　100020）
承 印 者：北京通州皇家印刷厂

开　　本：787mm×1092mm　1/16　　印　　张：28.5　　字　　数：500 千字
版　　次：2019 年 4 月第 1 版　　印　　次：2025年10月第15次印刷
京权图字：01-2016-8346
书　　号：ISBN 978-7-5086-9778-9
定　　价：98.00 元

服务热线：400-600-8099
投稿邮箱：author@citicpub.com

献给薇薇安、我的孩子们以及他们的家人：

瑞安、布莱恩和艾娃
卡伦、里奇、克莱尔、克里斯托弗和爱德华
杰夫、丽莎、凯利和托马斯

目录

目　录

序

爱德华·索普的回忆录读起来就像一部惊悚小说——混合了足以让詹姆斯·邦德骄傲的便携式计算机、行踪可疑的角色、伟大的科学家和阴险的企图［以及那次暗中破坏爱德（爱德华的昵称）的车，试图让他在沙漠里发生“事故”的事］。这本书揭示了一个缜密、严谨、做事有条不紊的人是如何追寻生活、知识、资产安全，特别是工作生活中的乐趣的。索普以他的慷慨著名，他言语机智，渴望与陌生人分享他的发现（通过文字但也包括面对面地交流）——这是一种你希望能在其他科学家身上发现但往往并不如愿的优秀品质。但同时他很谦虚——甚至可以说是这个星球上唯一一个谦虚的商人——所以，除非读者可以解读他字里行间的意义，不然他们不会注意到索普的贡献远远比他所描述的更重要。为什么呢？

因为他揭示的理论很简单，纯粹的简单。

正是这种简单直接的特点，使得他在学术界做出了无形的贡献，并在实践中获得了收益，这些结论对交易员来说非常有用。我在这里的目的不是解读或总结这本书：毫无疑问，索普已经用直接、清晰并且引人入胜的方式达成了这个目的。我在这里，作为一个商人和数理金融业者，希望能把它放在当下量化金融和风险业的大环境中，体现出这本书的重要性。

在这个环境中，爱德·索普是第一位成功地使用量化模型来分析风险的现代数学家，并且很显然，他也是第一位因此在个人财富上获得成功的数学家。自他开始，诞生了一批“量化专家”，比如纽约州立大学石溪分校应用数学系的那些天才少年——索普是他们的“院长”。

索普最主要、最具传奇色彩的前辈，吉罗拉莫·卡尔达诺，是一位16世纪博学家和数学家，也是一个嗜赌如命的人，他写了相当于最初版本的《击败庄家》。但说得委婉些，他在这方面做得并不成功——那些赌博上瘾的人是很糟糕的风险承担者。一个最有力的证据就是，蒙特卡洛、拉斯维加斯和比亚里茨这些奢华的地方，完全就是由这些赌徒的钱堆砌起来的。卡尔达诺的书《论赌博游戏》（*Book on Games of Chance*）对之后概率论的发展至关重要，但和索普的书相比，那本书似乎并不想启发赌徒，而更像是写给数学家看的。另一位数学家，一个逃往伦敦的法国新教徒，亚伯拉罕·棣莫弗也是一个赌场常客，他是1718年出版的《概率说：计算事件概率的方法》（*The Doctrine of Chance: Or, A Method for Calculating the Probabilities of Events in Play*）一书的作者，一生债台高筑。你可以轻松列出很多其他研究赌博的数学家，甚至是像费马和惠更斯这样的大人物——他们要么生活在穷困潦倒的边缘，要么并不能很好地掌握赌博的奥秘。在爱德·索普之前，那些研究博弈的数学家所付出的对概率学的大部分热情都并没有得到回报。

而索普的方法是：找到一处明显的优势（这使得他能在长期博弈的概率上占优）。这处优势必须很明显而且足够简单，比如，计算轮盘赌博机的动量。他使用了第一台便携式计算机（和他的“共犯”，伟大的克劳德·香农，信息论的创始人一起），估算出每注大概有40%的优势。但估算优势这部分是很容易的，非常容易，要抓住优势并把它转换成银行里的美元、餐馆里的一顿饭和送给家人朋友的圣诞礼物，才是最困难的部分。最终决定一切的是你下注的数量——必须不多不少。在这方面，爱德独自研究并取得了重要的成果，之后，他对“信息三人组”的第三个成员约翰·凯利的原有理论做了改进，索普让凯利公式变得可以操作，也就是我们现在讨论的下注的公式。

在我们讨论“下注”以前，关于索普的理论的简单性有一些趣事。在学术界这个由同行而非银行经理（或税务会计）来评定你成就的世界里，一个学者更倾向于从一个简单的基础出发得到复杂而高深的理论，似乎一个理论的最重要的地方是它的复杂程度，越复杂越好。简单的东西不会给你带来论文引用数、影响因子或者那些大学机构所青睐的流行的学术评价矩阵，就好像他们可以了解他们的教授而不用去理解这些人的实际工作内容一样。但索普的工作恰恰相反。索普从复杂的现象里得出了一个简单的理论。那些逃出了“为复杂而复杂”的学术负担的数学家和物理学家往往都取得了重大突破。（然而，就我听到的情况来说，即使是这些人，在现在的研究经费和评价机制下取得成果也越来越困难。）

爱德最初是一名学者，但他更喜欢在现实中通过实践来学习。如果你是一名实际工作者，你会希望在一堆复杂的事物中找到一个最简单、负面影响最小而且最不隐晦的策略。爱德的天才之处正在于他找到了21点游戏里最简单的一些规则。与以往计算复杂的排列组合和强记不同（这些都只有专家才能做到），他将复杂的研究内容解析为简单的规则：找一张21点的桌子，拿一本笔记，从零开始，点数大的牌加筹码，点数小的牌减筹码，就这么简单。当点数大的时候下注多一些，当点数小的时候下注少一些，这种策略可以立刻让任何会自己系鞋带和能在地图上找到赌场的人上手。哪怕是在轮盘赌博机旁边使用便携式计算机，爱德找到优势的策略实际上也还是很简单，简单到一个人可以一边站在健身房的平衡球上一边去理解这个策略。这是爱德的方法的最不可思议之处。

另外，爱德还在布莱克和舒尔兹之前发现了我们现在所谓的布莱克–舒尔兹期权公式（这条公式并没有使用他的名字，这也是反映经济学界内部关系的一个标志，我一直称这条公式为巴舍利耶–索普公式）。他的推导太容易理解了，简洁到当时甚至没人意识到它的重要性。

现在我们来说说财务管理，这对那些面对着资产盈亏的人来说是最核心的问题。取得“优势”和生存下来是两件完全不同的事情。后者是前者的基础。就像沃伦·巴菲特所说的那样：“在成功之前你必须先生存下来。”你必须尽一切可能避免破产。

你和你的盈亏之间是有辩证关系的：最初你下注很少（一部分初始资金），而你的风险——下注的量——也控制着你能得到的优势。这就像是“试错法”，每一次你都在改变你承担的风险和你获得的优势。

在金融的学术界里，正如欧利·彼得斯和默里·盖尔曼最近所展现的那样，学者们并不真正把规避破产当成一条基本原则，这使得真实的博弈和投资策略与学术期刊上所说的那些大相径庭。像我们之前说的那样，研究机构付钱给专业学者，让他们利用专长来让人们的生活变得更复杂，而不是更简单。他们得出的那些所谓的“实用”理论，实际上让读者不得不面对上万页论文。他们发明的方法要求在无限的精度下“知道”未来的价格总体走势——比如关联度这种现在就可以找到并且将来“永远不会改变”的量。[从技术上来说，如果运用现代金融理论来实践你的投资组合，你需要知道未来所有资产分布的联合概率，加上未来财富的准确效用方程，还不能有一丝一毫的误差！（我已经证明过一丁点儿估测的误差都会让整个系统崩溃）在这个方面，我觉得我们能知道明天午餐吃什么就已经很幸运了，更别说去弄明白时间尽头的变化律了]。

与之相对，凯利－索普公式并不需要联合概率分布或者效用方程。实际上，一个人只需要使预期利润和最低回报的比值不断变化，就可以避免破产（就是说每次博弈只下一注），仅此而已。

正因为经济学家们对资产价格一般理论和动力学等等的热爱，索普和凯利的主意并不被经济学家们接受——尽管他们的方法在实际生活中非常有用。著名的现代经济学元老保罗·萨缪尔森据说就是索普的坚定反对者。然而这些经济学家的理论最终没有一个生存下来：取悦同行的能力和生存的策略往往是两码事。

所以现在，世界上分成了两派使用完全不同方法的人。第一种方法就是那些经济学家所用的，要么经常崩溃，要么就只是靠财产的管理费挣钱而不是通过直接预测市场获取利益。想一想美国长期资产管理公司引起的 1998 年金融危机，他们有一群“精英”经济学家却没能预见到可能发生的最糟情况。

而第二种方法，爱德和他在信息理论方面的同行所创立的方法，才是真正被从业者们和数理金融的研究者们所运用的方法。每一个存活下来的投机者都在有意无意地使用第二种方法。（比如说瑞·达利欧、保罗·都铎·琼斯、文艺复兴科技公司，甚至是高盛集团！）是的，我是在说每一个存活下来的个人和组织，因为正如彼得斯和盖尔曼那样，所有不这么做的人最终都破产了。

幸亏有了第二种方法，比方说你从你的莫里叔叔那里继承了 82 000 美元，那么你就会知道有种投资策略能让你继承的财产翻倍而不是去申请破产保护。

我还从爱德的身上学到了很多其他方面的智慧：很多成功的投机者，从他们生活中的第一个突破开始，就投入到大规模的业务中，奔波于诸多办公室、晨会、咖啡厅和商业机密之间，当他们忙于积累财富的时候往往失去了对生活的控制。但爱德不是这样。当他的公司停止营业，他与合伙人分道扬镳之后，他并没有接着去创立一家大型基金公司。相反地，他限制了自己从事资产管理的额度（大部分人会选择重新整合进入别的公司并利用自己的名声筹集巨额的外部资金来收取高额费用）。但是这样的限制需要一点直觉，一点自知之明。能够独立运作大大减轻了爱德的生活压力——在与那些有势力的客户和大规模业务打交道的时候，一个人是永远不可能听从自己的意志的。处理概率上的错综复杂的问题是极其困难的，你需要避免被情绪干扰。索普毫无疑问在这方面有过教训：管理加州大学欧文分校的数学系是他做过的压力最大的工作。这也解释了为什么我在 2016 年第二次见到他的时候，他看上去反而比 2005 年我第一次见到他时年轻了许多。

纳西姆·尼古拉斯·塔勒布

前　言

来与我一同经历一场科学、赌博和证券世界的冒险吧。你将会看到我是如何在拉斯维加斯、华尔街乃至人生中直面各种风险并获得收益的。在我的故事里，你将会遇到形形色色的有趣的人，从21点玩家到投资专家，从电影明星到诺贝尔奖得主。同时，你还将了解期权和其他衍生产品、对冲基金以及为何一个看似简单的方法能够在长期投资中击败大多数投资者，甚至包括投资专家们。

我出生在20世纪30年代的大萧条时期。和其他数百万人一样，我的家庭在这段时间里过得非常艰难。虽然我没什么家庭背景，只能在公立学校求学，但是我掌握了一样至关重要的技能：思考。

有些人用文字思考，另一些人用数字，还有一些人则会使用图像。我会利用所有的这些方式帮助我思考，但除此以外，我还会模型化我的思想。模型是现实的缩影，就好比地图能教你怎么从一处走到另一处，一堆相互碰撞的弹性小球能让你“看见”气体内部的运动，等等。

我意识到，齿轮、杠杆和滑轮这些简单的装置都遵循基本的力学原理。你可以通过实验来发现这些原理，并且，如果你的步骤正确的话，你还能用它来预测新的环境下会发生什么。

童年时最令我惊讶的是那套矿石收音机的“魔法”——由电线、矿石和耳机组装的一种早期收音机。在完成收音机的那一瞬间，我能听见千百里外通过空气和一些神秘的过程传来的声音。“即使是看不见的事物也会遵循一定的规则，而我能通过思考来理解这些规则，并运用它们改变世界”，这个想法从童年时起就激励着我。

受当时的环境所限，我必须自学大量知识，这促使我从不同的角度思考。第一，对于像“你无法战胜庄家”这类被人们广泛接受的观点，我都会亲自检验。第二，我通过发明新的实验来检验理论，因此养成了采纳纯粹的思考结果的习惯，我也因此获益匪浅——比如在对于认股权证的估价公式问题上。第三，当设定一个有价值的目标时，我会制订一个很现实的计划，坚定不移地加以执行直到成功。第四，努力保持一贯的理性，我不仅在特定的某个科学领域中践行这一原则，也在做这个世界上的所有事情时践行它。除此以外，我还意识到了没有证据不轻易下结论的价值所在。

衷心希望我的故事能够为你展现一个独特的视角，并帮助你重新思考博弈、投资、风险、资产管理、财富创造和人生。

第 1 章　爱上学习

我最早的记忆是和父母一起站在破旧的木质台阶上。那是 1934 年 12 月，芝加哥的一个阴沉的冬日，我当时只有两岁零四个月大。即便穿着唯一的冬装（破旧的厚裤子和带兜帽的夹克），我还是觉得很冷。路边光秃秃的树干矗立在皑皑白雪上。房子里的女子告诉我父母："不，我们不租给带孩子的房客。"父母面色黯然，默默转身离去。是我做错了什么吗？为什么我会是个麻烦？这个大萧条时代的缩影久久留存在我的脑海深处。

记忆中的第二幅画面则是我在两岁半的时候，父母带我去家庭医生那里看病。他们忧心忡忡地问戴利医生，我到现在还不会说话是不是有什么问题[①]。医生微笑着让我指向桌上的笔，我照做了。随后他又做了几个简单的测试，比如拿起铅笔什么的。在我一一完成后，他对我的父母说："别担心，他会在适当的时候说话的。"我的父母虽然如释重负，却还是心存疑惑。

---

① 奇怪的是我儿子也这样，他直到年纪和我当时差不多时才开口说话。在此之前，比他大一岁半的姐姐则充当翻译。他俩经常在一起玩，他用肢体语言和表情来传达意思，而她就会帮他完成。

于是他们绞尽脑汁地鼓励我说话。在我3岁生日那天，母亲和她的两位朋友——夏洛特阿姨和埃斯特尔阿姨带我去当时芝加哥著名的蒙哥马利·沃德百货商店。我们坐在电梯旁的长凳上，看到两位女士和一位男士走下电梯。想打开我话匣子的夏洛特阿姨问道："他们会去哪里？"我清晰明确地回答道："叔叔要去买东西，阿姨们要去厕所尿尿。"夏洛特阿姨和埃斯特尔阿姨在听到尿尿的时候都脸红了。我当时太小，还不理解社交礼仪，对阿姨们的反应感到非常奇怪。同时也对自己突然从沉默变得多话而困惑不解。

此后，我经常整句整句地说话[①]，这让父母和长辈们大为高兴（现在他们也经常向我咨询，而我总能给出令人意外的答案）。于是父亲开始考虑让我学些什么。

我的父亲奥克利·格伦·索普在1898年出生于艾奥瓦州，在家里的3个孩子中排行第二，和哥哥妹妹都相差2岁。6岁时，他父母离异。祖父带着他和大伯去了华盛顿州的西雅图，祖母和姑姑仍然留在艾奥瓦州。1915年祖父死于流感，那恰巧是流感暴发[②]的3年前，在那次灾难中，全世界约有2 000万—4 000万人罹难。此后，大伯和父亲便跟着他们的叔叔一起生活直到1917年。父亲18岁时加入了美国远征军，远去法国参加第一次世界大战。他在战壕里作战英勇，从士兵晋升为中士，并荣获了青铜勋章、白银勋章和两枚紫心勋章（包括蒂耶里堡和马恩河战役）。现在我还记得有个天气潮湿的下午，年幼的我

① 在亨丽埃特·安妮·克劳泽的著作《用双侧大脑写作》（*Writing on Both Sides of the Brain*）（哈珀出版社，旧金山，1997年，第36—38页）里，也提及了一个类似的故事。无论作者如何鼓励一个一年级学生写作，都毫无进展。但是7个月后，这名学生突然能够流利地写字了。

② 肆虐于1918年至1919年的流感，此次疫情死亡人数为历史之最，甚至超过了第一次世界大战中的死亡人数。

坐在他腿上，仔细检查弹片在他胸口留下的伤痕和他手指上的疤痕。

父亲在战后随即退伍，并进入了俄克拉何马农机学院学习。一年半后，他失去了资助来源，被迫退学。不过父亲对教育的渴求和尊敬在潜移默化中影响了我。我知道他虽然只字未提，但是心里一直希望我能取得更大的成就。我心里明白这一点，也希望父亲能有更多的时间陪我，所以很乐意他来教我。

在我刚学会说话的时候，父亲就开始教我数数。我发现数到 100，甚至是 1 000 都并非难事。随后我意识到任何数字只要加 1 就能获得下一个数字，这意味着我只用知道一个数字就可以数到无穷大。我也很快学会了如何数到 100 万。大人们似乎认为这是一个非常大的数字，所以我决定在某个早上静下心来去数。尽管知道最后一定能成功，不过我对这个过程所花费的时间毫无概念。为了方便计数，我找来一本大城市的西尔斯目录电话簿，这么做是因为它内容丰富，每一页上都印满了标有字母的图片（现在回想起来，应该是有白色外圈的黑色字母），足够我数上很久。于是我从目录开始数，数过一个又一个字母，翻过一页又一页。几个小时后，我大概数到了 32 576，之后便睡着了。后来母亲告诉我，当我醒来的时候，又从 32 577 继续往后数。

儿时的我有个与众不同之处：我往往不接受他人告诉我的结论，直到亲自验证后才会相信。这有时也给我带来不少麻烦。我 3 岁时，母亲告诫我不要触碰热炉子，不然会被烫伤。但我还是把手指贴近炉子去感受热度，随后便把手按在了炉子上。不出所料，我被烫伤了，不过我再也没有碰过热炉子。

还有一次，父母告诉我生鸡蛋受到一点点挤压就会碎。我很好奇这“一点点”究竟是多少。于是我拿出一个鸡蛋，逐渐用力挤压直到它破裂。随后我又在另一个鸡蛋上试验，在它即将被压碎的时候收手，以此来检验对这“一点点”的认识。此后，我便爱上了通过实验来了解、探索整个世界。

学会数数后，父亲便开始教我识字和阅读。我们从“这是点点；点点在跑；这是珍”开始。起初，我很困惑，不过之后就意识到那一组组的字母代表语言中的单词。随后数周里，我看完了所有阅读入门书籍并且掌握了一小部分词汇。识字是个莫大的乐趣，因为单词随处可见，只要我能念出来，就能够知道它的含义。自然而然地学会拼读法后，我就能推断新单词的读音并大声念出来。然后就是拼读法的逆过程——听到单词后拼写字母。所以我在 5 岁的时候，就达到了 10 岁儿童的阅读水平，并能读懂看到的任何材料。

我的家庭生活因弟弟的出生而改变。父亲幸运地在大萧条中找到了工作，这意味着我们的家庭收入有所保障。母亲几乎把全部精力都花在了照顾新生儿上，特别是弟弟在半岁时染上了肺炎，情况严重。这也让我有更多时间和精力，投入到探索书本描绘的世界里。

在接下来的几年里，我读完了《格列佛游记》《金银岛》和《斯坦利和利文斯通的非洲探险》等书。我对《斯坦利和利文斯通的非洲探险》中的一个片段印象最为深刻：在非洲历经了 8 个月的危险刺激的跋涉后，斯坦利先生终于找到了利文斯通——这位非洲荒原中唯一的白人。两人见面时，斯坦利刻意轻描淡写地说：“这就是利文斯通先生，如果我没猜错的话。”当我读到这句极其简单的开场白时相当激动。我也和父亲讨论起赞比西河上壮丽的维多利亚瀑布，他说那个瀑布比我们的尼亚加拉瀑布要雄伟得多（事实也的确如此）。

《格列佛游记》是我儿时的最爱。书中描绘的小人国、巨人国、会说话的马、以磁力悬浮于天空的神秘之城等，生动而形象。这些神奇又虚幻的场景激发了我的想象力和对世界的好奇心。不过，由于当时太小，即便父亲帮忙解释，我也最终未能理解斯威夫特在书中引用的历史典故和针对社会的讽刺。

而马洛里的《亚瑟王和圆桌骑士》让我接触到了英雄和恶棍、浪漫、正义和报应。我特别钦佩那些通过非凡的才能和智慧来成就大事的英雄们。因为自己性格内向又善于思考，从那时起，我就默默树立了用智慧而非蛮干克服困难的信念。这些书籍也帮助我建立了令我获益终身的价值观：公平竞争、一视同仁和待人如己。

单词和冒险故事占据了我头脑中的很大一部分，但并没有人能和我讨论这些内容。只有工作繁忙的父亲偶尔会在周末抽空和我说说话。因此有些单词我会按照自己的理解去发音，这就难免偶有念错。比如有一段时间我以为“misled”（miss–LED）读作“MYE–zzled”，这导致此后的好多年里，每次读到这个单词时我都要再犹豫一下。

当我沉浸在阅读和思考里时，会因全神贯注而无视周围的环境。若是母亲在此时喊我，我往往毫无反应。她觉得我是故意无视她，便提高嗓门，并怒气冲冲地出现在我面前。也只有到这时候，我才会回过神来。在这个问题上，她琢磨了很久，她的儿子究竟是固执和品行不好，还是如同我所说的那样，仅仅是过分专注于思考。

童年时代，父母都很注重我们阅读，虽然家里条件艰苦，但也会偶尔给我买书（这对生活上已经捉襟见肘的父亲来说，是一种考验）。不过我也因此在 5 到 7 岁间，就可以阅读大人读的书。这在陌生人看来非常不可思议，他们有时会怀疑我是不是真的能理解书上的内容。有人就曾经给我出过这样一道意料之外的难题。

凯斯特一家是我父母的朋友，他们住在伊利诺伊州克里特的一间农场里，离我家45英里[①]。从1937年我5岁起，他们每个夏天都会邀请我们去他们那里玩两周。那是我童年里每年最期待的时光。对一个生活在芝加哥郊区的男孩来说，看着“水蜘蛛”在缓缓流过的小溪上漫步、在茂盛的玉米地里捉迷藏、抓蝴蝶做成盒装标本、在田野和果树林里漫步都是莫大的诱惑。凯斯特家最大的男孩——20来岁健壮的马文时常会让我骑在他脖子上。母亲和凯斯特家的女眷们——马文的姐姐、漂亮的埃德娜·梅，女主人凯斯特夫人和梅阿姨则会准备大量的水果和蔬菜。在我们回到自己家后，父亲会在地下室用橡胶密封的瓶子储存那些带回来的玉米、桃子和杏仁，然后是果冻和果酱，都用石蜡密封在成排的玻璃盒里。这些食物足够我们一直吃到第二年夏天。

父亲常常帮助马文和老凯斯特先生打理农活儿，有时候我也会跟在后面。我记得在某一个夏天的上午，天气晴朗，父亲带我去当地的商店买东西。那时我刚6岁，又高又瘦，棕发卷曲，皮肤晒得黝黑，穿着稍微有些短的裤子和老旧的网球鞋，脚踝裸露在外面。当时，我正在店外阅读查尔斯·狄更斯写的《写给孩子看的英国历史》（*A Child's History of England*）。

一个和我父亲闲聊的陌生人拿起我手里的书，指着上面印着的“10年级阅读水平”，对我父亲说，“这孩子应该读不懂这本书”。父亲自豪地告诉他：“他已经读完了，不信的话，你可以考考他。”

他一脸不怀好意地笑道：“好吧，小子。按顺序告诉我英格兰历史上历任国王和王后的名号，以及他们执政的年份。”听到这个，父亲的脸色变得很难看。不过这对我而言，只是个简单的问题，仅仅是

① 1英里≈1.6千米。——编者注

检验我记忆里是否有这些内容。

于是，我背诵道："阿尔弗烈德国王，871 年继位，901 年卸任；爱德华国王，901 年继位，925 年卸任……"我还依稀记得在我背完第五十位统治者"维多利亚女王,1837 年继位，但书里没说何时卸任"后，那位叔叔的假笑一扫而空，他默默地把书还给了我。而现在我都清楚地记得父亲当时那闪闪发亮的眼神。

父亲是个孤独且略显忧郁的男人。他从不表露自己的内心，所以也很少触动我们，但是我依然很爱他。我觉得这个陌生人企图利用我来打击父亲，但我成功地阻止了他。每当我回想起父亲在那一刻流露出的幸福，心底里都会涌出一股促使我继续前行的力量，而这股力量到现在还一直存在着。

直到快 10 岁时我才发现自己的记忆力异于常人，自己会对那些感兴趣的东西记得特别清楚（不过偶尔也有例外）。我还记得儿时在芝加哥的电话号码（拉克瓦纳 1123）、家庭地址（3627 北奥里奥尔；7600 西，3600 北）和当时芝加哥精确的七位数人口（3 376 438 人。这一数字至今都能在书架上的那本老旧的 1930 年版《兰德麦克纳利地图及索引》（*Rand McNally Atlas and Gazetteer*）中查到。

我不到 5 岁，就学会了任意数字的四则运算，也能看懂从百万、十亿和兆到 10 的 33 次方这些数量级的美式缩写。只要听到或者看到数字，我就能迅速地按列相加。五六岁的一天，母亲带我去附近的食品店购物。我无意间听见店主一边报价格，一边用计算器把各个单价相加。当他报出总价时，我对他说数字不对，并告诉了他我的答案。他和蔼地笑了笑，用计算器验算了一遍后，发现我的答案是正确的。于是他奖励给我一个冰激凌。这件事让我高兴了好久。在那之后我总是有机会就帮他算总价。我们的答案偶尔会不同，不过往往我是正确的，并且每次我算对时他都会奖励我一个冰激凌。

此后父亲教了我解平方根的方法。掌握了笔算后，我还学会了如何口算平方根。很快，我又学会了如何计算立方根①。

在书籍和文字问世前，人类通过口口相传来传承知识。不过这个方式在文字出现后变得可有可无，最后渐渐地消失了。类似地，由于计算器和电脑的普及，我们口算的能力已经大不如前。反而是那些只懂得小学算术的人能更轻易地学会并应用口算。

然而口算，或者说快速估算，在今天仍然有重要的应用价值，特别是在用于定量估计那些不断变化的数字的时候。比方说，有天早晨我正在去办公室的路上，恰巧听到商业新闻播报："为了抑制经济过热，市场受到预期升息的影响，道琼斯工业平均指数下跌了 9 个点，现为 11 075 点。"我用前一天的收盘值迅速在脑海里估算了一下"通常"的道琼斯指数变化（一个标准差②）。开盘后一个小时，其跌幅为 0.6%，也就是 66 个点。报道里的"至少"9 个点的下跌，差不多是这个数字的七分之一，根据统计规律，这件事发生的概率有 90%。所以，与报道里说的正好相反，这天市场的反应相当平静，没有出现任何恐慌情绪③。简单的数学计算让我能够认清事实、剔除炒作。

另一回，某著名共同基金的基金经理表示，在沃伦·巴菲特掌舵

---

① 口算平方根和立方根，这是可行的，并且公式简洁灵巧：$x_{k+1=}\frac{1}{2}（x_{k+}\frac{y}{x_k}）$。随便假设一个初始数，求出这个开平方数字和初始数的商，再将这个商和初始数平均。比如，想求根号 2，假设初始数是 1，那么第一个数为 1 和 2/1（为 α）的平均数 1.5，第二个数是 1.5 和 2/1.5（1.333）的平均数 1.416，以此类推。想要进一步了解的话可以参考"牛顿迭代法"。——译者注

② 度量标准波动程度的均值。

③ 关于这则新闻，请参见纳西姆·塔勒布写的一本非常有深度的，并且值得一读的著作：《随机漫步的傻瓜》。此书已于 2012 年由中信出版集团出版发行。

伯克希尔－哈撒韦公司后，其税后年复合增长率达到了 23% 至 24%。随后他说，“伯克希尔公司在接下来的 10 年内都不可能再达到这个增长率了，不然他会富有到能买下全世界”。我快速估算了一下，在年复合增长率为 24% 时，1 美元经过 10 年就变成 8 美元多一些（精确值是 8.59 美元）[①]。当时伯克希尔－哈撒韦公司的总市值大约是 1 000 亿美元，如果根据 24% 左右的增速推测，10 年后公司总市值将达到 8 590 亿美元。这与我估计的当时全世界公司总市值——400 万亿美元相去甚远。估算全球市场总市值让我想起了一段非常有意思的往事：我在加州大学欧文分校物理系一间办公室的门上，看到过这样一句标语：地球人，我是上帝。你必须在 30 天内离开，因为有人能买下这里的一切。

我 5 岁就进入芝加哥西北部的丹佛文法学校幼儿园，很快就觉得学校里教的内容太过简单。有一天，老师给每人发了一张白纸，要我们按照样张上马的轮廓，画一匹一样的马。于是我在样张上标记了一些点，并用尺子量出彼此的间距。随后，我在白纸上利用尺子测出的距离、目测的角度重新画出每个点。最后我尽可能用平滑的曲线连接这些点。就这样，我画出了一匹和原图几乎一模一样的马。

这个方法是父亲教我的，他也教过我如何用同样的方法画一张等比例放大或缩小的图。例如，在画 2 倍尺寸的图时，只需保持原有的角度不变，把点和点之间的距离加倍即可。如果要画 3 倍图，则把标记点间的距离乘以 3 即可。在课上，我把同学都召集在一起，一边演

---

① 通过运用 72 法则（将在后文详述），24% 的年复合增长率会使资本在 72/24=3 年内加倍。因此经过九年（即三个加倍周期），资本会变成最初的 8 倍（2×2×2）。但其精确的资本加倍时间事实上是 3.22 年，因为在运用 72 法则估算时会造成 8% 左右的误差。

示一边告诉他们应该怎么画。最后，大家都用这个方法画出了马，这让我们的老师很不高兴，她希望我们能徒手作画。

几天后，老师恰巧要暂时离开一会儿，她让我们自己玩木块，这些一英尺[①]见方的中空木块对当时的我们来说是庞然大物。我觉得用这些东西建造一面墙会很有意思，因此号召同学们一起，用大量木块堆起了一座台阶。不巧的是，这些木块挡住了教室后门，当老师想从那扇门回到教室里时，发现自己被关在了外面。

几天后的另一件事成了促使我离校的最后一根稻草。当时教室里的椅子是学校设计给 5 岁儿童的专用椅，我发现椅子靠背的支柱断了一根，尖锐的裂口卡在座位底部，而椅背完全由另一根支柱脆弱地支撑着。我觉得这太危险了，决定做些什么。于是，我找来了一把小锯子，悄悄地把椅背锯到与椅座齐平，把椅子改造成了一张完美的小凳子。结果，老师把我送到了校长办公室，并且让我的父母来校面谈。

校长询问了事情经过后，立即建议我跳级到一年级。在我进入新班级后没几天，就发现作业的难度对我而言还是太简单了。怎么办？第二次面谈时，校长建议我再跳到二年级。但当时我的年龄还不到幼儿园毕业。我已经比同班同学普遍小 1 岁半，父母觉得如果就这么跳到二年级，我和同学在社交、情感和体格方面的差异可能会加剧，对我造成不好的影响。回望大学前的 12 年学习生活，我一直是班里年纪最小、体格最弱的那个。毫无疑问，父母的决定相当明智。

在大萧条时期，由于我们并不会理财，仅凭父亲挣的微薄工资，我不可能上得起那些优秀的私立学校。不过，大概是因为父亲在第一次世界大战里获得了战斗勋章，他幸运地找到了一份在哈里斯信托和

① 1 英尺 ≈0.305 米。——编者注

储蓄银行的保安工作。

大萧条影响着我们生活的方方面面。依靠父亲每周 25 美元的微薄收入，我们从不浪费食物，衣服也一直穿到无法继续缝补后才舍得扔掉。我十分爱惜家里的每一样东西，比如父亲在写作比赛中赢到的史密斯·科罗纳牌打字机，还有他在一战中使用的双筒望远镜。这两个物件也成了我少量收藏品中的一部分，伴随我度过了整整 30 年时光。在之后的生活中，我遇到了一些同样经历过大萧条的人，他们或多或少都有一些强迫性的、非理性的低效囤积癖好。

在那个时代，收入奇缺，人们一分钱也不敢浪费。看到公共事业振兴署（Works Progress Administration, WPA）（公共事业振兴署是富兰克林·德拉诺·罗斯福总统在 1935 年以行政令签署兴办的政府机构，目的是提供公共服务以降低失业率，是罗斯福新政中最大的政府项目）雇用的工人在街头工作，我受到启发，用借来的 5 美分镍币买了一包酷爱牌饮料，用它做了 6 杯饮料卖给那些挥汗如雨的工人，每杯 1 美分。这项小生意我做了很久，但我发现即使花了很大工夫也挣不到多少钱。不过在第二年冬天，父亲给了我 5 分钱让我去门口扫雪，我就此发现了财源。我让邻居们用同样的价格雇我扫雪。在一天筋疲力尽的扫雪作业后，我几乎浸透在汗水中，却能带着好几美元回家。这笔钱相当于父亲半天的工资。很快其他孩子也效仿我做起了这项工作，于是商机就此消失了——这让我在幼年时就切身体会到了竞争会压低利润这一现实。

8 岁那年的圣诞节，父亲送给我一副国际象棋。棋盘是由深色和浅色的木块黏在毛毡上做成的，所以我常常把棋盘对折，或者卷起来。棋子则是我一直最喜爱的经典斯汤顿风格——乌木的黑棋子和松木的白棋子。在父亲教会了我下棋的基本规则后，我们后巷的邻居“斯米梯（Smitty）叔叔”［系斯米特（Smittle）昵称］打算和我下棋来打发时光。我以前经常到他家打台球，最近刚获得优先用台球桌的特权。前两次对弈，斯米梯叔叔很快就赢了，但是随后他就赢得不那么轻松了。又下了几盘棋后，我开始获胜，此后斯米梯叔叔就再也没赢过，并且一边倒的局势让他最后拒绝再和我下棋。父亲晚上告诉我，斯米梯叔叔不让我再去他家打台球了。

“为什么？”我问。

“因为他担心你会弄坏台球桌的毛毡。”

“这不可能。我已经在那里玩了很久，他知道我一直都很小心的。”

“我知道，但他只是不想让你再去打台球。”

这样的结果让我感到既失望又愤慨。我读的所有的书都告诉我，能力、努力和机智应该得到奖励。斯米梯叔叔本应对我的进步表示欣慰。如果他想下得更好，应该多练习，而不是惩罚我。

在这场棋盘上的小规模“战争”后，没到下一个圣诞节，美国就卷入了严峻的第二次世界大战。

1941 年，战前的最后一个春天，我患上了麻疹。当时人们普遍认为，过于明亮的光线会让麻疹患者失明，因此我被关在一间阴暗的屋子里。为了减轻眼睛的负担，他们没收了我的书籍。不能阅读的日子简直太无聊了。幸运的是，我找到了一本遗漏下来的地图集。在接下来的几周里，我每天都在研究各个国家的地图和介绍，这迅速提升了我的全球地理知识水平，令我一生受益匪浅。随后我就用地图集来跟踪全球战事变化。我对双方的兵力部署策略产生了浓厚的兴趣。他们是如何部署部队的？为什么？有什么目的？根据广播和报纸每天报道的战况，我用铅笔把轴心国占领的地区涂灰，并恐惧地看着它一天天扩大，当同盟国收复领土时就用橡皮擦掉阴影，诸如此类。整场战争中，我都坚持用这种方式来记录战事变化。

夏天，我们纷纷揣测美国是否会像预计的那样参战。母亲的弟弟爱德华舅舅到我们家来做客。他是商船上的首席工程师。爱德华舅舅身着制服、高大英俊、皮肤黝黑、留着胡子、带一点儿西班牙口音，看上去就像拉丁版的克拉克·盖博。父母和老师们都觉得我花了太多时间思考（不过直到现在我依然如此），他们认为亲手实践会对我的健康大有裨益。最初我有些不情愿，不过爱德华舅舅成功地引导出了我对飞机模型的兴趣。此后的好几个星期里，我们都在武装自己的空军力量。

盒装飞机模型组件里有很多容易折断的轻质木条，还有一些需要仔细剪裁的纸质部件。我们用大头针把纸质部件钉在硬纸板上，用胶带固定它们，再把轻质木材粘在一起。在完成机翼、机顶、机底、机身侧面和机尾部分后，我们将之组装成完整的骨架，随后在外表涂上胶水，粘上薄纸，然后就大功告成了。我到现在都记得胶水晾干时散发出的丙酮气味，闻起来就像某些牌子的洗甲水。我做的第一架螺旋桨飞机是用橡皮筋驱动的，不过它的试飞情况不太理想，因为我在制作过程中为了确保飞机部件连接牢固，使用了过量的胶水，以至于影响了飞机的自重。在摸索出合适的胶水用量后，我做出了几架很让自己满意的飞机。做模型的技巧和正确使用工具的能力，对我未来几年进行科学实验大有帮助。而在此过程中对飞机的了解，也让我看懂了“二战”里经典空战的许多细节。我很舍不得爱德华舅舅离开，也很担心一旦开战，他会遇到危险。

1941 年“珍珠港”事件爆发前的夏末，父母买了他们的第一辆车——一辆崭新的福特轿车，大概花了 800 美元。我们沿着有“美国的母亲公路”之称的66号公路，一路从芝加哥开到加利福尼亚，去拜访定居在风景如画的拉古纳沙滩的菲律宾朋友们。我和弟弟最期待的就是他们每年寄给我们的一小盒橘子糖。如今我们在那儿看到了真正的橘子树。

将欧亚两洲耗至筋疲力尽的世界大战终究波及了美国。1941年12月7日，星期天一早，我们一边用收音机听音乐，一边装饰圣诞树。突然间，广播里响起一个严肃的声音：“我们在此中断节目，插播一则重要公告：日本刚刚轰炸了珍珠港。”我浑身一颤。所有人的生活都在那一瞬间发生了巨大的改变。

“总统将很快向全国发表讲话。”

第二天早晨（加利福尼亚时间），罗斯福总统发表了全国演说并敦促国会宣战。他慷慨激昂的言语——《国耻日演说》（A Date Which Will Live in Infamy）激励了我和数百万在收音机旁聆听演讲的美国人。第二天回到学校，我惊讶地看到其他同学像往常一样在课间休息时欢笑、玩乐，他们似乎对将要面临的状况毫不知情，而密切关注战况的我则严肃而沉默地站在一旁。

我们最先担心的是母亲在菲律宾的亲戚。我的外公来自德国，是洛克菲勒公司驻菲律宾的会计，他在那里和外婆相遇，并成家立业。日本在偷袭珍珠港10小时后，迅速入侵了菲律宾群岛，母亲全家被关押在马尼拉。此后我们便失去了联系。母亲是家中五姊妹和三兄弟中的老大，会说一口流利的英语和西班牙语，母亲性格外向、喜欢聚会，也因此格外引人注目。几十年后，我找到一张母亲40岁时的照片，她身着黑色连体泳衣，秀发乌黑，5.2英尺的身高配上108磅[①]的

① 1磅≈454克。——编者注

身材，站在太平洋前如同电影明星般优雅。除了爱德华舅舅，外公一家和其他亲属都住在菲律宾首都马尼拉。3 年多后，直到太平洋战争末期，菲律宾被解放，我们才重新获知他们的消息。在这期间，9 岁的我时刻都关注着巴丹半岛战役的进程，特别是巴丹死亡行军的恐怖报道和马尼拉湾的入口——科雷希多岛上守军英勇抵抗的故事。

父亲向我详细讲解过菲律宾的战事。他曾经作为由美国组建的菲律宾警务队的一员，驻扎在科雷希多岛。我还记得他当时准确地预言，科雷希多岛只有在军队、武器、弹药和食物都耗尽后才会陷落，它是 20 世纪的阿拉莫要塞[①]。在去菲律宾之前，父亲为了生计从俄克拉何马农机学院辍学后回到了美国西北部，成了一名伐木工人。但是他在那里受到了世界工人协会的迫害，只得远去马尼拉。第一次世界大战的戎马经历让父亲顺利进入了警务部队。他在那里和母亲相遇并相爱。幸运的是，他们在 1931 年搬回了芝加哥，所以我和弟弟都出生在美国。我们在相对安全的环境里度过了整个战争时期，而母亲一家则被关押在日本人的集中营里。

战争彻底改变了每个人的生活。因为大萧条而持续了 12 年的高失业率（最高曾达到 25%），突然间就被政府主导的“二战”就业计划所终结。数以百万计的年轻人走向战场。他们的母亲、妻子、姐妹和女儿都走入工厂，开始制造飞机、坦克和战舰。这些“民主兵工厂”造出船只的速度最终将远远超过 U 形潜艇击沉它们的速度，而空军的武装规模也是轴心国始料未及的。为了支援军队和盟友，汽油、肉类、黄油、糖、橡胶和许多其他物资实行了限量分配。夜里灯火全

① 阿拉莫要塞发生的史诗般的战斗和那些被俘官兵的后续遭遇，在埃里克·莫里斯的著作《科雷希多岛：“二战”中美国的阿拉莫》中有详细的描述（施泰因和戴出版社，纽约，1981 年；库珀广场出版社，纽约，2000 年重印）。

灭，空袭侦察员在街道间巡查，时刻准备鸣汽笛预警。大量的防空气球，即拴着的小型飞艇，被布置在炼油厂等重要工业区附近以防止敌机空袭。

美国参战后，我们举家迁往加利福尼亚州南部。早年的南加州之旅让我们很快便顺利适应了那里的新生活，父母则希望能搭上急速增长的军工业快车，找份工作。我们顺道在拉古纳沙滩的朋友家盘桓了数周，空闲的时候我喜欢在海边看画家作画，观察潮水坑和海洋生物，众多海滩别墅前院里鲍鱼壳堆的数量（现在已经是濒危物种）常常令我叹为观止。

父母不久之后就在帕洛斯弗迪斯半岛的洛米塔小镇买了一栋房子。母亲是道格拉斯飞机厂的小夜班铆工（下午 4 点到午夜）。她工作勤奋又心灵手巧，同事们都觉得她神似那张著名的“二战”海报里的女英雄，并亲切地叫她“铆钉乔西”。父亲则在圣佩德罗附近的托德船厂安保部门轮班。父母不是外出工作，就是回家睡觉，很少有时间相互见面或是和我们在一起。所以我和弟弟必须自己安排生活：早饭是麦片和牛奶，午饭是抹着花生酱和葡萄果冻的三明治。

我就读于橘子街小学。因为缺席了上半学期，年龄也比同学小一岁半，学校要求我重读 6 年级。不过我觉得，这所学校的教学进度比之前芝加哥的学校至少滞后了两个年级。想到接下来的几年又要无聊地重复学过的内容，我就表示了抗议。在校长和我父母聊过之后，我在某天下午放学后参加了一场特殊的考试。我当时对考试的目的一无所知，又急着去玩，因此在回答完 130 道题中的大部分题目，发现最后的 20 题是是非判断题后，就在所有的“是”这个选项上画了一条线草草了事，然后开心地去玩了。所以，在得知这场测试将决定我是否需要重读 6 年级时，我非常担心。不过好在我最后还是顺利通过了考试。不过奇怪的是，我当时参加的并不是学术水平考试，而是加利福尼亚智力成熟测试。这是一项智商测试。几年后我才知道，我能够不重读 6 年级，是因为我当时的得分是学校有史以来的最高分。从统计学上来说，这个概率在学校里百年一遇。

虽然在教学进度上有所滞后，但是那里的同学比我在芝加哥时的同龄人更健硕，也更擅长运动。作为班级里年纪最小、最瘦弱又最聪明的孩子，我似乎成了学校里最容易被人欺负的人。不过由于我经常帮助班里的“老大”完成作业——他是班里最高大、健壮和最善于运动的人，因而在他的保护下，我安全地读完了 6 年级。几十年后，我在看电影《我的保镖》时特别感同身受。

1943 年秋天，我进入附近的纳博讷中学读 7 年级。这所中学也是典型的重视体格而非头脑的学校，之后的 6 年里，我都显得和这所中学的氛围格格不入。不过还好，我的成绩引起了英语老师杰克·沙松的关注，他相当敬业且才华横溢，后来成了我的人生导师。杰克老师那年 27 岁，有着棕色波浪形的头发，长相神似古希腊神话里的诸神。他的微笑真诚而温暖，并且鼓励人心。他毕业于加州大学洛杉矶分校，拥有英语和心理学双学位。杰克刚成为老师不久，是一个理想主义者，他不仅希望学生能够获得成功，还要求学生对过往保有尊敬之心，回馈社会。他是我遇到的第一位伟大的老师，也是我终身的挚友。

因为家境困难，父母鼓励我节省开支，希望我有一天能攒够上大学的钱。所以在 1943 的秋天，我成了一名报童，这时我 11 岁。我每天早上必须在 2 点半到 3 点间起床，骑着老旧的自行车（当时唯一的快速交通工具），来到 2 英里外的商店街后巷，和一起送报的同学们在过期的报纸堆旁聊天。《洛杉矶检查者报》的卡车到达后，会丢下十几捆报纸（100份一捆），我们随即各拿一捆，把每份报纸折叠好后塞到自行车后架上的帆布包里。

当时战争还没有结束，夜间实行灯火管制，因此除了早班汽车偶尔路过时车头灯照出的亮光，送报的路上永远是成片的黑暗。帕洛斯弗迪斯半岛因为靠海，所以在晚上（特别是冬天），海面上弥漫的雾气会遮住月亮和星星，黑暗中四下寂寥无声。当我沿着街道骑行，把报纸扔到订户家门口时，唯一能听到的就是鸽子轻柔的叫声。直到现在，清晨时分的鸽子叫声还能唤起我报童时代的记忆。

当时我每晚只能睡5个小时，因此总是感到很疲倦。一天早上，我在邻近终点的一个很陡的下坡处睡着了，随即便被疼痛惊醒。此时我已经痛苦地躺在草坪上，报纸散落得到处都是，自行车也摔坏了，甚至路边的邮箱也被我撞倒在地。我没有办法，只能忍着疼痛捡起报纸，努力修好自行车，带着疼痛和瘀伤，艰难地送完余下的报纸后去上学。

离我家后院约1/4英里的地方就是洛米塔飞行基地，它原先是小型市政机场，后来被临时改建成军用基地。在那里经常能看到洛克希德公司生产的双引擎轰炸机——P–38闪电式战斗机起降。每天我拿到的报纸会比订户需要的多出一些以防止意外：被投递的报纸可能不巧被丢到屋顶上或者掉到泥坑里。我会骑到军事基地把多余的报纸卖掉。很快，基地里的士兵们就邀请我和他们共进早餐。在我大快朵颐地吃着火腿、鸡蛋、吐司和薄煎饼时，士兵们读着我售卖的报纸。不过他们通常会在读完后把报纸还给我，好让我把它们再次卖掉。然而好景不长，在基地兜售报纸的这份差事很快就被叫停了。几星期后的一个早上，基地指挥官把我请进办公室，无奈而遗憾地向我解释道，因为战时安保，我不能再进入基地。我很怀念那里丰盛而热气腾腾的早餐、与士兵们相处的愉快时光和额外的收入。

那个军事基地之后成了托兰斯机场，曾被计划改建成纪念路易斯·赞佩里尼的运动场。赞佩里尼是著名的托兰斯高中和奥运会田径场上的明星，也是劳拉·希伦布兰德的畅销书《坚不可摧》（*Unbroken*）里的主人公。他长大的地方离我家只有几英里。在我们搬来洛米塔小镇的几个月前，赞佩里尼作为一名 B–24 轰炸机的轰炸员应征入伍，只是后来，他在战斗中不幸被日军俘获。

每条送报路线上都大约有 100 户人家，我每个月的工资是 25 美元（乘以 12 后相当于 2016 年的 300 美元）。这对 11 岁的孩子来说已经是一笔巨款。但实际上，我们到手的工资经常达不到这个数额，原因是我们需要自己从订户那里收钱，他们的任何克扣都会直接影响我们的收入。有些订阅费是每月 1.25 美元或者 1.50 美元，有时候住户在欠费的情况下搬走了，有些恶劣的订户会拒绝付费，还有一些人会因为部分报纸没收到而不愿意全额付款，所以我们的收入也随之剧减。我们通常在下午或者放学后去收钱，遇到户主不在家或者没零钱的情况时，我们只能来来回回跑好几次。大部分的收入都由母亲替我在邮局购买了储蓄邮票。每当集邮册里的邮票面值达到 18.75 美元时，我们就把它兑换成战争债券，它们将在几年后到期时变成 25 美元。看着债券持有量的增加，大学梦似乎离我越来越近。但此时送报主管开始为了增加自己的收入，逐步侵吞我们的工资。

在签署合同的时候我们就明白，如果能持续做好本职工作，不仅可以得到全额工资，而且还能获得小小的奖励。现在老板觉得他能够侵占我们的工资而逃脱制裁。虽然这不公平，但他想一群孩子能做什么呢？亚瑟王和他的圆桌骑士们能容忍这样的行径吗？不！我们采取了行动。

于是我和朋友们针对《洛杉矶检查者报》发起了罢工。我们的主管，一个50多岁、头发稀疏、衣着邋遢、似乎永远在出汗的胖老头，只得开着他那破旧的黑色凯迪拉克在这10条线路上送报纸。几个月后，那辆汽车报废了，报纸送不出去，他也随之被其他人替换下来。在罢工的同时，我和《洛杉矶日报》签订了合同。和《洛杉矶检查者报》不同，《洛杉矶日报》的投递时间是每天下午，我终于能摆脱多年来睡眠不足的痛苦了。1945年8月14日星期二，那个美丽的夏日午后，在我照常投递报纸时，人们突然从房子里冲出来，欢呼雀跃。第二次世界大战结束了。那天恰好是我的13岁生日，这也是当天唯一的庆祝活动。

第 2 章　科学的游乐场

20 世纪 40 年代，大部分纳博讷中学的毕业生都不会进入大学深造，这一点也体现在学校的课程安排上。尽管渴求更多知识，我仍不得不在七、八年级的时候参加各种实习，学习木工、金工、电工、制图、打字和印刷等工作技能。

当时我对无线电很有兴趣，想要继续探索下去。几年前，我得到了第一台矿石收音机，它的主体是硫化铅（一种闪闪发亮的黑色晶体）充当的整流器、被称为“晶须”的金属丝（用来调整整流器）和一卷线圈，另外它还配有耳机、接收天线和用以调节不同频道的可变电容。把这些元件按照一定的结构组装起来，就可以等着奇迹发生了：耳机里凭空出现了声音！

在轮子、钟摆、滑轮和齿轮的机械世界里，一切都很亲切，我可以亲眼看到或者摸到它们。但在这个全新的世界里，这种看不见的电波可以穿过空间，你需要通过实验来捕捉这些隐形但切实存在的东西，然后用逻辑知识去理解其原理。

出于对无线电的好奇，电工方面的课程对我有致命的吸引力。在电工课上，我们学习如何制造电动机，深受喜爱的授课老师卡弗先生是一位胖胖的男士，其他老师都叫他“兔子先生”。我估计杰克·沙松先生可能跟他聊过两句，因为他不知怎么就了解到了我对无线电的喜好，和我谈论了业余无线电爱好者的世界。那时已经出现了一群由民间无线电爱好者组成的通信网络，他们在全球范围内通过无线电用语音或莫尔斯电码昼夜不息地相互交流。这实际上是最早的“互联网”了。我问卡弗先生如何才能成为这个通信网络的一员，他告诉我只要通过（后来被证明是非常困难的）一个测验就可以。

在那个年代，通信测验由两大块组成，分别是无线电理论的笔试部分和莫尔斯电码的操作部分。对于大部分人来说，操作测试更难通过。卡弗先生提醒我说，需要进行大量冗长乏味的操作练习，才能熟练地收发莫尔斯电码。在测试中，我们需要抄录一份电报，然后以每分钟 13 个字的速度一字不差地把这份电码用电键发送出去。一个“字”意味着任意 5 个字母，所以加起来差不多是每分钟 65 个字母，比每秒 1 个字母稍快些。深思熟虑之后，我决定买一台价值 15 美元的二手纸带机，当时这笔钱对我来说是巨款，相当于三周送报纸的总收入。纸带机的外观像个粗糙的黑色鞋盒，打开可以看到两根主轴，除了机器外，还附带两卷淡黄色的纸带，上面有代表“点”的短孔和代表“杠”的长孔。你可以通过纸带上的孔把莫尔斯电码翻译成字母从而“阅读”上面的内容。机器运行的时候，纸带从一侧主轴传送到另一主轴上，就像是古老的高质量盘式音乐磁带或者稍晚些的盒式磁带。这台纸带机很简易、技术含量低，但是非常好用，只要一个手摇式曲柄就能给它供电。当纸条上的小孔经过弹簧触点的时候，纸带机的电路会闭合一小段时间，长孔会发出“杠”的信号，而小洞会发出“点”的信号。整个盒子都被钩在名为“音频振荡器”的简单装置上，振荡器会发出固定频率的声波，例如钢琴的中央 C，这样，纸带在传送的过程中，振荡器会相应地开、关，从而送出“点”“杠”的信号。

这台纸带机作为辅助教学工具，最大的优点就在于其速度可以从每分钟 1 个字的低速模式，调整到每分钟 25 个字的高速模式。我计划先从低速模式入手，等我能在相应时间内完全理解纸条上的电码后，再稍稍加快速度，这样反复练习直到能完全掌握纸条上的信息。卡弗先生为了鼓励班上的同学，向我们展示了“二战”期间军方培训发报员的进程速度表，并以此为参考标准。这些军方发报员都至少比我们年长好几岁，还迫于战时压力，不得不加快学习进度。上一个班级就发现很难达到这些军方发报员的学习速度，我们班也是如此。但我的计划在这里发挥了功效，我把自己的发报速度和在该速度下所花的时间画成一张曲线图，发现通过我的方法，我每小时的学习速度是军方发报员的 4 倍。

为了确保通过测试，我最终将自己的发报速度定在每分钟 21 个字。与此同时，一群由业余无线电爱好者组成的美国无线电传递联盟（The American Radio Relay League），为我的理论部分提供了指导。在觉得万事俱备之后，我报名参加了测试。那是一个夏天的星期六清晨，我乘巴士来到了 21 英里外的洛杉矶市中心的一处联邦政府机构参加无线电测试。在场的大约有 50 多名成人，而我，一个 12 岁的小男孩，穿着旧绒布衬衫和破损的牛仔裤，和他们一同坐在简陋的屋子里，感觉相当紧张。监考官严密地监视着考场，盯着每个人的一举一动。测试持续了大约两个小时，整个房子像图书馆一样寂静，偶尔会发出操作部分中发送莫尔斯电码的声音。返程时，我一边吃着午餐，一边心想自己大概是可以通过测试的，只是不清楚他们改分的速度有多快。

在接下来的几个星期里，我满怀期望地不停地检查邮件。直到战争结束的几天后，我才收到一封官方来信，里面装着测试结果——我正式成为业余无线电操作员，代号 W6VVM。在当时，我是最年少的无线电操作员之一，被称作“鲜肉”，最小的年龄记录是 11 岁零几个月。那时，全美大约有 20 万名业余无线电爱好者，全球其他地区的无线电操作员总数差不多也是这么多，而此时我能够和全球任何一个在这个通信网络里的人交谈，这个消息让我非常高兴。

与此同时，美军已经把我母亲一家从日本在菲律宾的战俘营中解救出来。我的外祖母、舅舅、两个姨妈以及他们的一家都将从菲律宾搬来和我们一起生活。他们说，我的阿姨诺娜和她的丈夫在孩子们面前被日本人杀害，而我的外祖父在战俘营中痛苦地死于前列腺癌，他逝世时距离解放只有一个星期。我的舅舅山姆在战前曾经是医学院的预备学生，他说当时也无能为力，只能尽可能安慰我那拒绝接受药物和手术治疗的外祖父[①]。

家里一下子多了 10 个人，父亲利用墓地工作中的换班时间造了一间阁楼并增加了两间卧室和一条走廊。我和弟弟詹姆斯（我们也叫他吉米）共住一间卧室，而另一间则是山姆的房间。家庭成员的陡增不仅带来了住宿上的困难，也带来了不少经济负担。姨妈、姨父和他们 3 岁的儿子在日本战俘营里曾经接触过结核病人。为了防止余下的家庭成员被传染，他们在单独的桌子上吃饭。当然，细菌依然可能通过打喷嚏和咳嗽时的飞沫传播，所以我们仍然有一定的被传染的风险。几十年后，我的第一张 X 光片显示，我的肺部有一小处病变，不过状态很稳定，医生觉得这处病变可能跟我早年暴露在结核病菌的环

① 战俘营中的恐怖生活在艾格尼丝·基斯的畅销书《得以生还：日军战俘营里的经历》（*Three Came Home: A Woman's Ordeal in a Japanese Prison Camp*, 1949）中有详细描述（1985 年纸质版，埃兰德书局，伦敦和希波克林书局，纽约）。

境中有关。

我的另一个姨妈带来了她的丈夫和 3 个孩子。她的丈夫是一个像法西斯一样生活作风强硬的人，要求妻子和孩子服从自己的每句话，因此姨妈经常忍受丈夫的谩骂。可能因为长期生活在这种环境中还有在日本战俘营中经历的一切，他们家的长子弗兰克变成了一个在我看来有点儿反社会的人。我不知道自己何时何故触怒了他，不过他告诉我弟弟詹姆斯他想要杀了我。弗兰克比我年长不少，身材也要魁梧许多，但我并没打算就此退缩。出于谨慎，我随身带着一瓶装满家用氨水的喷雾器，这也是我当时最顺手的“化学武器”之一。他们搬走之后我们再没有见过面，但亲戚告诉我，弗兰克之后参加了朝鲜战争。由于相当享受充满厮杀的军旅生活，战后他延长了服役期限。另一个表姐几年后再次见到弗兰克的时候，他正带着 7 岁的儿子。表姐十分震惊地发现，弗兰克完全在用军队的行为标准使唤这个小家伙。他最后逝世于 2012 年，讣告提到他生前是一位知名的武术指导。

看到第二次世界大战对我们家族的影响，以及第一次世界大战和大萧条是如何限制了我父亲一生的发展机会的，我暗下决心要为了自己和将来的孩子们做到更好。

尽管我们家在“二战”中饱受痛苦，我此生也从未想过要把这一切归罪于美籍日裔居民。后来我才发现，美国政府当时的真正态度是：把他们拘留在特殊隔离的集中营里；强行征用、售卖他们的房屋和地产；而他们的孩子一个接一个地从我们班上离开。杰克·沙松先生对于政府的这种作为愤愤不平，他经常告诉我和我的挚友迪克·克莱尔、吉姆·哈特，以及其他学生和教师，这样的待遇非常不公正。战后，一些被囚禁的日裔学生重返校园。杰克跟我提到其中有位学生在 IQ（智商）测试中只有 71 分（在所有人中排后 3%）。作为拥有心理学学位的老师，他看得出来这位学生天资聪颖，成绩不佳很大程度上是因为他不懂英语。杰克接着问我是否愿意在午饭时间帮助他学习英语。“当然”，我毫不犹豫地答应下来。一个学期后，这名学生重新参加测试，拿了 140 分（在所有人中排前 1%），远远超过门萨协会的 IQ 标准，可谓天赋异禀。

我对科学方面的兴趣日益浓厚，因此开始拿出部分送报纸的收入来购买实验器材和用品，比如：购置电子元件架设火腿电台；从当地药店购买或者邮购化学药品；买透镜，和硬纸筒一起做简易望远镜；等等。

在 1946 年 11 月，也就是我高中二年级的时候，我看到了一则埃德蒙科学公司的广告，降价出售战时剩下的气象气球。从学会做飞机模型开始，我就思考着如何能拥有一台自己的飞行器。我的一个想法是，造一台尽可能小的飞机，越小越简单越好，只要能载得动我；我也考虑过做小型飞艇、单人直升机或者两者的混合体——飞行平台。总的计划依然是从最简单、最便宜的小型等比例模型开始，先着手证明设计的可行性并解决技术问题。然而即使是这样，预计的花销也远远超过我的经济承受力，不过我大致设想了一下如何成功地乘着气球飞行，发现自己完全有能力搞定。

我一边想象着自己怎样乘着气球飘上天，一边订购了 10 只 8 英尺高的气象气球，总共花了 29.95 美元，大约相当于今天的 360 美元。通过自学的化学知识，我知道每只 8 英尺的气球充满氢气后能产生大概 14 磅[①] 的浮力，我本人重约 95 磅，8 只气球（载重 112 磅）足以承载我、全套气球设备以及压舱物了。由于不知道怎样才能弄到那么多能买得起的氢气，我最后选择家用天然气来充当氢气，它的主要成分

---

① 1 磅≈0.454 千克。——编者注

是甲烷，载重能力略低于氢气的一半。不过，如果实验成功，可以通过购买更多气球来克服载重不足的问题。我在脑海中大致描绘了一下未来的情景：把自己绑在 16 个 8 英尺的气球上，缓缓攀升到屋顶左右的高度，俯瞰整个社区，享受着南加州绵延数英里的天际线。我还在气球上设计了一个可控阀门，并打算带一些沙袋当压舱物，当我想上升的时候就放掉一点沙子，这样可以避免伤到站在下面的人；当我想下降或者着陆的时候就打开阀门放掉一些天然气。

经过几个星期的漫长等待，预订的气球终于送到了。按照计划，我开始着手制作气球飞行器。一个寂静的星期六，我趁家里人都不在，将灶台上的天然气管连到气球上，把它充到直径 4 英尺左右——刚好能挤过厨房的后门放到院子里。如我所料，这个小气球能提起将近 1 磅的重物。我牵着这个气球走到一处开阔地，用结实的风筝线扎好，然后缓缓让它飘到 1 500 英尺的高空，至此一切顺利。不一会儿，一架飞机从附近的机场起飞，开始对气球使用蜂鸣器，正当我觉得这一切非常有趣时，45 分钟后那架飞机又飞了回来，紧接着气球在飞机靠近的时候突然爆开了。对此我毫无头绪，不过看上去应该是那架飞机把我的气球打了下来。

这次事件让飞行计划停滞下来。我可以想象和一簇 8 英尺的气球绑在一起是一个多么显眼的目标，当地那些玩气枪（也叫 BB 枪）的小孩随时能把我打下来。最后我还是决定停止这项过于冒险的计划。其实不出意外的话，这些气球实验原本肯定能大获成功，因为在之后的岁月里，我看到人们还在不断使用这种气球[①]，上面写着“专业气象气球”的标语——整整 45 年几乎只字未变。在我的气球实验过去了

---

① 参考埃德蒙科学公司的《2000 年科学与工程爱好者科学目录》（*Scientific's 2000 Catalog for Science and Engineering Enthusiasts*），第 31 页。

将近40年后，“折椅拉里”[①]把一堆充满氦气的4英尺高的气球绑在椅子上飘到了几千英尺的高空[②]。

我对飞行计划的搁浅备感失望，也不知道该怎么处理那些剩下的气球，直到有一天我父亲带回了一些战后剩余的带伞信号弹。这些信号弹通常被用在救生艇上，装在一个像弹壳似的金属罐里，使用时需要用特制的枪支发射到空中。剧烈燃烧的照明弹[③]可以照亮一大片区域，在降落伞的作用下能飘浮很长一段时间再慢慢着陆。一天晚上，我在信号弹上接了一根自制导火索，然后把它们系在了一只巨型气球上，悄悄走到我家附近一处没什么人的地方点燃引线，再把拴着导火索的气球升到几百英尺的空中。为了固定气球，我把套索松松地绑在附近的电线杆上，随着气球上升，套索顺着电线杆慢慢向上滑到了电线杆顶部，这样就没人能够到气球。之后，我很快“逃离”了现场，在某个街区外等着。几分钟后，导火索引燃了信号弹，耀眼的光几乎点亮了整个夜空，一小群人和警车很快聚集到电线杆附近。又过了几分钟，信号弹烧完，人群渐渐散去，绑在气球上的导火索很快烧断了气球上绑着的套索，所有“证据”都随着气球随风而逝。

这些恶作剧和实验是我学习科学知识的方式之一。在弄清楚原理后，我喜欢通过实验来检验它们，因此也发明了一些很有意思的小

---

① 原名劳伦斯·拉里·理查德·沃尔特，是一名美国卡车司机。1982年，他坐在一张绑了45个直径4英尺的氦气球的折椅上，蹿升到了15 000英尺的高空，从圣佩德罗一直飞到洛杉矶国际机场的禁飞区。他一落地就被警察逮捕并因“无证驾驶飞行器”被罚款1 500美元。不知为何，这次事件在全美范围内非常有名，当时的那把休闲椅至今依然在圣地亚哥航空航天博物馆中展出。（“折椅拉里”，第280—281页，普吕姆，纽约。）——译者注

② 参考温蒂·诺斯卡所著的《达尔文奖：在行动中进化》。（达尔文奖是一个玩笑奖。——译者附注）

③ 照明弹，浸泡在硝酸钾溶液中然后风干的线。

玩意儿。在整个过程里，我学着自己动手解决问题，而不是局限于老师、父母和学校课程教给我的内容。逻辑和科学预测，这些纯粹的思维上的魅力让我回味无穷。我很享受做出设想，然后亲手实践自己的想法，看着那些理论变成现实。

我在二楼和弟弟共用的卧室里搭了一个波长约为 2 米的长波电台，利用房间里最后一点没被床占用的空间做了一架可以全方位旋转的定向天线；并在洗衣房和车库背面相接的一端的狭窄空间里，造了一间属于自己的化学实验室。我的大部分化学研究都是在那里完成的，当然也包括一部分失败的实验。比如说，在书里读到“氢气在空气中燃烧会产生浅蓝色的火焰”后，我决定亲眼看看氢气的燃烧过程。为了制备氢气，我在一个装有金属锌的玻璃烧瓶里倒入酸液，然后用橡胶瓶塞塞住。瓶塞顶部有一根玻璃管可以导出生成的气体，我希望在点燃导管末端的氢气之前能够产生足量的氢气来排出烧瓶里的所有空气，不然的话就会“嘭”地爆炸。就在我戴上安全眼镜、穿上防护服准备点燃氢气的时候，我弟弟突然闯了进来。没来得及拿开火柴，我只能尖叫道：“趴下！”好在他及时躲开了，整个仪器都爆炸了。在这次意外之后，我在地上顺着自制的储藏化学品和玻璃器皿的柜子，划出了一片大约 5 英尺宽、10 英尺长的“禁止穿越区”。鉴于这片区域经常飘散出烟雾而且时不时传来爆炸声，我的家人们都很自觉地远离这个禁区。

除了氢气，我对其他可燃物也很感兴趣，例如火药。13 岁的时候，我开始认真研究各种炸药，几年前我在老旧的《冯克和瓦格纳百科全书》（*Funk and Wagnalls Encyclopedia*）里找到了火药的配方：硝酸钾（俗称硝石）、木炭和硫黄（我们一度被告知在狗粮里加入硫黄能让狗的毛色更为亮丽）。但就在制作火药的过程中，我不小心点燃了一小撮火药，烧伤了整个左手，导致皮肤表面长了一层灰黑色硬痂。父亲把我的手泡在冷茶里，之后又让我缠了一个星期用茶叶浸泡过的绷带。这种治疗液发挥了奇效：在拆下绷带的时候，硬痂已经脱落，我的左手又完好如初。

在装备精良的自制化学实验室里，我制造了大量火药，并用它们来发射火箭或者火箭车模型。那是一种从玩具店买来、由轻木制成、以罐装二氧化碳（就是现在用来制作碳酸饮料或者用在气枪里的那种罐装气体）作为“引擎”的模型车。这些罐装气体也作为战余物资被一并遗弃，被父亲从船厂带回家。只不过，我并不用二氧化碳来驱动小车。我先钻开罐头底部、放空罐头里面的气体（罐头内部是一些温度很低的白色二氧化碳固体，即干冰），然后在罐子里填上自制火药，接上引线，把这个新的超级引擎塞到模型车后面的凹槽里。实验失败的时候，整个引擎会爆炸，炸成满地的碎片，所以每次我都会戴上安全眼镜并和邻居家的小孩们站在一定范围外。当实验成功的时候，这些模型车的速度快如闪电，一眨眼的工夫就能跑到几个街区以外。我注意到这种引擎很容易爆炸，于是刻意设计并且测试了一些更大的“炸药管”——由一小段探测器钢管制成。我常常带着这些炸药管到荒无人烟的帕洛斯弗迪斯半岛地区，在峭壁上制造一个个弹坑。

成功制成火药后，我的目标是制造火棉，或者叫硝化棉，它们是无烟火药的主要成分。百科全书再次告诉了我制作这种神奇物质的方法：缓慢地把一份冷却后的浓硫酸加入两份浓硝酸里，在这个过程中需要严格控制温度，只要混合物开始升温，就必须停下来把所有物质都冷却到一定温度以下。然后，我将普通的医用棉球浸入酸性溶液，再次把混合液冷却下来，将混合液在冰箱里静置 24 小时后，取出棉球，把它们漂洗并且晾干。我在冰箱里的储存容器外贴了一张显眼的

“禁止触摸”标签，在经历了数次危险的化学实验后，我的家人都很清楚这些标签绝非儿戏，他们很自觉地和我的实验品保持了距离。为了验证成品，我把一些火棉放在丙酮里，它们如预期般全部溶解了，实验非常成功。很快，我开始使用我的冰箱“工厂”大量生产火棉，并且开始一系列的实验。火棉比较稳定，通常需要相应的起爆装置才能让它们爆炸。由于没有合适的起爆器，我只能在人行道上挖一个小坑，并用锤子敲打被填进去的火棉。一声清脆的爆响后，大锤弹了回来，我紧紧地握着锤子不让它飞出去，而人行道上则多了一个椰子大小的弹坑。在人行道上又炸出了几个坑后，我开始在岩石上用火棉试验炸药管，结果显示，火棉远比火药要可靠并且有效。

最后，我跃跃欲试地想要挑战“重量级角色”——硝化甘油。它的配方和制作步骤[①]与火棉的差不多，只是把医用棉换成了甘油。成品是一种几乎无色的液体，漂在浓硫酸和硝酸的混合液上方，这种物质极其不稳定，在制造过程中曾经造成过大量伤亡，因此我不得不小心翼翼地提取这种液体。

于是在一个宁静的星期六，全副武装的我戴上安全面具，在玻璃试管里加入微量的硝化物，然后滴入半滴都不到的硝化甘油，我觉得这剂量肯定在安全范围内。就在我把试管放到火焰上加热的时候，突然间，“啪”的一声试管爆炸了——反应比我见过的任何炸药都更迅速也更剧烈。细小的玻璃碎片嵌入我的手和胳膊，血很快从无数小伤口里流出来，接下来的几天里，我不得不用针把这些碎玻璃片一片片挑出来。接着我用锤子在人行道上尝试引爆了一点硝化甘油。这种物

① 差不多 50 年后，我在听肯·福莱特的小说《来自圣彼得堡的男人》（*The Man From St. Petersburg*）时注意到，里面的反英雄恐怖分子制备硝化甘油的配方和步骤，与我小时候在母亲冰箱里制作的硝化甘油所用的是一样的。

质的不稳定性让我深感不安，为了安全起见，我还是想办法处理掉了库存的硝化甘油。

很多人会好奇，一个 14 岁的少年是从哪里弄到这么多危险的化学品的。其实，这些都是我从本地某个出价合理的药剂师那里私下买回来的。当时父母忙于生计、早出晚归，待在家里的时候也需要照看一家 10 口人，我和弟弟得以自己打理生活。不过我没有向他们透露这些化学实验的具体细节，如果他们知道我在做什么的话，一定会阻止我继续实验的。

等我进入 11 年级开始上化学课的时候，我已经有了几年的化学实验经验。我同样热衷于化学理论，并把高中化学课本从头读到尾，每天入睡前还会在心里默念一遍读过的东西，这种习惯日后被证明是极其有效的记忆法，不仅能让我保持记忆，还能加深对知识的理解。我们的高中化学老师是斯顿普先生，一个 50 多岁戴眼镜的小个子男人，他相当热爱化学也很希望他的学生能够学好这门课。此外，他长久以来一直想要教出一名能在南加州高中化学竞赛中取得优胜的学生。竞赛是一场 3 小时的笔试，每年春天由南加州美国化学协会（Southern California American Chemical Society）举办，最终会选出 15 名优胜者，这场比赛每年都会吸引 200 多名各大高中里化学水平最顶尖的学生参加。不过，斯顿普先生在我们高中（一所学术水平落后的工薪阶级高中，在当年洛杉矶地区 32 所学校的统一标准水平测试里排在倒数第二）执教了 20 余年后，几乎放弃了这个梦想。

而这一年，斯顿普先生在这个大概有 30 个人（至少差不多有这么多人会在化学课上出现）的班上，发现了一个瘦小、深色卷发的年轻人，这个学生愿意回答他课上的每个问题。斯顿普先生可能从其他老师那里对这名学生略有耳闻——有的老师（聪明的那些）乐于给他上课，而另一些则很忌惮他。当然，这名学生可能之前自学过一点儿化学，所以刚开始几个星期的简单问题难不倒他，不过斯顿普先生这20 年来已经见过太多像这样虎头蛇尾的例子了。说到考试，斯顿普先生警告全班，第一场考试会非常难。当他把批改好的考卷发还给学生的时候，大部分人的分数都在 0 到 30 分之间，而我得了 99 分。至此，斯顿普先生似乎看到了一线希望。

斯顿普先生保留了过去 20 年来每年的化学竞赛考卷。我和他讨论了有关竞赛的事情，想要借来那些考卷准备竞赛。他起初很不愿意给我这些试卷，同时也提醒我现在的情况对我很不利：大部分参赛的学生都比我大一级，并且由于之前就跳过一级，15 岁的我将会和那些十七八岁的佼佼者们同场竞技。与此同时，我也只剩下 5 个月准备测试。另外，我们高中的设备很落后，而且也没有其他同学能和我一起学习或者助我更上一层楼。我们学校很少有人有胆量参赛，更没有在这场比赛中取得名次的先例。斯顿普先生建议我："为什么不等明年呢？"

但我决心已定。就我个人而言，我非常热爱各种知识和科学实验，并且乐于把它们发展成事业。想要过上这样的学术生活，我就需要进入大学，那里有专门的实验室、我所喜欢的实验和项目，以及跟我爱好相投的人。但我没钱支付大学学费，而这场比赛中的优胜者往往能从自己心仪的大学那里获得奖学金——这对我来说是个绝佳的机会。

斯顿普先生在和我的英语老师杰克·沙松聊过之后，最终同意借给我一半的试题，从这些试卷中我能够判断考试的范围和难度，以及这 20 年来出题趋势的变化。剩下的一半试卷则用来检测我准备得如何。

以高中化学课本为基础，我自学了两本大学化学。通常情况下，如果某个概念在其中一本里描述得很模糊，我能在另一本里找到清晰的解释。得益于我的实验和之前阅读的背景知识，学习这些内容并没有给我造成太大困难。每晚我会花 1 个小时学习化学理论，然后睡前在心里默诵元素周期表、可行的化学反应方程、盖－吕萨克定律、查理定律和阿伏伽德罗常数等等。平时，我则继续做化学实验、搞恶作剧。

一次，我在阅读中了解到一种叫苯胺红的强力染料。它的染色能力相当惊人，1 克苯胺红可以把 600 万克的水染成深血红色！一个坏点子悄然产生，我制备了 20 克苯胺红用以实验。

如上文中提到的，我自建的化学实验室处于洗衣房和车库之间的狭小空间内，正对着后院，后院当中是一个肾形的小金鱼池，大概有 10 英尺长、5 英尺宽、1 英尺深，体积差不多为 1.5 立方米。现在，每克染料能染红 6 立方米的水，所以只要微量的苯胺红（0.25 克染料）就应当足以染红整个池塘。

保险起见，我用了 4 倍的量，往池塘里加了整整 1 克染料，然后心满意足地看着深红色在池塘里扩散开来。很快，除了露出水面的部分，池塘里已经看不出水草的踪迹，而金鱼们只有在把嘴伸出池面的时候才会有所动静。

实验成功，我回到化学实验室继续工作。几分钟后，我听到了母亲震耳欲聋的尖叫，她以为有人（这个人很可能是我）在池塘里流血身亡了。我们花了很长时间才让她镇静下来。

尽管我对无意间吓到母亲心怀愧疚，不过这也“启发”了我。8 英里外的长滩市内有一个对公众开放的巨大游泳池——长滩跳水池，它是老长滩派克游乐场的一部分。在第二次世界大战中，当父母忙于在战争工厂里工作时，我这样自力更生的“孤儿”就经常乘巴士到派克游乐场游泳。

长滩跳水池当时是南加州最大的室内温水游泳池，长 120 英尺、宽 60 英尺，平均水深 5 英尺[①]，容量将近 1 000 立方米。我剩余的 19 克苯胺红染料理论上只够染红其中八分之一的水。不过，我决定姑且一试。为了让计划顺利进行，我找了一名同班同学做我的“共犯”，他身材瘦长，头发是金色的直发，戴着厚厚的眼镜，看上去有点儿书呆子气，经常喜欢来看我做化学实验。我先用蜡纸做了一个装染料的小袋子，开口用两根很长的绳子系好，封上烛蜡。只要解开绳子，蜡纸就会展平，释放出所有的染料。

夏季的某个周末早晨，我们乘上了去长滩的巴士。到了游泳池，我们迅速买票、奔向更衣室并换好衣服，把染料包藏在洗漱箱底部，然后迫不及待地向游泳池进发。此时有将近 100 名游客在游泳池附近嬉戏。

我掏出染料包放进水里，一人牵着一根绳子分别系在泳池两端，我们很小心地调整好绳子的松紧不让染料直接洒出来。我异想天开的计划是：不亲自在水里打开染料包，而是让一名游客帮我们“打开”它。很快，一个人在游泳的时候无意间碰到了绳子，解开了染料包，苯胺红很快染红了比手掌稍小一点的区域[②]。

不过暂时还没人注意到这一小撮红色，一切都很平静。我和“助手”再次奔回更衣室，他注意到自己的泳衣上有一小块红斑可能会成为“罪证”，不过我安慰他不必担心，然后我们一同前往泳池上方的观赏台等着人们发现池子里的染料。

---

① 参见 www.digitalcollections.lmu.edu/cmd/ref/collection/chgface/id/294。

② 参见《圣经 · 列王纪 · 上》第 18 章 44 节。

现在，水里的那团红色差不多有一个篮球大小，依然没有人察觉到异样。泳池里不断搅动的水波让这团深血红色的不透明染料迅速扩散到直径3英尺的区域，终于，有人看到了这团“血”，发出了第一声尖叫，接着传来了更多尖叫声，工作人员也拉响了警报。一个人“勇敢”地跳到水池里，结果却把红色的染料团搅得更大。

几分钟内，泳池在恐慌中瞬间清空，不过每个人都领到了一张票可以免费再次入场。成功制造这场骚动已经让我们相当满足，所以我们都没去领那张免费入场券。就在泳池员工们搜索那团可疑的红色时，染料已经扩散得足够大，颜色也渐渐由深血红色变成透明的红色。有人在池子里找到了我们作案用的蜡纸和绳子，不过他毫不知情地把这些东西当作垃圾处理掉了。

那天下午，在游乐场里玩够了之后，我们再次到观景台上察看了泳池的情况，苯胺红把差不多半个泳池都染成了草莓味酷爱饮料的颜色。泳池旁只有寥寥几个游客，整个泳池显得比平常安静了许多，因为大部分人都不愿意在红色的水里游泳。

第二天，长滩的本地报纸上刊登了一篇短文：“长滩跳水池被恶作剧染成红色”。60年后，我的女婿理查德·高尔法官和当地一名退休法官聊天，那名法官无意中提到了当年发生的这次事故，不过他对理查德和当年那名“罪犯”现在的关系一无所知。

此时，距美国化学协会的竞赛还有10个星期，我在过去的每一份考卷中都拿到了990分以上（满分1 000分）的成绩。因此，我告诉斯顿普先生自己已经准备好完成剩下的10份考卷。我在最开始的两份试卷中答对了99%以上的题目，于是我们直接跳到了去年的测试，我依然得分差不多。现在，万事俱备。

测试的那天，我父亲驱车20英里把我送到了埃尔卡米诺初级学院，跟着人流穿过一栋栋像营房一样的建筑后，我到达了考场。此前，考试主办方提前通知我们今年的测试第一次允许携带计算尺，但并非必须，所以我买了一把 10 美分的玩具计算尺，心里想着如果有多余的时间，我总能粗略验算一下计算过程。

测试一开始进行得很顺利，每一题都易如反掌，直到测试的最后一部分。出乎意料！测试的最后包含了大量计算，我根本不可能在规定的时间内手算得出每个答案。我那把花 10 美分买的计算尺在这么庞大的计算量面前根本毫无用处，而我周围的所有人都纷纷拿出了专业的 10 英寸[①] 全长计算尺。计算尺根本不是什么“非必需品”——每一个想在测试中获胜的人都“必须”有一把计算尺！在卷面上，写出正确的计算方法并没有用，只有得出正确的结果才能得分，而这个结果则是被计算尺的“好坏”决定的！我很失望地意识到，我很可能在这场测试里无法取得足够高的名次来拿到上大学所需的奖学金，而没能准备一把昂贵的顶级计算尺让我的情绪更为低迷。把一场化学竞赛变成一次算术考试相当不公平。

尽管如此，我仍尝试着用最快的速度手算每一个答案。最终，我只完成了试卷上 1 000 分中 873 分的题目，所以我最高也只能得到这个分数。而测试的第一名通常得分在 925 到 935 之间，所以我根本无缘榜首。

考试结束，当我父亲来接我时，我强迫自己没有哭出来，一路上一言不发。斯顿普先生在化学课上也注意到了我的变化，很明显我在考试中表现得并不好，因此他也对测试只字未提。我把这件事归咎于自己的天真，但事后还是去买了一把我能买得起的最好的计算尺。几

① 1 英寸 ≈2.54 厘米。——编者注

个星期以后，斯顿普先生找到我跟我谈了测试结果，在完成的 873 分中我得了 869 分。第一名遥遥领先，大概在 930 分左右，不过第二和第三名只比我高了几分，最后我拿到了第四名。如果有一把优质的计算尺，我完全可以获得第一。抱着获胜的决心，我当时根本没有再去想该如何弄到上大学所需的钱。尽管能够证明自己的能力值得高兴，但没能获胜的事实依然让我情绪低落。

同时，斯顿普先生在洛杉矶最差的高中里教了 20 年化学后，终于教出了一名顶尖的学生。羞于面对自己在测试中的表现，我试着找各种借口推脱不去参加颁奖晚宴，解释说自己没有交通工具前往洛杉矶，但斯顿普先生坚持亲自带我去。在晚宴上，优胜者根据名次从奖学金列表上选择自己心仪的大学。不出所料，第一、第二名分别选了加州理工大学和加州大学伯克利分校。在当时我相信这是加州最好的两所大学，也是我最想去的地方。现在看来，当时想好一所备选的大学才是最明智的做法，不过由于完全不了解其他学校，轮到我时，我没有选择其他大学的奖学金项目。其他优胜者都来自那些一成不变的“精英”高中，年年如此，比如：比弗利山高中、费尔法克斯高中、好莱坞高中等。晚宴中唯一让我欣慰的亮点是，当提到我所在的那所不知名的学校——纳博讷中学时，所有人都怔住了。遗憾的是，我第二年不能再参加这竞赛了。

差不多同一时期，我开始对智力测试产生了浓厚的兴趣，并且迫切地想知道自己的智力水平如何。某个周末早上，在我从洛米塔乘巴士来到 21 英里外的洛杉矶公共图书馆阅读一些有趣的资料时（人们现在更常用维基百科和谷歌来做同样的事），意外地发现了几份 IQ 测试卷以及它们的答案。因此，接下来的几个周末，我都来完成一份测试题，然后根据答案给自己打分，我前后一共做了 9 套 IQ 测试。

我对自己的 IQ 测试分数非常满意，出于好奇，我想看看自己在前几年完成的那次让我跳过 6 年级学业的测试中表现如何（到那时我才知道那也是一份 IQ 测试）。学校官方不会公布测试成绩，所以我决定自己动手找到答案。最初，我注意到一种家用 L 形金属测量工具可以打开学校里的门锁。某天夜里，我骑车到学校，藏好自行车，心情忐忑地来到大门附近，把 L 形尺插到门缝间，用直角边钩住锁舌的曲面然后向外一拉，大门打开了，我溜进漆黑的、空无一人的走廊。楼道里偶尔会传来幽灵般的回音，由于担心学校里可能有人巡夜，我踮起脚悄悄走到二楼的心理咨询室，故伎重施打开门锁，接着在手电筒的光照下翻阅几百份我和我同学的 IQ 测试分数。其他大部分人的分数都在我意料之中，比如我发现学校里最聪明的一位女生在测试里拿到了 148 分。

纳博讷中学一共有 800 名学生，大部分人的测试分数都分布在 7 到 12 级之间，并且随着分数上升，社交结构的趋势也更加明显。有 20% 的学生是所谓的“名流”，他们掌控着社团和所有的学生自治团体，按照自己的喜好举办舞会和晚会。这些“圈内人”包括大部分优秀的运动员、相貌出众的啦啦队长和家庭富裕的学生。洛米塔和哈珀市周边以工薪家庭为主，那些比较“富裕”的学生家里则经营一些小生意。这些“圈内人”有钱在餐厅一起吃午饭，而我这种自备午餐的“圈外人”则在学校的其他地方吃饭。除此以外，“圈内人”也买得起私家车，他们从 16 岁开始就驾车出行，许多人甚至在 10 年级，不到 16 岁时就已经开始开车了。而我一直到高中的最后一年才能学习驾驶，并且即使学会了也买不起车。在当时，能开车出行相当重要，它是约会、海滩派对和参加运动会的必要条件。

在我小小的“圈外”社交范围内，我成立了一个国际象棋俱乐部，沙松先生一如既往地好心找到了一间空屋子，让我们得以在午休时间有地方下棋。我还组织了一个科学兴趣小组，吸引了不少学生的关注。除了这些活动外，我偶尔也在午休后掷手球、对着学校的木制后墙打网球以及玩“抓球”游戏[①]。在我拿到球，被一群比我大的孩子追着跑的时候，他们很难抓到我。部分原因是平时大量的自行车骑行让我的运动能力过人；另一部分原因是，被抓到后粗暴的夺球过程迫使我加快逃跑的步伐。

除非情况特殊，我会平等地对待每个遇到的人，相应地，我也期望获得和他人一样的尊重。但是，很多“圈内人”认为他们和他们的小群体理应受到其他所有人的特殊关照，所以他们经常利用自己的资格和地位，排挤、忽视“圈外人”。

我和“圈内人”的冲突源于我在九年级的体育课上拿的是 B。我吃惊地发现，这门和学业完全无关的课程成绩竟然也被列入申请大学时的参考项之一。进一步的调查显示，在体育课上拿 A 的都是打橄榄球和参加田径运动的学生，而参加其他运动的，比如我，就只能拿 B、C 或者更差的成绩。尽管我在同龄人中运动能力很强，但毕竟无法和比我年长一岁半的学生相提并论，所以田径超出了我的能力范围，而我对橄榄球又毫无兴趣。我该怎么办？

杰克先生鼓励我去上网球课，进而参选学校网球队。网球课的所谓教练是一位历史老师，他对网球一无所知，每次上课都只是把大家组织起来然后看着我们打球。由于缺乏指导，我只能一边练习一边自学如何打网球。不知怎么，我最后被选入了初级球队，然后在高中的

---

① 一种美式儿童游戏，有点类似于捉迷藏或“抓鬼”游戏。游戏中会选出一个拿球（或者其他信物）的孩子，而其他孩子会尝试着夺取球，游戏以是否成功夺得球判定输赢。——译者注

最后两年进入了学校高级网球队。

学校里的一个橄榄球明星，当然他也是一个“圈内人”，曾经嘲笑（有不少“社交名流”也是这么想的）随意选拔队员的行为：“网球是一种娘娘腔的运动。”针对这种侮辱，我邀请这名橄榄球场上的“英雄”到网球场上一较高下。他打得比我预期的好得多，并且能比较稳定地把球打回来，所以我不断向球场两侧吊球，让他从一边跑到另一边，20 分钟后他就筋疲力竭地退出了。

此后不久，就在运气欠佳的化学竞赛后的春天，我对“圈内”群体愈加反感。受到当时 1948 年总统竞选（杜鲁门对杜威和华莱士）的启发，我计划就学生自治团体职位的竞选对“圈内”势力发起攻势。当时，我招募了十几个学生，其中包括我的挚友迪克·克莱尔和吉姆·哈特，成立了“学生进步委员会”。我们将目标定为让学生自治团体不再是一个空洞的名号，而是发挥它真正的职能——考虑全体学生的利益，组织让所有学生都参与进来的活动，而不只是“圈内”学生的聚会。总的竞选计划是列出一份竞选人名单，竞选每一个职位。竞选前的每天傍晚，我们都会到一个日裔学生成员家碰面，然后在他家经营的生菜农场小屋里一起商讨竞选策略。

竞选前夜，我用多余的气象气球制作了两条写着“选择学生进步委员会”的巨幅标语升到学校里。为了固定标语，我再一次使用了做闪光弹恶作剧时的套索法，把气球套在够得着的树枝上。当晚，大风把气球吹离了原位，这使得横幅有些下垂，不过第二天，上面的标语依然清晰可见。

当学生们陆续走进礼堂听竞选演讲时，我们就在人群中散发传单，解释委员会的运作方式，并标出选票上参选者的位置。这是纳博纳中学 25 年以来第一个有组织的学生政治团体。“圈内”势力被这场意料之外的突袭打得措手不及，一些候选人很快意识到我一定是这些事的幕后主使，于是他们开始在竞选演讲中攻击我。长期以来，“圈内”的“社交名流”一直把持着学生自治职位，享受着特别权利。改变意味着我是一个捣乱分子、一个激进的异端和对现状的威胁。尽管我自己以数票之差与学生理事会的席位失之交臂，但最后的计票结果显示，学生进步委员会横扫了15个席位中的13个。我的朋友迪克·克莱尔则成功当选了那年的学生会主席。

46年后，当我回到纳博讷中学参加校友会时，曾经的“圈内”学生们看上去并没有多少改变，只是年龄更大、更成熟。高中生涯成了他们生活的顶点。自那以后，他们中的大部分人便相继结婚并在当地继续生活，而对我来说，高中仅仅是生活这场大冒险的起点而已。

1948年，我即将升入高三。那年夏天，我整个暑假都坐在加利福尼亚的沙滩上阅读小说。杰克·沙松先生给了我一份“60本最伟大的小说”书单，并把他个人收藏里的这些书借给我。其中大部分是美国文学作品，包括汤玛斯·伍尔夫、约翰·斯坦贝克、西奥多·德莱赛、约翰·多斯·帕索斯、厄普顿·辛克莱、辛克莱·刘易斯、欧内斯特·海明威和F. 斯科特·菲兹杰拉德的作品，还有一部分是陀思妥耶夫斯基和司汤达等外国名家的作品。我一边躺在海滩上任由海浪冲刷，一边思考人生的意义。

那个夏天，父母还是离婚了。当时我以为这是长期的生活压力所致。两个人在战争中轮流上白班夜班，以此来保证总有一人能够在家照看一切。此外，在战争结束后的3年里，家里多住进了10名亲戚，这也让房子里冲突不断。

离婚后，我的父亲就搬去了洛杉矶。在高中的最后一年里，我只能在每个星期日上午见到他，他驱车20英里回来，然后把车停在一个街区外。每当从二楼的卧室里看到他时，我就会跑出来和父亲一起待上几个小时，他教我开车，或是和我一起吃午饭、闲聊。那个时候，我的母亲则准备在我高中毕业去上大学后把房子卖掉，不过当时我对此并不知情。当时的情况让我相当困惑，父母也没有对离婚做出任何解释。一直到几年后，我才从侧面了解到，在珍珠港事件前夕，我们第一次来加利福尼亚的时候，母亲和当时寄宿家庭的丈夫有染，并一直保持着联系，被我父亲发现后，两人选择了离婚。

在高中的最后一年里，我依然面临着筹措上大学的费用这一问题。之前我没能在化学竞赛中取得奖学金，而家里此时也没法提供任何帮助。虽然知道物理教师协会也会举办一个全南加州高中范围的和化学竞赛类似的比赛，但我并没有像化学那样深入学习物理知识，而准备的时间也所剩无几。我们的高中物理老师是一个体育教练，压根不知道什么物理知识，所以，我不得不自学。由于缺乏往年的考题指导，我只能通过一份很简短的比赛通告自己判断考试范围。幸而，此前我出于对无线电的兴趣而在电学、机械、磁学和电子方面积累的实验经验给我的理论学习提供了相当大的帮助。当然，在学习新知识的同时，我也在捣鼓新的恶作剧。

在学习光学和天文学时，我从埃德蒙科学公司（我的气球供应商）那里买了一些便宜的镜片，自己组装了一只反射望远镜。在用它观测星空时，我注意到从二楼的卧室还能观测到半英里以外的一处山顶，晚上经常有年轻情侣开车到那里幽会。一次很偶然的机会，我弄到了一只 12 瓦的自动前灯，可以当作聚光灯或者探照灯来用。借助望远镜和前灯，我心生一计：把望远镜接在前灯上，这样能产生一束强光指向任何望远镜扫到的区域。完成这一切后，我静静地等待日落准备开始“情侣大搜索”。很快，透过望远镜，我看到有几辆车停在了山坡上，我随即打开前灯。啪！一束强光一下子照亮了这些车，里面的情侣被吓呆了，不知所措下仓皇逃离了现场。保险起见，我不想他们看出这束强光源自何处，所以每次只打开几秒钟。我又重复了几次类似的把戏，不过在意识到这一定破坏了别人的甜蜜时光后，我就停手了。

物理竞赛这一重大时刻终于来临了，不过在化学竞赛后显得有些平淡。凭借新的超级计算尺，各种运算都不在话下。我对 1 000 分中的前 860 分很有自信，却再次在最后两道加起来有 140 分的题目上犯了难。这两道题不在我复习的范围内。难道我又要重蹈第四名的覆辙吗？我问自己："该怎么办？"在剩下的时间里，我用了一种叫量纲分析①的方法得出了其中一道题的公式，暗暗希望它是正确的。然后，我尝试着解了部分第二题。和化学竞赛一样，物理竞赛的前 15 名会参加获奖晚宴。同样地，优胜者几乎全来自洛杉矶高中系统里的顶尖学校。但提到第一名时，所有人都惊呆了：这家伙从哪里来？纳博讷中学？那是什么小地方的职业学校吗？竞赛的分数分布也和化学竞赛相仿，只不过这次我是那个第一名，拿到了 931 分，第二名落后了五六十分。穿过那群自鸣得意、长期享受特权的顶尖高中的学生，我终于可以在奖学金表上随心所欲地挑选心仪的大学。我在加州理工大学和加州大学伯克利分校间犹豫不决，加州理工大学自然是我的首选，然而，虽然它提供全额奖学金，但我实在无法支付每年 2 000 美元的高额生活费和住宿费。加州理工所在的帕萨迪纳市的消费水平之高，哪怕是周边地区的费用也超出了我的预算范围。结论就是：我单纯地上不起加州理工。

---

① 当时我对珀西 · W. 布里奇曼的《量纲分析》（*Dimensional Analysis*，1922）非常熟悉（耶鲁大学出版社，纽黑文市，康涅狄格州）。

而加州大学伯克利分校则乐意提供每年 300 美元的奖学金。它的学费只有每年 70 美元，并且由于我是第一次世界大战退伍老兵的后代，政府会另外为我的大学学费提供全额奖学金。伯克利校外的住宿费用低廉，如果选择学生住宿联合会提供的宿舍，价格可以更便宜，每个星期只要额外工作 4 小时就能享受每月 35 美元的房间。当我最终选择伯克利的时候，我安慰自己说，至少伯克利有相当多的女生，我可以过上丰富多彩的社交生活。

除了竞赛和升学，我在高中期间还认识了霍奇先生，他对我影响很大。霍奇先生是一位退休的电子工程师，也是我们的邻居，他的花园里栽着充满亚热带风情的椰子树。西班牙式的灰泥砖瓦房和满是金鱼的池塘与我们的后院毗连。早在几年前，霍奇先生就注意到了我对无线电的兴趣。在自家后院的大树上，我搭了一个大概 25 英尺高的树屋——一个钉在粗大的水平树杈上的平台。凭借着这个平台，我能透过霍奇先生家的竹林看到他家后院里的神秘塔楼。那是一座锥形建筑，包裹着一层绿色沥青屋顶建筑材料，霍奇先生一度在顶上装了一架风车。有一天，霍奇先生邀请我到塔楼里，我们一边登上狭窄的 30 英尺高的中央旋转楼梯，一边观赏霍奇先生的收藏品，每一层都是一座各种无线电部件的宝库。霍奇先生让我从中挑选一样作为送给我的礼物，我选了一个精致的空气介质可变电容。这是时下无线电接收器和发射器中必不可少的部件，由数个固定间隔的金属片制成，可以通过旋钮调整另一组金属片的位置从而改变每片之间的距离，有了它，无线电设备就能发射或接受不同的频率电波。把这个部件装在我自制的无线电上，我就可以简单迅速地调无线电频道了。每隔几个星期，霍奇先生就会送给我他众多藏品中的一个来满足我的好奇心。就在我的无线电设备越来越多，而且对无线电的兴趣也不断增长的同时，我开始思考一些未来可能会大有用途的技术。

其中一个想法是通过大脑的思维活动来开门、关门。大脑在进行思考的时候会产生电信号，而人的头皮部分也会相应产生微弱但是可探测的电流。我想到可以剃掉头发，然后在头皮上贴上电线来采集我的脑电波信号。我希望通过改变思考活动来产生不同的电流，然后把电流导入身上穿戴的无线电发射器，当安装在门上的接收器收到特定的信号时，就能带动门的开关。从理论上来说，我能够发送像莫尔斯电码那样的点和杠信号（或者用当下更时兴的方式：发送 0 和 1 的二进制信号），从而形成各种复杂的指令形式。我未曾真的把这种小玩意做出来过，不过将可穿戴式电子设备和无线遥控相结合这个想法却深深地留在了我的脑海中。

有关霍奇先生的另一件事是，他帮我订阅了《科学通讯》（*Science News-Letter*）杂志（即现在的《科学新闻》杂志，*Science News*），并且告诉了我有关西屋科学奖（Westinghouse Science Talent Search）（后来分别由英特尔公司和再生元制药公司主办）的事情。我们高中里没有任何一个人（包括教师）知道这个竞赛。在我高中的最后一年，我和全美的其他 1 600 多名高中生一起参加了 1949 年第八届西屋科学奖大赛。我从《科学通讯》杂志里获取的知识为大赛的笔试部分打下了深厚的基础。

除了笔试和教师推荐信，我还需要在大赛中提交一篇科学方面的论文。由于没有现成的指导材料，我一开始准备到图书馆写一份有关金属铍的专文，但是这篇东西冗长无聊并且相当晦涩。我中途停下来，想到了一些自己在实验中发现的有趣话题，从中选择了几个，重新写了一篇论文：《一些独创的计算方法》。在论文的第一部分，我展示了如何用圆形轨道而非更精确的开普勒椭圆轨道来找出天空中行星的大致位置；第二部分的计算则是关于如何算出玻璃棱镜的折射率（并且以此为基础算出玻璃中的相对光速）的。不需要复杂精密的仪器，只用在桌面上移动棱镜直到棱镜的下表面变得半透明，然后用米尺和三角计算就能得出答案。

我自信在笔试中表现出色，但是推荐信和论文才是评奖的关键部分，对此我没法给自己打分。几个星期过去了，一点消息也没有，我认为自己大概是名落孙山了。

很快我就把科学奖的事情抛在脑后，直到来年春天的一天早上，我在门廊上发现一封电报。从没有人给家里寄过电报，我怀疑可能是什么很紧急的事情，于是就打开了它。

这是西屋公司的电报，我满怀激动和震惊地读道："恭喜！您已入选西屋科学奖最终 40 名获奖名单。"又过了几个星期，我和加州的另外两个获奖者一起踏上了前往华盛顿的旅途。这是我人生第一次坐火车，整整 5 天的全部旅费都由主办方支付。在华盛顿，我们 40 个人[①]见到了诺贝尔物理学奖获得者伊西多·艾萨克·拉比，并参观了当地一座 60 英寸大小的回旋加速器。当时，所有人在加速器室内都不可以带可磁化材料，因为设备的磁性实在太强了，手表、按钮甚至是皮带扣这些物件随时都有可能因为被设备的强磁场吸引而造成危险。

公开展示的那晚，我们每个人都展示了一部分自己的科学实验成果。展示中的表现将决定 40 名最后优胜者的奖金排名。我展出了自制的无线电基站，它由一个遥控旋转天线控制。不幸的是，我们的展位上并不提供电源，我的现场实验计划最终变成了一堆毫无生气的

① 2015 年，我的孙女克莱尔·高尔是同一竞赛的最后 300 名候选人之一。当时这个奖项已经更名为英特尔科学奖，竞争也更加激烈。比起 1949 年第一名所获得的 1 万美元奖金，现在三名最终获胜者每人将会获得 15 万美元的奖金。

电子器件。前十名优胜者经裁判评定，分别获得了从 1 000 美元到 10 000 美元不等的奖金，而我们剩下 30 人每人能拿到 300 美元。无论如何，全美顶尖大学的科学院系都来找到我们并向我们抛出橄榄枝。除此以外，让我印象最深的就是哈里 · S. 杜鲁门在白宫总统办公室里亲自接见了我们。握手的时候，他的手相当坚实、有力，触感有些像在皮椅上涂了一点滑石粉。

在我的整个高中生涯中，周围都没几个对物理科学感兴趣的人，所以我只能一边自学知识，一边自己完成实验。但我时常和挚友迪克 · 克莱尔和吉姆 · 哈特分享其他方面的话题。我们谈论学生政治；讨论选举、冷战、西欧重建和种族歧视这些国家和全球事务；也会在一起阅读、思考道德和哲学问题。吉姆是一个诗人、作家和动画天才，而迪克除了写作外，还是一个哲学家。尽管在之后的人生中我们选择了不一样的道路，但友谊一生未变。

高中时我唯一会玩的就是国际象棋，此时我对扑克牌和赌博还一无所知。不过，在高中的最后一年时光里，我受到星体在轨道上运行的启发，曾有过一个短暂的念头，想着既然我能准确预测天体的位置，或许我也能预测在旋转轮盘上小球滚动的结果。有一次，杰克 · 沙松先生邀请我去家里吃晚饭，他们夫妻二人刚从拉斯维加斯旅游回来。当说到旅途里的经历时，他说想要在赌博上打败赌场是天方夜谭，出于青少年的自负，我很快回答我总有一天会做到。杰克接着说“噢，得了吧，埃迪”。然后我就放下了这个念头。

但这个想法并没有就此消失，它安静地蛰伏在我的潜意识里，等待时机。

第 3 章　物理和数学

1949 年 8 月，刚满 17 岁的我前往加州大学伯克利分校深造。双亲离异后，母亲卖掉了住房并把 12 岁的弟弟寄送到了军校。此后数年间我都不常见到父母。这一点很像我父亲年轻时的经历——16 岁就离开了祖父母独立生活，区别只是他选择了参军而我进入了大学。

我在伯克利校园的南边找到了一处住所。不过在入学前，母亲已经花掉了我送报纸存下来的战争债券。这出乎意料的背叛让我受到了很大的心理打击，多年来我和她因此形同陌路。而现在我能否承担大学费用则成了新的未知数。入学后，我凭借奖学金、兼职和每个月从父亲那儿拿到的 40 美元生活费艰难地度过了第一学年。平均每个月不到 100 美元的生活费包括了我当时所有的花销：教材费、学费、饭钱、房租和买衣服的钱。每到星期天，寄宿公寓不提供饭菜，我就会去教会的开放地尽兴地享用免费的甜甜圈和热巧克力。

当时，伯克利校园里有很多《军人安置法案》下的退伍军人。物理、化学等基础科学的课程通常开设于可容纳数百人的教室。好在任课教授非常优秀，课程质量都很高。那时我主修的化学课程有 1 500

名学生，这些学生被均分在 4 个小课堂里（每个课堂约 400 人）。主讲人是一位著名教授，教材则使用他的著作。当时他正打算修订这本书，因此提出每次奖励 10 美分给首次发现单个印刷错误的学生。我立刻开始纠错，并且很快带了一份 10 个印刷错误的清单来试探这位教授是否真的会付钱。正如他所承诺的，我收到了 1 美元。深受激励的我不久后又带去一份列有 75 处错误的清单。教授看上去不太高兴，很勉强地给了我 7.5 美元。几天以后，当我带着列有几百处错误的清单找他的时候，他解释说我找到的必须是内容错误而非印刷问题。纵然我反对如此，他依然驳回了我罗列的绝大部分错误。这样单方面地反悔交易，我日后在华尔街工作时也经常遇到，能够侥幸避免不良后果的人们会为了自己的利益这么做，但这种行为背离了我对公平竞争的理解。此后，我不再向他汇报余下的修正。

终于熬到期末，我在笔试和实验操作中只丢了 1% 的分数，在学院中排名第一。这也是自高中那场不幸的化学考试后，我的努力的最好回报。然而，最终成绩还包括每周分析未知样品的情况。听说有些学生会蓄意捣乱，偷偷换掉样本，让别人无法得到正确的结果，为此，我给自己检测的每份样本均做了留样，这样，即使样本被调换，我也能证明自己正确检测了手里的样本。在分析本学期的最后一个样本时，学院告诉我检测结果是错误的，但我并不认同。为证明分析结果的正确性，我申请重新检测自己保留的那部分样本。申请的获批与否由我们实验组的助教决定，然而他拒绝了。样本检测的失分让我从学院的第一掉落为第四名。愤怒之下，我决定在第二学期从化学系转到物理系。由此，我错过了学习所有生物的基本组成——有机化学（碳链化合物）的机会。

转专业这个轻率的决定彻底改变了我的人生轨迹。事后看来，我非常庆幸自己未来的兴趣和职业都在物理和数学的领域内。而几十年后，每当我想要从有机化学中探寻一些延年益寿的点子时，都可以按照需求进行自学。

尽管当时加州大学洛杉矶分校的物理和数学并不如伯克利分校，我还是在年末转校到了洛杉矶分校。原因之一是我在伯克利分校并没有结交到好友，所以那里的校园看上去冰冷又令人感到孤独，而加州南部则让我觉得亲切又熟悉。在洛杉矶分校，亲人般的老师杰克·沙松、两位高中挚友迪克·克莱尔和吉姆·哈特给予了我心理支持和归属感。另一个转校的原因是伯克利分校的生活条件堪忧。我在第二个学期的住所是最便宜的学生联合公寓，我依稀记得那栋楼的名字是克罗尼公寓。作为新生，我被分到了最差的房间——5 个人同住且临近多个出入口。人们日夜不断地进出，让你难以做事、无法入眠。

最关键的是，我在加州大学系统的奖学金可以直接转到洛杉矶分校。一到洛杉矶，我就加入了大学联合住宿协会这个独立的学生生活组织。它和伯克利分校的学生联合会一样，都是全国学生合作运动的一部分，其中聚集了来自世界各地的学生，几乎就是一个缩小版的联合国。这个组织当时有两栋公寓，罗宾森楼和兰德费尔楼。这两栋楼房是大萧条时期的赞助生捐献建造的。在我加入时，组织成员已经达到 150 人了。

在 1950 年秋天，我最先认识的人之一就是薇薇安·斯尼塔。主修英语文学专业的她身材高挑，一头金发很是迷人，并且最重要的是她非常聪明。她原本就读于洛杉矶城市学院，也是大二转到加州大学洛杉矶分校的。我们相识于一个提倡平等对待所有宗教信仰、种族和政治派别的学生社团，同时热衷写作的我们都自愿为社团编辑报纸。

当时的不公平现象之一是整个地区没有人愿意为黑人理发。另外，加州大学洛杉矶分校有一门讨论南北战争问题的必修课，主讲的老教授宣称南方蓄奴州是黑奴的乐土。这是对历史的野蛮扭曲，因此薇薇安和我将抨击这一观点的文章分发了数百份。那位教授愤怒地用一整堂课来捍卫自己的观点，并谴责这类文章的作者是匿名的懦夫。不过作者们都觉得没必要冒着被开除的风险当场站出来。

和薇薇安一起编辑报纸的夜晚，我们无所不谈，很快意识到彼此有很多相似之处：都是家里的第一个大学生，都很看重公平和公正。她对公平的追求可能部分源于家庭背景：她的双亲是来自匈牙利的犹太人，几个世纪里，他们整个家族都在欧洲饱受迫害，很多亲戚死在了第二次世界大战的集中营里，而在美国的他们至今依然需要面对反犹太主义。薇薇安追求公平的另一部分原因和我一样，我们确信每个人都值得拥有公平竞争的环境。但公平对薇薇安来说也带有一定的私人情感。她是家中长女，有一个比她小 1 岁的妹妹和一个小 3 岁的弟弟。很多时候，薇薇安觉得妹妹咄咄逼人的要求超过了她所应得的部分。而薇薇安的母亲，一方面不愿意跟小女儿纠缠，另一方面也欣赏她的“敢作敢为”，总是要求长女薇薇安做出让步来平息纠纷。

薇薇安在选择约会对象上既挑剔又谨慎，而她的母亲和妹妹则非常乐于为她做媒，所以在这方面，她极大地考验了她俩的耐心。有一天晚上，在我接薇薇安去编辑报纸时，她们把她拉到一边问：“这个男孩不好吗？”我想她当时的回答（也确实如此）是我太小了。初次相识时，我只有 18 岁，她 21 岁，而且她看上去比实际年龄还要成熟许多，我们彼此都不觉得对方是理想的约会对象。薇薇安学的是文学，虽然我主修物理，不过还是选修了一些她们的课程，我们渐渐成了好友。几年间，我们俩各自与其他人约会，渐渐地，我也不再年少。

加州大学洛杉矶分校里到处都是聪明又迷人的女生，我感觉整个女性世界的大门已经敞开。接触了一年不同的女生后，我终于在某天晚上的派对里，被一位令人惊艳的女孩子吸引，亚历山德拉是传统意义上的标准美女——高高的颧骨、棕色的大眼睛、时装模特般的身材、埃及艳后式的深褐色长发。我们立刻被对方吸引了，在接下来的两年中不断地约会。亚历山德拉主修戏剧艺术专业，她在自己参演的戏剧里给我安排了一个有一句话的龙套角色。我大部分时间都扮演成罗马士兵站在一旁，心想演员的生活应该不适合我。

我的学术生涯差点儿在大三那年结束。约会时常让我凌晨 2 点才到家，而我每天又需要花大量时间在工作和学习上，从而负担学费并赶上课程进度。所以我经常感到疲倦而易怒，这一点在赶早上 8 点的物理课时尤甚。

那门课的教授是某著名物理学家的儿子，不过他本人却很平庸。因此他有种不安全感，害怕在课堂上被提问，也经常转过身去背对大家，把一沓讲义抄到黑板上，来避免和学生交流，而我们则把黑板上的内容再抄到笔记上。他已经这样教了好几年，而教学内容几乎没有变化。我觉得这么做实在是太傻了，为什么不直接把讲义发给我们，让我们提前预习然后带着问题来上课呢？显然，他担心有人会提出一个他无法解答的问题。

课程很无聊，所以我就在课上阅读加州大学洛杉矶分校的学生报纸《棕熊日报》。这一举动明显伤害了教授的自尊，在之后的人生经历中，我意识到类似的行为在人际交往里绝对是禁忌，除非你不介意多一个宿敌。那位教授当时十分生气，时常停止抄写板书，在我看上去完全沉迷于报纸时突然提问。尽管如此，我每次都能给出正确的答案，然后低下头继续读报。

起初我们并没有爆发直接冲突，但是某天早上问题来了。我前一夜和亚历山德拉外出约会到很晚，之后又熬夜完成一份上课前截止的作业——很简单但是非常冗长。当我冲下教学楼的楼梯把作业交给教授时，早上 8 点钟的第一声钟声刚好响起。他抬起头看着我“呵”了一声。我很愤怒，把作业扔到桌子上吼道：“你‘呵’是什么意思？”紧接着，我开始毫不客气地罗列对他教学方式的看法，全班人似乎都被我吓到了。一吐为快之后，我回到座位上，教室里一片安静，然后才像往常一样开始上课。现在想来，我总是容易被那些心胸狭隘而固执的庸才激怒，而之后的经历让我逐渐明白，和这些人正面冲突殊为不智。与此同时，我也慢慢学会了尽可能避开他们，即使无法避开，我也会避免和他们直接冲突。

一个星期后，我被叫到学生处主任办公室。他告诉我，因为我的失态，院系里在考虑如何处分我，甚至可能考虑开除。此时正值 1951 年朝鲜战争期间，当时 1S 学生级别能享受延期征调，而 1A 级别的普通人则是首批征兵对象，如果我被开除，不仅我的整个学术生涯会被葬送，我还会丧失作为 1S 学生延期征调的特权，转成 1A 级别的话，我几乎毫无疑问会在数周内到军队报到。在加州，加州大学洛杉矶分校附近地区的兵役已经登记到 1S 级的学生，那些地方仅有的一些 1A 级人员早在学生之前就已经奔赴战场，而现在轮到学生了。每星期都会有一些人从我身边的座位上消失。幸运的是，我的兵役登记所在地是我父亲现在生活的地方，那是洛杉矶市里一块有很多 1A 级但没什么 1S 级人员的区域。我作为学生在那里将是最后一批被征调的，这意味着只要我还在加州大学洛杉矶分校保留学籍，我的 1S 级别就会保证我不会被部队调走。

我的情况被移交给学生助理主任处理。这时候，我开始明白我那不成熟的冲动可能带来的严重后果。幸好，助理主任非常有同情心，在协商中我们达成了解决方案：学院不会开除我，但我要私下向那名教授道歉，并且被留校察看直到毕业（因此从现在开始必须表现出最好的一面），以及我不能参选任何学生会的职位。最后的这条要求让我很困惑，直到我了解到，当时正处于“麦卡锡主义和忠诚宣言”事件背景下，院系学生处很忌讳那些政治观点独立而且直言不讳的学生，他们希望尽量减少学校和学生自治组织之间可能发生的冲突。

在那位教授的办公室向他道歉时，我意识到自己之前的行为鲁莽而幼稚，真心实意地向他认错并表达了悔意。然而问题是我对他教学方式的评论伤害了教授的自尊，他绝不会原谅我，除非他觉得我收回了这些话。不过我内心的价值观和自尊驱使我拒绝奉承和说谎。我只能另辟蹊径，向他解释说其教学方法非常“独特”，尽管学生们可能不喜欢，但他们确实很难遇到类似水准的教授。我说的都是实话，只不过有很多种理解方式，最后他挑了我所希望的方式去理解。我离开办公室的时候，看见他满脸笑容，而我则变成了一个表现更好的，或者从某种方面来说，更成熟的人。

成绩在大三一落千丈（尽管在次年有所回升），又处于留校察看期的我竟然入选了荣誉学生会（Phi Beta Kappa）。我很庆幸之前那件事的后果没有变得更糟。如果我在做事之前能问问自己（我现在很希望当时这么做过）：你这么做，是想让什么事情发生？又觉得会发生什么事情？若我对答案无一满意，就自然不会去做了。这两个问题成了我日后待人处世的向导。

亚历山德拉的父母是中上层阶级的犹太人，他们的塑料生意十分成功。在我拜访他们时，他们亲切而文雅，但他们对女儿有更高的期望，不愿意她嫁给一个前途渺茫又没什么信仰的穷学生。大四毕业前几个月，因为我年轻、稚嫩、没准备好给女孩子安全感和相守一世的承诺，我和她含泪结束了这段恋情。我因此非常消沉，索性跳过了毕业典礼，也没有向任何挚友倾诉。薇薇安虽然和亚历山德拉交情一般，不过也受邀参加了她的毕业派对，而我则没有被邀请。毕业后朋友们纷纷各奔东西了。

不过为了庆祝拿到学位，我给自己放了为期 6 周的假——和朋友开着我那老旧便宜的小汽车前往曼哈顿。在路上，我们睡在车里，在纽约的 4 周，我们租用了一间公寓。我们过得非常简朴，大部分钱都花在了食物和油费上。

驱车横穿北美大陆的第一天，我们在午夜时分到达了拉斯维加斯，因为要睡在车里，所以需要一个避免警察骚扰的停车点。我们幸运地找到了一个貌似废弃的公园并把车停在了洗手间附近。在车灯的照明下，我们脱去衣服用软管接水擦身。然后就听到了其他人的声音——很多声音。整个公园挤满了无家可归的人，很多还拖家带口。第二天早上我们才知道，这里的大部分人都在赌场里输得精光。对他们来说，最幸运的就是这里夏天的晚上还比较温暖。离开拉斯维加斯之前，我们冒险在一家赌场门口闲逛。在那儿我们遇到了 3 个女孩子，她们给了我们一些老虎机的筹码。我在玩的时候其实有些担忧，因为我毕竟没到法律规定的 21 岁，这个年纪赌博是犯法的。我及时打中了一个小奖，老虎机铃声炸响，彩灯闪烁，然后价值几美元的筹码被吐到机器的托盘里。我们 5 人用这些奖金饱餐了一顿。

这是我第一次亲临拉斯维加斯，它给我留下了矛盾而生动的印象。闪耀而华丽的赌场区，向世人炫耀着不劳而获的财富；这些和公园里的那些无家可归者，那些“梦想”阴暗面的牺牲者，形成了强烈的对比。这是一段无法摆脱的回忆：那些容易受骗的人在金光闪闪的游乐场里被引诱去赌一场从数学上来看必定会输的游戏。而仅有的少数赢家则会像海报明星般被四处宣传，吸引更多的赌徒频繁下重注而输钱，乃至破产。那时的我并没有意识到，未来的某一天，我会帮他们完全扭转这个局面。

我和同行的那个朋友因一年前的健身经历而相识。这段故事开始于一天晚上，我偶然经过联合公寓后面的地下室锅炉间，听到了金属的撞击声。出于好奇我走了进去，发现原来是 3 位健硕的学生在练习举重。我说这运动像繁重的体力劳动，天知道有什么好处。他们和我赌一杯奶昔：如果我和他们每次一起锻炼 1 小时，每周 3 次，一年后我的力气就会翻倍。虽然我还没有孱弱到像查尔斯 · 阿特拉斯参演的著名广告里的人那样只有 98 磅，但我依然接受了挑战。这一年之约就结束于我去纽约前不久，我的力气果然超过了原来的两倍，因此我欣然献上了赌注。这也成为我一生坚持健身和关注健康的开端。

旅行过后，我回归到日常工作和学习上。1953 年到 1954 年是我研究生学业的第一年，我在哥伦比亚大学申请到了物理学博士的奖学金，现在需要做的就是弄到足够在纽约生活的钱，但是我实在没办法凑足这笔费用，所以只得放弃了哥伦比亚大学，继续在加州大学洛杉矶分校完成我的学业。第二学年的某个星期天下午，我在学习之余和另外几位同学到联合公寓的餐厅喝茶，正巧遇到一些去过拉斯维加斯的学生在解释为何没有人能够打败那里的赌场。这个结论是那些学生的一致看法，也是全世界在总结了几代赌徒的惨痛教训之后达成的共识。

倍注赌博系统，也叫加倍系统，是众多由赌徒们设计出来的想赢过庄家的策略之一。它经常被用于均等概率结果的轮盘游戏中，比如红、黑格子数量相等的轮盘赌。标准的美式轮盘①有 18 个红色数字、18 个黑色数字和两个绿色数字，总共 38 个数字格。因为是均等概率的结果，所以你押在红色或者黑色数字上的数学期望都是平均每转 38 次，你能赢 18 次，输 20 次，净亏 2 次。如果想要克服概率上的劣势，你可以先赌 1 美元（假设下注于红色数字）。每次输掉后就在下一盘把赌注加倍。最终你肯定会赢一次，红色数字总会在某个时间出现，这样你赢的钱就会弥补所有之前输掉的钱外加 1 美元盈利。然后再从 1 美元开始重复整个过程，赢的时候再获利 1 美元。这样做唯一的问题是，在很多次加倍之后，赌注可能会大到你无力承担或超出赌场规定。

鉴于赌博有无数种可能出现的结果，想通过试错来寻找有效策略是不可能的。而从数学的角度来看，用枚举法逐个分析每种组合的结果也是痴人说梦，因为在无穷多种结果中，总会有新的结果需要被分析。好在数学理论的伟大贡献是：每条定理都适用于无穷多结果的特定系统②。通常来说，改变赌注大小的策略根本无法削弱赌场本身的优势。

回想起高中时预测轮盘转动的主意，我一边喝茶一边和其他学生争论：尽管所有概率优势都倾向于赌场，但你依然可以打败轮盘赌。基于这 6 年学到的物理学知识，我指出小球会在摩擦力的影响下逐渐

---

① 欧式轮盘只有一格绿色数字，并且在概率上有所提高，如果小球最后停在绿色的数字上，下注在红色或者黑色数字上的玩家只会输一半的赌注。

② 一个最著名的例子就是平面几何的毕达哥拉斯定理。其内容为：一个直角三角形，其两条直角边的平方和等于第三条边的平方。比如，一个三边长为 3、4、5 的三角形是一个直角三角形，同时 $3^2+4^2=5^2$；另一个例子是，$5^2+12^2=13^2$ 也是一个直角三角形。这样的直角三角形有无数多个，我们每次能检验一个三角形，但永远无法结束。但定理一次性概括了所有的三角形。

减慢其在圆形轨道上的速度，叠加重力作用后，它最终会向轮盘中心做螺旋下降运动，在此过程中，可以利用公式计算小球的位置。而轮盘转动的方向和小球螺旋下降的运动方向虽然相反，但轮盘的位置可以通过另一个公式进行测算。不过随机且不规则的因素（物理学家和数学家称之为噪声）会影响这些公式的预测水平。保守的观点认为，这些噪声足以改变整个系统的预测结果，但我对此存疑并决定找出答案。

幸运的是，那时候我还不知道几百年前著名数学家亨利·庞加莱已经从物理学上“证明”了预测轮盘结果是不可行的。他的证明很合理，在预测小球的最终位置上只假设了一些适当的随机因素。

当时我已经完成了博士学位所需的全部课程并且通过了笔试。在史蒂夫·莫斯科夫斯基教授的指导下，我正在征服通往博士学位的最后关卡——完成论文并通过答辩，论文的内容（原创的研究工作）是关于原子核的层状结构的。但要完成这些量子力学的复杂计算，我需要补充很多数学知识。在那个年代，加州大学洛杉矶分校物理系对学生的数学方面要求并不高，我在这方面的背景知识严重匮乏。而量子力学又和高等数学紧密相连，我发现在完成论文的过程中，所需的数学课程多到可以让我获得数学博士的学位。于是，我面临一个很有诱惑的选择——是否用比拿到物理学博士更少或与之差不多的时间转而取得数学博士学位，毕竟当时取得加州大学洛杉矶分校的物理学博士学位通常需要 10 年或者更久。

专注于攻读物理学博士学位的我不知不觉间已经很少联系薇薇安，也疏远了其他朋友。有一次，薇薇安给我寄了一张圣诞贺卡，写着“千万别这么见外”。于是我和她打了电话，几周后，我们将第一次约会的地点选在了好莱坞的一家艺术剧场里，我们一起欣赏了让·雷诺阿导演的影片《河流》。尽管这部电影好评如潮，但我们在看电影的时候感觉冗长乏味。离开剧场时，我们都感觉今天的约会可能是一场灾难。好在，在之后的消夜时光里，我们俩找回了曾经的友谊，还有一些新的感觉在心底萌发。当时我们已经有了充足的约会经验，意识到彼此是多么般配。就像薇薇安最爱的一本简·奥斯汀的小说里所写的——“我们最后终于认识到，我们想要生活在一起”。我很幸运，纵然家里催促她结婚的压力很大，对另一半抱着宁缺毋滥想法的薇薇安依然单身。

我们有许多共同点：热衷于阅读并且喜爱各种节目、电影和音乐；很想要孩子，也商量好了如何培养——教给他们所有想学的、教会他们思考而不是简单地接受专家和权威灌输的观念、鼓励他们选择自己的生活方式；性格上都有些内向，而我更明显些；都向往着学术生涯——和各种受到良好教育的聪明人打交道、教学、研究或旅行。我们很有可能不会很富有，但是能衣食无忧。对我们来说，最重要的是如何生活——与家人、朋友、同事和其他人分享时光。

我们有很多共性，也有不少相异之处。相较于数学和科学，薇薇安更喜欢文学、交际、心理学、艺术和戏剧。她有科学家般的清晰而有逻辑的思考方式，并将之运用于日常交际，我对自然界有合理而科学的理解方式。因而薇薇安能帮助我理解人际交往，我教她客观事物的原理，她则教我如何与人相处。

薇薇安的双亲——阿尔伯特和阿黛尔·斯尼塔相识于20世纪20年代的纽约。作为犹太移民，他们在美国既没有钱，也没受到过多少教育，但他们在这个陌生的国度努力工作，最终在生意上获得成功并跻身中产阶级。他们在几十年间帮助了不少来美国的亲戚，包括双方的父母以及10多位兄弟姐妹和他们的子女。薇薇安是她那庞大家族中的第一个大学毕业生，现在她将打破另一个传统，和非犹太信仰的人结婚。幸好，她的父母并不在意这一点。

阿尔伯特和阿黛尔对我很是热情，也乐意接受我成为家庭成员。有天晚上，我还闹出了个笑话。阿黛尔是一位传奇的厨师，她那天晚上做了一大份俄式甜菜汤配酸奶油、炖鸡肉辣椒、卷心菜和土豆烙饼配酸奶油等。在学生联合公寓生活了那么多年，那里的终极大餐不过是有奇怪甜味的马肉和作为餐后甜点的罐头桃子。在薇薇安家的这份大餐面前我比往常更饿了。阿黛尔客气地问我要不要再来一些，而挣扎于礼貌和美味之间的我大部分时候都在回答“好的”。就在我觉得晚餐即将结束的时候，阿黛尔端上了一大盘我从没见过的，叫作芝士薄卷饼的东西。我吃了两份，然后等着，毫无疑问阿黛尔又端上来两份，之后又是两份，再两份……我最终大概吃了二十来份，几乎吃光了她们家所有的薄卷饼。

同年 6 月，我拿到了物理学硕士学位，此后不久便向薇薇安求婚，她也欣然接受。薇薇安的父母愿意接受一个可能永远只能挣学术工资的穷女婿。我们同意了举办犹太式婚礼这个他们的唯一要求。不过新问题来了：哪位犹太教教士愿意主持我们的婚礼呢？最终，我们找到了人选：一位名叫威廉 · 克莱默的革新派犹太教教士。他 5 年前曾是美国参议院的专职牧师，在 1960 年主持了黑人明星山姆 · 戴维斯二世和瑞典女演员梅 · 布里特的婚礼，这场婚礼在政治上非常敏感，激怒了美国的保守派，致使肯尼迪总统亲自要求他们等到大选之后再举办婚礼（虽然他们并没有照办）。

戴维斯在几年前的车祸中失去了一只眼睛，他后来也皈依了犹太教。有一天在打高尔夫的时候，杰克 · 本尼问他：“你是什么地方有残疾？”戴维斯回了一句很著名的话：“我的残疾吗？我只是一个独眼的犹太黑鬼罢了[①]。”

几十年过后，还是克莱默教士为我的女儿们主持婚礼。他在前两桩婚礼上说道：“我很喜欢重复劳动，但请不要让我再等 34 年。”

婚礼很顺利，除了我邀请的一位敬爱的高中老师不断大声重复说：“我早就知道他一定会娶犹太人！”（他用了意第绪语中形容同地区犹太同胞的一个词。）还好，亲戚长辈们都装聋作哑，一切都很平静。

好在岳父母没有注意到我带去的家当：把手坏掉的手提箱，塞得满满的破旧衣物。因为常常混洗，衣服都变成了洗碗剂般的灰色，勉强能看出一点紫色、浅褐色和黄色。几年前，我和室友拼凑了 40 美元，买了一件哈里斯毛料的夹克衫，我们俩轮流穿着它去约会。如今他把属于他的那一半夹克衫送给我当结婚礼物。不过我倒是有好几箱要放在架子（临时准备的书架是用厚木板分隔开的混凝土格子）上的书籍，这是那个时代学生的标配。

1956 年 1 月我们结婚后，我开始研习数学学位的课程。薇薇安支持我的这次大胆赌博——跳过高等数学的背景知识课程直接进入博士论题，尽最大可能来填补课程知识的空缺。然而到了夏天，薇薇安努力工作还是不够负担家庭的支出，我们迫切需要额外的收入。汤姆·斯科特是工程学专业的学生，也是我在学生公寓时认识的朋友，他告诉我全国现金出纳机公司正在招聘员工。我填好表格，通过了面试，发现工资竟然有每周 95 美元（乘以 8 即 2016 年的美元购买力）！工作内容是教授公司员工们高等现代代数，而且可以自定教材。我选取了数学教育的经典课本——伯克霍夫和麦克莱恩的《现代代数论》

① 这句话在当年非常有名，山姆把“只有一只眼睛”、“犹太”和“黑人”三者并称为“残疾”，以讽刺当时种族歧视的状况。

（*A Survey of Modern Algebra*）。每次我都是先自学书上的内容，然后第二天再讲授给公司员工。

一次，汤姆·斯科特在美国全国现金出纳机公司的一位女性朋友邀请薇薇安和我去参加派对。她向我们介绍了坐着敲小手鼓的男朋友理查德·费曼。他当时 38 岁，是加州理工学院最负盛名的物理学家之一。费曼因获得诺贝尔奖以及通过冰水和橡皮圈[①]解释挑战者号 7 名宇航员丧生的悲剧而闻名全国。

我曾听闻费曼和拉斯维加斯轮盘赌的趣闻：他看到一位男子在轮盘赌上下注 5 美元，便告诉他和赌场赌博必输无疑，并且愿意充当赌场的角色互相赌一把。然后他们两位就一圈又一圈地玩轮盘，每次转轮盘前男子都会下注于“红色”或者“黑色”，如果中了，费曼就付钱给他，如果没中他就要给费曼钱。尽管这名赌徒明显处于不利地位，他还是赢了 80 美元，然后费曼退出了赌局。虽然扮演庄家角色的费曼最终一定会赢过那名赌徒，但他不愿意承担更大的风险。费曼就像是个只有 80 美元资金链的赌场，任何运气好点儿的玩家都能轻松赢光他的钱。如果这个故事是真实的，那么上至世界上最伟大的物理学家都没有意识到他需要一条坚韧得多的资金链来覆盖所承担的风险。理解并正确处理风险和回报之间的平衡对于所有赌徒和投资者而言都是最基础的挑战，但人们对此的理解都很糟糕。

如果世界上有人知道能否从物理学的角度预测轮盘赌结果，那么那个人一定是理查德·费曼。我在聚会上问他：“有没有打败轮盘赌的

---

① 费曼把和挑战者号上材料相同的一条橡皮圈放在冰水里以模仿挑战者号发射后高空的低温环境，橡皮圈冷却下来以后变得非常脆并且易碎，就像在挑战者号上那样很容易脱落。费曼在他的《费曼经典力学》（*Classic Feynman*，2006，拉夫·雷顿编辑，诺顿，纽约）一书中也讲述了这个故事。

方法？”当他回答没有的时候，我松了一口气继而干劲满满。这说明迄今为止，还没人解出我认为可以解出的问题。受此激励，我开始了一系列的实验。

婚后不久的某个晚上，薇薇安的父母前来与我们共进晚餐，不过我没参加。不久之后，他们就发现我在卧室里摆弄着一个可笑的V形木制槽轨。轨道的一边高于地板，我在翘起端的标记处放下弹珠，让它自由滚落到地板，并记录每次停下的位置。我告诉他们这是用于预测轮盘赌结果的实验。这个奇怪的机械装置和轮盘赌有什么联系呢？想象一下把轮盘上的圆形轨迹展开，它就变成了一条“直线”，然后把这条轨迹旋转一下就变成了“低谷”的形状。现在抬高这条轨迹的一端并在固定高度“放下”一颗弹珠（轮盘赌里的小球），弹珠下落时获得的速度就是轮盘赌里滚小球时“推”的那一下，只不过现在是用重力让它滚动而不是用手。弹珠因为摩擦力在滚过地板时逐渐变慢的过程就相当于轮盘里小球绕圈滚动逐渐变慢一样。我想探求预测弹珠停下位置的精度。这个粗糙的实验所得出的结果令我鼓舞，但对岳父母来说似乎不是这样。他们希望自己的女儿能嫁给医生或者律师那样的女婿。而现在他们在思考：这是一个什么样的女婿？

差不多一年后，我的一个富有的、年岁比较大的学生在得知我的这个兴趣后，送给我一个崭新的1：2的轮盘复制品。在薇薇安的帮助下，我用这个轮盘拍摄了旋转小球的运动录像，每段录像都用精度达1/100秒的秒表来精确控制每一帧的时间。预测的结果并不是非常准确，但是轮盘和小球有很多缺陷，如果赌场的轮盘上——正如我所期望的那样——没有这些缺陷的话，预测就能让我赢得赌注。薇薇安对我的轮盘实验有着异乎寻常的耐心，即使她认为这些实验占用了我本该用来完成博士论文然后去找一份全职工作的时间。但对我来说，就像小时候一样，这些实验就是科学游戏。其他人可能通过看书和看电影来放松，我就很享受这些实验的乐趣。显然靠这赚不到大钱，真正吸引我的是完成别人认为不可能做到的事情，用打趣一点儿的话来说就是——单纯的把问题解决带来的乐趣。

当轮盘实验在零零散散的空闲中缓缓推进时，我开始集中精力完成数学博士论文。我很幸运地在一开始就选择了安格斯·泰勒做我的指导教授，他既是一位天才数学家，也是一个很有天赋的老师。他和舍伍德合著的《微积分》(*Calculus*) 自 1942 年出版起就被广泛使用。我第一次知道他是在高等微积分课上，之后我又成了这门课的阅卷人(批改作业和考试)。泰勒待人真诚直率，是个眼睛炯炯有神的苏格兰人，上课思路清晰，能恰到好处地平衡理论、实例和问题，简直是课堂典范。

之后我向数学系申请助教职位，三位教授给我写了推荐信。几天后我在从院系助理那里借材料时，发现推荐信也碰巧在材料袋里。其中的两封信对我极尽赞扬，但泰勒的那封推荐信则写得很谨慎。他提到我让他彻底满意时总会多花一点儿时间，之后又加了一句尽管我的思考速度很快，但想法并不总是完全准确。我告诉薇薇安，我现在有些担心不一定能拿到这个职位了。

在院系主席最后面试我时他告诉我，前两封推荐信都很不错，我的履历也非常优秀，但是泰勒教授的那第三封推荐信将最终决定是否要给予我助教这个职位。我心里一沉，不过他紧接着说，泰勒极少会给学生写一封满口称赞的推荐信——如果他曾经写过的话。我立刻想到了父亲——为人很好但也吝啬赞扬：当我考了 99 分的时候，他会问为什么没考到 100 分。在泰勒教授的栽培下，我提前完成了博士论文，但没能赶上申请 1958 年春季的博士后。

在我四处寻找工作的一年里，加州大学洛杉矶分校数学系依然为我保留着讲师的职位。同年冬天，为了研究真实的赌场轮盘——当然，这只是部分原因，薇薇安和我在拉斯维加斯度过了圣诞假期。在那里，我仔细研究了好几个赌场轮盘，发现这些轮盘大多保养得很好，并没有明显的缺陷（至少从一定距离外看上去是这样的）。这些赌场轮盘使我更加确信物理预测是完全可能的，而我要做的就是找到一个等比例的轮盘和更好的实验器材。

第 4 章　拉斯维加斯

薇薇安和我之所以选择去拉斯维加斯过圣诞，仅仅是出于成本的考量。当地政府为了吸引更多赌客，已经将拉斯维加斯转型成比其他地方更为廉价的度假区。对于当时年仅 26 岁、只有数学博士学位的我来说，加州大学洛杉矶分校的工资实在是杯水车薪，实在不足以让我在拉斯维加斯的赌场里肆意挥霍。除了囊中羞涩，不去赌博也是我自身理智的判断：一直以来，我认为最有把握的致富方法，就是只在自己赢面大的事情上下注——无论是在赌场里，还是在投资领域。即使是在做了 50 多年投资经理后的今天，我也仍然坚信这一点。我从未听闻有人能够战胜赌场，因此在拉斯维加斯赌博一直不是我假期的优先选项。

1958 年的我是完全无法想象这座城市今日繁华的景象的：金碧辉煌的豪华酒店接二连三地出现；林立的高楼前车水马龙，不分昼夜。过去那些传奇赌场现已无迹可寻，比如沙滩赌场（the Sands）、沙丘赌场（Dunes）、里维埃拉（Riviera）等；那种暴徒掠夺现金式的赌场作坊，也被市值几十亿美元的上市公司所取代。那时候，赌城的高速公路远不如现在拥堵，公路两侧只是零星散落着十几家只有一层楼高的“一体化酒店赌场”。酒店彼此相隔百码有余，放眼望去只有漫漫黄沙和野草。

在我们出发去拉斯维加斯之前，同事罗伯特·索舒弗雷教授向我介绍了一种玩21点的新策略[①]，据说能取得所有赌场游戏中最高的玩家胜率优势（最低的庄家优势）。玩家胜率排在第二的是一种叫百家乐的游戏，庄家的优势只有1.06%；再次是掷骰子，有时候庄家的优势可能降至1.41%。而这种新的21点策略能够把庄家的优势压低到0.62%，几乎可以算作完全公平的赌博了。所以我决定花上几美元来体验一下。这个新策略是4位数学家在参军时设计出来的，涵盖了玩家可能会遇到的几百种决策。我将它的核心原理浓缩到一张巴掌大的卡片上。在此之前，我唯一的赌博经历仅仅是向老虎机里扔几个硬币。

入住酒店后，我们直奔赌场。在密密麻麻的酒徒、烟民和老虎机之中，我找到了两排玩21点的赌桌。这两排桌子分列在走道两侧，中间放置着各种筹码和多余的卡牌，服务员站在桌边给玩家和看客供应鸡尾酒，赌场的管理员则监视着这里发生的一切。当时还只是下午，赌桌大多没有坐满。我找了一个位置，把所有的筹码——10个银色硬币——放在赌注栏里。这一把我并不期望赢钱，毕竟庄家仍有微小的优势。而且作为新手，我只希望收获一些赌桌经验，例如帮助我之后设计准确预测轮盘赌的方法。当时我对赌场的历史、运作方式等几乎一无所知，这么干就像一个只看过一眼食谱却从未进入过厨房的人，大言不惭地想要做菜。

我准备玩的21点又称“黑杰克”，游戏规则基本上和1601年塞

---

① 参见：鲍德温（Baldwin），et al（1956）：https://www.sciencedirect.com/science/article/pii/0308521X77900208。

坦提斯的一本小说中记载的西班牙 21 点游戏无异。在 18 世纪中期的欧洲赌博热潮之中，法国人叫它“Vingt-et-un”。20 世纪这一游戏进入美国游戏体系后，一些特殊的牌型有时会被给予额外的奖励，比如当玩家的前两张牌是黑桃 A 和 J 时，可以赢得 10 倍的赌注。虽然这个额外奖励的设计很快就被取消了，但是“21 点”的名字却沿用至今，并且能任意组成 21 点的牌型——1 张 A 加上 1 张面值为 10 的扑克牌（10、J、Q、K），现在也都被称作“21 点”（黑杰克）。

庄家会根据下注情况给每个人发两张牌，同时也给自己发两张。不过庄家的第一张牌是正面朝上的明牌，另一张是背面朝上的暗牌，暗牌放在明牌的下面。然后他会从左开始，依次询问每位玩家是否要加牌。

不论是庄家还是玩家，赌博的目标都是尽可能地让手头的扑克牌点数接近 21，但不要超过 21。一旦超过 21 点就会立即被视为爆牌而输掉赌局。不同牌的点数计算为：A 既可以算作 1 点也可以算作 11 点；10、J、Q 和 K 都算作 10 点；其他牌（2 到 9）的点数等于其面值。庄家必须一直要牌直到他手中的牌总和不小于 17，此后，庄家便不能再要牌。而玩家可以任意选择要牌与否。庄家的赢面在于玩家先承担爆牌的风险，一旦爆牌即刻输掉。即使庄家的牌最后也超过了 21 点（即理论上的平局局面），也仍然算玩家输掉该局。因此复制庄家策略的玩家会有 6% 的劣势。

但同时，庄家有固定的要牌规则，而玩家没有。这种不对称性选择给予了玩家更多玩法，让玩家有机会左右局势。其中一种选择是，如果玩家最早拿到的两张牌点数相同，比如一对 9（9，9），那么玩家有权利选择将两张 9 拆开，再在拆开的第二张牌上等额下注。如此一来，玩家相当于同时玩两手牌。但不是所有的对子都应该拆开：如果是一对 8，那么拆开的结果一般都很好，而如果是一对点数为 10 的牌，拆开反而不理智。玩家的另一种选择是给赌注翻倍，即在开始时拿到的两张手牌的基础上，仅仅多要一张。这叫作翻倍（doubling down）。不同于庄家的是，玩家可以自由选择是否继续要牌。

我入局时，赌桌上的玩家一直在输钱。我有点儿担心：如果在游戏中参考手中的卡片，会不会被踢出局？庄家会不会禁止我看卡片？事实证明，这些担心都是多余的，真正需要担心的是会被嘲笑。当我不时因为看卡片而耽误进度时，庄家会施舍般地给我一些“有用的”建议，还不时地跟周围的看客表示他在和一个从没见过世面的乡下佬玩。旁观的人看着我不合常规的赌法窃笑：有谁会在庄家明牌是 A 的情况下，拆开一对 8 来使自己输钱的风险翻番呢？是怎样愚蠢的人会在庄家的明牌只有 4、手牌总和是 12 的情况下就停止要牌呢？看上去我那 10 个银色硬币很快就会全部输光。事实又会如何呢？

我无视周遭的干扰，不慌不忙地冷静分析，成功地保持着手中的筹码不增不减。开局时我拿到了一张 A 和一张 2，既然 A 可以作为 1 或者 11，我的总和现在就是 3 或者 13。然后我抽到了一张 2，紧接着一张 3。现在手牌变成了 A、2、2 和 3，所以总和是 8 或者 18。而庄家的明牌是 9，有可能另一张牌点数为 10，所以庄家的总和是 19。一般来说，这种情况下，手牌点数为 18 已经很不错了。一般的玩家会认为只有傻瓜才会冒着破坏现有牌型的风险继续要牌。但是手中的策略表告诉我应该再要一张，我也选择遵从卡片的建议。随着愉悦的围观人群中传来一阵啧啧声，我拿到了一张 6。那目前我手中的 A 必须要算作 1，总和变为 14。“他活该！”一个旁观者说道。我的第六张牌拿到了一张 A，使总和变为了 15。“你活该爆牌！”另一个旁观者嘟囔着。然后我拿到了我的第七张牌。是一张 6！所以我现在有 A、2、

2、3、6、A、6，总和为 21。这局面出现的概率真的非常小。

从震惊中回过神来，几个看客说我能赢得 25 美元的额外奖励。但是庄家并不同意，因为这个规则只有在里诺（Reno）等少数几个地方才有。虽然并未听说过这样的规则，不过有趣的看客们都留下了我放弃 18 是因为预见能要牌要到 21 的印象。谁知道呢？他们应该付钱给我，不过当然不可能。只是之前那些幸灾乐祸的旁观者的态度马上变成了关心、尊敬，甚至有点敬畏①。

15 分钟后，我在输掉了手中的大部分钱（8.5 美元）后退出了。薇薇安很惊愕我会沉迷于 21 点，虽然不是通常意义上的沉迷。但是那天之后，赌桌旁笼罩的无知和迷信使我明白，即使是优秀的玩家也并不理解这个游戏背后的数学原理。于是我回到家中，想要寻找一种能够获胜的方法。

如果我知道更多的关于赌博的历史，以及多少个世纪以来对赌博游戏的数学分析，我可能不能“攻下”21 点。任何见证了拉斯维加斯盛况和赌博业繁荣的人都明白，这繁荣把博彩业和赌场带进了美国的大部分土地，代价就是人们每年都在输数以十亿计的美元。对于大部分的赌博游戏来说，数学家已经证明了降低庄家的胜率是不可能的。一代代的赌徒都试图寻找这种不可能的办法。玩家对久赌必输的必然性感到困惑，因为每隔一段时间，总有人会成为幸运儿获利。

这适用于所有能够计算胜率，而且每次结果相互独立的赌博。在不借用预测工具的情况下，抛硬币、掷骰子、基诺、轮盘赌和财富轮都是很好的例子。而赛马和股票则不同，因为你无法计算概率，并且其他玩家的下注行为会影响你的收益。

---

① 关于 21 点的详细规则和有关这段经历的原始记录，详见《击败庄家》（*Beat the Dealer*）一书。

一直以来人们都确信赌场一定能从长期的赌博中获利，因为如果有人能够攻克21点，赌场会选择改变游戏规则或者放弃这项游戏。但是这两者从未发生过。鉴于我能够成功地预测轮盘赌，我并不准备接受这些关于21点的言论，反而觉得自己应该去探寻对玩家有利的系统性方法是否存在。

第5章　征服21点

涉足21点并非为钱。虽然这肯定能赚到外快，不过我和妻子薇薇安已经习惯于朴素的学术生涯。21点的魅力在于，只要单纯地坐下来思考，就能想出获胜之道，而且强烈的好奇心也驱使我探索未知的赌博世界。

从拉斯维加斯回来后，我立即来到加州大学洛杉矶分校的图书馆，从数理统计专区里挑选出研究赌博策略的书籍，迫不及待地进行研究。学界认为赌博的获胜策略是不存在的，但是作为数学家的我不知道原因何在。可以确定的是，概率论在400多年前人们研究概率游戏时出现了雏形。在之后的几个世纪里，寻求获胜策略的尝试大大加速了概率论的发展，最后人们终于发现在大多数情况下，赌博的获胜策略是不存在的。不过我还是老样子——只接受经过自己检验的结论。

在满脑子都是方程的时候，我突然意识到自己发现了获胜策略，而且能够证明它的存在。我从赌场惯用假设开始推理：每张牌被分发的概率是均等的。这将使得21点里赌场的胜率仅仅比玩家高0.62%（也是所有赌博中双方胜率最接近的差值）。但我认为，随着赌局的进行，每张牌出现的概率实际上都取决于它在牌堆里的数量。因此双方的胜率差异会随着赌局的进行而变化，时而倾向赌场，时而倾向玩家。那么，玩家就可以相应地投注。根据高等数学课程[①]中的理论，我相信玩家的胜率优势会经常出现，而且也确实有些玩家在赌桌上精炼并运用这些信息。

我决定从排除玩过的牌入手，快速计算最佳策略的胜率，并且在有利时多下注，不利时少下注。赌场可能赢走小赌注，但是我会赢得大赌注。如果在胜率明显时敢于下足够的赌注，那我就能将优势保持到最后。

离开图书馆后，我在家继续思考获胜策略的后续步骤，还写信给罗杰·鲍德温（21点研究文献的四位作者之一），询问他计算的详细过程，并表示我希望延伸21点的研究分析。几周后，他慷慨地把计算原稿都寄给了我。这满满当当两大箱的数千页实验手稿是作者们在服役闲暇里，用台式计算器运算的计算过程。1959年春，在努力完成加州大学洛杉矶分校的教学要求和科研任务的同时，我终于掌握了21点分析的各个细节，兴奋地加快了获胜策略中海量计算的步伐。

在不知道哪些牌已经玩过时，鲍德温的策略无疑是最佳的。他们的博弈策略基于只使用单副牌的21点规则（不过这是当时内华达州唯一的玩法）。其研究也表明，赌博专家的建议不仅无效，还会让赌场增加2%的优势。

21点的策略表必须告诉玩家如何应对庄家的10种不同手牌以及玩家所有55种手牌的组合。在寻求应对这550种不同组合的最佳策略时，你需要计算所有后续牌面的可能性及其对应的回报率。每一局

① 测度论，系概率论和统计学的基础。

牌可能有数千种，甚至上百万种打法，因此在这 550 种可能的组合情况下，整副牌的计算量非常惊人。如果你拿到的是一对，那策略表必须涵盖是否应该分牌，以及是否需要加倍（即赌注加倍且再要一张牌），而最后则应判断是否继续要牌。在找出获胜策略后，我打算把这些复杂的计算浓缩成一张小卡片，就如同当时描述鲍德温策略一样。这么做能直观地提醒我如何应对 550 种不同情况。

鲍德温小组的计算结果都是近似的（如果用台式计算器求解精确值，可能一辈子都算不完）。我在 1959 年面对的工作量则更为巨大，因为需要推断出数百万种残余牌堆①的相应策略。举例来说，按规则，庄家以烧牌（burning）开局，即把这张牌面朝上放到整副牌下面，作为一局牌结束的位置②。此时牌堆里还剩下 51 张牌③，根据点数不同（A、2……9、10），被“烧”的牌有 10 种不同情况。这对于牌局有何影响？我们可以运用鲍德温的分析策略，为 550 种剩余情况做出策略

---

① 在 52 张牌里我们可以选择一个子集。例如抽走 0 张、1 张、2 张、3 张或者 4 张“A”，类似地，从 2~9 里也各自有 5 种取法。那么从牌面是 10 的 16 张牌中抽牌就有 0~16 共 17 种取法，因此总数是 5 × 5 × …… × 5 × 17–1（其中有 9 个 5，即对应 A 到 9 的 5 种取法），即有超过 33 000 000 种余下的牌（减 1 减去的是每种牌面抽出的都是 0 张牌，代表没有余牌的时候）。如果用 8 副牌的玩法则是 33 × 33 × …… × 33 × 129–1，即大约有一千万亿种（1 后面 15 个 0）余牌情况。

② 把第一张扑克牌正面朝上放到牌堆底部的某处，然后一直用这副牌继续赌局，当发牌发到这张正面朝上的牌时，此轮赌局结束，然后就将重新洗牌再开始之后的赌局。这样，这张正面朝上的牌以后不会被用到。这种方法能够比较有效地最大限度地利用牌堆而不用反复洗牌，因为洗牌会增加赌局间等待的时间从而减少赌场的利润。——译者注

③ 这是枚举法。一副牌有 52 张，因为要拿出一张作为“烧”牌，所以这张牌的信息是所有人都知道的，拿掉这张被“烧”的牌后，局面上剩余 51 张牌。同时，被取走的“烧”牌有 10 种可能，这是下文中有 11 张策略表（10 种烧牌 + 原策略表）的缘故。——译者注

表。那我们就有 11 张策略表，即对应完整牌堆的 1 张策略表，加上对应缺失（被“烧”）牌的 10 种可能性的 10 张策略表（每种可能性各有 1 张策略表）。

接下来，假设我们确定有 2 张牌缺失，那么余下 50 张。而这 50 张牌有多少种可能性呢？从完整的一副牌里取走 2 张有两类情况。其一是取走 2 张不同牌面的情况，有 45 种可能性：（A，2）、（A，3）……（A，10）；（2，3）、（2，4）……（2，10）等，以此类推。其二是取走相同牌面的情况，有 10 种可能性：（A，A）、（2，2）……（10，10）。所以总数是 55 种。这就使得后续需要再计算 55 种情况，也就需要多 55 张策略表。如果还是用台式计算器计算，每张策略表大概需要鲍德温小组花费 12 年之久。我们可以按这个思路对每种可能性进行计算。整副牌有 52 张，因此总共有 3 300 万种残牌情况，因此也就需要这么多的策略表，这简直就是天文数字[①]。

面对这个需要 4 亿年才能完成的计算工程，以及足够装满 5 英里长火车的策略表，我尝试简化这个问题。我猜测残余牌堆中玩家的胜率优势主要依赖于各类牌的比例，或者说是每类牌在残余牌堆里的百分比，而非数量。

这想法被证明是正确的。比如 40 张牌里有 12 张 10 点、30 张牌里有 9 张 10 点和 20 张牌里有 6 张 10 点，这三种残余牌堆里的 10 点都具有相同的比例，即十分之三，或者说 30%。在计牌时，重要的是每类牌留下的比例，而非数量。

我从研究取走特定牌面后的策略和胜率变化着手。首先取走 4 张

---

① 对于那些喜欢计算的人来说，假设每个策略表都写在一张一美元的纸币上，每张纸币的体积以 1.08 立方厘米计算，策略表的总体积可以达到 37 立方米。如果是 8 副牌的玩法，策略表的体积就会达到 6.5 立方千米。

A，计算其对应的各种可能性和博弈结果；随后改为取走 4 张 2，再次进行计算，然后是取走 4 张 3……直到所有牌面都被检验一遍。

这项工作始于 1959 年春。1958 年 6 月，我取得博士学位，开始在加州大学洛杉矶分校执教。因为博士毕业的时间比我和导师安格斯·泰勒预计的要早，所以我当时还没寻找博士后教职（我本打算过一年再开始寻找）。泰勒教授安排了我在加州大学洛杉矶分校的临时教职，并在次年帮我推荐了合适的职位。其中，我最中意的是麻省理工学院的克拉伦斯·雷米尔·以利沙·穆尔的讲师职位（Clarence Lemuel Elisha Moore Instructor-ship）和纽约州斯克内克塔迪市通用电气公司（General Electric Corporation）的工作。在通用电气公司的工作主要是运用物理学背景对太空项目进行轨道计算。虽然这份工作很有诱惑力，但是相较于学术界生活，我可能没有时间研究自己感兴趣的课题。我也憧憬着将来在大学成为教授的生活，因此最终选择进入麻省理工学院，将它作为学术生涯的新起点。

我在 1959 年进入麻省理工学院。为了去剑桥，我在警局的黑车拍卖会上以 800 美元拍得了一辆老旧的黑色庞蒂亚克牌（Pontiac）轿车。在挂载了装满生活用品的拖车后，我开着它跨越了整个美国。当时，我的第一个孩子即将在两个月后出生，所以在我去马萨诸塞州的剑桥布置新家、做暑期补助时，薇薇安和我的岳父岳母依然留在洛杉矶。麻省理工学院的暑期补助持续到 8 月中旬，那时候离薇薇安的预产期已经很近了，所以我很担心不能及时赶回去。整个夏天，薇薇安和我都几乎每天通话。幸运的是，她的产检结果一直都很好。

两位正在访问加州大学洛杉矶分校的日本数学家恰好要去纽约。我很乐意载他们一起走，这样我就能和他们轮流驾车。不过凌晨 1 点，在俄亥俄州的某条偏僻的高速公路上，我在睡梦中被急刹车声惊醒。

我们的车在离一头慢慢穿过公路的大奶牛数英尺的地方停了下来。由于只有轿车有刹车，拖车又增加了整体质量，因此刹车距离加倍了。虽然出发前我就详细强调了这一点，不过显然没有达到预期效果。我只能一边忍受着疲劳，一边驾驶余下的路程。

在到达剑桥时，有不少问题需要解决。我从没来过大波士顿地区，在这里没有熟悉的朋友。绝大部分教职工夏天都回家了，不过系里还是给我找到一处优质的出租房——剑桥的一户老旧而宽敞的三层民房底楼。因为从未实地查看过房屋，房屋面积远远超出了我的预料。另外，我很高兴地发现，女房东非常客气。她是一位来自爱尔兰的寡妇，和五个儿子中最小的两个住在一起。

我白天进行学术研究，晚饭后穿过几乎空无一人的教学楼去计算器室。从每晚 8 点到黎明前，我在那里使用梦露计算器进行 21 点的策略计算。这些电动机械的计算器看上去像大号的打字机，工作时不断发出嘈杂的声音，它们可以加、减、乘、除，功能类似于今天最简单廉价的口袋计算器。当时没有空调，在剑桥潮湿的夏夜，我经常赤膊上阵，房间里不断传来手指敲击键盘的噼啪声和计算器工作时的隆隆声响。

有天清晨大概 3 点，我准备回家时发现停在老地方的车不见了。在我返回教学楼准备报警时，一位友善的夜猫子研究生告诉我，可能是警察拖走了车。我立即打电话和警察局确认，发现确实如此，电话中我指出这是合法停车，当值警员解释说他们每晚都看到这辆车出现，所以觉得有问题。我急匆匆地跑到市中心的夜间法庭激动地上诉，法官却威胁说我再多讲一个字就会被处罚 100 美元。那位好心的学生（也是载我去夜间法庭的夜猫子）告诉我警察和拖车公司有协议，加急取车需要加钱，我只能在次日早晨从拖车厂取回轿车，并被罚款 100 美元。这是我一周的薪水。呵呵，欢迎来到波士顿。还好这里风景不错，而且科学、教育、文化和艺术都很有底蕴。

几周后，计算结果已经堆积如山（如果用手算可能需要成百上千年）。然而即便我采用了高效速算，这段时间的进展还是有些缓慢。此时我得知麻省理工学院有一台 IBM 704 计算机，而且教职工有权使用。我立即向计算机中心借来 FORTRAN 编程语言教材进行自学。

1959 年 8 月，我在第一个孩子出生前 4 天飞到了洛杉矶。在得知未出生的孩子将是女儿时，我们苦苦思索了好几个星期，不知道该给她起什么名字。于是我们求助于薇薇安的弟弟——雷。他是加州大学洛杉矶分校语言学的学生，在英语上有独特的天赋，并且将从事法律相关职业。他建议给她取名为“瑞安”，因为在发音上和它押韵的“黎明”和“小鹿”都是充满活力的形象。虽然我们夫妇都没听过这个词，不过我们都觉得很棒，取名活动终于告一段落。

1 个月后，我和薇薇安以及我们的小宝贝回到了麻省理工学院，开始了我的教学和科研生涯。麻省理工学院不论在当时，还是现在，都拥有全球最好的数学系，那里的年轻教职员工们为此贡献甚多。我每学期教两门数学类课程，这样，我每周有 6 小时用在课堂教学上，备课时间大概是每周 12 到 15 小时，另外还需要在办公室里辅导学生，布置、批改作业和阅卷也需要时间。科研上，学校要求我们在学术期刊上发表原创性工作成果。在投稿后，专家会匿名审阅学术论文并决定它的去留。被拒是常有的事。怀揣学术理想的同事们，深谙“出版或死亡”的道理。尽管如此，我还是坚持在 IBM 704 计算机上编辑、修改模块（或说“子程序”）的代码，继续开展对 21 点牌堆“任意子集”的研究。

IBM 704 是早期的大型计算机，是 IBM 最成功的产品系列之一。

在当年，要通过特定卡片（大概和1美元纸币尺寸差不多）上打出的孔的式样来读取输入的计算机指令。每张卡片上有80列长方形标记，每一列有10个。我通过专门的打孔器对卡片打孔，每次用一张卡，就像在打字机上打字那样，只不过区别在于每次敲击键盘，打孔器就会在当前列打出按键对应的小孔式样并自动换到下一列。每一列不同的孔数和次序，代表了不同的数字、字母或者标点符号。

我在计算机中心留下了用橡皮筋捆扎的成堆卡片，工作人员会将其输入IBM 704并取得运算结果。不过每次运算都需要等好几天，因为学校的这台计算机是和新英格兰地区的30所大学（例如阿默斯特学院、波士顿学院和布兰代斯大学）共享的。

21点策略的研究进度在我掌握了这奇怪的新语言后大大加快了。我把解决问题的计算机代码分成了好几部分（或者说子程序），对每部分都进行仔细测试、修正和交叉检验。周复一周，月复一月，我慢慢地把所有部分都完成了。1960年，我终于将所有部分都整合在了一起。第一次运行整个程序时，结果表明在玩家不计牌的情况下，如果没有主动失误，那么赌场的胜率优势是0.21%[①]。所以这个游戏对双方而言几乎是公平的。即使计牌也不见得会给玩家增加多少胜率。不过，即便是使用IBM 704，它也无法在有限的时间内计算出所有精确的数值，所以在某些问题上，我还是采用了近似值。我也清楚地知道使用近似值会对玩家的胜率产生轻微的低估，因此在实际情况中，玩家的实际胜率比我用计算机运算的结果要好一些。

不过随着计算机技术的不断进步，我的近似值也逐步被更精确的数值所代替。1980年，计算机的运算能力终于能达到精确计算的要求，

① 鲍德温小组在后续研究中指出，他们曾经认为赌场优势是0.62%，而这一数值其实应该是0.32%。这是计算失误所导致的。

我按照当年的著作《击败庄家》里用单副牌玩 21 点的规则[①]来计算，玩家最终将取得 0.13% 的胜率优势。玩家如果采用我提出的策略，在不计牌的情况下也始终可以拥有比赌场稍高的胜率优势。不过我的策略的真正优势不仅能应用于完整的牌堆，而且能应对各种不同的残牌组合。

于是我借助计算机继续探索未知的领域：分析剩余牌堆里仅缺失 4 张 A 的结果，将之与完整的牌堆比较，就能了解 A 在 21 点里的作用。几天后，我激动地拿到了计算机输出栏里的那堆厚厚的运算结果（巧合的是，这项研究就像是用一种卡片来研究另一种卡片游戏）。IBM 704 计算机 10 分钟的计算量相当于常人 1 000 年的手算效率。我兴奋地看着这堆卡片，它们要么证明我是对的，要么使我探寻获胜策略的希望彻底破灭。运算结果是，取走所有 A 后，玩家的胜率优势将变成 –2.72%，比原本整副牌 0.21% 的劣势又多了 2.51%[②]。虽然这大大增加了赌场的胜率，不过对我而言却是个好消息。

这个结果有力地证明了我在加州大学洛杉矶分校图书馆时的观点——21 点是可以掌控的，也就是说，随着赌局的进行，玩家和赌场间的胜率优势将有明显的往复变化。并且，大量计算证明，取走各个不同的牌面会对胜率优势产生确定的相应影响，反过来说，如果特定牌面的比例上升，胜率优势则会反向等量变化。举例来说，相较于有较少“A”的牌堆，在有较多“A”的牌堆中，玩家的胜率优势提升明显。假设牌堆里“A”的比例是最初的两倍，比如玩到后期 26 张牌

① 不同赌场间的 21 点玩法各异，我选用的是最经典的规则。

② 优势和劣势。– 0.21% 的优势相当于 0.21% 的劣势，优势减少等同于劣势增加。——译者注

（半副牌[①]）里还留有 4 张“A”，则玩家的胜率优势将增加 2.51%，即算上正常情况下初始的 0.21% 的劣势后，净剩 2.30%。

每隔两三天，我就会从计算机中心取回不同残留牌堆里的计算结果（每个结果需要常人手算 1 000 年）。很快，我就掌握了整副牌里取走任何 4 张同类牌面[②]的影响。对玩家来说，4 张“A”被取走是最糟糕的，其次是 4 张“10”（使赌场增加了 1.94% 的胜率优势）。不过取走“小牌”，即“2”、“3”、“4”、“5”和“6”能够在很大程度上帮助玩家。其中，取走 4 张“5”是最好的，这将使胜率优势从倾向赌场的 0.21% 剧烈变化为倾向玩家的 3.29%。

这样，我就可以构建基于记牌的获胜策略。麻省理工学院的 IBM 704 计算机基本上求出了所有缺失单一牌面的影响，这使我开发出“算 5 法”（Five-Count System）和“算 10 法”（Ten-Count System）的大致思路，也在很大程度上促使我制定出了 21 点的终极策略。我们可以量化每张牌对游戏的影响程度，如将 A 记作 –9、将 2 记作 +5……将 10 记作 –7。不过复杂的数字不利于赌场速记，因此需要适当简化。在考量了记忆难度和获胜率后，最佳策略是将小数牌（2、3、4、5、6）记作 +1，中等大小的牌（7、8、9）记作 0，而大数牌（10、J、Q、K）记作 –1。从计算结果上看，这个方法可以算出目前几乎所有其他的 21 点算牌法可以算出的细节。

直观地说，这些结果很有意义。例如庄家牌面是 16 点，他必须去要牌。如果因拿到大牌而爆点那他就输了，但是如果拿到小牌就能继续游戏，而拿到 5 是最佳情况。所以他的胜率优势取决于残余牌堆

① 在半副牌里剩余 4 张 A 的可能性大概是 5.5%。

② 后续更精确的计算显示胜率对玩家更有利。这些结果也受到赌场规则变化的影响。详细情况请参考索普（1962，1966）、格里芬（1999）、王（1994）的相关研究。

里大数牌和小数牌的多寡。另一个例子是，牌堆里有较多的 A 和 10，会增加拿到 21 点的概率。此时，玩家和庄家拿到 21 点的概率都是 4.5%，但是玩家能获得 1.5 倍赌注，而庄家只能获得 1 倍赌注，因此在这类情况下玩家具有明显的优势。

计算牌堆里 5 的张数就是一个很简单的获利模式。假设玩家在残余牌堆里还有 5 时少下注，在没有 5 时多下注，而 5 在残余牌堆里的出现概率会随着游戏的进行而减少，当残余牌堆只剩下 26 张时，里面没有 5 的概率大约是 5%，如果残余牌堆只剩下 13 张，那么这一可能性将提升至 30%。此刻玩家的胜率优势达到 3.29%，所以从统计上看，下重注较为有利。

在真实的赌场里，我通过考量 10 在牌堆里的百分比变化情况，建立了一条更有效的获胜策略。虽然计算表明一张 10 的影响比 5 小，但是 10 的数量是 5 的 4 倍[①]。因此 10 的百分比波动往往会给玩家带来更好的获利机会。

1960 年夏天，在我们驾车从波士顿去加利福尼亚的途中，我努力说服了薇薇安在拉斯维加斯短暂停留，以实测算 10 法策略。我带着 200 美元[②]（相当于 2016 年的 1 600 美元）和一张手写的新策略小卡片进入了市中心弗里蒙特街的一家赌场。我打算先不看卡片，以避免被荷官注意。这张提示卡凝聚着我的心血，上面不仅有应对庄家的各种明牌策略及下注范围，还有残留牌堆里 10 的百分比变化和游戏胜率变化的对应关系。博弈开始，这副完整的牌堆里有 36 张非 10 和 16 张 10，所以这两者的初始比例，即非 10/10=36/16=2.25。

---

① 10、J、Q、K 都被算作 10，因此 10 是 21 点游戏中最主要的牌点数。——译者注

② 本书时间横跨超过 80 年，因此不同时期美元的购买力差异巨大。读者有兴趣可以通过附录 A 折现。

薇薇安坐在我边上，她每次都象征性地下注 25 美分。随着游戏的进行，我一直留意 10 和非 10 的残余数量和对应的比值。每次我需要下注时，我都将该比值与最初的 2.25 比较（比值小于 2.25 表示残余的 10 较多）。在比例达到 2.0 时，玩家将拥有 1% 的胜率优势。在每次比例小于 2.0 时（即玩家拥有大于 1% 的胜率优势时），我就根据胜率优势的多寡适当投注 2 美元到 10 美元，在其他情况下我投注 1 美元。

薇薇安紧张地看着我接连输了 32 美元。此刻，庄家轻蔑地说："我劝你还是再增加些筹码，因为你很快就需要它们了。"薇薇安也劝我离开这里。虽然输了钱，但是我为自己不借助策略卡而能跟上赌场的速度使用算 10 法策略而振奋。其实输 32 美元也在我的策略计算之内，因此我对自己的策略确信无疑。想到已经没什么可验证的了，我就带着薇薇安离开了赌场。虽然输了钱，但是我验证了自己的智慧。

麻省理工学院数学系的朋友们听闻我的研究结果和实测结果时都震惊了。一些人建议我马上把成果发表，以免被人抢发或者窃为己有。这个道理我也懂，毕竟我以前亲身经历过学术成果被剽窃。那时候我还在加州大学洛杉矶分校，导师安格斯·泰勒建议我请某位加州著名的数学家审阅我的学术成果[①]，但我一直没收到回复。11 个月后，在南加州举办的美国数学协会（American Mathematical Society）研讨会上，泰勒和我惊讶地发现，这位数学家演讲的内容就是我的学术成果，而且他把我的工作纳入了他署名的原创性研究，即将发表于某著名数学期刊上。我们都惊呆了。泰勒熟谙科研伦理，又是有经验的数学家，他后来成了加州大学系统的学术副主席。但是在当时那个情况

① 该发现是泛函分析中的一个例子，泰勒教授和那位数学家都是该领域的专家。

下，他也不知如何是好，所以我俩都没有采取任何行动。

在科学史上，特定的时刻会出现特定的研究进展，有时候几位独立的研究人员会在非常接近的时间点同时发现某个理论。著名的例子有：牛顿和莱布尼茨发现微积分、达尔文和华莱士发表演化论。5 年前研究 21 点策略还是相当困难的，但是随着计算机技术的大幅发展，这个课题的研究可行性将越来越高。

另一个需要尽快发表研究成果的原因缘自于一个有名的现象——如果你知道某个问题可以解决，它通常将更容易解决。因此即使我只是把研究口述给他人，也迟早会有人得出我的结论。我最初了解到这个现象是在大学时看的科幻小说里。剑桥大学的某位教授班里有迄今为止最优秀的物理系研究生：他将班里的 20 人均分为 4 组，分别布置他认为最难的课后作业。因为同学们都知道他有答案，所以他们一直坚持做出最完美的回答。最后教授为了增加难度，就说俄罗斯人已经发现如何消除重力，希望学生们在课后作业里展示其原理。一周后，两组学生（总数的一半）展示了他们的结论。

为防止我研究 21 点的工作发生类似情况，我倾向于在《美国国家科学院院刊》(*Proceedings of the National Academy of Sciences*) 上发表成果。我主要考虑的是这本杂志审稿最迅速（大概 2—3 个月），且具有相当的学术影响力。不过这需要院士的推荐，因此我找到了当时麻省理工学院的唯一一位数学院士——克劳德 · 香农教授。克劳德先生因创立信息论而享有极高的学术声誉，这也是现代计算机、通信和衍生技术的奠基石之一。

院系秘书在中午勉强帮我约到了不太情愿的香农[①]，还告诫我香农

① 那天是 1960 年 9 月 29 日，我记得当晚我把会面的细节写在信上，寄给了数学家朋友伯特霍尔德 · 施魏策尔。

只有几分钟的时间，所以要尽量减少理论解释，而且他也不会多听不感兴趣的东西。我带着一丝敬畏和兴奋，敲开了香农的办公室。他是一位有些消瘦又机警的人，中等身材，五官分明。我简短地向他展示了自己的21点策略和论文。

香农详细地询问了我各种细节，一方面了解我分析游戏的方式，另一方面寻找可能的瑕疵。原定几分钟的会面变成了一个半小时的愉快对话，其间，我们还在麻省理工学院的咖啡厅一起吃了午饭。他指出，论文结尾部分表明本研究对该课题有突破性的理论进展，但是仍然可以在细节上详细阐述。他建议我把论文题目从“21点的获胜策略”（*A Winning Strategy for Blackjack*）改为“21点的有利策略”（*A Favorable Strategy for Twenty-One*），因为这样，标题更学术，容易被科学院接受①。此外，学术期刊大多惜字如金，院士每年只能提交一定页数的论文，因此我只能不情愿地接受香农压缩论文的建议。我们快速定稿后，他直接把论文寄给了科学院。

回到办公室，他问我是不是对其他赌博也有研究。短暂的犹豫后，我决定告诉他另一个大秘密——我向他分析了轮盘赌的可预测性，并且告诉他我还打算做一个能藏在衣服下面的微型预测计算机。讨论中，针对我已有的进展，许多方案和设想如同头脑风暴般涌现。几个小时后，剑桥天色已暗，我们意犹未尽地结束了预测轮盘赌的第一次探讨。

同时，我也打算在华盛顿D.C.召开的美国数学学会会议上展示我的21点获胜策略。我在记载了大量纯粹的技术性问题且晦涩难懂的会议手册上提交了以“财富公式：21点”（*Fortune's Formula: The*

① 参见：《21点的有利策略》，爱德华·索普著，《美国国家科学院院刊》，47卷，第一部分，1961年，110—112页。

Game of Blackjack）为标题[1]的演讲摘要。

审查委员会收到我的摘要时，第一反应几乎都是拒绝。这是我从约翰·塞尔弗里奇（他是我在加州大学洛杉矶分校认识的数论学家，同时也是院士）那里听说的。他曾是世界上最大质数（质数就是能且仅能被“1”和它本身整除的非 1 自然数，例如 2、3、5、7、11、13 等）的发现人，并且维持了这项纪录相当长一段时间。幸运的是，塞尔弗里奇先生最终说服了他们，因为我演讲的本质是纯粹的数学研究，并且具有很高的可信度。

委员会为什么拒绝我的发言？数学家们收到的声明通常是解决著名的问题、打破常规的奇思妙想、开拓未知的领域，或是某些证明存在的漏洞。著名问题的解决方法往往被认为是不存在的。例如平面几何里仅用圆规和直尺二等分任意角度十分简单，但是小小地改变角度均分的数量，只用尺规三等分任意角度，就让原本简单的问题变得无解。

当时的情况就像赌博，因为数学家已经证明在大部分标准的赌博游戏中不存在获胜策略。可以预见的是，如果真能打败赌场，那赌场要么改变规则，要么倒闭。毫无疑问，委员会倾向于拒绝我的摘要。但是讽刺的是，他们这么做的理由，恰恰是我证明获胜策略客观存在的最大动力。

动身前往会议的两天前的晚上，我意外地接到《波士顿环球报》（*The Boston Globe*）[2]迪克·斯图尔特关于我会议演讲内容的采访电话。这家报纸还派了摄影师给我照相。我在电话里简单介绍了获胜策略的

---

① “财富公式”这个标题也被用于威廉·庞德斯通在 2005 年的著作中，其中涵盖了我和 21 点、轮盘赌、股市、凯利公式（Kelly Criterion）的故事。

② “教授说，可以战胜 21 点”（Can Beat Blackjack, Says Prof.），理查德·H. 斯图尔特，《波士顿环球报》，1 月 24 日，1961 年，第 1 页。

基本原理。次日早晨，我的照片和斯图尔特的采访稿就在首页见报了。几个小时内，新闻通讯社把我的照片和报道传遍了全美[①]。在我去机场时，薇薇安已经疲倦地记录了几百份来电，而女儿瑞安一听到电话铃声就哭。

① 例如《哥伦布电讯报》(*Columbus Dispatch*，1961)、《拉斯维加斯太阳报》(*Las Vegas Sun*，1961)、《迈阿密新闻报》(*Miami News*，1961)、《纽约先驱报》(*New York Herald Tribune*，1961)、《纽约世界电讯与太阳报》(*New York World Telegram and Sun*，1961)、《华盛顿邮报》(*Washington Post*，1961)以及《时代先驱报》(*Times Herald*，1961)。

第 6 章　羊羔的胜利

我飞到华盛顿特区的时候正值寒冬，阴沉的天空中飘扬着雪花，这年冬天的第一场降雪很快就演变成了一场剧烈的冬季风暴。此时美国新总统约翰·F. 肯尼迪刚刚宣誓就职不久，城市里依然满是四处游览的观光客们。

美国数学协会的会议在威拉德旅馆举行，出乎意料的是，在场的远不止四五十位数学学者，还有整整一群——大概有几百名兴奋的听众。古板的数学家们与戴着运动太阳眼镜、套着花哨的粉色戒指、抽着雪茄烟的人以及拿着相机和笔记本的记者们共处一室，熙熙攘攘。如同往常的学术会议一样，我准备了一场陈述数学事实的标准学术讲座：从如何通过计算 5 的概率来获胜说起，之后讲到我发现计算 10 的策略更好，最后提到基于我的策略可以衍生出其他更优秀的算牌法。这场简短的技术性展示并没有吓退在场的诸多听众。讲座结束时，他们像饿狼一样扑向我放在前台的讲稿，那少得可怜的 50 份稿子很快被一抢而空。

数学协会会议的主办方在讲座后应邀安排了一场记者招待会。随后一家主流电视网新闻公司和几家电台分别采访了我。科学家和技术人员大致上都理解了讲解的内容并对我的策略深信不疑，但赌场和媒体对此却颇具微词。《华盛顿邮报》有一篇社论讽刺道，这里有一个数学家声称找到了必胜的赌博策略，使人想到一则广告：1 美元强效除草剂，药到草除——寄到的却是一张写着“抓住草根然后拼命地扯吧”的字条。有位赌场发言人嘲弄说，他们会派警察在机场等着那些使用赌博策略的算牌手们（事实上，这 50 年来是我在机场等着这些“警察”）。还有的赌场经理告诉报社，我曾经给他们发送了一张详细的调查问卷询问 21 点的游戏规则。他说我无知得甚至都不知道怎么玩 21 点。几年前开始测算 21 点概率的时候，我确实向 26 家内华达赌场发送了有关 21 点规则的问卷。但我的目的是研究每家赌场之间的规则相差多少，以及尝试着在里面找出玩家优势特别大的规则。这 26 家赌场中有一半善意地答复了我这个“无知”的学者。

《华盛顿邮报》的一位年轻的记者在讲座结束后，为跟进事件，对我又进行了一次采访，他对我的策略好奇而不多疑，和善而又不失探索欲。《华盛顿邮报》上同时也刊登了他的报道[①]——“数学专家坚信：你可以打败 21 点”。这位名为汤姆·沃尔夫的记者后来成为美国最负盛名的作家之一。

等所有的会议和采访结束，华盛顿的机场已经覆盖了 2 英尺厚的积雪，我只得乘火车回波士顿。在回程的火车上，我尚不清楚在赌博方面的数学理论研究会如何改变我的生活。从抽象的角度来说，生活就是机遇和选择的结合。机遇可以被想象成手上的牌，而选择则是你的玩法。我选择去深究 21 点背后的理论，其结果是，机遇又为我抛出了一系列新的、意料之外的机会。

---

① 参见：《华盛顿邮报》，1961 年 1 月 25 日，A3 版。

自从在 9 月和克劳德·香农第一次会面之后，我们每周都大概花 20 个小时在轮盘赌计划上。同时，我还要教授课程、继续在纯数学领域的研究、处理学院事务、撰写 21 点的论文并开始学习如何成为一名父亲。一次，我去香农家里吃晚餐，他在餐桌上问我，有没有想过在一生中会有比现在更大的成就。当时，我的回答和他所期望的一样：我很享受名誉、掌声和荣耀，这些东西都能激发我对生活的热情，但都不是我所追求的最终目标。我一直觉得，真正重要的是你所做的事情和你怎样去完成它、你花的时间是否有价值以及与你分享这一切的人。

与此同时，美联社也报道了汤姆·沃尔夫写的故事，成千上万的信件和电话接踵而至，麻省理工学院数学系的秘书们为此忙活了几周，每个人的耐心都受到了考验。我决定对于其中的部分来信不做回复。比如，一名读者寄给我一封长达 25 页的“证据”，说他是庞塞·德莱昂的转世，尽管我没有回信，他依旧不依不饶地又寄给我一封长信描述他、我和庞塞·德莱昂的“联系”来证明我在他的故事里是一名很重要的角色，他坚称我有责任也参与进去！

此外，还有一个人自愿充当保镖，并向我保证，如果我要去打败赌场，就会迫切需要他。在我停止回复的时候，他寄来一封恐吓信，强调了他在军事和武器上的技巧：能用一把点45口径的自动步枪“在 25 码外让我两眼之间吃一颗子弹”，他还说愿意免费为我工作，只要求在我身边学到他能学会的任何东西。发现我依旧没回复任何消息后，他最后寄给我一封信警告我，表示当我需要他保护的时候一定会后悔，他在信中还愤愤不平地指责我和拒绝他保护的其他人“一个样”。

剩下的绝大部分来信都是来索要论文或是详尽的策略解释的。出于学术自由的精神和麻省理工学院数学系的礼仪，我寄出了几百份论文和讲稿的复印件，直到最终彻底被这些信件淹没，我选择了放弃。

这场讲座所带来的公众曝光率和各种来信都是我始料未及的。我原本期望会有学术专家来审核我的研究，对计算结果先是表示诧异，然后赞同我的计算。然而相较于这种安静、缓慢的学术方式，我更像是在被一群打探我的陌生人围攻，我并不需要这种所谓的“名声”。

有很多人愿意提供赌资以测试算牌策略，资金从几千美元到10万美元不等。我被迫决定是否要在赌桌上检验我的学术理论，最后我下定决心前往内华达州，一部分原因是为了平息世人对学者的那种常见的挑衅：“如果你真那么聪明，应该很有钱才对啊？”同时，暂且不提来自赌场的冷嘲热讽，出于一部分个人的荣誉感和自豪感，我觉得还欠我的读者们一个实证，来证明我的理论切实有效。某位赌场代言人在电视上谈及我的算牌策略时说道：“当我们把羊送进屠宰场时，这只羊确实有机会踢死屠夫，但我们总是把赌注下在屠夫身上。”事实胜于雄辩。

两位来自纽约的百万富翁寄给了我一份最可靠的提案，我在信中称呼他们为X先生和Y先生。X先生不厌其烦地给我打来电话，起初我对领取这份完全由一无所知的陌生人提供的赌资非常犹豫，在经过一番内心的挣扎后，我最终答应和X先生见一次面。

2月一个寒冷的午后，在我剑桥市的住所外，天空灰暗阴沉，道路两旁稀疏排列着数棵光秃秃的树和几栋公寓楼，炭黑色的门廊上覆盖着一层薄薄的初雪。下午4点，天色开始逐渐昏暗起来，我们的客人显然是迟到了。忽然，一辆显眼的深蓝色凯迪拉克停在路边，透过前挡风玻璃可以看到车里的两位年轻靓丽的金发女士。我心想：这些人是谁？X先生在哪儿？只见其中一位女士下车打开了后车门，一位满头银发、穿着黑色羊绒大衣的男子走了下来，然后他们按响了我们的门铃，此刻，我才意识到，这一定是 X 先生。这位先生 65 岁上下，自称以马利·“曼宁”·坎摩尔，是一名新泽西州梅普尔伍德市的富商，对赌博颇有心得。他解释说同行的两位穿着貂皮大衣的女士是他的“侄女”们。我对此信以为真，尽管从薇薇安的表情中我可以看出来她对这番话有完全不同的理解。

在接下来的几个小时里，我们讨论了 21 点，他对我的研究结果提了几个问题。薇薇安则在一旁带着我们 18 个月大的女儿和那两个“侄女”聊天。其间，那位年轻一点的侄女天真地想要说出自己的真实信息，另一个在旁边低声提醒道：“别说出来。”

讨论结束后，曼宁开始计划行程，我们商定在 4 月麻省理工学院为期 1 周的春假里共同前往内华达州。临走前，曼宁从大衣口袋里掏出一串珍珠项链送给薇薇安[①]。50 年后，这串项链依然在，我们把它传给了女儿瑞安。

薇薇安虽然支持我的赌场实验，但对此不免有些担忧。一方面，虽然她和大部分人一样不理解算牌策略的数学细节，但她知道我，特别是在数学和科学方面，不会信口开河。即使到现在为止，这个策略都还停留在计算和推理上，她相信我能在一场公平的较量里获胜。但这是现实世界，不止有符号和公式。赌场会和我公平较量吗？还是说他们会在赌博中作弊？甚至是谋害我、给我下药？那些明显不是“侄

① 保罗·奥尼尔在《生活》杂志上的故事（1964 年）基本上非常准确，但在这个细节上出现了偏差，他错误地描述了当时的场景：“我们在第二天一早鉴定了这串项链，它大概只值 16 美元。”这句话的两个部分都是错的，我在康妮·布鲁克的采访中也向她提到《生活》杂志的这部分是错的，但布鲁克还是在她的书（1994 年）中复述了这一部分。细节上的错误往往难以纠正。

女”的女孩儿又怎么样？我将很快进入一个花天酒地、纸醉金迷的世界。我的资助者们呢？他们有能力保护我不受赌场伤害吗？他们能够接受在刚开始的几轮赌局里可能发生的一时失利吗？

在我看来，所有美国人都已经听说了我的声明，退缩只会招致更多非议。我很确信自己是正确的，完全没理由让我的家人、朋友和同事们有些许迟疑。尽管我将要挑战的这个巨人到现在为止战无不胜，但我知道它不为人知的弱点：目光短浅、反应迟缓、行动笨拙。这场较量中明显是我占有先机。最重要的是，虽然薇薇安有所顾虑，但依然坚信我会成功。

曼宁和我对即将到来的战斗做了充分的准备，每星期三不用授课的时候，我就会从波士顿飞抵曼宁在纽约的住所。在那里，曼宁来发牌而我则向他演示“算 10 法”，我也一并提供了许多其他的算牌策略，但是曼宁坚持使用算 10 法，对其他策略充耳不闻。同时，由于这个简单实用的算 10 法操作已经成型，我也乐于这么干。每次一赌就是几个小时，其间曼宁的男佣会为我们准备午餐。每次演练结束后，曼宁都会给我 100 到 150 美元用以支付来回的路费。有意思的是，每次他还会多准备一份意大利香肠，这些意大利香肠给我回程的机舱里平添了一股令人垂涎的香气。

另一个合资人兼坎摩尔的好友 Y 先生，也时不时地加入进来，其中一个侄女偶尔也会来看看。Y 先生名叫艾迪 · 汉德，是纽约市上城区的一名商人，40 来岁、深色头发、中等身材，说话的时候语气带有一种奇特的、混杂着一丝抱怨的幽默。几周过去了，我在赌桌上赢回的筹码堆积如山，而曼宁对此也越来越兴奋。几次之后，我们便整装待发。

我们有两种赌法可以挑选。第一种是，不论优势大小，比方说只有 1% 的优势，都直接下到最高注码，我称之为“豪赌”。这种赌法可以赢最多钱，但是赌金波动惊人，我们需要海量的赌资来弥补其间可能出现的损失。坎摩尔和汉德说他们可以提供 10 万美元的赌资，如果有必要的话还能再加。（这相当于 2016 年价值 80 万美元的资金，详见附录 A 里的通货膨胀率和价格转换表格。）

因为对赌博界知之甚少，我个人并不喜欢这种赌法。赌场会作弊吗？如果我们的筹码低于 5 万美元，而我依然不得不继续下注，那么，当每分钟丢出的注码比我的月薪还高时，我会做何反应？如果我们真输了那么多钱，坎摩尔和汉德又会怎样？如果他们在某个价位退出，是不是意味着我们其实相当于只有 5 万美元的赌资？如果是这样的话，那我们一开始就应该赌得保守一些。此外，我的目的是测试算牌法，而不是为资助人赚大钱。为了更好地达成目的，比起高风险的“豪赌”，我准备了更稳妥的第二套方案：当优势在 1% 左右时，就下注之前输掉的 2 倍数额；优势在 2% 的时候下注 4 倍；以此类推，最后在 5% 的时候下注 10 倍数额的筹码。这样我的赌注将在 50 美元到 500 美元之间，也在大部分赌场允许的范围内，我觉得 1 万美元足以承受这种赌法所带来的风险。

曼宁极不情愿地答应了这个策略。春假开始后的某个下午，我们在纽约的机场里碰面，并交谈了 1 个小时，之后登机前往内华达州。到达里诺市时已经是午夜了，从飞机上的窗口向外望去，一片漆黑中里诺是一片扎眼的光斑。我完全不清楚接下来的 1 周里会发生什么。薇薇安对这趟充满未知的旅途则更为警惕，她希望我每天都给她打电话。能够跟薇薇安通话并和原本的生活保持联系让我大为宽慰。不过，当时的长途电话费非常昂贵，为了省钱，我们约定，如果一切顺利，我就只打电话说要找“爱德华·_. 索普先生”，名字中间的字母代表我们当前赢的数额；如果这个字母出现在“爱德华”之前，则表示我们输了钱：字母“A”表示低于1 000美元；“B”表示1 000到2 000美元；“C”代表2 000到3 000美元；一直到字母“Z”——25 000到26 000美元。听到接线员报出这个名字后，薇薇安会礼貌地回答：索普先生“暂时不在”。

早上，我们在旅馆里一同吃早餐。时间紧凑，我们只睡了几个小时，饱餐了一顿火腿蛋松饼、橙汁以及大量的黑咖啡后，我们三人前往城外的一家赌场。在第一家赌场里，我从1到10美元的小筹码开始下注，准备等到适应节奏之后再慢慢增加赌注，最后停在50到500美元。尽管在旅程开始前我坚持只用1万美元的赌金，但我知道曼宁更倾向于10倍赌资的“豪赌”策略：无论何时，只要在牌面上有超过1%的优势就下注500美元。我反复向他解释我需要从1到10美元开始来把握赌博的节奏，但他不可能在我热身的时候，待在一旁无动于衷。曼宁的情绪越来越激动，他苍白的肤色最后涨得通红，和他的满头银发形成了鲜明的对比。我后来才知道，他通常在美国和被共产党接管以前的古巴赌场里一掷千金，一出手就是几万美元。

玩了1个小时后，我大概赢了几美元，然后赌场因为“黑色星期五”的活动停业3个小时。回到里诺市内，我们选择了一家规则对玩家很有利的赌场。他们会使用一副牌玩到底，中间不重新洗牌，并且允许玩家在任何一手牌里下双倍注，对分牌也没有限制。如果庄家的第一张牌（总是明牌）是A，那么包括这家赌场在内的部分赌场，会允许玩家“买保险”来防止庄家的第二张牌是一张10或者J、Q、K（这种情况下庄家会形成加起来是21点的例牌）。保险是附加赌注，注额为主注的一半，如果庄家拿到21点，则赔率为2∶1。

在丰盛的晚餐后，我们休息了一会儿接着回到赌场，选了一张人很少的赌桌，每赌 15 到 20 分钟就会停几分钟放松一下。我玩得很慢，时不时会停下盯着发过的牌思考一会儿。这些都是非常明显的算牌动作，不过赌场经理以为我依然在使用无数错误策略中的一种。这种玩家在赌场里很常见，赌场也很欢迎这些玩家——只要他们能持续不断地输钱。不论我做什么，哪怕是用 1 到 10 美元这样小的额度下注，我还是慢慢地输了 100 多美元。整个过程大概持续了 8 个小时，一旁的曼宁不断地在暴躁、厌恶和兴奋的情绪间转换，最后差不多要放弃把我作为他的秘密武器了。

凌晨 3 点，在赌场营业的最后几小时里，大部分的客人都离开了，我终于能够独占一张赌桌。新荷官表现得很不友好，而我则又累又暴躁，简短地交流了一番之后，她开始尽可能快地发牌。自认为有了算牌经验，我顺势把赌注提高到 2 到 20 美元的范围。巧的是，这副牌的概率对玩家很有利，在赢过接下来的几手牌后，我弥补了损失。此时我已经筋疲力竭，最后在早上 5 点（也可能是凌晨的任何时间）回到旅馆。赌场里通常没有钟而且基本上没窗户，赌徒们在那里完全感觉不到日夜更替，想要知道自己在这个超现实空间里具体处于一昼夜的哪个时间段，最好的办法就是观察像潮汐一样涨涨落落的人流。

我一觉睡到中午然后给薇薇安打了一通电话，用约定的“密码”让接线员找“爱德华 · A. 索普先生”，意思是“我们现在一切顺利，赢了不超过 1 000 美元”，听到妻子在电话里宽慰的语气，我长舒了一口气，薇薇安接着告诉接线员索普先生不在家。

接下来，曼宁和我前往城外的另一家赌场。这时我已经把赌注提升到 10 到 100 美元的范围，几分钟内，我就赢了两三百美元。资助人此刻再也抑制不住自己激动的情绪，坚决要求也参与进来。现在，我开始同时为我们两个人算牌。两个小时后，我们总共赢了 650 美元，赌场不得不开始“刷牌”——每玩几局就重洗整幅牌。由于对玩家有利的情况通常出现在一副牌的后半段，过早洗牌会大幅度降低收益，曼宁和我决定起身离开，前往其他赌场。

到这时我的算牌技术已经非常熟练，完全能够跟上任何发牌员的速度。心理上也更适应赌资的涨落。在之后的赌场里我把注额再次加到 25 到 250 美元，1 小时后最终提到了 50 到 500 美元——这是我计算过的在 10 000 美元赌资内的最高安全下注范围。循序渐进的赌博策略大获成功，让我最终能够冷静而精确地处理算牌法。这份经历也使我在风险管理上受益匪浅，在投资生涯中更被证明是无价之宝。

艾迪·汉德在礼拜六晚上飞抵里诺市，正好赶上我们一同前往里诺市最著名的赌场之一：哈罗德俱乐部。

这家赌场的所有者——老哈罗德·史密斯在 20 世纪 30 年代从一家在破产边缘挣扎的宾果游戏厅起家，最终把它办成了全美最吸引人的赌场之一。哈罗德俱乐部除了在全美的高速公路和全球范围内有将近 300 处广告、有优秀的服务质量以外，还引入女性发牌荷官、24 小时营业制和针对赌场常客[①]提供的专门服务等经营策略。这些经营手法给赌场带来了惊人的利润，也让哈罗德俱乐部成为高额赌博胜地。20 多年前，当我还在大学里开车从芝加哥前往加利福尼亚的时候，我像个 10 岁小孩那样对路上的哈罗德俱乐部广告牌好奇不已（上面写着：哈罗德俱乐部，里诺之星），而现在，我便身处这家传奇赌场。

曼宁、艾迪和我走进俱乐部的大厅，宽敞明亮的装潢和一般的赌场形成鲜明对比。走过一排排老虎机，我坐在赌桌旁开始从 25 到 250

---

① 参见：戴维·G. 施瓦兹，《闲谈》（*Roll the Bones*），哥谭书屋（Gotham Books），纽约，2006 年。

美元下注热身，曼宁和艾迪紧随其后。很快，赌场经理邀请我们到楼上为高额度玩家准备的专座区，我们在那里会有专门的荷官以及一整张赌桌，我的资助人问我是否要接受邀请以避开旁人的打扰，我对此正求之不得。但 15 分钟以后，我大概赢了 500 美元，赌场所有者老哈罗德·史密斯和他的儿子小哈罗德·史密斯，被服务员指引着从侧门走了进来，出现在我们的荷官身后。我相信两人都很熟悉曼宁和艾迪，从以往的经验来看，这两名所有者担心曼宁和艾迪的出现会让赌场损失一大笔钱。几个人彬彬有礼地相互问候后，两个所有者摆明了他们的立场：赌场会在任何他们觉得有必要的时候洗牌，来阻止我此时此刻在做的任何事情。

赌场经理指示我们的荷官在牌堆还剩下 12 到 15 张牌时（大约在一副牌四分之三的地方）洗牌。没有用，我还在赢。然后，他们开始在一副牌一半的地方就洗牌。再后来，我每玩两局就洗一次牌。我从赌场手里又榨取了 80 美元后就离开了。

在我们的下一站，赌注上限只有 300 美元，但赌博规则非常有利：玩家可以在任何时候翻倍、分牌或者买保险。即便如此，我的牌还是相当差，4 个小时之后，我已经落后 1 700 美元，心情十分沮丧。当然，我知道，正如赌场即使总是占优但依然可能在短期内输很多钱一样，一名算牌手也会连输几个小时，有时甚至是几天。我坚持了下来，耐心地等待时机。

就在几分钟后，牌面上突然出现了 5% 的大优势，我立刻用光了所有筹码下注到 300 美元的上限，一边看牌，一边思考如果输了这局我是该换一家赌场还是该再取一点儿钱。我的牌是一对 8，这手牌必须分牌。为什么一对 8 必须要分？因为 16 是一手差牌，一方面，接着要牌很可能会爆（超过 21 点），另一方面，庄家可以用 17 或以上的点数轻松打败你。但如果分牌的话，你就有两张不好不坏的 8。我从钱包里掏出 3 张 100 美元押到分开的第二张 8 上。第二轮发牌下来，其中一张 8 拿到了一张 3，在这手上翻倍是正确的选择，因此我又掏出 300 美元押了上去。此时赌桌上的筹码达到了 900 美元，这是我此行下过的最大一注。

庄家的第一手是一张 6，然后是一张 10，紧接着的一张意料之中地爆掉了他的牌，我两手都取得了胜利，加起来一共有 900 美元，现在只落后 800 美元了。接下来连着几手，我的牌面优势都很大，不断促使我下大注额的赌注，接下来的赌局继续朝着对我有利的方向发展。几分钟内我就赢回了所有的损失还小赚了 255 美元。然后我们返回旅馆休息。

又一次，算 10 法系统暴露出它存在一定风险的缺陷：使用算 10 法期间很可能会承受相当数额的损失以及混杂着一部分类似于“运气”的令人摸不着头脑的概念。我在其后的研究中认识到，即使是在有概率优势的情况下，这也是随机系统的典型特征①。而在赌博和投资生涯里②，我会一次又一次地经历类似的事情。

接下来的下午，我们再次拜访了城外的几家赌场。在赌局开始前，我照旧打了通电话给薇薇安。当我回来的时候，我的同伴们告诉我，这家赌场很乐意为我们的午餐买单但是禁止我们在这里赌博。我

① “典型特征”这一说法由费勒提出。[译者附注：Feller（1957），（1968），和上下文的注解一样，这是一种论文查询的格式，原书为：《概率学导论及其运用》（*An Introduction to Probability Theory and Its Applications*），作者威廉·费勒]

② 有史以来最伟大的债券投资人威廉·格罗斯也在拉斯维加斯的赌场里得到了类似的经验。1966 年夏天，他受《击败庄家》的启发前往拉斯维加斯，并成功把 200 美元最终赌到 1 万美元。他把类似的方法运用在 PIMCO（太平洋投资管理公司）上，管理 2 万亿美元的资产。可参考《格氏投资学》（*Bill Gross on Investing*）一书。

问在场的经理这是什么意思，他友好而客气地告诉我，他们前天看到我曾在这里赌博，他们对我能够用小额赌注持续稳定地赢回那么多钱感到困惑不已，他说赌场认为我正在使用某种算牌策略。

我之后才知道内华达州的赌场能够无理由地禁止任何玩家赌博，尽管听上去很不可思议，但是这些赌场本质上都算作不对公众开放的私人俱乐部，所以他们从法律上可以拒绝任何他们不欢迎的人。肤色就曾一度是一部分赌场挑选顾客的标准之一。

鉴于被很多赌场禁赌，我们此后驱车前往内华达州塔霍湖最南端的斯泰特莱恩市。斯泰特莱恩横跨内华达和加利福尼亚两个州，在加州的那一侧，一切看上去都很寻常，是一座再常见不过的小城镇——有汽车旅馆、咖啡店、商店和居民区；而在内华达州那端，赌博是合法的，大量赌场和旅馆紧贴着州界线而建，所有赌场都希望尽可能地靠近加州来吸引那些进入内华达地区的游客。

无须路牌的指示，我们正对着让人眼花缭乱的霓虹灯和拥堵的街道前进。在下午 6 点左右，我们到达了这座闪闪发光的赌博工厂，这里到处都挤满了游客，我几乎找不到座位玩 21 点。

我拿出价值约 2 000 美元的筹码放在桌上，曼宁再也无法忍受在一旁坐视不管，坚决要求和我一起赌，我尝试着提醒他并控制他的注码，但他无动于衷，依旧按照他过去的习惯赌博，由于没有算牌策略，他失去了赌局里的所有优势。在赌桌上，我没法在不被人发现的情况下帮他改正错误。在玩牌的同时，我还需要一边不发出声音地给他提示，一边计算我们两个人的胜率优势、决定我们的注额。曼宁平时就不是一个擅长倾听的人，此刻由于兴奋过度，他基本上对我的提示视而不见，经常弄错手数，并且下注过多。即便如此，我还是很快赢了 1 300 美元，而曼宁在豪赌之余赢了 2 000 美元。有位眼红的赌场经理邀请我们共进晚餐并且请我们看了一场演出，其间，我们享用了美味的菲力牛排和香槟。这显然是非常成功的经营策略，因为几小时后命运就会递给我们这顿“免费的晚餐”的账单：11 000 美元的利润损失。

晚餐过后，我们溜达进了一栋耀眼的高层建筑——被誉为最大的赌场之一的“哈维的货轮”赌场（Harvey's Wagon Wheel）。这家赌场在 1944 年由萨克拉门托市的肉类批发商哈维·格罗斯曼和他的妻子卢埃琳创办，起初只是一间小木屋，它的名字取自夫妇二人钉在木屋门上的轮子，如今这家赌场已经是塔霍湖南岸的第一高塔，一家兼有赌场和 12 层楼 197 间房的豪华旅店。我在赌场兑换了 2 000 美元筹码然后坐到一张空赌桌旁。很快我就被那些每次只下注 1 美元的观光客所困扰，来往的游客大大降低了赌局速度并且隐藏了相当一部分牌面的信息，这让算牌变得非常困难。

我在 50 到 500 美元间下注，但故意在每次有新玩家加入时把注额降低到 1 美元。几分钟后赌场经理人就意识到了异样，并询问我是否愿意要一张单独的赌桌，我回答道那样我会非常高兴。他解释说一张单独的赌桌可能会对其他顾客造成不必要的心理影响，俱乐部不希望出现这种现象，不过，经理人的脸上透露出一丝笑意，接着说如果我乐意的话，赌场愿意考虑安排一场最低注额为 25 美元的特殊赌局。当然，我对此简直再乐意不过了。很快，赌场给出指示清空了赌桌，只有我坐在赌桌旁。一小群人聚集了过来，静静地围观着一场预料中的赌场对玩家的“宰杀”。

赢了几百美元之后，曼宁再次激动地加入进来，他答应不会像之前那样对我的提示充耳不闻。不过，他再一次地不听劝告，我尽了最大的努力算牌并指导我们两个人的手数，并尝试着不动声色地给他提示，但他根本熟视无睹。不过，他确实明白要跟着我加注或者减注，这比知道具体该怎么玩牌更重要，因此他在赌局里还保持着一定优势。半小时后，我们清空了赌桌上所有的筹码——21 点版的银行破产。赌场经理脸上的笑容消失得无影无踪，他看上去被吓坏了。

赌场内的员工恐慌起来，我们的荷官央求着她身边被骚乱吸引过来的男伴："哦，帮帮我，求你帮帮我。"赌场经理绞尽脑汁想要解释，我们的胜利是一种很罕见但是很寻常的情况。当赌场的筹码盘被重新填满的时候，人群开始沸腾起来：他们在庆祝他们的大卫击败了赌场巨人。

我们又玩了 2 个小时，再次清空了庄家的所有筹码。堆在我们面前的筹码山价值超过 17 000 美元，我赢了 6 000 美元，而曼宁，又一次豪赌不已，赢了 11 000 美元。消化丰盛的晚餐并同时处理曼宁和我自己的牌局让我疲惫不堪，想要精确计算牌数变得越来越困难，而我的同伴此时也满头大汗。我坚决要求今晚到此为止，然后去兑取现金，我口袋里塞满筹码，身上鼓得像沙包一样。显然我的赏金吸引了不少目光，就在回来的路上，我"偶遇"了三四名迷人的女士，挂着深情的微笑，在我身边徘徊。

我兑取了所有筹码，回到赌桌旁边却惊恐地发现，曼宁觉得今晚运气超常并拒绝离开，又兑换回了几千美元的筹码倒在赌桌上。对我来说，21 点是一种数学游戏，而不是运气。任何运气，不论好坏，都是随机的、短暂的并且不可预料，从长远的目光来看，那些都是无关紧要的波动。而曼宁却不这么认为，当我试着把他赶出赌场的时候，他激动地吼道："我——绝——不——离——开！"我们花了大约 45 分钟才让他慢慢冷静下来，他输掉了之前赢的全部 11 000 美元。尽管如此，当晚我们回到旅馆的时候，我们依然总计赢了 13 000 美元。我在和薇薇安日常通话时也向她表明我们每天都在越赢越多。这天的电话则是我最引以为傲的：我夸张地向她询问“爱德华·M. 索普”先生在不在（意思是今天赢了12 000到13 000美元）。她用轻快舒缓的语气告诉接线员我不在家。

旅途的最后一天，我们回到了这趟行程中我们去的第一家赌场。我取出1 000美元的筹码摆到桌子上，然后开始赢钱。有关我们的消息已经在赌场间传开，几分钟后赌场老板就赶到了现场，慌乱间，他指示发牌员和赌场经理，只要我改变注额，就在下一局前重新洗牌；只要我改变下注的手数（如今我能够一次处理1到8手牌，比所有发牌员的速度都快），就重新洗牌。那名第一天给我发牌的荷官在旁边，一遍又一遍地用敬佩的语气讲述几天以来我的技术突飞猛进。一次，我无意间挠了一下鼻子，发牌员立刻上前洗牌！我很疑惑，问她是不是我每次这么做她都会重新洗牌，她说她会的。我试了几次，她没有食言。我问道是不是我有任何动作，不管多细微的举动，她都会洗牌，再一次，她回答“是”。

我现在几乎和赌场的概率优势完全一样[①]，频繁的洗牌让我基本无机可乘。我向赌场索要50美元和100美元的筹码，因为桌上的都是些20美元的，赌场所有者走上前来告诉我赌场不会向我提供大额筹码，然后命人拿来了一副全新的未拆封的扑克。发牌员用了整整2分钟小心翼翼地把整副牌先面朝下检查一遍，然后查看牌面。尽管这种举动不算特别不同寻常，但是赌场一般很少检查牌的背面。即便我戴着眼镜，发牌员还是解释说我拥有“高速视觉”，可以分辨出牌背面

① 我后来才意识到，其实我依然能利用这一点取得优势，方法是：从比较大的赌注开始，如果一上来看到的牌说明牌堆概率对我有利，就保持赌注；如果牌堆概率对我不利，就故意调整赌注让赌场洗牌，直到对我更有利为止。

微小的破损或褶皱，这样我就能提前知道下一张牌是什么。对于这种牵强附会的理由，我表示嗤之以鼻，不过那名所有者还是指示在 5 分钟内更换了 4 副崭新的牌。

更换扑克牌对我没有任何影响，最终他们放弃了这一努力。不过很快，看得出来他们在交头接耳间又得出了一个新结论，我很好奇地问他们，这次他们觉得我的“秘密”是什么。荷官宣称我能够迅速记下每一张牌的位置，这样我就能知道还有哪些牌没有出现。这是那些记忆学（一门研究如何训练大脑记忆能力的科学）学生所熟知的一门技巧。然而，我对这方面非常熟悉——我很清楚记忆信息这门技巧不足以快到应用在玩 21 点里。所以我质疑这名荷官说，世界上没有人能够快到在发牌中记下全部 38 张牌每一种点数的牌的位置，然后在发牌后告诉我在剩下的牌堆里哪种点数还剩多少张牌。

她声称她身边的赌场经理就能做到。我说我愿意出 5 美元让他演示一遍，两人都怯懦地低下头，一言不发。然后我说我愿意出 50 美元。他们依旧默不作声。最后，在一旁的艾迪 · 汉德上前说愿意开价 500 美元（相当于 2016 年的 5 000 美元左右）。他们依然没有回答。我们嫌弃地离开了这家赌场。

这次旅途随着麻省理工学院的春假结束而临近尾声。在总共长达约 30 小时的中等额度的赌局后，我们的 10 000 美元增值到 21 000 美元，最低时（包括我们全部的日常花销在内）没有低于过 8 700 美元。实验大获成功，我的算牌策略如预期中地在赌桌上运作顺畅，对此我非常满意。因此我打算如果除去学期计划和家庭安排，还剩下多余时间的话，会再考虑将来的 21 点旅途。我并不准备再和曼宁与艾迪去内华达州，不过并不排除将来有这种可能。

在回到波士顿的飞机上，我又想起某个赌场发言人刚听到我的理论时发出的嘲笑："当我们把羊送进屠宰场时，这只羊确实有机会踢死屠夫，但我们总是把赌注下在屠夫身上。"

这一天，羊赢了。

30 多年后，记者兼作家康妮·布鲁克在为她有关史蒂夫·罗斯的新书采访我的时候，为我提供了有关曼宁·坎摩尔的详细背景。史蒂夫·罗斯当年"继承了他岳父的丧葬业务和 1 个停车场，并最终把这两家公司发展成世界上最大的媒体与娱乐企业——华纳时代"。其中那家停车场公司名叫金尼服务有限公司（Kinney Service Corporataion），1945 年这家公司由另一个幕后合伙人创办，此人就是曼宁·坎摩尔。坎摩尔在 1920 年到 1930 年通过非法贩卖私酒和敲诈勒索发家致富，与他一同经营的还有艾伯纳·浪琴·泽威曼，新泽西州的黑帮老大，也是 1935 年美国第二大黑帮组织的首领。知道这些事后，我很庆幸当初选择了 1 万美元的保守赌博策略，而不是用 10 万美元不计损失地豪赌[①]。这次经历也让我不断反思自己过去天真的想法，也证明了我的妻子薇薇安在很多事情上有过人的先见。

曼宁的朋友艾迪·汉德也是康妮·布鲁克采访的对象之一。在我

① 为什么更多赌资有可能导致更大的损失，甚至可能全部输光？这里有一部分技术因素，一部分心理因素。首先，从技术的角度来说，想要充分利用巨额赌资，我们很有可能会采用大赌注的方法，每次一有概率优势就直接投注 500 美元。这样大大增加了赌本的波动性，也会花更多的时间才能让赌资领先。然后是心理因素：X 和 Y 先生并没有我对算牌系统那么深的理解，当然也没有我那么相信算牌法。假设我们"准备"了 10 万美元的赌本，而事实上，比如说一旦赌本低于 6 万美元他们就会退出赌局，这时我还以为自己有 10 万美元的赌资，按照 10 万美元的风险下注，然而没人知道此时我实际上只有 6 万美元。这个表面资金和实际资金的微妙差别是众多赌徒和投资人失败的主要原因之一。此外，还有一个心理因素在我的意料之外：坎摩尔坚持使用他仿照我的算牌系统的"野路子"赌法疯狂下注，结果输掉了我的大部分成果，此后还拒绝停手。

们还在内华达州一掷千金的期间，艾迪位于纽约州水牛城的公司“正在为克莱斯勒提供销售运输服务”。他在与全国卡车司机工会的冲突中手段强硬，并因此闻名。几年后，他把资产出售给美国莱德物流公司。后来，我在从事市场研究的几年间查询了一下莱德物流的股价，艾迪·汉德手头持有的莱德物流的权证大概价值 4 700 万美元。偶然一次，在汉德、坎摩尔和我从里诺前往拉斯维加斯的飞机上，汉德在读《时代》杂志的“里程”专栏的时候突然念及旧情感伤起来。专栏里的短文提到了两位曾经和他关系暧昧的女士结婚的消息，其中一位是智利某铜矿大亨的女儿，另一位是网球选手“华丽的”古西·莫兰，莫兰一度因为在温布尔顿网球赛上穿花边底裤而备受非议。

根据布鲁克的消息，曼宁·坎摩尔在 1982 年逝世于佛罗里达州，享年 86 岁，留下了一名年轻的遗孀，伊维[①]，她就是在那个沉闷的午后到波士顿，和曼宁一同拜访我的两名“侄女”中年龄较大的那位。曼宁告诉我，他们是在伊维在珠宝店工作的时候相识的，曼宁的前妻去世后，他们就结婚了。2005 年，历史频道播出了一个长达 1 个小时的节目，对薇薇安和我进行了关于 21 点赌博采访，伊维也出现在节目里，她还保留着一封我 1964 年写给曼宁的信，信中提到我对于百家乐赌博的一些新发现。我最后一次和艾迪·汉德见面时，他在南加州蒙特西托（Montecito）的事业正蒸蒸日上，之后，他便退休去了法国南部。

在未来的一段时间内，21 点赌博还将继续教给我很多东西，包括如何投资和处世。

---

① 伊维、她的母亲以及伊维的另外两个姐妹是第二次世界大战后作为难民从爱沙尼亚来到美国的。

第 7 章　写给每个人的算牌法

回到麻省理工学院后，每当我在咖啡厅里取出从赌场里赢得的 100 美元现钞时，总会吸引不少目光。按照美元从 1961 年起的贬值速度，这相当于今天的 1 000 美元。

其间，我与麻省理工学院的 2 年期合约将在 6 月 30 日到期，距当时只剩下 3 个月了。系主任 W. T.“泰德”· 马丁鼓励我续约 1 年，并告诉我系里的香农教授对我评价很高，这意味着我很有可能获得永久的教职。是否要继续留在麻省理工学院是一个困难的决定。“二战”结束后，麻省理工学院已经成功地从完成联邦政府项目的技术学校转型为数一数二的研究型大学，它现在是全世界最大的数学中心之一[①]。哪怕只是经过大厅，我都能和当时的数学奇才们交谈，比如诺伯特 · 维纳（控制论的创始人）和未来阿贝尔奖的获得者艾沙道尔 · 辛格。当时学校里的 C.L.E. 摩尔讲师计划吸引了大批优秀的数学博士，像之后的诺贝尔经济学奖获得者约翰 · 纳什、未来的菲尔兹奖获得者保罗 · J. 科恩。虽然诺贝尔奖没有设立数学奖奖项，不过菲尔兹奖和

① 西格尔、乔尔在《往事》（*Recounting*）中详细叙述了有关麻省理工学院数学系发展的故事。

阿贝尔奖就等同于数学界的诺贝尔奖。科恩在我来之前几天才离开，我到麻省理工学院的时候，他的名字刚刚从办公室门上撤下。

我最终还是决定离开麻省理工学院[①]。从学术生涯的角度来说，我觉得自己很适合与那些“大男孩”一起进行研究，但我确实需要学习更多的数学基础。同时我也没有和数学系的同行或前辈们有过任何合作研究。相反地，一方面，我把我大部分的时间花在了研究 21 点和与香农教授一起制造预测轮盘赌的计算机上，而在学术圈，合作往往才是晋升教职的关键。从另一方面来说，和香农教授一起进行的工作并不属于任何学术领域，它本身并不是什么数学研究，也没有人支持，甚至连一个正式的名字都没有，它对我的教职生涯没有任何帮助。讽刺的是，30 年后麻省理工学院将变成可穿戴式计算机研究的领导者，而根据麻省理工学院的媒体实验室在互联网上发布的时间轴，我和香农制造的原型机是第一台可穿戴式计算机[②]。

新墨西哥州大学此时正在高薪聘请年轻有为的研究员，并且向优秀的博士生提供经济资助。他们刚从国家科学基金会领到一笔 500 万美元的优秀研究补助金，准备用它在 4 年内建立一个博士生项目，这笔钱差不多相当于今天的 4 000 万美元。比起麻省理工学院和华盛顿

---

① 两代人以后，我的家族再次有人进入麻省理工学院学习。我的三个孙子，也是三胞胎兄弟，最终也作为本科新生进入麻省理工学院深造。参考报道：“三胞胎同时进入享誉世界的麻省理工学院”（Triplets Celebrate After ALL Are Accepted to Prestigious MIT...），伦敦每日邮报（*London Daily Mail*），2015 年 7 月 25 日星期六。

② 麻省理工媒体实验室给出的时间线上错误地将我们的计算机制作时间标为 1966 年，一部分原因可能在于我是在 1966 年《击败庄家》再版时才一同公布了可穿戴式计算机的存在。然而，正确的时间应该是 1961 年，那时我们已经完成了计算机的制造并且在拉斯维加斯实测过它的功能，这点在我和香农教授的数篇子刊论文里都有提及，该时间可以一直追溯到 1961 年 8 月，现在这些刊物都收藏于麻省理工学院博物馆中，这台计算机本身也在博物馆中展示。

大学提供的每年 6 600 美元的工资，新墨西哥州大学打算把我的工资提高到每年 9 000 美元，并给我一个副教授的终身教职。我每周只需教 6 个小时的研究生课程，而且可以自由选择课程内容。这些条件提供了一个很好的机会，让我得以同时扩展我的数学背景，边教边学，完成我自己的项目，指导博士论文并和我的学生合作研究。

新墨西哥的这个职位对我来说是最理想的，尽管我的同事们觉得这是一个糟糕的赌注，我所去的地方不过是一摊数学“死水”。然而，我做出这个选择的最重要的原因是新墨西哥州的气候更为宜人，搬到那里也能让薇薇安和我们的孩子瑞安离亲戚住得更近一些。

就在做出去新墨西哥州大学这个决定的时候，我答应写一本有关 21 点的书。我在和朋友分享了几次成功的赌场实验经历后有了这个念头。麻省理工学院的关系网帮我找到了耶鲁·奥尔特曼，他是布赖斯戴尔学术出版社（Blaisdell Publishing Company）的代理人之一（它随后成为兰登书屋的子公司），同意让我一试。我提供了草稿里前 10 章的标题，他欣然接受了这本书的出版。

我原定的书名是《财富的公式：一个 21 点的必胜策略》，在兰登书屋从布赖斯戴尔那里接手了这本书的出版计划后（布赖斯戴尔的经理对此表示强烈抗议），他们希望这本书能成为大众读物，而非学术书籍，因此他们提议把标题改为《击败庄家》。这本书预定于 1962 年 11 月发售，以留给我充足的时间在出版前去内华达的赌场接着进行实验来拓展我的策略，对此我有充分的心理准备：无论我何时出现在 21 点的赌桌旁，都将是一段难熬的时间。

在接下来的几个月内，我一边写书，一边和薇薇安为 1961 年夏天一家三口在洛杉矶的度假做准备。那段时间我们忙着写作、做科研、完成另一次内华达的 21 点之旅和搬往新墨西哥州的住所，同时我每周还要花 20 多个小时和克劳德·香农研究轮盘赌。而且，我们的第二个孩子——卡伦也将在那年出生。回忆起那段时光，我压根儿不知道自己是如何从那么多事情中熬过来的。

8 月，我应“小子”的邀请从洛杉矶前往拉斯维加斯。当时我正在写书，想知道赌场可能会采取哪些手段不让我未来的读者们取胜。“小子”（也叫“小家伙”）是我在麻省理工学院认识的一个哈佛法学院学生的绰号。他几乎是在 21 岁生日那天就步入了赌博界，他喜欢用一种早期玩家[①]研究出来的终端赌策略。这种策略的核心就是在差不多只剩下几张牌的赌局里下注。一副没有洗过的牌在最后的几轮里有时会有很大概率出现 A 和 10（还有 J、Q、K），所以尽管这种不完美的玩法往往会得到最糟糕的结果，但那些精明的玩家会在合适的牌局里获得巨大的回报。当然，他们也需要庞大的赌本才能经得住这种资金波动。同时，赌场可能会从这些玩家手里赢很多钱，也可能会输很多钱，所以他们并不喜欢这些人。比方说，“小子”就曾遭遇许多赌场的禁赌、作弊或者是反复洗牌。有一次，“小子”找到一个好莱坞的化妆师把他化妆成中国人，他染黑了头发，用剃刀细细地修理了一遍发际线，穿上了一套笨重的装备然后套上唐装。结果当他在拉斯维加斯的 21 点赌桌旁边坐下的时候，一个赌场经理直接（识破了他的伪装）指着他哈哈大笑：“快看这是‘小子’，扮得像个中国人。”

这段时间里薇薇安帮我做了大量的培训工作：快速洗牌、对着我

---

① 这些早期玩家包括：马利·坎摩尔（《击败庄家》中的 X 先生）、杰西·麦凯（《击败庄家》中“从南加州来的小个子黑发秃顶男人”）、拉塞尔·戈汀（“小子”）、本杰明·F. 史密斯和 F 先生［后来我被告知那是乔·伯恩斯坦，专栏作家赫布·卡恩的《别叫它旧金山》（*Don't Call it Frisco*）中的“银狐”］。其中，麦凯似乎是唯一坚持使用这种策略的人。

抽烟或者跟我进行复杂的对话，与此同时我需要关注牌局、按策略计算胜率并调整赌注。其中的关键在于循序渐进地练习：每当感觉自己适应了环境的时候再提升难度。长此以往，一开始看起来令人生畏的要求最后也会变得简单。

“小子”给我提供了 2 500 美元的赌资，差不多相当于现在的 20 000 美元。他在拉斯维加斯的旅行中跟着我一边关注着账户情况一边帮我提防赌场的作弊行为。当我在“沙丘”赌场玩牌的时候，赌场经理认出了“小子”并迅速转告别人他在城里出没。每当我在“小子”身边玩牌的时候，荷官就会上前重新洗牌并开始作弊。这段时间里我见识了太多肮脏的伎俩，开始担心未来如果没有专家在旁边提醒，我还能不能自己来玩 21 点。赢了些钱后，我回到洛杉矶，在接下来的一个月中，我、薇薇安和瑞安搬到了新墨西哥州的拉斯克鲁塞斯，在 1961 年的 9 月我开始了在新墨西哥州的教职生活。

尽管我从“小子”那里知道了作弊是一个很麻烦的问题并且很可能让我的策略失败，但他并没有告诉我赌场究竟是怎么做到的以及我该如何去识破这些作弊手段。与此同时，我正在写的书会让成千上万的赌徒抱着必胜的决心簇拥到赌桌旁，如果不认真对待作弊，赌场会轻松消灭所有人——那将是场“屠杀”。我必须弄清楚赌场是如何作弊的，并向我的读者们解释清楚，这样他们才能有机会识别并避免被赌场欺骗。因此不久后我就开始准备再一次的内华达之旅。

认识拉塞尔 · T. 巴恩哈特给了我一次这样的机会。拉塞尔是位资深魔术师，也是一个赌场老手。1961 年 1 月在我进行了华盛顿特区的学术讲座后，他联系上了我，而在麻省理工学院时期我们迅速熟悉了彼此。他当时住在哥伦比亚大学旁的一所公寓里，我们经常在他家讨论赌博和魔术。有一次，拉塞尔邀请了当时还只有 17 岁的魔术奇才珀西·戴康尼斯。珀西摆弄扑克牌的精巧手法让我大开眼界。之后拉塞尔建议我和珀西谈谈他未来的职业生涯，比如我对当一名数学教授或者职业魔术师有什么想法，我会给他什么建议之类的。

我告诉珀西当一名“思想者”（数学教授）的生活是多么美好，可以不断思考那些让你觉得感兴趣的问题，了解相关领域，和那些有想法、极富挑战性的同事和学生们探讨，夏天还能有大把的自由时间去旅行和做研究。无论我们的这次对话是否影响了珀西，他最终成了哈佛大学的一名全职数学教授，并且获得了麦克阿瑟基金会的“天才”奖金。他研究有关洗牌的理论，最后得出了一个广为人知的结论：7 次洗牌[①]可以在实际上达到随机排列任何一副牌的效果。

在和“小子”旅行之后，我跟拉塞尔提及了关于赌场作弊的担忧，他建议我们可以来一次针对作弊技巧的突击之行。而他的好友，米奇·麦克道格，则是此行最完美的人选。米奇也是一名魔术师和知名的扑克侦探，在《危险牌局》（*Danger in the Cards*）一书中，他讲述了揭露扑克牌骗局过程中的种种历险[②]，他还在内华达娱乐管控协会（Nevada Gaming Control Board）担任了多年的特别顾问，并帮助协会传讯了数家有作弊行为的小型赌场。拉塞尔从匿名赞助人那里筹措了 10 000 美元的赌本，我们将和赞助人一起平分所有花销以外的利润。

1962 年 1 月，在新墨西哥州的年末休假期间，我们一行人——包括 35 岁、神情高度紧张的单身汉拉塞尔，年过 60、性格外向、四处找乐子的米奇——再次来到拉斯维加斯。

我们当时的计划是从小赌注开始参与，在米奇示意可以增加筹码

① 当然，7 也不是什么魔法数字。实际洗牌的次数随着情况不同而不断变化，这取决于一副牌和“完全随机”有多接近、洗牌的方式和如何测量“随机”的程度。

② 此时《危险牌局》已出版多年。

后再玩 1 小时。之后米奇或者拉塞尔会提醒我停下来休息一会儿，并换一个赌场。这样不断更换赌场可以防止被某个赌场的员工认出来。为了保险起见，我还会在赢或者输到一定数额前停下，这样一方面可以避免过于高调，另一方面可以降低因未察觉的赌场作弊而受到的损失。从数学上来说，换赌场本身对我的策略没有影响，因为玩牌只和赌博的手数有关，把我一生中玩过的所有赌局拆分成几个单元或者更换赌博的时间地点，并不影响我的概率优势或是长远的数学期望值。这条原则不仅适用于赌博，也同样适用于投资。

每当拉塞尔或米奇示意发现作弊行为时，我就会停下并离开，之后他们会向我展示赌场是怎么做的。米奇一开始会用慢动作做一遍这个动作，然后加快到庄家的正常速度，直到我能够完全分辨这个动作（扑克牌玩家称之为“解密”）为止。之后我们会回到同一个庄家那里用小赌注再玩几局，好让我将赌桌上的作弊伎俩看得更清楚。

我在一家赌场就见识了其中一种高超的作弊手法（这家赌场后来成为我最喜欢去的一家）。整场旅行中我们赢了不少次，创下了我一生 15 胜 0 败的赌局纪录。就在我们开始第十六局的时候，赌场经理走过来问我们情况如何，米奇答道：“上上下下，像坐电梯一样。”20 分钟后，一名神色匆忙的男人从酒店前门赶到我们的赌桌旁，换下了我们的发牌庄家。我很警觉地立刻把我的赌注降到了最低，输了几手后，米奇示意我离开。在我们的旅馆房间里，米奇向我展示了新发牌员使用的那种令人极难察觉的偷窥动作和双牌法。

这是拉斯维加斯的一种常见技巧，庄家在这一轮发牌的时候会顺势偷看一眼下一轮发的牌，这张牌通常被称为“首牌”。一方面，如果玩家的“首牌”对玩家有利，那么他在下一轮就会把“首牌”下面的那张牌发给玩家，从概率上来说，下面的这张牌会比“首牌”差得多。另一方面，在给自己发牌的时候，庄家也会偷看自己下一轮的牌，如果是好牌，他就会发给自己；如果是差牌，他就会拿走这张牌下面的那张牌。这种发牌方式大大提高了庄家的胜率。专业人员或者魔术师可以把这种技巧发挥到极致，哪怕在近距离观察时事先告诉你，你都无法察觉这个动作。同样，你也几乎无法证明庄家在使用这种手法作弊。在 20 世纪 60 年代，拉斯维加斯的赌场作弊手段毫不留情，以至于我在研究作弊和计算算牌策略上几乎花了一样多的时间。我们每到一处，赢了一定数额之后，赌场就开始作弊、禁赌或者每局结束都进行洗牌。

此行的最后几天，我们飞往塔霍·里诺地区，在那里我们见到了米奇和内华达娱乐管控协会的联络人。我们花了冗长乏味的两个小时向他叙述了这趟旅途中我们见到的双牌、堆在一起的牌堆、丢牌和做记号这些赌场作弊手段。

我们指出了数家赌场和他们作弊的手法。当然，出于严谨考虑，我们在叙述的时候指出了哪些情况是“绝对事实”，而哪些情况是“可能是偶然，但有强力的证据表明”。尽管娱乐管控协会的官员一再“提议”我们可以“大胆”猜测或怀疑某些事情，我们依然在声明中明确区分哪些是事实而哪些是推测。我很不舒服地感觉那个官员是在鼓励我们说一些很粗心的话或者夸大事实，我怀疑这究竟是平时过于苛刻严谨的学术习惯在作祟，还是我们的控诉冒犯了协会，以致这位官员当时存心想降低我们的信用程度。

听完了我们针对拉斯维加斯泛滥的作弊现象的马拉松式指控，米奇的联络人说他想和米奇谈谈其他的咨询事项，并提议我在这段时间里可以再去玩一会儿 21 点。出于某些原因，拉塞尔当时不能跟我一起，就在我犹豫是不是要在没有保护人的情况下玩牌的时候，米奇的联系人指派了一个协会成员来充当我的“保镖”。米奇当时觉得这个主意不错，他告诉我，赌场对协会成员了如指掌，所以每当这些人出现的时候，赌场都会停止所有作弊行为直到他们离开。

我首先选择了里诺市中心的河滨旅馆赌场（我暗自庆幸几年后这家赌场就倒闭了）。我一开始很谨慎地在 5 美元到 50 美元这个范围内下注。赌场当时人不多，我独自坐在一张空赌桌中央。我的“保镖”假装不认识我，大概 1 分钟以后跟着我进入了赌场，坐在我旁边开始一起玩牌。我们的发牌员是一位穿着低胸短上衣、长着大量雀斑的女士。最开始的几手都是庄家获得全胜，下一手中，我的牌是一对“难啃”的 10 和 6，庄家的明牌是一张 9 或是 10。我又叫了一张牌，出乎意料的是，庄家偷牌的时候失手把本该发给我的那张牌弹出了牌堆，边缘恰好卡在“首牌”和剩下的牌之间。那名女士一下子僵住了，从脸颊一直红到脖子。在我左边的赌场经理人看到这一幕，直截了当地问我是想要第一张牌还是第二张牌！我可以看到第二张牌是一张画着人脸的牌，毫无疑问它会爆掉我的点数。为了让协会成员听得一清二楚，我故意一字一顿地大声说：“第二张牌会爆掉我的点数，因此我选择第一张牌。”结果那张牌是一张 8，依然爆点了。我兑现了剩下的筹码然后离开了这家赌场。

就在我的“保镖”跟着我出来的时候，我回头问他：“你原来见过那样的第二张牌吗？”他回答：“第二张牌？什么样的第二张牌？”这个人刚刚就坐在离庄家三英尺不到的地方，他肯定目睹了一切却假装什么也没看到，我立刻意识到他在我身边并不是充当“保镖”，而是来帮着赌场指认我。我借口去厕所甩掉了他，然后去了另一家赌场。在那里，我玩得还不错，赌桌旁很快就聚集了一小群人，但最后我的那桌庄家（并且只有我的那张桌子）被换了下去，环顾四周，在人群里发现了那个不受欢迎的陪同后，我就离开了这家赌场。在接下来的两个半小时里，我一直在和他玩这种“捉迷藏”的游戏。

第二天清晨，我们三个人险些没能离开里诺市。大雪让当地的机场被迫关闭，但附近空军基地的跑道上恰好有架飞机准备起飞，我们乘着这架飞机离开了里诺。之后我们了解到当时我们赶上的是里诺市接下来 11 天内的最后一架航班。旅途结束后我才得知本次的两位赞助人是威廉·F. 里肯巴克[①]——著名王牌飞行员艾迪的两个养子之一（第一个开车时速超过每小时 60 英里的人，是最早的“极速艾迪”），和《国家评论》（*National Review*）杂志的部分成员。

这次的内华达之旅让我明白，即使算牌策略超群且有专家在旁提醒作弊，我也不能公开在赌场大量赢钱。在未来几次造访内华达的旅途中，我都必须变装、保持低调并尽量避免被关注。米奇·麦克道格告诉娱乐管控协会，他在这 8 天的旅行中见到的作弊行为比他之前做协会顾问的 5 年间见到的作弊数量总和还多。在米奇做完他“该死”的报告后，协会再也没有找他咨询过任何事情。拉塞尔·巴恩哈特则对赌博着了迷，此后又写了几本关于赌博的书。

我开始意识到拉斯维加斯有令人恐惧的另一面。这座城市本身在不断进化。1947 年，毕斯·西格尔因其对火烈鸟赌场的管理为人所不满，在南加州被歹徒枪杀。自此，拉斯维加斯染上了浓重的黑帮色彩。1960 年，艾尔兰乔多维加斯赌场强行驱逐了一个名气很大的黑帮成员，两个星期之后，那家赌场莫名其妙地毁于火灾。在 20 世纪 60 年代初期，成百上千万的现金在赌场会计室里不经记账就被提走，这

① 更多有关这次旅行的信息参考巴恩哈特和索普的来信，收录于《21 点论坛》（*Black Forum*），Vol. XVII #1，1997 年春，pp. 102–104，XX #1，2000 年春，pp. 9–30，和 XX #2，2000 年夏，pp. 105–107。

条地下资金链既能帮助避税，也资助了全国的黑帮活动。

就在我玩 21 点后不久，美国开始出现大量算牌者，这些人被以各种理由送进监狱，身上携带的钱财被抢劫一空，有些甚至被关进密室殴打。赌城大道上甚至有赌场员工在业余时间专门抢劫醉汉。尽管在 20 世纪 70 年代，情况有所好转［至少不像尼古拉斯·派勒吉的《赌城风云》（*Casino*）里描绘的那样糟糕，这部源于现实的小说之后被翻拍成同名电影］，但治安依然堪忧。

在那之后，内华达州从毕斯·西格尔梦想中的黑帮天堂摇身一变成为由企业运营的主流娱乐业胜地。拉斯维加斯甚至建造了一座对外开放的黑帮博物馆来帮助人们回忆早期的黑帮年代。如今，职业 21 点玩家基本达成共识，在像内华达和亚特兰大的这些早期赌城里，作弊已是相当罕见的行为，但玩家们依然要当心美国国内外那些规模比较小、管理不那么规范的移动赌场。

《击败庄家》在 1962 年 11 月一经出版就大受好评，销售额持续增长，当时仅做了少许宣传就把销量带上新高。读者们都对 21 点充满热情并非常兴奋。我相信如果当时能够加大宣传力度的话，这本书可能成为销售榜上的奇迹。

新墨西哥州大学数学系主任拉斐尔·克劳奇认识《生活》杂志的科学栏目编辑，他建议杂志报道此事。击败 21 点的数学策略系统不论从学术上还是从公众角度来看都非常引人入胜，杂志编辑部很热情地同意了。不过这个报道时效性要求不高，所以没能得到及时安排。因此当时《体育画报》（*Sports Illustrated*）的编辑戴夫·舍尔曼能够在《生活》杂志前取得报道许可。

随着时间的流逝，21 点玩家开始面临内华达赌场逐渐进步的反制手段。赌场经理们利用“天眼”——位于桌子正上方的单面镜系统来监视每一张赌桌，赌场会仔细将我们的面容和赌场黑名单上的照片进行比对，即使是诚实的算牌者也会受到和作弊玩家一样的待遇。每当赌场看到有黑名单上的人物出没，就会迅速和周围的赌场互通消息。

对于算牌，赌场的对策之一就是频繁洗牌，一副牌未玩过半，他们就会重新洗牌。但这不仅限制了算牌者获得有利赌注的机会，也使赌场因为降低了赌局速度而付出高昂的代价，毕竟减慢剥削玩家的速度对赌场来说就意味着利润下降。如果把赌场比作像处理牛羊那样“处理”玩家的屠宰场，那么在洗牌上花费更多的时间就相当于降低了工厂的效率。

而另一方面，作弊不仅能让赌场赚取利润，还有利于从其他赌场流失的顾客身上赚取利润。我就曾经在赌场的休息室里目睹过这样一幕：那天晚上 10 点左右，我走进赌城大道上的一家拥挤的赌场，当时路易斯·普里马——当地有名的音乐家，和他的首席演唱者吉雅·曼妮，也是他的新任夫人，正在赌场内的舞台上演出，玩家们在 21 点的赌桌旁摩肩接踵地等待着。我本打算玩一会儿牌，不过在找空座位的时候，我注意到每张桌子上的玩家都在以惊人的速度输钱。所有庄家都戴着相同的橘黄色眼镜，通过这种眼镜，庄家们可以看到扑克牌背后的记号，如果这张牌对玩家有利，他们就会把第二张牌发给玩家。这样一来，赌桌上的玩家们会比其他地方更快地输光筹码，而离开后的空位又会迅速地被新人填满，所以很多在别的赌场不耐烦于等座位的玩家就把他们的钱也留在了这里。

通常情况下，疑似算牌玩家会被直接禁赌。显然，这在内华达州是合法的。极具讽刺意味的是，许多没有算牌的玩家会发现自己跟那些根本没能力算牌的玩家一起被赌场莫名其妙地赶了出去。为了避免被禁赌，我开始尝试各种化妆，包括使用隐形眼镜、戴墨镜、贴假胡子、穿着完全不同的服装和改变自己的行为习惯。这些最终都为我赢得了额外的玩牌时间。有一次我从拉斯维加斯回来，没有卸妆，孩子们都没认出我。5 岁的瑞安和 3 岁的卡伦看到一个大胡子陌生人走进家里，吓得哇哇大哭（他们至今都还记得这件事）。但这显然对当时只有 1 岁的宝宝杰夫没有造成任何影响。

我在里诺尝试了一次这样的变装实验。在朋友的安排下，我和一对夫妻见面，他们可以近距离观察我是如何玩牌的，作为回报，他们会在赌场里帮我注意作弊。我们之前从未见过面，这对夫妻也不知道我究竟长什么样子。所以在晚饭时，他们见到的是一个留着胡子、穿着颜色鲜亮的夏威夷衬衫和牛仔裤、戴着一副大墨镜的同伴。过后，我们前往一家大旅馆赌场，我在那里选择了二楼贵宾区的一张安静的桌子，坐在了从玩家角度看最左边的座位上，这个座位对算牌者最为有利，俗称“三垒”。

坐在这个位置上，我是最后一个下注的，这样我可以在处理我的赌注之前看到更多其他玩家的牌。在我掏钱买筹码的时候，一卷现金从我的发牌员眼前一闪而过，看到这些钱，这位年轻迷人的女士很快对我产生了兴趣。我接过赌场提供的饮料（不是为了放松我自己，而是为了安定赌场的人）开始和这位女士交谈，她跟我说她换班的时间是凌晨 2 点左右，之后我们或许可以“做点什么”。与此同时，我不断地赢钱引起了赌场经理的注意。大约凌晨 1 点，让我的发牌员女士震惊而失望的是，赌场最终忍无可忍，告诉我他们不再欢迎我继续玩牌。显然这家赌场也向其他赌场发出了警告，因为第二天我穿着相同的衣服被几家赌场接二连三地禁赌。

那天下午，我决定进行一次大换装。晚饭前我剃掉了胡子，把太阳眼镜换成了隐形眼镜，重新打理了一遍头发，穿上一件休闲夹克并打上领带——标准的鸡尾酒会打扮。与我同行的夫妇打开房门的时候根本没有认出我。“请问你是？”看到他们惊讶的表情，我暗自高兴。

晚饭后我回到前一天玩牌的同一家赌场的同一个位置，相同的发牌员抬头看到我从口袋里拿出了一些筹码放在面前，这次她没看见大卷现金并且我还戴上了结婚戒指，看来我并不是她感兴趣的对象。为了不暴露自己的声音，我没有说话。当服务员递给我饮料的时候，我用嘶哑的声音小声说了一句“牛奶”。我接下来又赢了几局，看起来一切尚且顺利。

接着，赌场经理像原来一样走了过来，旁边跟着与前一晚相同的赌场保安。但他们的注意力很快被坐在我身边的那个更倒霉的作弊玩家吸引了。这个人每当拿到有利于自己的牌时就会偷偷增加筹码，在被发到不利的牌时会拿走一些筹码。他们反复吵了大约 1 个小时，在那人拒绝离开也不肯停止作弊的情况下，保安强行把他带离了赌场。与此同时，我不受打扰地又玩儿了一会儿，面前的筹码稳定增加。接下来的一天，我穿着同样的行头在之前禁止我入内的几家赌场也都畅行无阻。

想要赢得 21 点游戏显然远远不止掌握算牌策略和在资金上下波动的时候保持冷静这么简单。铺着绿色毛毡的赌桌同样也是一个舞台，而我则是舞台上的一名演员。想要继续在这个舞台上跳舞的算牌者必须花工夫演一出好戏，把自己塑造成一个人畜无害的角色。像剧院里的角色一样，扮演好这个没有威胁的人有很多种方法。你可以扮成一个得克萨斯的醉酒牛仔；也可以是来自台湾的性格活泼外向的女孩儿，迫不及待地想要再下一注。你可以是卡斯帕·米尔奎斯特，那个已经在这条街上输了不少的、来自印第安纳波利斯的紧张兮兮的会计；也可以是迷人的“惊奇小姐”，让人关注的是她自己而不是她的赌注和赌技。

戴夫·舍尔曼的报道《再见！ 21 点》(*It's Bye! Bye! Blackjack*)最终在 1964 年 1 月发表在《体育画报》上，同时《击败庄家》已经在各个地方被抢购一空。2 个月以后，《生活》杂志刊登了一篇长达 9 页的故事，而《击败庄家》也荣登《纽约时报》的畅销书排行榜。

这本书的发行带来了预期内的结果，也带来了许多意料之外的影响。对我来说，父亲为我能达到他部分的期望而自豪（尽管他从未亲口说出来），没什么是比这更让我高兴的了。此外，父亲得到了他失散多年的妹妹的音讯，自从 1904 年祖父母离异后，他再也没见过自己的妹妹。她最终因为《生活》杂志上的这篇故事通过我联系上了父亲。虽然从 6 岁起就分开，他依然梦想着有一天能够再见到这个妹妹。父亲原计划前往艾奥瓦州拜访她们一家，可惜这个计划未能实现，父亲在旅行前死于心脏病。

读了我的书后，成千上万的算牌家（和那些即将成为算牌者的玩家）动身前往拉斯维加斯。内华达度假酒店协会为此紧急召开了一场秘密会议。29 年后，曾任赌场执行官的维克·威克瑞这样回忆当时的场景：

> 那是 20 世纪 60 年代中期，赌场经理们都在讨论一本有关 21 点赌博游戏的新书，这本书将对拉斯维加斯赌场和 21 点游戏造成迄今为止最深远的影响。沙漠旅馆的赌场老板塞西尔·西蒙斯在电话里向沙丘赌场的经理卡尔·科恩抱怨道："见鬼！我怎么知道他是怎么做到的？我猜他要么是有所谓的'数学思维'，要么是有照片记忆或者是什么类似的鬼玩意儿。"
>
> "我所知道的一切，"他接着咆哮道，"是他写了一本书，

然后教会了每一个人怎样在每一次玩21点时取胜。我现在就告诉你，这个书呆子混蛋毁了一切……我们正在失去21点的业务。”……

索普的书在20世纪60年代不论何时何地都是所有赌场经理会议讨论的核心问题……

……最后我们决定召开一个会议来解决这个问题……

我们……在沙漠旅馆……碰面。我到现在都想不通为什么这些从东海岸来的家伙们觉得这事儿需要弄得这么隐蔽……我提醒他们这次会议并不是几年前在纽约州南部他们被联邦警察突袭的那次阿巴拉契亚会议。

……他们都穿得像刚从乔治·拉夫特①电影剧场里走出来的那样，根本不用化妆就可以在镜头前开机拍摄。他们都喜欢同时开始说话，然后每个人都喊出各自的解决方案。

“铁腕”哈利的解决方案倒是非常简单：“打断几条腿就可以了……”

“不，‘铁腕’，不！”我们的主席几乎是吼了出来，“我们现在做的是合法生意，必须像合法商人那样动脑子！”

……最终我们一致同意必须改变一些规则……来打败这些算牌者②。

于是1964年4月1日愚人节那天，协会宣布了结果：21点将有史以来第一次修改游戏规则——分牌和双注都会受到限制，而整副牌

① 美国电影演员，20世纪30—40年代以黑帮罪犯形象活跃于电影银幕上。——译者注

② 参见：维克·威克瑞，《21点算牌法》(Counting on Blackjack)，《拉斯维加斯风情》杂志（Las Vegas Style），1993年5月，61、67页。

都会在几轮赌局之后重新洗牌。

作为精心安排的后续公关手段，《拉斯维加斯日报》的编辑在 1964 年 4 月 3 日发表了一篇报道向大众保证："任何内华达州的常客都明白这里的赌场欢迎每一个使用赌博策略的玩家前来挑战"，"爱德华 · O. 索普……显然不理解赌博的本质，从来没有一种赌博策略可以从事实上克服……庄家在每一场牌局里的优势"。为了保险起见，他们还安排娱乐管控协会的主席发表声明："索普博士可能是一名合格的数学家，但他在赌博上却是个外行。"还有一些更隐晦的语言攻击，比如哈拉俱乐部的基纳 · 伊万斯解释说："……俱乐部相信每次洗牌后玩家都会有更高的胜率，因为这样所有的 A 和 10 牌都会在赌局里以相同的概率出现。"

我告诉出版社这些规则变更会极大地损害公司利益，而那些熟练的算牌手依然能在 21 点里取胜。正如我所预言的，维克 · 威克瑞回忆说："（当时）我们那些没有算牌的常规 21 点玩家……对新规则非常抵触，以至于我们的 21 点业务正在以惊人的速度下降。（几个星期之后）我们别无选择，只能改回对玩家更有利的原规则。"赌场老板们很清楚他们的道歉意味着什么。报纸和杂志一改几个礼拜前的嘲笑语气，纷纷把头条换成《拉斯维加斯赌场举手投降，改回原规则——玩家大获全胜》[①] 或者《胜率魔法师教你如何打败拉斯维加斯赌局》。

从头脑中的一个数学想法开始，我打造了一套击败赌局的策略。然后赌场这只巨兽嘲弄我扬言要把我这样的傻瓜送进监狱。他们以为自己玩儿得很漂亮，而我只是把我的秘密武器——智慧带进了这个体育项目。在较量中我发现自己被拒之门外、遭遇作弊、被娱乐管控

① 参见：卡森城（合众社），《美国纽约杂志》，1964 年 4 月 3 日。

协会的代表背叛、在赌桌上被排挤。而最后当这只巨兽开始恐慌的时候，我感到无比喜悦。最重要的是，我更加确信，仅仅是坐在屋子里摆弄我的数学模型，就足以改变身边的世界。

在这只巨兽面前我没有退缩，而是用《击败庄家》建立了一支军队，在 21 点策略发明 50 余年之后，继续投身于这场玩家和庄家之间的世纪大战中。

第 8 章　玩家对赌场

在我的书出版后，内华达州的赌徒们纷纷跃跃欲试。只要能找到规则相对合理的赌博游戏，任何人都能靠我书里的策略与赌场进行公平博弈，甚至无须计牌。至于那些懂得计牌或者即将掌握计牌技巧的人，他们中的大多数已经深谙游戏诀窍，有些还能够靠 21 点维持生计。但是对于普通大众，练习计牌需要坚持不懈的努力、毅力和自律。大部分人都很难做到，更别说那些性格急躁的了。

即便如此，在 21 点上打败庄家的可能性还是让大众对它热情骤增。在随后的几十年间，21 点逐渐取代掷骰子成为赌场最热门的桌面游戏。然而这也让赌场陷入进退两难的局面：是应该维持现状、放任少数计牌者，主要从大部分不计牌的普通玩家那里获利；还是应该开始采取对付计牌的策略，但这可能会浇灭大众对 21 点的热情。

赌场首先尝试改变 21 点规则，但是很快就发现得不偿失，于是他们又重拾旧则。接着他们引入了一种新的洗牌机器（也叫蜗牛机），它能够同时容纳 4 副、6 副或者 8 副牌。蜗牛机看似让计牌变得更加困难，但事实上对于使用高低牌策略的玩家来说影响并不大。因为高低牌策略[1]已经考虑到未使用的牌数的随机性，因此总体上有多少副牌对该策略几乎无关紧要。在蜗牛机面前，那些不断练习的高手们依然胜券在握。

赌场广泛使用了由格里芬调查公司（Griffin Investigations, Inc.）研发的黑名单系统（黑名单相册集）。这家公司是1967年由比弗利和罗伯特·格里芬创立的私人侦探事务所。该系统的研发初衷是登记罪犯、作弊人员和公开闹事者，后来迅速被大量的计牌者所充斥。记录在册的玩家会被赌场拒之门外，各个赌场间也会互相交换黑名单。不过荷官和赌场经理经常分辨不出谁在计牌。不计牌的人如果无意中引起了他们的怀疑，就会莫名地被禁止游戏。这些玩家会被骗到小黑屋里挨一顿暴打。最终，格里芬事务所被两位顶级的计牌玩家成功起诉，并于2005年提交破产申请。提出诉讼之一的詹姆斯·格罗让在21点名人堂中榜上有名。

计牌者们形成了非正式团体，一同研发和改进玩牌策略。《击败庄家》第一次提出了团队合作的概念，使得21点不再是孤军奋战的游戏。比如，有5名玩家，各有1万美元赌资，在分别下注的情况下平均每小时的收益率是1%（或者说每人每小时有100美元的收益，5人每小时总共有500美元的收益）。如果他们将5万美元放在同一个资金池[2]里，当其中一个人玩的时候，他便可以用自己的1万美元做抵押来下5倍的赌注。理论上他能够每小时赚5万的1%，也就是500美元——收益翻了5倍。而且这个策略还可以继续改进。如果剩下的4个玩家也都一起玩，特别是在不同的赌桌上或者赌场里，各自

---

① 我曾在《击败庄家》里称之为“计整点策略”。

② 平衡风险和回报的最优方案是：在最理想的情况下，赌注与资金成正比，但由于一个团队中的每名成员对此时团队总资金的多少并不清楚，他们通常会少量减少赌注。

都以5万美元下注，那么整个团队能够平均每小时赢2 500美元——是之前各自为营的5倍之多。

知道了团队合作的秘诀，下一步便不言自明。企业家开始雇用和训练职业玩家，通过给他们提供筹码并且分摊利润，开展21点的业务。这时出现了一些著名的团队，比如汤米·海兰德的团队和麻省理工学院的团队，后者的传奇故事还被编入了《博得满堂彩》（*Bringing Down the House*）一书，并在2008年被翻拍成了电影《21》。阿尔·弗朗西斯科率先建立了21点团队，其理念之后被他的队员肯·尤斯顿（1935—1987）写进书里。尤斯顿的两本书——《百万美元的21点》（*Million Dollar Blackjack*）和《大玩家》（*The Big Player*），不仅促成了其他团队的建立，也逼迫赌场加大了打击团队合作的力度。肯·尤斯顿是21点史上经历丰富多彩的一位。他出生时的全名是肯尼斯·臼井泉三，祖父是日本人，有四分之一的亚洲血统。他早年是一名证券从业人员，还是太平洋证券交易所（Pacific Stock Exchange）史上最年轻的高级副总裁[①]。不过在21点的诱惑下，他离开证券业成了一名职业玩家。

计牌者在庄家有优势的时候会尽可能地少放赌注，然后在局势有利的时候孤注一掷。理论上，玩家会在有利的时候赌1 000美元，而在不利的时候只赌最小金额，比如5美元。这样一个高达200∶1的差值比会引起赌场工作人员的警惕。但是如果改用4∶1的策略（比如在有利的时候赌1 000美元，而在不利的时候赌250美元），会大大减少收益。

有一种改良的提议叫作大玩家（Big Player）。做法是在几个21

① 这一段的信息量很大，推荐上网搜索“21点名人堂”以了解更多本段中提及的弗朗西斯科、海兰德、尤斯顿的相关内容和其他著名人物。

点的赌桌上各安插几名眼线来计牌，他们一直只放最小的赌注。当牌局变得有利时，他们会暗示看似漫无目的地四处游晃的大玩家，他就会过来放下大额赌注。既然他之前没有在这张桌子上赌过，他就不可能计牌。这一切需要演戏来掩盖。大玩家通常可能会伪装成喝醉的纨绔子弟，通常还需要一个漂亮的女伴。

同时，21 点论坛的玩家们[①]还研发出各种新的计牌方法。这些方法的基础都直接来自我的算法，也就是计算把不同牌从牌堆中移除后对赢面的影响。计牌的核心思想是根据已派出的牌对局势的影响，给每张牌赋予数值。计算出的总分值越接近真实数值，玩家对当下局势的估量就越准确。

为了阐述这个思想，我提出了终极策略（ultimate strategy），该策略赋予每张牌一个整数值，并且这个数值和这张牌对胜率的影响接近正比。表 8–1 中的数字取自 1962 年版的《击败庄家》。第二行记录了移除 1 张牌后玩家的优势变化。第三行将第二行[②]的数字乘以 13 后取整[③]，得到最终每张卡的分数。这是一个不错的估算方法。由于这

① 随着 21 点游戏的流行，开始出现 21 点论坛。论坛为算牌者们提供特别报道，然后开始出现各种网站。斯坦福 · 王的报纸和网站提供如何玩 21 点和玩 21 点的最佳地点等新出炉的消息。阿诺德 · 斯奈德的季刊《21 点论坛》（*Blackjack Forum*）上则刊登各大顶尖玩家和理论学家 20 年来写的文章，同时也为玩家和赌场的战争提供了丰富的历史资料。安东尼 · 柯蒂斯的《拉斯维加斯导报》（*Las Vegas Advisor*）是一份月刊，上面不仅报道各种事件，也提供各式各样的餐饮、推荐和娱乐设施环境介绍信息。霍华德 · 施瓦兹经营的赌徒书店（Gambler's Book Store）持续向大众提供最新的书籍和策略。理查德 · 瑞德的网站 www.bjmath.com 则是一座彻头彻尾的宝库，里面有各式文章、工坊和讨论区。互联网的崛起加速了新玩法的发展。

② 之后更精确的计算结果给出了稍有不同的数字。同时，表格里的这些数字也跟使用多少副牌有关。

③ 之所以用 13，是因为这个数字拟合得最好。

些离散值的范围较大，靠人脑计算难度高，因此我原以为只有计算机能使用这个系统。而且我创立它的初衷仅仅是阐述记分策略的基本原则——分数越接近一张牌的真实影响，这个策略就越有效。同时，特定记分策略的离散性会让计算变得更为复杂。

表 8–1　从扑克牌堆中移除相应牌面所对应的概率影响和终极策略（计点策略，Point-Count Strategy[①]）

牌面值	2	3	4	5	6	7	8	9	10	A
胜率变化	0.36	0.48	0.59	0.82	0.47	0.34	0.03	–0.23	–0.54	–0.68
点数	5	6	8	11	6	4	0	–3	–7	–9

在“复杂度”和“精确度”的权衡问题里，做得最好的或许是高低牌策略（也叫“计整点策略”，Complete Point Count），其出现于《击败庄家》（1966 年修订版）中。这是最简单的计数方法，赋值只有 –1、0 和 +1，但至今仍然被很多顶级职业玩家所使用。具体做法如下：从 0 开始计算，所有牌面为 2、3、4、5、6 的小牌，每使用一张就加 +1。而 7、8、9 这些中间大小的牌面被计为 0 分，因为它们的出现并不影响整体分数。而像牌面为 A 和 10 的大牌被记为 –1，这些牌会减少总点数。

假设使用高低牌策略的玩家在第一局里看到：A、5、6、9、2、3。那么从 0 开始累加，计数是 –1+1+1+0+1+1=+3。在只用一副牌的游戏里，使用高低牌策略加上相对有利的游戏规则，玩家会在下一轮里有一定的优势。随着发牌的进行，计数会在 0 分附近振荡。计数大于 0 的时候对玩家有利，反之对庄家有利。剩下的牌数量越少，计数所反映的

① 如果你把表 8–1 里终极策略中的数值除以 8 然后取整，就能得到计整点策略里面的那些 0 和 1 数值。但是 7 和 9 的相对数值恰好在 0 到 1 和 –1 到 0 之间，选择这两个不同的数值就能得到我在波多黎各时计算的结果。

胜率影响就越大。优秀的玩家会通过观察弃牌堆来估算还剩多少牌[①]。

那么，持续计数的难度到底有多大呢？一个经典的测试就是打乱牌序，抽走1到3张牌，将牌面朝下放，然后对剩下的牌计数。接着，玩家将计数结果与一开始抽走的牌进行比较，以此评估计数的正确性。比如，一开始拿走了1张牌，接着玩家对剩下牌的计数结果为0。由于整副牌计数总和必须是0（因为在52张牌中有20张正的和20张负的），因此最先抽走的牌计数必定为0，也就是7、8、9中的一张。但这种方法有时并不正确。

曾有一晚我在波多黎各和20世纪50、60年代著名的喜剧电视演员亨利·摩根一起玩牌。当时，我已经连续输了1个小时了，在只有2副牌的洗牌机发牌到最后时，发牌员有1张面朝上的10。赌场每一手的赌注上限是50美元，不过我可以一个人占满赌桌上七个赌位来赢得更多的钱。当时我用的是计数策略的另一个版本：把2、3、4、5、6、7记为+1；8记为0；9、10、A记为–1。当牌已经发完的时候，我的计数和是0。所以那张没有看见的牌，也就是庄家的另一张牌应该是8，加上明牌的10，庄家的牌面总和是18。当时我有好几手牌的牌面总和是17。相比于庄家的18，我知道如果不继续要牌相当于坐以待毙，于是坚定地要牌。假设不知道庄家手中的牌，这会是一个非常糟糕的决定。然而不幸的是，我的每手牌都爆了。

发牌员轻蔑地看着我，笑着对我说："所以你认为自己能计牌？你真的以为自己能够知道我的暗牌是什么？[②]"其他发牌员也笑起来。

---

① 估计还有多少"半副牌"在赌桌上是一种简单的估测剩余牌量的方法，详见《职业21点》（*Professional Blackjack*），斯坦福·王（Stanford Wong, pseud.），Pi Yee出版社（Pi Yee Press），1994年。

② 这句话引自索普（1966），第84—85页。

于是我说："我知道你的暗牌是 8。"他笑着把其他发牌员和赌场经理都召集过来，轻蔑地告诉他们有个美国佬专家说他知道暗牌是一张 8。顿时周围泛起了人们叽叽喳喳的嘲笑声。

我当时已经很疲惫了，正准备回去休息。而且在此前的 1 个小时我已经算错了好几次，所以如果这一次算错也不足为奇（从人身安全角度考虑，算错反而是件好事）。我正这么想着，发牌员翻开了他的暗牌——确实是一张 8。在场的人都开始惊呼起来。

计数有多难？只要练习得越多，就能算得越准，而且我发现，如果能在 20 到 25 秒内算完一副牌，我就几乎能在任何游戏中获得优势。因此每次玩之前我都会看看自己的状态是否达到标准。21 点名人堂中的一人曾经能在 33 秒内计算 2 副牌，但是我见过的最惊人的一幕出现在拉斯维加斯的巴黎旅馆（Paris Hotel）举办的第三届世界游戏保护会议上。当天的高潮是计牌比赛，而运用的技巧则是缩短时间的关键——那晚的冠军只花了惊人的 8.8 秒。

赌场开始借助科技来阻止玩家计牌。摄像机以及观察员会在赌桌上方通过单面镜来观察玩家的一举一动。现在通过脸部识别软件，一切都被自动化了。标了电子标签的筹码会跟踪玩家如何下注；机器会跟踪发牌以及检查玩家的手牌，目标是寻找有计牌行为模式的人。机器能够保证在不影响游戏的前提下高效地洗牌，但是赌场也不得不额外支付这些机器的费用。

同时，计牌者也研发出更多技术。其中一种方法的前提是：玩家发两张牌，庄家发一张明牌一张暗牌。如果庄家的明牌是 A 或者一张点数为 10 的牌（K、Q、J、10），那么他就会查看暗牌是不是已经构成 21 点。如果是，他会直接翻开暗牌，游戏就此结束。庄家会直接击败所有的玩家，除非玩家刚好也有 21 点。而庄家检查暗牌时一般会稍微翘起暗牌的一角来观察。长此以往，A 和点数为 10 的牌会略有弯曲。如果发牌者格外粗心或者扑克牌更换不勤，精明的玩家能在发牌前通过观察折痕找出 A 和点数为 10 的牌，从而获得巨大的优势。

采用类似策略的人被俗称为“幽灵”（spooks），他们会有计划地寻找那些粗心的发牌员，并想方设法偷看他的暗牌。如果庄家没有 21 点，那么这一手将继续。而如果玩家能够从“幽灵”处得知暗牌的牌面，那么他将获得巨大的优势。一些赌场会为了防止玩家使用幽灵而要求发牌员等所有玩家都完成下注后再抽取第二张牌，这个时候发牌员甚至可以直接把这张牌摊开。

在 20 世纪 70 年代，有人[①] 研发出了能算 21 点的隐藏式计算机。而赌场的对策就是促使内华达州在 1985 年通过了一项法案，明文禁止玩家在赌局中使用任何计算胜率的设备。但是天才的玩家并没有因此退缩。一副或多副牌被洗牌后，有时牌序并未被完全打乱，这种情况下，玩家仍然能够利用某些模式来预测牌型。

我在 1961 年和 1962 年的时候就已经思考过不彻底的洗牌对博弈策略的影响。后来我意识到，洗牌的方式能够极大地左右许多游戏的胜率。因此我决定双管齐下，一方面建立数学模型来模拟真实洗牌，另一方面用模型来回测实际数据。

最初我采用的方法是试图在一副牌中定位 A 的位置。我会先打乱一副牌，然后将每张牌摊开，观察方片 A 的前一张牌，假设这张是红心 K，接着我会洗牌再切牌，然后观察这一对牌位置的变化。为了方便定位，可以只把 A 和 K 面朝上。接着切牌并且再洗一次，这样一来 A 和 K 之间可能会夹杂着 1 张或者更多的牌。但是如果你准备用

① 其中最有名的是基斯·塔夫特。

这副牌玩 21 点，在 K 出现后，你就知道 A 也不远了。随着不断地洗牌和切牌，越来越多的牌会夹在这两张牌之间。有时切牌会导致 A 比 K 先出现，在这种情况下玩家无法做任何预测。如果一副牌洗得不仔细，玩家常常可以知道何时 A 即将出现。如果玩家能够同时追踪 4 张 A，这会是一个巨大的优势①。

追踪 A 需要关注每一组牌在洗牌过后的位置。赌场通用的洗牌方法是能够被分析的。玩家们学会了追踪含有 A 和点数为 10 的牌堆在牌中的位置，他们一般也会借助计算机来达成目的。这种分析带来的优势十分可观，而且也是一种天然的障眼法：追踪 A 的玩家在洗牌后一牌未发的第一局优势最大，下注也最大，因而赌场传统的侦查方法很难捕捉他们的行为特征。其他时候，如果预测到下一组牌含有大量 A 和点数为 10 的牌，他们会在计数较差时提高赌注。

1997 年，我去犹他州的圣乔治参加年度马拉松比赛，薇薇安和我同行。回程途中，我们再次经过拉斯维加斯。我的朋友彼得 · 格里芬［与前文的格里芬机构没有任何关系。彼得著有《21 点理论》（*The Theory of Blackjack*）一书］安排了当时是金银岛（Treasure Island）赌场经理的乔 · 威尔科克斯来接待我们。乔提出的条件是我不能在史蒂夫永利赌场里玩 21 点。乔是一个非常慷慨的东道主，为我们安排了非常棒的房间、餐饮和剧场表演。他告诉我，赌场现在因为追踪牌序的玩法正在蒙受一大笔损失，而且至今未能找到有效的洗牌方法来

① 我在论文《非随机洗牌及其应用：菲罗纸牌赌博游戏》（爱德华 · O. 索普，*Non-random Shuffling with Applications to the Game of Fro*）中详细解释了这部分，美国统计协会期刊（*Journal of the American Statistical Association*），842—847 页，1973 年 12 月。更多解释详见《博彩与社会》（*Gambling and Society*），W. 爱丁顿，查尔斯 · C. 托马斯编辑，Springfield，IL，1975 年。《菲罗赌博的概率和策略》（*Probabilities and Strategies for the Game of Faro*），第 531—560 页。

应对。在观察了金银岛还有其他两家赌场的发牌员后，借助一点数学计算，我发现了一种能有效避免追踪排序的洗牌方式，不过我并没有说出来。

玩家和赌场之间的对决不仅发生在赌桌上和小黑屋里，也同时发生在法庭里。内华达州的赌场有权禁止玩家入内，而新泽西州的赌场却没有。在这两个州，赌博机构有权制定对自己有利的游戏规则，并且可以随时洗牌。至于计牌是不是作弊[①]，内华达州的法规将作弊定义为“改变已经确定的选择标准，这些标准能够决定：（1）游戏的结果；或者（2）游戏支付的金额或者频率”。所以用智慧来玩游戏是被允许的。根据条款（1），使用重量不均匀的骰子是作弊；根据条款（2），在 21 点中看见自己的手牌后增加或者取回筹码也是作弊。

随着赌场和玩家之间的争斗不断升级，拉斯维加斯本身也在不断进化。早期的那种暴徒掠夺现金的模式在 1964 年出版的畅销书《绿林深处》（*The Green Felt Jungle*）中有过记载。从 1980 年开始的模式转型，到赌博的全球化，再到随之出现的亿万资本的赌博公司，暴徒模式在这些冲击下渐渐退出舞台。如今顶级玩家仍然能够赢钱，但是胜利的机会越来越有限[②]，并且新手们成功的道路也越来越艰辛。

职业玩家每年会在内华达州的私人聚会“21 点舞会”[③]上相聚，互相分享自己的故事。该聚会由职业计牌者麦克斯·鲁宾举办，并由

---

① N.R.S., 465.015。

② 《21 点传奇》（*Legends of Blackjack*）中讲述了许多顶尖职业玩家的故事，作者凯文·布莱克伍德，拉里·巴克尔，Kindle eBook，2009 年 4 月 5 日。

③ 《房间里最聪明的人》（*The Smartest Guy in the Room*），作者 R.M. 施奈德曼，新闻周刊（*Newsweek*），2012 年 2 月 20 日，第 56—57 页。

巴罗那赌场（Barona Casino）赞助，聚会的地点离南加州有几百英里。许多顶级玩家都会参加，21 点名人堂中的人更是重要嘉宾。他们在巴罗那赌场中也有影像记录，虽然能够自由进出，但是并不能在里面参与游戏。巴罗那赌场通过这个活动能够获利，因为任何一个来参加这个活动的专家必须承诺不在巴罗那赌场玩 21 点——这可谓是赌场能找到的最好投资之一。

我的孩子瑞安、卡伦和杰夫在 2013 年跟我一起参加了这个聚会。当年的与会人士还包括几位佚名的传奇玩家，比如詹姆斯·格罗让。詹姆斯是一名哈佛数学研究生，一直在研究制造更多优势的方法。我们还有机会和霍利·罗尔斯的团队交谈，这是一个由年轻的基督徒组成的计牌团队，他们像侠盗罗宾汉一般，致力于将钱从"坏的一方"转移到"好的一方"——教堂和他们自己。在这 102 位客人中，近半数人职业生涯中的净收入超过 100 万美元，剩下的人则是他们的家属和另一半。与会者中的一位是具有冠军头衔的职业牌手布莱尔·赫尔，他曾带队在牌桌上连本带利赢得几亿美金，随后投进芝加哥期货交易中心（Chicago Board Options Exchange，CBOE）。比尔·本特用他在 21 点中赢得的资金构建了 10 亿美元规模的全球赌马业务。另一位值得一提的客人是名牌上写着"B. J. Traveler"的性格开朗的中国台湾人，他坐在我旁边，带着一袋子准备在中国出版的书稿，里面记载着他传奇的赌博经历——曾在 6 年内游历 64 个国家的赌场，总共获利将近 700 万美元。最有趣的是他在莫斯科时，练就了一身怀揣巨款、躲避小偷的本领。

第二天，我和常约翰，还有他的一位专业的朋友共进午餐。约翰是电影《21》[①] 中麻省理工学院团队的重要一员。用餐后，我们就近找

① 受本·梅兹瑞策的著作《赌城陷落》（*Bringing Down the House*）启发。

了一家赌场，想在21点的赌桌前合影，但是被赌场拒绝了。于是我们只好坐下来玩几把100美元起、10 000美元封顶的21点。约翰和他的朋友拿出了一捆面额为100美元的纸币，并从里面抽出5 000美元下注，并戏谑道："我们的口袋就是银行。"担任荷官的是一位来自东欧的慈祥老太太，她并没有意识到面前的几位不是简单的人物，甚至认为约翰最初的反常做法是初学者易犯的错误。当她试图给约翰一点正确玩法的建议时，他十分有礼貌地感谢了她的善意，并表示自己会努力提高。20分钟后，赌场又损失了几千美元，接着我们找了一位工作人员为我们在门口合影。

普通的玩家还有可能获胜吗？经过我的验证，答案是在某些条件下是可以的。的确，现在许多21点的游戏规则让打败庄家变得几乎不可能，我们应该避免参与到这些游戏中。举例来说，如果初始两张牌等于21点的奖励只有6：5或者1：1（原本是3：2），那么我们就不应该参加这个游戏。现在有些报纸和服务机构会给游戏打分①，告诉玩家哪些游戏仍然值得一试。

我在2008年作为主要发言人出席拉斯维加斯第三届世界游戏保护会议时被问到，在写《击败庄家》这本书时，是否预见到它会对赌场行业带来如此巨大且深远的冲击。我当时的回答是，1962年的我并不知道这种影响是会持续5年还是50年；但是在今天，我知道它的影响仍在。

① 斯坦福·王的月刊里提供了相关信息。——译者注

第9章　轮盘赌预测机

现代流行的轮盘赌似乎最早出现于1796年的巴黎。在19世纪的蒙特卡洛，这项刺激的赌博风靡于皇室和富人阶级，当时还涌现了不少文学作品和歌曲。这个游戏赔率高、规则简单、极度依赖好运，这三点让赌徒们痴迷于各种下注策略。这些策略极为复杂，赌徒们无法精确分析，但这些策略中似是而非的“道理”很容易激起赌徒们虚无的期望。

最著名的当属雷伯切尔策略［Labouchère，也被称为取消策略（cancellation system）］。该策略应用于等额赔赌，即输赢的金额等于赌注。在轮盘赌中，猜红黑就符合这个条件，两种颜色各有18/38的胜率。雷伯切尔策略的第一步是写下一串数字，例如3、5和7，其总和是你想要盈利的目标（本例中总和为15）。第一次下注的数量是这串数字中第一个和最后一个数字的和，也就是3+7，即10。如果赢了，则在数字串里划去最值，于是只剩下5。因此第二次下注的数量就是5，如果再次获胜，就达到了盈利目的。如果输了，就在最初的数字串后加上10，使这串数字变成3、5、7和10。随后的赌注相应变成新数字串极值的和，就是3+10，即13。每次输钱后都会在数字串里增加一个新数字，而赢钱则会划去两个数字。这样一来，只要获胜次数略超过总次数的 1/3 就能达到既定目标。这有什么陷阱吗？现实是，运用类似策略的赌徒们似乎不怎么赢钱。

这是因为从概率学理论来看，如果轮盘赌上的所有数字都随机出现并且出现概率一致，那么就可以证明任何下注策略都是无效的。然而事情似乎在 19 世纪末出现了转机，伟大的统计学家卡尔·皮尔森（1857—1936）发现法国报纸上每天刊登的轮盘赌数字有规律可循[①]。这个谜题后来被解开了：报纸的记录员工作结束时编造了一些数字刊登在报纸上，而不是每天花上几个小时盯着赌博轮盘记录数字。皮尔森发现了“统计规律”其实是因为记录员未能捏造出完美的随机数列。

如果下注策略无效，那能否通过寻找有缺陷的赌轮，使得在多次赌博中，某些数字出现的概率高于其他数字呢？1947 年，两位芝加哥大学的研究生——艾伯特·希布斯（1924—2003）和罗伊·沃尔福德（1924—2004）发现里诺有个赌轮似乎更经常出现数字 9。他们借此以 200 美元的本金赢得了 12 000 美元。次年他们在拉斯维加斯的宫殿俱乐部（Palace Club）里发现了同样的情况，这次他们赢了 30 000 美元。随后他们休学了 1 年，在加勒比海航行度假[②]。回国后这两名学生重新回到科研行业并获得了成功。希布斯受聘于加州理工学院，是加州理工喷气推进实验室（Caltech’s Jet Propulsion Laboratory）的主任。沃尔福德成了加州大学洛杉矶分校的医学研究员，他经研究发现

---

① 参见：卡尔·皮尔森，《演化中的死亡概率和其他研究》（*The Chances of Death and Other Studies in Evolution*），伦敦，纽约，阿诺德出版社，1897 年。

② 参见：《洛杉矶时报》，2003 年 2 月 27 日，B12 版，《艾伯特·希布斯的讣告》；也可参见威尔逊 1965 年、1970 年的文章。

热量限制可以增加小鼠约一倍的生命长度。多年后希布斯写道[①]："我想要征服太空，而我的室友，沃尔福德，则希望征服死亡。"

费曼在告诉我无法战胜轮盘赌的时候，他一定知道有些赌轮是偏心的。因为 1 年前希布斯就是在他的指导下从加州理工学院取得的博士学位。对大赌场来说，偏心的赌轮已经是过去式了[②]，因为如今赌场对设备的保养更加重视。

这就是 1960 年 9 月我和克劳德·香农打算制作轮盘赌预测计算机的大背景。当时，据我们所知，所有人都认为从物理学的角度预测轮盘赌的结果是不可能的。

此时，我在麻省理工学院的两年期合约只剩下最后一年，所以我们俩必须在 9 个月内完成这项工作。我们每周基本上有 20 多个小时在香农的房子里钻研。那幢三层木屋建造于 1858 年，坐落在距剑桥几英里的米斯蒂克湖畔（Mystic Lakes）。它的地下室是小玩意儿的天堂，里面估计有价值超过 10 万美元的电子器械和机械。其中有上千个机械和电动零件——电机、晶体管、开关、滑轮、齿轮、冷凝器和变压器等。我非常乐意与这位从儿童时代就开始摆弄电子器械、物理和化学实验的终极"器材高手"一起工作。

我们以 1 500 美元的价格从里诺某公司购买了一个修复过的轮盘

---

① 希布斯后来所写可参见加州理工学院希布斯的讣告所引用的话（http://pr.caltech.edu/periodicals）。

② 几十年后，职业赌徒比利·沃尔特斯研究并利用了有效赌轮，如同拉塞尔·T. 巴恩哈特在《战胜轮盘赌》[*Beating the Wheel*，卡罗出版社（Carol Publishing），纽约，1992 年] 里描述的那样。理查德·R. 麦肯奇（Richard W. Munchkin）的著作《赌博奇才》[*Gambling Wizards*，亨廷顿出版社（Huntington Press），拉斯维加斯，内华达州，2002 年，第 16—18 页] 中记录了对沃尔特斯的采访。他能在短短几分钟内，仅凭一张塑料扑克牌就判断出分割赌轮数字的小格是高是低、是松是紧，会使得哪些数字受到影响。有时为了更好地评估，他也会检查赌轮是否水平，转子是否偏心。

赌轮，又从麻省理工学院的实验室借来了闪光灯和专用计时钟（其秒针每秒公转 1 周，用来替代我早期在电影实验里使用的秒表）。计时钟的刻度精确到 0.01 秒，能够大大提升计时精度。台球室里有个巨大的石头桌子，可以平稳地安放赌轮，所以我们选择在那里动工。

赌轮设计经典、机械精良、外形优雅，为轮盘赌增色不少。整个赌轮由定子和转子组成。定子是较大的固定件，其顶部有圆形轨道，供庄家开赌时抛掷小白球。开球后，小白球先在圆形轨道里减速运行，随后滑落到倾斜的定子内侧，进入旋转的中间部分（即转子，其旋转方向与开球方向相反），最后落于标有数字的格子中。

小白球的运动复杂，包含几个不同的阶段，描述其运动非常困难。我们打算从最初的设想入手，将小白球的运动状态拆分为数个阶段逐一分析。

首先我们通过测量小白球在圆形轨道的公转周期来估算它在何时何处会离开圆形轨道。如果公转时间很短，说明小白球速度较快，能够持续在圆形轨道运动；如果公转时间较长，那么说明小白球速度减慢并且很快会掉入转子部分。

为了测量小白球的速度，我们在小白球每次经过特定位置时启动秒表，当小白球再次经过这个参考位置时终止计时，两次点击秒表的时间差就是小白球在圆形轨道的运动周期。

启动停止秒表的开关偶联着闪光灯，每次触发都有点迪斯科舞厅的感觉。我们把房间的灯光调暗，以便观察启动停止秒表时闪光灯照亮小白球的位置，从而判断它和参考位置的相对关系。这能让我们了解每次启动停止秒表的位置误差，矫正秒表计时，使小白球公转周期的测量更为科学。直观地掌握了计时误差后，我们在计时上更为精准。通过练习，计时误差从最初的 0.03 秒下降到了 0.01 秒。后来在赌场实战时，我们还能保持这样的精度，只不过为了隐藏设备，我们只能练习用大脚趾操作藏在鞋里的开关。

现在，我们能够相当准确地预测小白球在何时何处会充分减速并离开圆形轨道了。下一步便是判定小白球在定子的倾斜部分的运动情况（持续时间和运行距离）。绝大多数赌轮在此区域共有 8 个叶片或转向板。小白球一般会击中它们，其结果是运动情况随机化。根据小白球和小挡板碰撞的不同情况，其运动轨迹可能延长或缩短。不过大量实验发现该挡板导致的不确定在我们的预测方法中可以忽略不计，它们反而能成为小白球和转子位置的参考。

最后，小白球进入转动的转子部分，并在不同编号的格子间弹跳，这给我们的预测方法引入了另一个不确定因素。

总误差是各项误差的叠加，例如计时误差、格间弹跳、挡板碰撞以及赌轮可能的倾斜。假设所有的误差大致服从正态分布（高斯分布，也称钟形分布），那么只有在预测误差的标准差（不确定性的度量）不超过 16 个格子（0.42 圈）时才能取得获胜优势。我们的结果非常理想，误差的标准差在 10 个格子左右，即 0.26 圈。这能够获得每笔赌注 44% 的利润。如果我们同时对预测数字两侧相邻的各 2 个数字下注（共下注 5 个数字），那我们会大大降低风险，并且仍然有 43% 的优势。

通过物理学原理来解析轮盘赌，让人联想起刺激的俄罗斯赌轮。在那个残酷的赌博里，物理学能帮助你生存。这项赌博的名字似乎是从 1937 年乔治·苏德兹的故事里来的：

> “你听说过俄罗斯赌轮吗？”……1917 年前后，在驻扎在罗马尼亚的俄国军队中，一些军官会突然拿出左轮手枪，在弹舱里

留下一颗子弹，拨动转轮，关上弹仓，指向自己的脑袋，然后扣下扳机……

左轮手枪旋转的弹仓使人联想到轮盘赌的转子。弹仓有6格，其中只有1格装弹，那中弹的可能性似乎是1/6。不过如果使用的是一支保养良好、与地面垂直（弹仓与地面平行）的左轮手枪，那子弹的重力就会使填充的弹格更有可能在其旋转到底部的时候让弹仓自动停下来。如果此时再上膛，赌徒就改变了自己的中枪率（相较于男性，女性都相当聪明，压根就不会玩这个）[①]。如果弹仓本身就偏心，那重力的影响也取决于枪支的自身构造。我的小女儿告诉我现代法医也意识到了这点，她有超过20年的地方检察官助理经验。

香农学识渊博又常有奇思妙想，和他组队工作简直就是享受。在讨论预测机的保密问题时，他提到社会关系学家在研究谣言和秘密传播的过程中发现，如果随机选取两人（比如在美国），那他们经常可以通过不超过另外3人而产生联系，该现象被称为“3度分离”（three degrees of separation）。最简单的验证方法是询问被访者认识哪些著名人物，因为他认识的著名人物很可能和你认识的著名人物有共同的朋友。因此你和被访者的联系就是：（1）你和你认识的著名人物；（2）你认识的著名人物和他认识的著名人物；（3）他认识的著名人物和他。如果是这两位名人直接认识，那就称之为“2度分离”（two degrees of separation）。

我那爱检验的老毛病又犯了，不过每次检测这个理论时，我都能得到确实的答案。有一次在从曼哈顿去普林斯顿的火车上，我发现邻

① 感谢理查德·科恩提供的帮助。

座那位优雅、尊贵又慈祥的女士看起来似乎有些焦虑。她不会英语、法语和西班牙语，但能听懂我蹩脚的德语。于是我了解到她的问题是不知道该在哪里下车去费城。给她指路后我们简单聊了几句，我了解到她是匈牙利的经济官员，正在从布达佩斯去会议地点的途中。我决定再次检验“几度分离”理论。

“你在布达佩斯认识任何姓斯尼塔的人吗？”我问道。

“当然，斯尼塔是非常著名的家族，”她回应道，“比如电影人米克罗斯，他同时也是工程师和心理学家。”

“啊！”我惊叹道，“他们是我妻子的亲戚。”

我、薇薇安、布达佩斯的斯尼塔和邻座的经济学家就构成了 2 度分离。到目前为止，我和陌生人之间从没发生过超过3度分离的情况。

1990 年，约翰·奎尔在以“6 度分离”为题的舞台剧里，将这一概念引入流行文化。分离维度的概念类似于 1969 年的埃尔德什数（Erdös number），通过计算“共同作者情况”，来描述某位数学家与匈牙利高产数学家保罗·埃尔德什的关系。如果你和埃尔德什共同发表了文献，那你的埃尔德什计数就是 1。如果你的埃尔德什计数不是 1，但是和埃尔德什计数为 1 的人共同发表了文献，那你的埃尔德什计数就是 2，以此类推……

简单的几步就能连接不同的陌生人从很大程度上解释了谣言传播的速度和广度。如果你有个很好的投资想法，那你会有意识地保密。1988 年，《纽约时报·科学时报》（*New York Times Science Times*）报道，数学家通过借用 1967 年某位社会学家提出的“6 度分离”理论，成功地解释了社会网络是如何“缩小我们的世界”的。然而克劳德·香农早在 1960 年就知道了这个理论。

香农喜欢制造精巧的小玩意儿。其中有一个能根据他的指示将硬币翻转一定的次数并将他选择的一面朝下。他还从工作室（他将其戏称为“玩具室”）里拉了一根缆线到厨房。当克劳德拉动缆线时，厨房终端的假手指会悄无声息地呼唤他的妻子贝蒂。

工作之余，克劳德会教我三球杂耍（他能够骑在独轮车上玩这个）。院子里有一根拴在两个木桩间的钢索，他经常在上面行走，而且也鼓励我学着用平衡杆走钢丝。克劳德能同时做三项运动（玩三球杂耍、骑独轮车和走钢丝）中的两项。他的目标是在钢丝上骑着独轮车玩三球杂耍。有一天我发现他弄来两块巨大的泡沫塑料，外形像一双雪地靴。克劳德说它们是能“在水面上行走”的鞋子。于是他就在家门口的湖面上穿着它们行走，邻居们都惊呆了。好奇之下，我也试着走上湖面，然而实在是太难保持平衡了。

我们相处得十分愉快，因为从最初开始科学就是玩乐，而修补和建造东西更是如此，这过程让我们的好奇心得到了充分的满足。

美式轮盘赌中，赌轮有 38 个小格，其中有 36 个依次被标以数字 1 到 36，这 36 个小格中，又各有 18 个分别涂成红色和黑色。另有两个绿色小格，即 0 和 00（零和双零），它们以对位分列在转子两侧，将其余 36 个小格等分为两部分。非 0 数字的赔率是 35:1，这表示你不仅能够赢回赌注，还能再赚取其 35 倍的收益。如果赌轮上没有 0 和 00，这个游戏将非常公平。因为平均来看，在每次下注都是 1 美元的情况下，玩家在每 36 次下注中有 1 次会赢，从而获利 35 美元；而余下的 35 次则会每次输 1 美元。因此总体来看没有输赢。但是增加了 0 和 00 之后，玩家每 38 局会赢 1 次，获利 35 美元，输 37 次（37 美元），总体来看每 38 轮净输 2 美元。因此赌场对于单一号码下注的获胜优势是 2/38，即 5.26%。欧式的轮盘赌则稍微好一些，因为赌轮上只有一个 0。

在赌注大小方面，香农建议我参考约翰·凯利 1956 年发表的文章[①]。我把它稍做修改后将其作为 21 点、轮盘赌、其他赌博、体育博彩和股市的下注原则[②]。对轮盘赌而言，凯利策略是在数个相邻的数字上下注，这样虽然会降低少量预期收益，却能极大地降低风险。

每次庄家推动赌轮都是新的开始。我们通过轮盘赌计算机测量转子的自转周期，并预测它的运动情况（如果庄家再次推动转子，就需要重新计算）。测量完成后，计算机会发出依次升高的 8 音阶：do、re、mi……这可以想象成钢琴的音阶：中音 C、D、E……高音 C，然后再重复。通常我们会在小白球还要转 3 到 4 圈的情况下计时，因为越接近后期测量越准确。而且即使剩余 3 圈也足够我们下注。计算机会在小白球首次通过赌轮上的参考点时开始计时，此时重复音阶会改变并且节奏加快。当小白球再次通过参考点时，重复音阶立即停止，最后听到的那个音阶就是下注的数字。如果误判剩余圈数则音阶不会停止，除非是为了迷惑庄家，不然我们不会下注。计算机几乎能在最后输入的同时做出预测，所经历的计算时间可以忽略不计！

克劳德和我始终在研究轮盘赌，即使是在我和曼宁、艾迪去内华达州测试 21 点策略的时候。在内华达州之行中，我也顺道检测了赌场里的轮盘赌是否和实验室模拟的一致。我发现许多赌盘都有些倾斜，好在我们早已发现并懂得如何利用这一点，因为它在一定程度上

---

① 参见：凯利 · J. L（Kelly, J. L），《信息速率的新解释》（A New Interpretation of Information Rate），《贝尔系统技术杂志》（Bell System Technical Journal），第 35 卷，1956 年，第 917—926 页。

② 参见：爱德华 · 索普，《常见赌博的最佳策略》（Optimal Gambling Systems for Favorable Games），《国际统计学会综述》（Review of the International Statistical Institute），第 37 卷，1969 年，第 273—279 页；爱德华 · 索普，《21 点、体育博彩和股票市场中的凯利条件》（The Kelly Criterion in Blackjack, Sports Betting, and the Stock Market），《资产负债管理手册》（Handbook of Asset and Liability Management），第 1 卷，S. A. 赞尼奥斯以及 W. T. 津巴编辑，爱思唯尔出版社（Elsevier），纽约，2006 年。

限制了小白球停下的轨道区域。赌轮的倾斜程度以半筹码高至一筹码高为主。所以我们果断地在赌轮的一个脚下垫了一个硬币（厚度正好是筹码的一半，即半筹码高的倾斜程度）来继续实验，果然这会提高预测的获胜优势。

几个月来我们不断测试各种方案，最后我们把预测计算机拆分为两部分，这正好需要两个人配合。其中一个人带着由 12 根晶体管组成的计算机，其尺寸类似于一包香烟。数据输入要通过大脚趾来掌控暗藏在鞋里的开关。计算机预测的结果则通过由常见而便宜的遥控飞机改装成的无线电发射模块传播。另一个人需要扮演赌徒的角色，携带着无线电接收器，通过收听到的音阶来下注。这两个人可以装作互不认识。

下注的人需要在单侧耳道中塞入微型喇叭收听音阶，小喇叭通过极细的电线连接到藏在衣服里的接收器。我们用透明树脂把电线贴在身上并涂成肤色。不过那些发丝般纤细的铜丝经常会断。我们花了一个多小时进行电话咨询，终于在马萨诸塞州伍斯特市的某五金店找到了符合我们要求的电线。

1961 年 4 月到 6 月，我们狂热地研发轮盘赌计算机，因为下个月我就要举家离开麻省理工学院回到洛杉矶，然后在秋季去新墨西哥州立大学执教。可惜我们离开的时候它还是没完工，所以几周后我又乘坐红眼航班回到了波士顿。夏日的早晨天气晴朗，7 点我就来到香农的家门口，随后在那里住了 3 个星期，克劳德和我一起拼命推进这个项目。功夫不负有心人，在经过大量优化和测试后，我们的可穿戴计算机终于在 1961 年的 6 月底成型。

回到洛杉矶，我告诉薇薇安轮盘赌计算机已经就绪，克劳德和我想测试一下。8 月的某一天，我、薇薇安和香农夫妇在拉斯维加斯相聚。在旅馆安顿后，我们出发去寻找合适的赌轮。我们相信预测计算机能应对所有状况，所以在第二天就选择了一个喜欢的赌场。不过选完的时候天色已晚，于是我们一边吃晚饭一边盘算次日的计划。

第二天早上我们兴奋地醒来。克劳德带着计算机和无线电发射器，他将用大脚趾操作隐藏在鞋子里的开关。我带着接收器，钢制电线沿着脖子连接着右耳道里的耳机。当我准备出发去赌场的时候，克劳德歪着头，顽皮地坏笑着问道："是什么让你这么做？"

克劳德其实是暗示，一旦我们在轮盘赌桌上采取行动，他会把计算机的奇怪声音（实际上这是音阶）传到我耳中。不过现在回想起来，在穿戴着自己研发的设备的那一刻，到底是什么使我这么做呢。

我那时正处于人生的转折点，可以在两个截然不同的方向上做出选择。选项之一是作为职业赌徒漫游世界，每年赢得数百万美元。我可以在 21 点和轮盘赌之间游弋，还可以花一些奖金作为伪装，投注于其他在赌场中具有获胜优势的赌博，例如掷骰子和百家乐。

另一个选择是继续学术生涯。要走的路取决于我的性格。还是那个问题，是什么让我如此？正如希腊哲学家赫拉克利特说过的："性格决定命运。"现在切换回拉斯维加斯，看着记忆中的我们走向轮盘赌桌。

我们四人来到赌场。薇薇安和贝蒂一边散步一边闲聊，我和克劳德装作互不认识。除我之外，他们都没怎么在赌场玩过，紧张是难免的，还好不是太明显。克劳德站在赌轮边上，对小白球和转子进行计时。作为伪装，他会逐一记下每轮获胜的数字，看上去就像个注定会失败的赌徒。而我坐在赌桌的另一头，离赌轮和克劳德都有些距离。

克劳德全神贯注地等待庄家推动转子。他选择转子上绿色的 0 和定子上的小挡板作为参考点，当它们首次相遇时，他的大脚趾就会按动鞋子里的无声水银开关（就像当初在实验室里点击秒表开关）。当绿色的 0 再次通过参考点时，大脚趾就再次按动开关。其间用时就是旋转周期。而他第二次点击后，8 个音阶——哆、来、咪……就会在我的耳朵里响起，转子每旋转一次就重复一次。现在转子的速度和它与定子的相对位置关系被输入了计算机。我们也考量了转子悬浮于摩擦系数非常低的宝石轴承上逐渐减速的情况，而且庄家有时候会在转子减速的时候再推一把，所以克劳德每隔几分钟就需要重新计算其运动情况。

我已经随时准备下注。庄家开球了，在小白球绕着定子的圆形轨道运动的情况下，克劳德关注着它每次通过参考点的时间。当他认为只剩三四圈时，就会用另一个大脚趾按动开关，于是音阶节奏相应加快。而在小白球完成了下一次公转后，克劳德会再次按动开关将音阶终止，最后的音阶告诉我在哪里下注。开始我们只是测试，我也只下注了 1 毛钱。玩了几圈后，计算机展示了它的强大，让我赚了好几毛钱。我每次都在 5 个相邻的数字上下注。这策略在欧洲很常见，法国人称相邻的数字为“邻居”。

我们把赌轮上的数字分成 8 组（每组 5 个数字，0 和 00 各出现 2 次），因此我们的分组包括了 40 个数字（赌轮上只有 38 个）。我们把这些含 5 个数字的数字组戏称为“八分仪”（octants）。从概率学上来说，玩家对所有这 5 个数字下注，平均大概能在 38 次赌局里获胜 5 次（略超过八分之一），而在其他情况下会输，总体来看是每 38 美元会损失 2 美元，即 5.3% 的劣势。然而用我们的计算机设备能够让在那 5 个数字上下注的获胜概率增加 5 倍，从而取得 44% 的获胜优势。

不过我们也遇到了问题。有一场我正玩得顺手，突然发现边上的女士惊恐地看着我。虽然不知道为何，但是我明白应该立即离开。于是我迅速冲到洗手间，结果在镜子里看到耳机从耳朵里滑落，就像个未知昆虫似的。更为讨厌的是，即使经常把成堆的小筹码兑换成大面额筹码，我们还是没什么机会下大注。这就要怪耳机线了，虽然换成了钢的，但还是太细太容易断。每次遇到断线，我们只能中断赌局，返回房间修理。

不过，在设备运行正常的时候一切都很完美。我们知道最终总能解决耳机线的问题，大不了用粗一些的钢丝，再留盖住耳朵和脖子的长发，让耳机线藏匿其中。我们也努力说服不乐意这么做的妻子们在她们时髦的长发下“戴上耳机”。

在我下注的时候，没人发现我和克劳德的异常，也没人意识到我们四人的关系。即便如此，我也明白如果赌场发现了我们的小秘密，他们很容易就能阻止我们：只要在开球前对我们说“不能再下注了”（而不是保持他们的惯常做法——在小白球快离开定子时终止下注）就可以。为防止他们发现我们的秘密，我们需要找些东西转移他们对我们赢钱的注意力。根据之前 21 点的经验，这需要花费很多精力。我们四人也都不想多动脑子学习掩饰、化装和误导。之前 21 点的报纸宣传让我很长时间都会直接被赌场认出来。所以我们四人也不愿意再遇到类似情况。因此，虽然有些不舍，我们还是搁置了这个项目。我到现在都觉得这个决定正确而英明。

麻省理工学院的媒体实验室把我们的设备列为可穿戴设备的始祖，也就是那些具有能让人将其穿戴在身上的功能的计算机设备[①]。1961 年年末，我制造了第二个可穿戴计算机——能预测财富赌轮的

① 被称为可穿戴计算机，参见：《可穿戴计算机简史》（*A Brief History of Wearable Computing*）中的时间轴——麻省理工学院媒体实验室（www.media.mit.edu/wearables/ lizzy/ timeline.html）。

设备。作为轮盘类赌博的预测计算机，这个设备仍然采用以脚趾开关输入信息、用扬声器输出结果的方式，只不过它被改进为用单晶体管构造，单人即可使用①。它大概有火柴盒那么大，能在赌场里用得很顺手。不过这项赌博很少能让我大赚，好几次，庄家都在我下重注的时候再次推动赌轮。

在 1966 年，我公开发表了轮盘赌的分析策略②，因为我很清楚自己再也不会使用它了。后续的文献里我也逐一揭示了各处细节③。某位加州大学圣克鲁兹分校的数学家打电话给我，向我详细咨询了整套原理。他们学校的一群物理学家后来组成了名叫“幸福馅饼”的小组（Eudaemonic Pie），使用了 10 年后的先进技术来制作他们的轮盘赌计算机，结果和我们一样获得了 44% 的优势，并且也遇到了类似的硬件问题④。后来，据说使用轮盘赌计算机的团体赢了很多钱。

香农和我还讨论了设计可穿戴 21 点计算机的可能性。利用我当时分析 21 点的程序，计算机不仅可以计牌，还能完美地决策，胜率比最厉害的玩家还高 1 倍。这是一个早期的，甚至可能是第一个计算机战胜人类的赌博案例，多年后的计算机 GO 和 Jeopardy，逐渐能够完美地和最佳棋手在国际象棋上博弈并获胜。在我和香农之后，也有

---

① 参见：保罗·奥尼尔，《打破银行的教授》，《生活》杂志，1964 年 3 月 27 日，第 80—91 页。

② 参见：爱德华·索普，《击败庄家》，第二版，古典出版社（Vintage），纽约，1966 年。

③ 参见：爱德华·索普，《轮盘赌系统策略 1》（Systems for Roulette I），《博弈时代》，1979 年 1、2 月；爱德华·索普，《轮盘赌的物理学预测 1、2、3、4》（Physical Prediction of Roulette I, II, III, IV），《博弈时代》，1979 年 5、6、7、8 月；爱德华·索普，《赌博中的数学》（*The Mathematics of Gambling*），莱尔斯图尔特出版社（Lyle Stuart），斯考克斯，新泽西州，1984 年。

④ 参见：托马斯·A. 巴斯（Bass, Thomas A.），《幸福馅饼小组》（*The Eudaemonic Pie*），霍顿米夫林出版社（Houghton Mifflin），纽约，1985 年。

其他人制作并贩售可穿戴的 21 点计算机。当时，内华达州的法律并没有禁止这么做，所以随着 21 点和轮盘赌的可穿戴计算机越来越多，赌场的利润大幅下降，因此内华达州的设备法律在特殊情况下被迅速通过，并在 1985 年 5 月 30 日颁布①。它禁止使用或者拥有任何能够预测结果、分析出现概率、分析赌博和下注策略或计牌的设备，对应的刑罚是罚款和监禁。这部指代宽泛的法律甚至禁止使用印着《击败庄家》任何内容的手掌大小的策略卡片。在 2009 年，某位企业家在 iOS 平台编写了一个能够计牌并向玩家推荐 21 点策略的 iPhone 应用程序。不过赌场会提醒玩家，在赌桌上这样做涉嫌犯罪。

克劳德和我每隔几年就通信一次，最初的内容都是关于轮盘赌的，后来我们越来越清楚，我们已经不想在这上面做进一步的讨论了。我记得最后一次通信是在 1965 年年末或 1966 年年初，我在信中回顾了当时在他黑板上看到 2^{11}（2 的 11 次方，即 2048，代表 1 美元经过 11 次翻倍后达到的数额，也是他的投资目标）后，我们之间关于股市的讨论。我告诉他我发现了一个投资小部分股票的非常规策略，估计每年能赚 30%。如果有足够的时间，终将超越 2^{11} 的目标。他从未对此发表评论。虽然有些自负，但这个策略的实盘回报率约为 20%。

我们最后一次见面是在 1968 年旧金山的一次数学会议上。他留给我最后的话语是："我们只能在儿时做朋友了。"

克劳德于 2001 年逝世，贝蒂把他的大量文献和设备都捐献给了

① 某不知情人士写信给维基百科，声称我们当年在轮盘赌中使用计算机是欺诈行为。这不是事实。我们和后续许多使用轮盘赌和 21 点计算机的人不能被当时的内华达州防欺诈法上诉。这就是当年内华达州立法机构必须要通过立法来禁止"赌博设备"的原因。

麻省理工学院博物馆，其中就包括轮盘赌计算机。它随后被出借给德国帕德博恩的海因茨利多富电脑博物馆（Nixdorf Computer Museum），于 2008 年春天展出。超过 35 000 人次在前 8 周参观了这个设备。

当克劳德在 1961 年 8 月的拉斯维加斯走向轮盘赌时，他用的是只有我们四个人见过的东西。这是世界上第一台可穿戴计算机。对我来说，可穿戴计算机就如其名：能完成其任务的可穿戴计算机。虽然它对后续可穿戴设备的发展影响有限，但如今可穿戴计算机已四处可见，比如我的苹果手表。

在 21 点和轮盘赌之后，我在想，有其他可以被战胜的赌博吗？

第 10 章　其他赌博游戏的优势

在拉斯维加斯测试完新轮盘赌电脑后一个月，我带着薇薇安和瑞安在 1961 年 9 月搬到了新墨西哥州的拉斯克鲁塞斯，开始了在新墨西哥州立大学的执教生涯。拉斯克鲁塞斯坐落于一片海拔为 4 000 英尺的高地荒漠中，位于新墨西哥州主水源地里奥格兰德旁，大约有 37 000 人。拉斯克鲁塞斯周围的广阔沙漠中零星散布着一些小镇，最近的人口中心是南部 45 英里以外的得州埃尔帕索。新墨西哥州立大学是全州大学系统中排名第二的大学，紧随位于阿尔伯克基的新墨西哥大学。初到这里时，新墨西哥州立大学正在从一所农业学院转型成一所全专业方向的大学。校园正东面是“A”山：山体上写着一个巨大的白色字母“A”，代表“Aggies”（农学院学生）。当时学校里有一个玩笑广为流传：当大学橄榄球队学会读字母表的第一个字母时，他们就把这座山上的字母换成“B”。

我们在新墨西哥州的四年时光充满了美好的回忆：女儿凯伦在拉斯克鲁塞斯降生；小儿子杰夫出生在埃尔帕索附近；我们经常去 20 英里外的白沙导弹靶场和国家纪念区避暑，夏天，那里的温度会因为白色石膏“沙”的反射而比其他地区低一些。

新墨西哥晴朗的夜空让我有机会重拾儿时对天文学的兴趣，在那里，一台小天文望远镜就足以观测到许多天体。这段天文经历的最高潮莫过于和克莱德·汤博（1906—1997）共进午餐。克莱德·汤博成名于1930年，他在亚利桑那州旗杆镇罗威尔天文台工作的时候发现了冥王星（最近被降级为“矮行星”），之后他就移居到拉斯克鲁塞斯并成为新墨西哥州立大学的一名天文学教授。在新墨西哥州立大学发生的另一件事则是我和斯塔尼斯拉夫·乌拉姆（1909—1984）的会面，乌拉姆是20世纪最伟大的数学家之一，当时正在洛斯–阿拉莫斯实验室参与制造原子弹的曼哈顿计划，他在那里提出了之后氢弹最为关键的设计理论——热核武器①的乌拉姆–泰勒概念。一名在洛斯–阿拉莫斯工作的学生威廉·E.“比尔”·瓦尔登为我安排了和乌拉姆教授的下午茶。

在新墨西哥州立大学做研究和执教时，我萌生了研究其他赌博游戏的想法。在诸多往返于内华达州的21点旅行中，“百家乐”(伊恩·弗莱明的007系列小说中，《皇家赌场》和同名电影中詹姆斯·邦德玩的赌博游戏）引起了我的注意。百家乐长久以来一直是欧洲极负盛名的赌博游戏，有很高的投注上限（有时甚至没有下注上限），拉斯维加斯的百家乐规则和欧洲大陆的传统游戏规则稍有不同。因为计算方式和21点很相近，百家乐自然成了我的下一个研究目标。幸运的是，比尔·瓦尔登是对应用数学有浓厚兴趣的计算机学家，他很乐意参与我的研究。我们在1962年开始了对百家乐的研究，试图用我的算牌技巧找到一个成功的数学策略。

内华达版的百家乐一共有8副扑克，总共416张牌。每一张牌都

① 参见：《数学家历险记》(*Adventures of a Mathematician*)，S. M. 乌拉姆著，克里布纳出版社（Scribner's），纽约，1976年。

和 21 点里使用的数值相同，只不过在百家乐里只取这些数值的个位数，A 算作 1，2 到 9 的数值不变，10、J、Q 和 K 算作 0 而不是 10。在赌局开始时，员工会先洗牌，把一张空白的“切牌”面朝上放到牌堆底部附近。全部 416 张牌会被放到木制发牌箱里，俗称“一靴”。然后翻出第一张牌，记录下这张牌的数值并从牌盒里移除等量的牌，也称为“烧牌”。如果翻到了一张 10 或者 J、Q、K，就会烧掉 10 张牌。

一张标准赌桌有 12 个座位给玩家和牌托（伪装成玩家的赌场雇员，用来吸引顾客的注意力和聚集人气），牌局有两种主要下注方式：押注庄家或者押注闲家。

在所有玩家下完注后，发牌员会给赌桌上标注庄家和闲家的区域各发两张牌，翻开牌面。和单张牌的计算方式一样，百家乐里只计算两张牌之和的个位数，比如两张 9 就取：9+9=18 的个位数，算作 8 点。如果一轮赌局的头两张牌加起来是 8 或 9 点（也叫作“例牌”），那么双方都不许补牌，立刻计算输赢。如果庄家和闲家都不是例牌（8 或者 9 点），那么发牌员会从闲家开始给双方各补 1 张牌或者遵循一定的规则[①]不补牌，到最后点数大的一方获胜。如果是平局，所有人都收回他们的赌注[②]。

百家乐和 21 点赌博有诸多相同点，所以我们对百家乐的分析延续了之前我对 21 点的策略。刚开始，我们计算出了有史以来第一个在内华达规则下，两种赌注（押注庄家或者押注闲家）中赌场占的准确优势。押注庄家，赌场对玩家的优势是 1.058%，如果不算平局的

① 这些规则设计使得赌场对玩家——不管是押注在闲家还是庄家上——都有差不多相等的胜率。

② 世界各地的百家乐有许多不同规则，在本书中，索普教授描述的是当时内华达州版本的百家乐。——译者注

话是1.169%；押注闲家，赌场的优势是1.235%，忽略平局为1.365%。这些数字都是玩家不算牌时的概率。这里有很多人都会注意到赌场在庄家和闲家两边的优势概率有所不同[①]，一方面是因为庄家和闲家的第三张牌的补牌规则不一样，另一方面，玩家们在押注庄家并获胜后需要返还赌场5%的利润。

如果玩家们算牌，情况又会如何？

为了找到这个问题的答案，比尔·瓦尔登和我提出了“基础算牌论”[②]：从数学上来说，你看到的牌越多，算牌的优势就越明显。这意味着算牌的最佳情况出现在赌局的最后。但在百家乐里，我们发现哪怕在最佳时刻，玩家的优势也是微乎其微的。

百家乐的胜率之所以如此微小，一方面是因为在百家乐里出现1张牌对整体概率的影响只有21点里的1/9，因此对赌场的优势影响也大大减小了[③]。另一方面，赌场在百家乐游戏上的优势也比在21点里的优势大得多，赌场在百家乐上享有超过1%的胜率优势。

不过，除了押在庄家和闲家上的主注以外，百家乐规则中还有4种独立的边注：庄家拿到例牌9、闲家拿到例牌9、庄家拿到例牌8和闲家拿到例牌8。比方说，如果庄家一开始拿到的两张牌之和为9，那么庄家例牌9的边注就算获胜，赔率是1赔9，每1美元会获得9美元的利润。另外3个边注都有相应的赔率。

对于不算牌的玩家来说，这些边注的胜率极其糟糕，赌场在两个例牌9的边注上享有5.1%的胜率优势，在两个例牌8上有5.47%的

① 参见：索普和瓦尔登（1966）。搜索目录：Thorp and Walden（1966）。

② 参见：索普和瓦尔登（1973）。搜索目录：Thorp and Walden（1973）。

③ 参见：格里芬（1995），索普（1984），万丘拉（1996）。搜索目录：Griffin（1995），Thorp（1984），Vancura（1996）。

优势。但我和瓦尔登发现，对于算牌手来说，即使无法打败百家乐在庄家和闲家上的主注，也可以打败这 4 个边注！正如之前所解释的那样（并且我们用计算进行了证明），玩家在边注上的优势随着局面上出现过的牌大幅变化。大概在每靴牌的三分之一处，玩家在边注上的优势开始出现，而且赌桌上出现的牌越多，这些优势越大。

我们开发出了一套很实用的算牌系统策略：在余下的牌有很多 9 的时候，闲家会有更大的概率拿到例牌 9；相对地，当余牌有很多 8 的时候，优势更倾向于赌闲家拿到例牌 8。

在赌场实战测试中，我“雇用”了数学系主任拉斐尔·克劳奇来一起实践我们的算法。在百家乐上算牌要比 21 点困难得多，因为百家乐一共有 416 张牌，其中有 32 张 8 和 32 张 9，而我们需要时刻关注牌堆中剩下的 8 的数量、剩下的 9 的数量和余牌总数这三个数字的变化。

拉斐尔不像我一生中见过的任何一个其他数学系主任，他是一个极端外向的人。在人们的印象中，数学家都是非常内向的，一个著名的笑话就是：“如何区分一个数学家是内向还是外向的——如果他在跟你说话的时候看着自己的鞋子，那就是内向型的；如果他能看着你的鞋子说话，那他已经非常外向了。”与典型的内向数学家不同，拉斐尔中等身材，面色红润，时刻都挂着一张笑脸并且经常喋喋不休。拉斐尔喜欢在院系聚会上向所有人推销他的“拉斯克鲁塞斯宾治酒”——由橘子、菠萝和柠檬汁混合着大概 2 加仑[①]百加得朗姆酒。薇薇安和我尽可能地找各种借口“逃掉”这些派对，实在无法推辞的时候就在聚会上礼节性地露露面。几年后，我的女儿们无意中看到了

① 1 加仑（美制）≈3.785 升。——编者注

那些宾治酒的成分——几乎都是朗姆酒，她们根本不能理解为什么有人还能站着出来。

很多人问我怎样才能当一名成功的算牌手。我发现仅仅有学术知识是不够的，你还得反应迅速，严格地按照策略出牌，保持冷静，还要眼观六路，能够在算牌的同时注意周围的人和发生的事。最好是有助手帮你或者有很好的演技把自己伪装成最普通的玩家。

我觉得拉斐尔和他的高尔夫球友凯·哈芬（同时他也是学校董事）是我们百家乐队伍的最完美的人选。和拉斐尔不同，凯行事低调又镇定。在训练中，两人都很快掌握了算牌诀窍。我们的妻子们也都参加了这趟旅行。尽管薇薇安没有参加之前的几次 21 点之旅，她还是决定在途中负责亲自“看顾”我的安全。除了玩牌，我们计划在城市里转转打发余下的时间。

在 1963 年春假，我们驱车前往拉斯维加斯，晚些时候到达了都内斯赌场（Dunes）。赌场的百家乐赌桌晚上 9 点开放，我们在那之前一点（假装并不认识对方）走了进去。赌场用天鹅绒的绳子把装饰得富丽堂皇的百家乐区域和其他游戏区域隔开，每张赌桌每边都有 6 个座位呈马蹄形排开。当我坐下的时候，赌桌上已经有几名女牌托了，虽然我在 21 点上已经颇有名气，但赌场的人并没有注意到我，至少一开始的时候是这样。

赌局开始后，一小群人聚集到绳子围起来的区域以外，观看这些高风险的游戏。主注的下注最低为 5 美元，最高为 2 000 美元，边注则是从 5 美元到 100 美元，都约等于 2016 年 10 倍于这个数字的价值。

这时突然有人叫道：“这是那个写书的人！”听到这句话，百家乐区的经理立刻瞪大了双眼，跑向最近的电话。我们同行的一位夫人跑去偷听电话内容，只见赌场经理的神情逐渐转忧为喜：打败 21 点是一回事，而百家乐则是另一回事。我们的“间谍”听到有人在电话里大笑：“哈哈！让他玩儿！”于是我们开始了赌局。

第一晚过得非常平静宜人。赌局开始，赌桌上的 416 张牌刚刚洗好，所有的赌注优势都偏向于赌场，所以我选择押最小的注码在庄家上，与此同时我不断记录着场上余牌、8 和 9 的数量，等待时机。根据计算，我把胜率控制在每小时赢 100 美元左右，希望这个数字足够低到不会被赌场赶出去。

玩一整靴牌大概需要 45 分钟。我、拉斐尔和凯轮流交替休息、玩牌，我先玩两局，之后是拉斐尔和凯，他们俩分工，拉斐尔负责盯着例牌 8 的边注，而凯则在另一头计算 9 的边注优势。这对他们要更容易一些，因为他们每人只需要记 2 个数字，而我需要全程记录 3 个牌数。玩完一靴之后，他们下来休息，换我上去接着再玩二靴，以此类推。正如我们所预料的那样，在凌晨 3 点百家乐区域关闭以前，我们大概赢了五六百美元。

第二晚，气氛有了明显变化。赌场的员工都表现得很不友好而且刻意疏远我们，牌托们也开始做出一些很奇怪的举动：之前的一夜，赌局开始时，赌桌上包括我大概有 3 个玩家和六七个牌托，很快其他玩家就被这张赌桌所吸引并加入赌局。当赌桌坐满时一个牌托会起身离开，制造出“全场只剩一个座位了，赶快加入”的假象，每当有新玩家加入的时候，就会有另一名牌托离开，这样进进出出，让赌桌上时刻保持只剩一个空位的状态。但今晚，坐在我两侧的牌托一直坐在座位上监视着我的一举一动。有一回我无意中猛地咳嗽了好几声，两边的牌托担心我有什么病症会传染给她们，开始向赌场经理抗议，但被勒令回到了她们的座位上，这个场景逗乐了我们在场负责伪装的妻子们。

在我们不断赢钱的时候，其他人就在赌场里各自游览。薇薇安留意到一个化着浓妆、留着红色长指甲、染着金发的亚裔女性戴着贵重的珠宝，在赌桌上挥金如土，每一手都押注 2 000 美元。她拥有好几家连锁超市，但几个小时内就输掉了一家超市的钱。百家乐向来被喜欢大手笔的玩家所青睐。据统计，1995 年内华达州的百家乐仅用了 1/50 的赌桌[①]就赢回了 21 点游戏超过半数的利润，平均一张百家乐赌桌的利润是 21 点的 25 倍。

百家乐照常在凌晨 3 点结束营业，清点完我们的收入后，拉斐尔和凯回到吧台喝了一杯。与此同时，赌场经理和几名员工在百家乐赌桌旁交头接耳，仔仔细细地检查发牌箱和每一张扑克牌的每个边边角角，查看扑克牌是否有弯曲、褶皱、记号或者任何能够解释为什么我们能赢钱的线索。

第三晚，所有赌场员工对我的态度已经从紧张上升到明显的敌对了。他们毫不掩饰地站在我旁边看着我的每个动作。我不断拨弄自己的耳后来企图混淆视听，假装我在用“涂料”作弊：一种肉眼几乎看不见的、像凡士林一样的物质，只有戴上特制眼镜才能看清。我希望他们能再浪费一个晚上，在扑克牌上寻找那些并不存在的记号。前两晚，赌场都不断地向我提供酒精饮料，但我最终都选择了加奶和糖的咖啡代替。今晚，这是全面战争，赌场没有给我提供任何喝的。结果是我们又赢了。

当我第四晚来到赌场的时候，赌场的气氛来了个 180 度大转弯。赌场经理和他的手下们轻松地微笑着，似乎很高兴看到我，服务员甚

① 赌桌数量参考万丘拉（1996）。搜索目录：Vancura（1996）。

至自发给我准备了一杯咖啡："老规矩，加奶和糖。"我当时在第一靴牌局里正赢得高兴，毫无防备地喝了咖啡。突然间，我变得无法思考，甚至无法继续计牌，当时我感到非常震惊，因为我从过去的经验中应该已经完全克服了赌场里的噪声、烟草、对话、高速算牌的压力、情绪波动甚至是酒精带给我的影响。此刻肯定是什么意料之外的原因导致我无法思考。安全起见，我抄起我的筹码匆匆离开了，拉斐尔和凯替我完成了余下的赌局。

同行的妻子们发现我的瞳孔急速扩大。贝拉米娅·哈芬曾经当过一段时间的护士，她说在医院里见过类似的情况，这是嗑药之后的常见症状。我整个人昏昏欲睡，但是薇薇安、伊泽贝尔·克劳奇和贝拉米娅给我灌下了大量黑咖啡并陪我一直来回走动，几小时后，药效才逐渐散去。当晚一直是拉斐尔和凯在赌场里赌牌，我们又赢了。

经过谨慎的讨论，第 5 晚，先是由我坐到赌桌旁，服务员这一次没有再微笑，依旧端来了加了奶和糖的咖啡，我说："不，谢谢。请给我一杯水。"服务员花了相当长的时间才把水拿过来，我怀疑赌场又在水里动了手脚。我小心翼翼地用舌头舔了一下水。啊！感觉就像他们把整盒小苏打倒进了水里一样。仅是那一点点水就足以让我无法集中注意力算牌了，如果当时吞了一大口，后果不堪设想。

我只能再次选择离开，重复"黑咖啡—走动"的流程来抵抗大脑麻木和瞳孔扩张带来的影响。同时，拉斐尔、凯和其他同伴也被请离了赌场。

我们选择在沙丘赌场赌百家乐边注的最后一局。经过一天的休整，我带着我的赌资来到沙丘赌场。鉴于前几夜的经历，我猜想都内斯赌场很可能已经联系了沙丘赌场，我很快会被赶出去，因此我把赌注目标改成每小时赢 1 000 美元。两个半小时后，我赢了 2 500 美元。

然后，沙丘赌场的合伙人，也是实际操控者，卡尔·科恩亲自来到赌桌旁要求我离开。科恩以他强硬的管理手段著称，之前，沙丘赌场的一名小股东弗兰克·辛特拉在赌场里闹事，当辛特拉坚决要求留下的时候，科恩毫不客气地动用武力把他赶出了赌场。我问他为什么要我离开，科恩很直接地答道："没有原因，我只是不希望你在这里赌牌。"争辩是没有意义的，我离开了赌场。

通过这6个晚上的赌场经历，我们证实了百家乐策略的可行性，在验证一个数学理论的同时再次证明凯利系统可以被用在赌博和投资上。但我们的这次旅程并没有就此结束。

第二天清晨，我们一行6人驱车离开拉斯维加斯。我正从亚利桑那州北部的一座山上往下开，就在时速保持在65英里左右时，油门踏板突然间卡住，在下山的陡坡和大开的油门面前，刹车根本不起作用，车速一路飙升到80英里，路上的每一个转弯都变得极难控制。

来不及思考，我一边猛踩刹车，一边拉起紧急制动器，同时挂低挡来"抢挡"减速、把发动机熄火，最终在一个转弯口把车停了下来。幸好有位非常好心又懂修理车辆的过路人停下车来帮助我们。他打开引擎盖后，发现油门的一部分控制件的长条螺丝被拧松了。他从来没有见过这种情况并表示困惑。不过很快他就修好了油门，我们平复了情绪继续上路。

现在我们证明了算牌策略正如计算的那样在赌桌上运作良好。最终都内斯赌场和沙丘赌场都取消了例牌8和9的边注。

在新墨西哥州，我把从稿费和赌博中获得的收益投资到股票市场，但当时我对市场一无所知，运气也很差，投资的结果不怎么令人满意。投资是一种新的不确定性，如果想要改进，那概率论的知识也许能帮我做出更好的决策。

我很快意识到，这个世界上存在一个比内华达州所有赌场加起来还大的赌博胜地，我的策略能否击败这个地球上最大的赌场——华尔街呢？出于好奇，我决定找到这个答案。我开始自学金融市场知识，而赌博游戏中学到的点点滴滴，也像一盏特别的明灯照亮我前行的道路。

第 11 章　华尔街——地球上最大的赌场

赌博是简化版的投资，两者惊人地相似。因而我意识到，如同某些赌博游戏可以被打败一样，我们有时也能赚取比市场平均回报更多的收益。赌博和投资，两者都可以用数学、概率和计算机进行分析，都需要资产管理，都需要谨慎地平衡风险和收益。哪怕每一注你都能占尽先机，下注太多也仍有可能酿成大祸[①]。即使是诺贝尔经济学奖获得者也难免会犯类似的错误，当 1998 年庞大的对冲基金——长期资产管理公司（Long–Term Capital Management, LTCM）破产的时候，它几乎动摇了整个美国的金融系统。反之，为求安全而下注过少则意味着把大量资金闲置在账面上，导致投资效率太低。成功的投资心态同样适用于赌博，优秀的投资人往往也是最厉害的赌徒。

抱着对市场的好奇和自我挑战的心理，我在 1964 年自学了市场和金融方面的知识。整个夏天，我都泡在比弗利山的马丁代尔（Martindale）书店里，阅读格雷厄姆和多德的《证券分析》、爱德华

① 凯利公式中强调过，即使是在优势情况下，铤而走险过度下注的后果依然岌岌可危。

兹和马吉在技术经济学分析上的经典著作，以及大量其他书籍和期刊，内容逐渐由简到繁、由理论到应用、由基础到进阶。然而，好似鲸鱼从成千上万吨海水里过滤出细小的磷虾，我学到的大部分内容都是一些肤浅且零碎的知识。就像刚开始接触赌博时那样，我再次诧异于我们对金融市场知之甚少；不过，也和刚玩 21 点时一样，早期的投资经历给我留下了惨痛的教训。

通过 21 点和写书，我赚了一些积蓄，于是我决定把这些钱投资到市场里增值，同时这也有利于我把生活重心放到家庭和学术研究上。我记得几年前自己对投资还一无所知的时候，曾在报纸的商务版面读到过一条新闻：奥特莱特电子公司（Electric Autolite）的股票被以极低的价格非法出售。该公司当时的部分业务就是为福特汽车公司生产汽车电池。当时文章还提到了未来市场的情况非常乐观：科技创新、订单增长、销售暴增（这和 40 年后的当今电池生产商对未来的预期一模一样）。

凭借这个印象，我在每股 40 美元的时候买入了 100 股奥特莱特的股份，然后在接下来的两年里眼睁睁地看着股价缩水到每股 20 美元，损失了投入时 4 000 美元的一半。那时候我完全不知道该何时抛售股票，最终，我决定持仓直到它回到原价。这是典型的赌徒心理：输钱的时候会想继续赌直到回本。我等了整整 4 年才拿回最初的 4 000 美元。50 年后的今天，科技股的投资者们重蹈了我当年的覆辙，他们在 2000 年 3 月 10 日股价最高点买入，然后花了整整 15 年才等到股票涨回原价位[①]。

几年后，在回家吃午饭的路上，我无意中和薇薇安讨论起关于奥

---

① 在 2000 年 3 月纳斯达克综合指数达到巅峰后，该指数一直到 2015 年 4 月才回到原价位。但是如果算上通胀率的话，该指数在 2015 年比当初依然落后将近 20 个百分点。

特莱特的投资经历，我问她："我错在哪里？"

薇薇安几乎像是读懂了我在想什么，她说："首先，你买了一只你根本不了解的股票，这跟你通过掷骰子来决定买哪只股票没什么区别；如果你当时买了低佣金共同基金（那时候还没有免佣金基金[①]），你的预期收入会跟现在差不多，但承担的风险远远比现在的低。"我以为那篇关于奥特莱特的报道会是一个很好的投资参考，但很明显这是错的。在之后的经历中我会学到，大部分教你选股票的报道、建议或者推荐压根一文不值。

接着，薇薇安又指出了我的另一处错误：准备等到回本时再出售。我所做的一切就是盯着一个对我而言——仅仅是对自己——有特别意义的历史价格，换句话说，就是我的买入价。近几十年，行为金融学家企图分析投资的心理学偏差，大部分投资者都被这些心理因素所困扰，其中一条被称作"锚定效应"（你会更注意一个对你来说有意义但对市场毫无意义的价位）。因为我没有预测能力，任何策略，无论好坏，对我来说都是一样的。在选择何时出售时我又犯了错，它和我所犯的第一个错误一样：比起关注经济原理，我选择了一个无关的参考标准——买入价，从而忽略了货币变动或者其他更好的投资选项等因素。

锚定思想是一种微妙而普遍的投资错觉。比如说，之前我们有位邻居，人称戴维斯先生，他发现在 20 世纪 80 年代中期以 200 万美元买入的房子在 1989 年涨到了 350 万美元。很快他就决定卖掉房子，并且锚定在 350 万美元这个价位上。随后的 10 年里，这座房子的市

① 《伯格谈共同基金》（*Bogle on Mutual Funds*）第 169—170 页上写道："指数这个概念在 1976 年被引入共同基金产业。"事实上，"指数"这个定义也正是由该书的作者约翰 · C. 伯格引入的。

价一度跌到了220万美元，他依然想以原来那个（但现在看上去很可笑）锚定价位出售房屋。2000年在互联网和股票市场回暖的推动下，房价又开始上涨，他终于以325万美元的价格将房子脱手。在戴维斯先生的这段经历里，相较于其他更有效的投资策略，锚定效应让他损失了一大笔钱。

我和戴维斯先生偶尔一起慢跑时会聊起他最喜欢的话题：钱和投资。他听取了我的建议，加入了一个有限合伙企业，其业务是将资金投给投资业绩优秀的有限合伙企业，也就是所谓的对冲基金。除去税收，戴维斯先生的年回报率大约是10%，这也比房产交易或者股票投资[①]要稳定得多。按照我的想法，如果他在20世纪80年代末房价最高点过后立刻卖掉房子，则大概能获得330万美元，然后按照他的计划搬进一套100万美元的房子里，去掉各种成本和税务，大概还剩160万美元可用于投资。把这160万美元投向已经加入的对冲基金里，这些钱会以每年10%的速度增长，11年后就是456.5万美元，再加上他正在住的房子的100万美元市价（那个时候，房子的价格会先跌一段时间然后慢慢涨回来），戴维斯先生在2000年应该有556.5万，而不是仅仅330万美元。

我目睹过那些做房地产买卖的人不断地重复同样的错误，锚定思想也同样常见于生活的其他情况。比方说在回家的路上遇到堵车的时候，一辆SUV强行挤到了前面。此时我可以选择退一步让他过去，或者选择为了“维权”而在保险杠上留下一处凹痕。因为每天都会收

① 根据一份2007年2月的富达投资研究机构的报道，股票市场的平均年收益率约为10%，而在1963年到2005年间，房地产投资的年回报率比股票整整低了4%，如果从1835年算起，房地产投资的年收益率比股票落后超过5.5%。即使是债券的投资收益也比房地产高。

到无数这样的来自汽车修理厂的“邀请”，我此时不必担心因为拒绝这份“邀请”而错过什么。于是那辆 SUV 顺势占据了“本应是我的位置”（注意：我把自己锚定在车队里的一个虚幻的移动位置上，这个位置仅仅对我有特殊意义，此时我被锚定效应影响驾驶行为）。现在那辆 SUV、我和其他将近 70 辆车都被堵在新港沙滩路况最声名狼藉的左转弯上。平时这条路是双车道，但是道路施工让眼下这条路变成了单车道，复杂的交通灯变换使得每 2 分钟只能通过大约 20 辆车。如果当我们最终挪动到信号灯前时，那辆“可恶”的 SUV 正好是最后一个通过黄灯的呢？如果我还在“原来”的位置上，我会选择在短暂的黄、红灯交替期间冒险通过吗？除此以外，那个 SUV“小偷”最多就只是偷走了我 2 分钟而已。想到这一层，锚定心理听起来就不那么理智了。不过即便如此，我依然经常看到人们反复犯下类似的错误。

这一次的投资经历让我意识到，在驾驶上，这种行为同样愚蠢。从某种意义上说，成为一个理智的投资人也让我变成了更理智的司机！

两个来自达拉斯的“专业”保险投资人带领我开始了第二次市场投资的探险。他们声称自己通过投资人寿保险公司发家致富，根据他们的数字，那些贝氏信用等级为 AAA 的保险公司，在过去的 24 年里每年的平均价格都在上升，他们“估计”这个趋势会持续下去。结果毋庸置疑，他们预测的那条惊人的上升轨道在我们刚买入后就结束了，最后我们 3 个人各赔了一大笔钱。

投资学第二课：除非你有充足的证据支持，不然绝不要假设投资人所谓的“惯性”——价格持续上升或下降的趋势，会保持下去。

诺曼是住在拉斯克鲁塞斯的一名加拿大人，我在新墨西哥州立大学执教期间，他向我介绍了一种基于股价（或者商品价格）图形来预测价格走向的方法。我开始好奇是否能用历史价格在某种程度上预测后市的股价。为了验证这个想法，我花了几个月来研究诺曼的数据和预测，却一无所获。恰如薇薇安最开始跟我说的那样："这只可能是浪费时间。诺曼在这上面花了几年，但你能感觉到他什么成果都没做出来。光是看看他衣衫褴褛的样子和他妻子穿着的过时衣服，你就能明白他们原先过的比现在好得多。"

关于投资我还犯过许多错误，在这堂由"市场先生"讲解的基础投资课程里，我还欠他很多"学费"[①]。"市场先生"是本杰明·格雷厄姆引入的一个著名的寓言角色，解释了有价证券市场价格的过度摇摆。市场价格远远高于证券的商业价值的时候，"市场先生"会非常暴躁；股价低于他们的"固有价值"的时候，用格雷厄姆的话来说，这位先生的"情绪"会很低沉。20 世纪 60 年代初，白银市场供不应求，我预计白银的价格会大幅上升。银币含银部分的价格最终会超过银币的面值加上融化银币的成本。当时，21 点旅途的资助人之一，比尔·肯巴克，就囤积了大量银币等着银价上涨。

一方面，随着人们开始融化银币来提取白银，银价的涨幅会放缓。另一方面，印度珠宝市场每年也会产出大约 50 亿盎司[②]的白银。当这些新供应渠道填满了市场需求的时候，白银价格就会进一步下降。不出所料，当白银价格超过每盎司 1.29 美元的时候，这些含银

---

① 参见：《沃伦·巴菲特之道》(*The Warren Buffett Way*)，罗伯特·G. 汉格斯特罗姆著，威利（Wiley）出版社，纽约，1994 年，第 50—51 页；《沃伦·巴菲特的投资组合》(*The Warren Buffett Portfolio*)，罗伯特·G. 汉格斯特罗姆著，威利（Wiley）出版社，纽约，1999 年，第 143—144 页。

② 1 盎司 ≈28.350 克。——编者注

量达到 90% 的银币作为贵重金属的价格已经超过了它们的货币标价，大量银币被熔炼成白银。在美国政府将熔炼银币列为非法活动后，投机者将这些囤积的硬币每 60 磅装成一袋进行大手笔交易。

我坚信自己对白银市场的供求分析是正确的，于是找来了几位瑞士的投资发起人，这些人通过安排交易来收取相应的佣金。在他们的帮助和鼓励下，我在瑞士当地的银行里开立了一个白银交易账户，他们推荐我以 1 ∶ 3 的抵押方式来购买白银，也就是说我每存入 33.3 美分就能购买价值1美元的白银，剩下的钱通过银行贷款来支付。当然，这样我能买入相当于原来 3 倍的白银，这些投资人也相应地能获得 3 倍的佣金，而银行也很乐于收取每月的保管费和其中 2/3 的贷款部分的利息。

不出所料，银价大幅上升，那些投资发起人很快建议我用我所获得的利润向银行申请更多贷款来买入白银。当白银价格上涨到每盎司 2.4 美元的时候，我已经拥有了相当数量的金属，也因此获得了高额的回报。我继续加大投资直至我所购买的白银里每 2.4 美元就有 1.6 美元是来自银行的贷款，这就像是买一栋只有 1/3 首付款的房子一样。然后银价开始下跌：当价格下降的时候，有些人会抛售手里的白银来保住既得利益，这会进一步刺激价格回落，直到那些用更高比例杠杆的买家被迫卖光他们所有的白银以防账户破产——这意味着银价下跌幅度过大，以至于他们储银的价格可能都不足以支付银行贷款。这又会催生新一轮的价格下调，迫使更多的借贷者卖光手上的白银。几轮调整后，价格跌破 1.6 美元——恰好扫平了我的储银。尽管最开始我对经济形势的分析是对的，但我没能准确衡量高比例杠杆的风险，我花了几千美元买到这一教训，并意识到风险管理将成为我今后 50 年职业生涯中的一项最主要的话题。然而 2008 年，几乎全世界的金融体系都没能认识到这个问题，过度举债最终导致了全球金融海啸。

我还从这次失败的白银投资中认识到，当投资客户和销售员、投资发起人的利益不一致时，投资客户们最好谨慎行事。股东和经理人之间的冲突是金融界最广为人知的问题之一。那些被自利的首席执行官和董事会“抢劫”的持股人对这一惨痛的教训更是印象深刻。

在“市场先生”教给我了这些知识后，我开始怀疑，那些金融学家声称的“市场上的任何投资优势都是有限、微小并且短暂的，只有最聪明或者消息最多的投资者才能抓住这些优势”可能是正确的。如同人人都告诉我赌博不可击败，所谓的“共识”再一次向我抛出橄榄枝，诱惑我像别人一样去接受这些观点。然而，我也再一次决定亲自一探究竟。

1965 年 6 月，我开始重新自学经济、金融和市场。我订阅了一本有关普通股认股权证的小册子，然后坐进休闲折叠椅开始研究这种金融产品的机制。我未曾想到，这竟是灵光乍现的一刻。

小册子里解释说普通股认股权证是公司发行的一种证券，持有者有权在有效期内以特定的价格（通常被称为“行权价格”）购买该公司的股票。比如说，1964 年斯佩里兰特（Sperry Rand）公司发行了认股权证，持有者可以在 1967 年 9 月 15 日以前以每股 28 美元的价格买入公司的普通股。在权证逾期前的最后一天，如果股票价格高于 28 美元，那持有者就能用每份权证加 28 美元兑换一股。这就意味着每份权证的价值是实际股价和每股 28 美元之间的差值。但如果股票价格不到每股 28 美元，那么显然用市场价格直接购买股票要便宜得多，此时权证就毫无价值。

权证有些类似于彩票，在过期前不管股价有多低，总是有价值的，只要股价依然存在一定的概率超过行权价格，持有者就有机会把权证“变现”。余下的时间越多、股价越高，权证的价值就越大。不论财务报表或者公司事务有多烦琐复杂，这两种证券产品（股票和认股权）的价格总是遵循这种最简单的关系。我的脑海里很快形成了一个粗略的概念，来关联股票价格和权证价格。因为这两种产品价格上升下降的趋势总是相同的，我开始想到使用“对冲”这一重要理念：利用被误估的权证价格来获取利润，同时还可以降低风险。

想要形成对冲，需要两种价格变化趋势相同的证券产品，而且它们在价格上相对要有一定的差价，比如权证—股票这种组合，当然组合不仅限于这两者。有了这两种产品，一边买入被低估的证券，另一边做空被高估的证券，如果买入和做空的比例选择得当，那么不管两者的价格如何波动，两边的收入和损失都大致上会相互抵消，即相互对冲。到最后两者间差价消失的时候，就可以关闭交易结算利润了。

就在冒出对冲权证和股票这个念头后不久，我们一家就开始打点行装从新墨西哥州立大学搬到坐落于南加州的加州大学欧文分校。在拉斯克鲁塞斯的 4 年是一段难忘的回忆，我学到了更多的数学知识、指导了不少天资聪颖的博士生并且在数学学术期刊上发表了一系列研究成果。不过搬到南加州地区能够让我们的 4 个孩子经常见到他们的祖父母和其他亲戚，我们也住得和旧友们近些；从个人角度来说，我也更欣赏加州大学欧文分校注重学生和教职工在交叉学科领域间合作的这一理念。

1965 年 9 月，我在加州大学欧文分校担任新教职的第一天，信息和计算机科学系的主任朱利安·费尔德曼就来了解我最近的研究内容。我向他描述了有关于权证价值理论和对冲的想法，费尔德曼向我介绍说，他认识一位新来的经济学家希恩·卡索夫（1928—2005），希恩的博士论文就是有关权证和对冲理论[①]的。早在1962年他就发现了类似的概念，并且已经利用对冲的手法做空了被高估的权证，在短短3年间就成功地让自己的10万美元本金翻倍。

我意识到两人合作会大大加快我们研究对冲投资理论和技巧的速度。我和卡索夫从此每周都会见面，在一起粗略估计权证的实际价值，很快我们找到了相当一部分被高估的权证。做空它们就能获利，而想要做空证券产品，你需要通过经纪人从那些拥有产品的人手里"借贷"一定的数额，才能在市场上把它们卖掉。当然，之后不论产品价格如何变化，你都必须履行合同义务，购入相同数额的产品来偿还你的借贷标的。如果购回的价格低于卖出的价格，你就能赢钱；反之，你就输钱。

做空价格被高估的权证总体上是盈利的，但风险非常大。买入股票也是如此。不过当我们对冲权证和相应股票的时候，两者的风险大部分会相互抵消。在用历史数据进行模拟测试时，我们的年优化策略达到了25%的年回报率，并且风险非常低，即使用1929年经济大萧条时期的数据回测结果也是如此。我们一边研究对冲理论，一边亲自投资对冲权证，而实际获得的年回报率也是25%。

我和卡索夫在1966年年末共同编写了新书——《击败市场》（1967年兰登出版社出版），在书中，我们详细解释了投资策略并给出了对冲的实际数字结果，还把这种方法延伸到更多金融产品上，包括可转债等。像21点一样，我有诸多乐于向大众分享我们的研究发现的理由：第一，不管我是否发表这些结果，早晚都会有人发现同样的

① 参见：希恩·T. 卡索夫，《可转换证券的估价》（*Evaluation of Convertible Securities*），解析出版公司（Analytical Publishers Co.），范德堡大街602（Vanderbilt），布鲁克林，纽约，1962年。这份论文简述了如何对冲权证和可转债券。

方法；第二，科学研究本身应当为全人类的利益服务；第三，我并不只有这一个发现，我会不断产生更多新想法。

尽管和卡索夫的合作颇具成效，但我和他在建立对冲投资的理念上有完全不同的概念，最终我们两人在完成《击败市场》[①] 这本书后就结束了合作。希恩作为一名经济学家，认为通过他对公司运营的理解，可以脱离中性对冲机制。中性对冲不论市场价格是升是降，都能给出比较平衡的保护方案以减少损失。他希望通过调整买入和做空的比例，根据自己对市场价格的分析让对冲更倾向于价格上升或者下降趋势。鉴于我在选择股票上有过糟糕的经历并且缺乏分析公司运营的背景知识，我更喜欢保守的对冲方案，希望尽可能降低价格波动带来的风险。希恩离开后，我继续研究自己的理论并投资于相应的对冲组合。

同时，我在 1967 年使用了奥卡姆法则——存在许多种理论解释的时候，应该从最简单的那种选择开始——并进行了合情推理，由此取得了重大理论突破：以一个简洁优雅的权证公式来推算它们的“真实”价值。利用这条公式我能够预测权证在什么时候会被误估，还能大概指出被误估的差价。同一年，我逐渐将这条公式应用于对冲场外交易权证、期权和可转债。购买股票期权与购买权证类似，两者的主要区别在于权证一般由公司发售，而期权则未必如此。可转债和普通债券也很相似，只是多了可以被转换成固定数量股票的附加特性。

使用这条公式不仅增加了我的信心，也增加了投资收益。市场中所含的投资机会远超我那些积蓄所能覆盖的部分，这也让我开始了为朋友和客户们管理对冲投资组合的事业。

---

① 你可以在《击败市场》中读到更多有关我们的理论和投资的信息，参见 www.edwardothorp.com。

第 12 章　巴菲特的牌

随着我的名气悄然传遍加州大学欧文分校，周围的朋友和同事纷纷开始请我为他们的资金进行投资。我在几个账户里采用《击败市场》中提到的对冲技巧来运作，其中资产最少的账户里也有 2.5 万美元。在新晋客户中，有加州大学欧文分校的研究生院院长拉尔夫·沃尔·杰拉德，以及他的妻子弗斯媞，这个名字也与她的一头银发相衬。拉尔夫是一名杰出的医学研究者和生物学家①，同时也是美国国家科学院的一员。他十分彬彬有礼，充满好奇心又博学，我们经常一起交流各种有意思的想法。他有一个亲戚叫本杰明·格雷厄姆，是位著名的股票市场理论家和哲学家。格雷厄姆和多德在 1934

① 更多有关拉尔夫的学术贡献和科学生涯的事迹记载于美国国家科学出版社（The National Academics Press）网站：www.nap.edu/books,《人物传记、回忆录》第 53 部分（*Biographical Memoirs*，v53，1982），美国国家科学院。（National Academy of Sciences）。杰拉德当年用在巴菲特那里投资的钱成为我的第一个投资人，1974 年杰拉德逝世。几年后，他的夫人弗斯媞也与世长辞。弗斯媞逝世后，他们夫妻二人在普林斯顿 – 新港的部分投资被捐赠给了加州大学欧文分校。

年出版的著作《证券分析》对基础股票分析具有划时代意义[①]，之后还修订了好几版。通过格雷厄姆的介绍，杰拉德认识了沃伦·巴菲特，从而成了巴菲特有限责任合伙公司（Buffet Partnership Ltd.）的早期投资者之一。

沃伦可以说是格雷厄姆最优秀的学生，也是有史以来最成功的投资家。在25岁时，也就是1956年，他第一次以合伙人的身份投资了注册资本为100 100美元的巴菲特联合有限公司（Buffett Associates, Ltd.），他笑着告诉我其中那100美元就是他的手笔[②]。在接连又投资了十多家合伙企业后，他在1962年年初把这些企业合并成了巴菲特有限责任合伙公司。从1956年到1968年的12年间，巴菲特管理的这些基金都保持了29.5%的复合收益率，同时他还可以从超过6%的部分中获取1/4的利润。其中有4年，大小公司的股票都处于下跌阶段，而其基金的业绩表现依旧良好。在巴菲特抽取掉他的业绩报酬后，杰拉德投资的基金能保持每年24%的增长率，超过了当时股票市场的平均值——小公司的股票一般是每年19%，大公司的是10%。巴菲特的有限合伙人的每1美元增长到了税前16.29美元。而由巴菲特管理的自有资金，在扣除自身佣金前，1美元的本金增长到了28.80美元。

那么是什么原因让杰拉德夫妇把钱从38岁的巴菲特——一名从小就投资并且保持24%的年收益率的人——那里转交给36岁的索普，这个才刚接触投资几年，并且近几年的投资表现只有20%的收益率

① 1940年经典的《证券分析》的第二版之后在2002年由麦克劳－希尔出版社再版（McGraw–Hill）。

② 一些有关于巴菲特的传记里说是105 000美元。而根据我与沃伦聊天的回忆，应该是100 100美元，这个数字最终在最权威的巴菲特传记《滚雪球》中被巴菲特证实（*The Snowball*，艾丽丝·施罗德著，兰登出版社，纽约，2008年）。

的人呢？在 1967 年，股票价格飙升，大公司的股票在两年内平均赚了 38%，而小公司则有惊人的 150%[①]。因此当时沃伦·巴菲特说已经很难找到被低估的公司了。在之后的几年中，他会清算掉自己的合伙人关系。他的投资者可以变现，也可以和沃伦一起，把他们的股份转成两家合伙企业的股份。其中一家名叫伯克希尔－哈撒韦公司，当时还是一家运营不畅的小型纺织品公司。因管理费用收入以及投资增长，巴菲特如今坐拥该公司 1 亿美元合伙关系中的 1/4。

杰拉德夫妇决定把他们所有的投资都变现，寻找下一个投资标的。拉尔夫非常喜欢《击败市场》和我其他书中的分析，所以他不仅想亲自来拜访我，更希望（我后来才意识到）请我和与他合作多年的大投资家（沃伦·巴菲特本人）来提供一些意见。所以在 1968 年夏天，杰拉德夫妇邀请我和薇薇安去他们家与苏珊及沃伦·巴菲特共进晚餐。

他们的房子坐落于新港海滩的港口景观山，从那里能够欣赏到新港港口、太平洋以及从卡塔利娜岛往西的壮观而又转瞬即逝的日落。在餐桌旁，拉尔夫的妻子弗斯媞让在座的各位都简单地进行了自我介绍。苏珊·巴菲特告诉我们，她的理想是成为一名夜店歌手，而沃伦则完全支持她。她也谈及自己在救助组织中的经历，比如在公平住房协会（Fair Housing）还有全国基督和犹太会（National Conference of Christians and Jews）里的事情。

沃伦是一个语速特别快的人，带着内布拉斯加州的口音吐出一连串的笑话、逸事和富有哲理的谚语。他十分热爱玩桥牌，并且对于逻辑、数学、量化有着天生的兴趣和热爱。随着夜幕降临，我得知他一

① 这一资产回报率数字源于伊博森联合（Ibboston Associates，2007）。

直在寻找并且买入那些估值过低的公司。在数年的周期中，他认为这些投资的收益能够十分可观地超过市场——主要以道琼斯工业平均指数（DJIA）和标普 500（S&P 500）为参考。像他的导师本杰明·格雷厄姆一样，沃伦也对认股权证和可转换证券之间的对冲，以及并购重组中的套利机会感兴趣。这不仅是我和他的兴趣重合之处，也是巴菲特对我能否成功地为杰拉德夫妇管理资金（尽管我当时并不知情）的考验方法。

就在我们讨论复利的时候，沃伦举了一个他非常喜欢的例子，来表现复利的强大力量。在 1626 年，荷属美洲新尼德兰省总督彼得·米纽伊特[①]花了大约 24 美元从印第安人手中买下了曼哈顿岛，而如果曼哈顿岛上的印第安人用这些钱以每年 8% 的利率投资，那么从那时起算到现在，他们的财富能够买下整座曼哈顿岛以及几百年来上面新增的所有设施建筑[②]。沃伦还提到，曾经有人问过，他是如何找到这么多百万富翁作为合伙人的。他大笑着告诉我："我当时的回答是：我亲自帮他们赚成了百万富翁。"

然后沃伦问我是否知道三个奇异骰子。他当时也是不久前才听说

① 彼得·米纽伊特（1580—1638），美洲的荷兰殖民总督，曾帮助建立了新阿姆斯特丹城，也就是后来的纽约城。米纽伊特加入了荷兰西印度公司（the Dutch West India Company），启程建立了该公司在美洲的殖民地。1626 年米纽伊特到达曼哈顿岛并成为该殖民地的第一任总督。他和当地一个说阿尔冈昆语的部落达成交易，用价值 60 荷兰盾的饰品买下了曼哈顿岛，这 60 荷兰盾的饰品之后折合为约 24 美元。

② 从 1626 年到 1968 年一共有 342 年，24 美元每年 8% 的复利大约为 6.47 万亿美元，相当于美国 1968 年资产总和的 1/8。而如果每年 8% 的复利收益持续到 2013 年则会增长到 206 万亿美元，差不多能买下半个地球的资产：2013 年美国的资产总和估计约为 100 万亿美元（77 万亿美元的私有财产和 23 万亿美元的政府财产），假设美国拥有全球资产总和的 25%，则全球资产总和大约为 400 万亿美元。

这个想法的，并且打算在未来的几年里，用这个问题来考验那些聪明人。标准的骰子每一个面都有一个 1 到 6 之间的数，但是这些骰子和一般的不同，每个面上的数字可以相同。在沃伦考验我的假设中，每一个骰子最多有 2 个或 3 个不一样的数字。用这些特殊的骰子来玩 1 个赌博游戏：你可以选这 3 个中“最好”的那个，而我拿剩下的 2 个中“最好”的。我们一起掷出，数字大的获胜。即便你选择了那个你认为“更好”的骰子，我也总是能够从平均统计值上战胜你。对绝大部分人来说，这里最不可思议的一点在于，根本不存在所谓“最好”的骰子。如果给骰子编号为 A、B 和 C，而 A 能击败 B，B 能击败 C，似乎可以说 A 比 B 好然后 B 比 C 好，所以 A 应该比 C 好很多，然而 C 可以击败 A。

这样的事实让许多人困扰，因为他们认为应该遵守数学上所谓的传递规则：若 A 优于 B，B 优于 C，则 A 优于 C。如果你用其他短语替换掉“优于”，比如“更长”“更重”“更旧”“更多”“更大”，那么这个规则仍然是适用的。但是这个规则并不能适用于某些特殊关系。举个例子，“相识”和“看得见”就是其中之一。如果我们把“更好”替换成平均上击败，那么这些骰子并不符合传递规则。所以它们叫作非传递骰子。比如石头能够击败（砸碎）剪刀，剪刀能够击败（剪坏）纸张，纸张能够击败（包住）石头。

另一个现实中很有影响的非传递例子就是选举倾向。通常大部分人会相比于候选人 B 更喜欢候选人 A，相比于 C 更喜欢 B，而相比于 A 更喜欢 C。在这些选举中，选票的倾向是非传递的，那谁能得到选票？这在很大程度上依赖于选举过程的结构。数学经济学家肯尼斯·阿罗就因为证明了不存在能够满足所有直观的自然期望的选举过程而获得了诺贝尔经济学奖。发表在《探索》杂志（*Discover*）[①]上的相关文章说，在更“合理”的投票过程中，通过比较共和党和民主党候选人中选民的选举倾向，2000年约翰·麦凯恩应该获得共和党的提名而最终代替乔治·W. 布什出任总统。

让我们回到新港海滩：骰子被抛出了。当我告诉他如果骰子如下：A=（3，3，3，3，3，3），B=（6，5，2，2，2，2）和C=（4，4，4，4，1，1），那么统计平均显示，A对B的胜率有2/3，B对C有5/9，C对A有2/3，于是我通过了沃伦的测试。其他还有很多非传递的骰子的可能性。我喜欢制作这样的3个奇异骰子，让对手优先选择并以此为乐。在试过所有的3个骰子且每次都会输后，人们通常会瞠目结舌[②]。

沃伦邀请杰拉德夫妇和我日后去他在翡翠湾（Emerald Bay）的家中玩桥牌。这是一个坐落在加州拉古纳沙滩最北端的富人社区，并且带有豪华的私人沙滩和海景。随着和沃伦交谈的深入，我发现了自

---

① 参见：《愿最佳人选输掉总统大选》（May the Best Man Lose），《探索》，2000年11月，85—91页。更多有关竞选悖论的研究可以参考威廉·庞德斯通的《选举游戏：为什么选举不公平（以及我们能为此做些什么）》（*Gaming the Vote: Why Elections Aren't Fair, and What We Can Do About It*），希尔 & 王出版社（Hill and Wang），纽约，2008年；唐纳德·G. 萨里的《对于不同悖论的混乱研究》（A Chaotic Exploration of Aggregation Paradox），SIAM评论，第37册（Vol. 37），第37—52页，1995年3月；《数学家看大选》（A Mathematician Looks at Voting），美国数学协会（American Mathematical Society），2001年。

② 更多有关非传递性骰子的信息可以参考马丁·加德纳的《数学合集》（*The Colossal Book of Mathematics*），诺顿出版社（Norton），纽约，2001年；以及马克·芬克尔斯坦和爱德华·索普的《等均值非传递骰子的研究》（Nontransitive Dice with Equal Means），收录于《优化策略：博弈和赌博的数学研究》（*Optimal Play*：*Mathematical Studies of Games and Gambling*），斯图尔特·N. 伊泽尔和威廉·R. 爱丁顿编著，内华达大学，里诺，2007年。

己与他投资方式中的异同。他对公司进行估值，目的在于用异常低廉的价格购买股票，甚至整个公司，这样他就能拥有足够广的安全边际以应对未知和意外。在他眼中，这种机会通常出现在投资者对单个企业或者股市过分悲观的时候，“在别人贪婪时恐惧，在别人恐惧时贪婪”。他的目标就是在长期投资中超过市场回报率，所以他基本上把市场表现当作对自己的评价参考。

相对地，我并不计算各种企业的价值。我会去寻找同一家公司的各种不同的证券产品中被误估的证券，从而构建一个对冲仓位，做多低估、做空高估，无论市场如何变化，我最终都能获利。沃伦并不介意短期内，比如几个月甚至几年中，市场价格的巨大变化，因为他坚信从长期角度看，市场一定会增长，而且他的资产也能够在波动中击败市场，最终在整体收益上大幅领先市场。他的目标是积累最多的钱，而我则享受用数学来解决特定的、有意思的谜题。我最早在赌博中发现了这些谜题，然后将其引申到了投资界。能够赚钱证明我的理论的确能在真实世界运作。沃伦从孩童时代起就开始投资，并且在一生中都做得非常好。我的发现则十分吻合数学家的人生道路，并且看起来更简单，还能让我有大量的空闲时间陪伴家人以及在学术世界中探索。

沃伦在翡翠湾的房子后来因为 2003 年阿诺德 · 施瓦辛格（《终结者》主演）成功当选加州州长而吸引了媒体的关注。最初，沃伦是阿诺德的支持者和经济顾问，当时的竞选议题之一是如何缩减加州的预算赤字。这个问题主要源于 1978 年加州公投通过的《第 13 号反税法案》(Proposition 13)。该法案将房地产税的征收限制于估价的 1% 再加上每年估值溢价部分的 2%。随着加州房价的飞涨，未交易房产的税费缩减为市价 1% 的一小部分，因此极大地侵蚀了税收基数，从而增加了财政赤字。房屋只会在交易的时候按市价重新估值。所以有些房屋虽然差不多，税收却相差非常大，其关键在于它们何时被买卖。这就导致不同的屋主缴纳的房产税有极大的差别。另外，通过大幅降低居民的整体税率，《第 13 号反税法案》还减少了屋主的年费，变相加速了加州房价的增长。

商人比屋主更精明。他们通过设立公司来持有房屋资产。如果需要卖掉某处房产，他们就会卖掉持有该房产所对应的公司。保持“持有者”与房屋相同能够将房产的估值始终维持在特别低的原始估值，而不因实际售价变高而缴纳更多的税费。加州若能收回损失的这部分收益，则不仅足以消除从 1978 年到当时的所有财务赤字，避免削减必需的教育和执法经费，还能因财务赤字的消减而减除政客们进一步的愚蠢或浪费的开支。

巴菲特意识到这种行为极大地损害了加州经济，公开建议施瓦辛格出台更公平公正的新财产税法。他指出，根据《第 13 号反税法案》，他在 1960 年代购买的位于翡翠湾的房屋（当时已价值几百万美元）的房产税反而比奥马哈价值 70 万美元的房子要低很多。而即将成为州长的施瓦辛格（如果接受了巴菲特的提议将失去许多选票）说：“我告诉沃伦如果他再提《第 13 号反税法案》，就让他做 500 个仰卧起坐。”沃伦因此悄悄退出了施瓦辛格的顾问团队。

之后，每当我想起巴菲特和他最爱的桥牌以及那个非传递的骰子时，都对桥牌中的叫牌策略是否也像那些奇异的骰子一样感到好奇。无论你使用什么样的叫牌策略，是否总会有另一种策略能够击败它，因而并不存在最佳策略？如果是，那么所谓“更好”的新策略的发明者就只是一直在追着他们的尾巴——虽然能够击败同样的新策略，但是有可能输给曾经被废弃的策略。

是否有人能够找到这个答案？也许要到计算机能够成为桥牌和叫牌专家时吧。该怎么做呢？让计算机玩足够多的场次，通过比较不同的叫牌策略来判定它们的优劣。

如果最终能够证明没有最佳的叫牌系统，那么你的最佳策略就是让对手按照规定透露出他们的叫牌策略，然后再选用针对策略来应对。当对手开始明白这一点并且要求你的队伍先选择叫牌策略时，你们就陷入了僵局，也许以后就需要通过抽签来决定谁优先，或者通过随机分配决定由谁来叫牌。

桥牌属于数学家所说的不完全信息游戏。在游戏卡牌之前的叫牌，能够给出一些对立双方隐藏的 4 手牌信息。随着游戏的推进，玩家通过叫牌和目前已知的牌点来推断那些还未揭露的卡牌。股票市场也是不完全信息的游戏并且和桥牌非常相似，因为各自都有欺骗的手段。就像在桥牌中一样，如果能够更快地获得信息并且应用于市场中就能赚钱。所以史上最伟大的投资家巴菲特沉迷于桥牌并不让人感到惊讶。

沃伦的想法、手段和投资历史给我留下了深刻的印象。我告诉薇薇安，他最终会成为全美国最富有的人。巴菲特是一个特别聪明的估价者，对于估值过低的公司直觉敏锐，所以他能够比一般投资者更快地收集财富。即使在财富增长到惊人的数量后，他也可以继续依靠这过人的天赋。而且沃伦很清楚复利的威力，显然他会将之应用于长期投资。

我的预言在 1993 年实现了，虽然此后沃伦一度被比尔·盖茨以及其他靠互联网发家的人（dot–commers）超越，但他在 2007 年又重新成为世界首富，而在 2008 年，他与他的桥牌伙伴盖茨互换了位置。到那个时候，与沃伦相处已经变成了一件昂贵的“商品”。经过易贝（eBay）上的激烈竞价后，某位来自亚洲的投资者出价200万美元获得了与巴菲特共进午餐的权利，而这些收益被悉数捐赠给了慈善机构。

拉尔夫·杰拉德向我提供了巴菲特写给合伙人的信件，以及证明与他的合伙关系的材料复印件——只有简简单单的两页。从那时起我意识到，最理想的计划就是像沃伦那样：把自己和别人的资金放在同一个有限合伙的投资项目里。

那时，我总共管理着约40万美元的资产。鉴于每年有25%的增长率，这些账户成功盈利了10万美元，而作为薪酬，我从利润中抽取20%，每年大约有2万美元，基本上与当教授的薪水持平。当把所有的财产都放到一个账户下后，我能够用更少的精力管理更多的资产。某个特定的认股权证的对冲只需要设置1次并且管理1次，而不用再对好几个账户分别进行同样的操作。

1969年在我准备下一步计划时，我接到了杰伊·里根这位年轻的股票经纪人从纽约打来的电话，他自称在读了我的《击败市场》后，希望能够加入我的可转证券对冲项目。考虑到他也许能够处理对冲基金的公司运营事务，让我能够集中精力选择对冲投资组合、深入研究市场，我决定抽出一天，在加州大学欧文分校的数学系办公室见见他。

27岁的里根比我小10岁，发色浅红，中等身材，脸上还有雀斑，如推销员般极富社交技巧。作为达特茅斯的哲学系研究生，他很快就理解了我的投资原理。

我们的合作似乎完美无缺。我提出大部分的想法，但是他也会给我一些来自“华尔街”的建议和可能的交易。我会给出一些分析以及计算指令，以便他在不同的做市商间执行。他能够处理税务、会计和常规的法律文件，而这些正是我要尽量避免的，因此我也能专心于研究。

我们达成了一致，决定建立并且共同经营一段新的投资合伙关系，并基于《击败市场》中的想法进行投资。新港沙滩办事处是智库和“交易生产装置”，而纽约则是业务办公室和交易前台。在讨论过启动资金后，我们把目标定为 500 万美元。如果能够产生 20% 的利润，并且抽取其中的 20% 作为管理费，我们就能够分享 500 万美元的 4%，也就是 20 万美元。这远远高于我作为数学教授的薪酬和之前管理小额账户的收益。

我们的运作方式后来又被称为对冲基金。在美国，对冲基金只是简单的私人有限合伙关系：有一个或多个普通合伙人（每个人要承担损失他们所有财产的风险），还有一群投资者或者说有限合伙人，他们只会损失他们约定的一部分财产。投资者基本上是被动的，在整个合伙关系中以及投资中并没有任何权利。在当时，这样的基金基本上不受管制，因为当时没有超过 99 个合伙人的大型对冲基金，况且它们也不对公众开放。设在海外的对冲基金叫作离岸对冲基金，它们可以是股份制的，也可以采用信托的形式。

尽管那时候对冲基金的数量非常少，但这并不是新的概念。杰罗姆 · 纽曼和巴菲特的导师本杰明 · 格雷厄姆在 1936 年就创建了第一家对冲基金[①]。老练的对冲经理希望能够和投资者一起共享利润，而投资者也希望能够获得巨额的投资回报。1949 年，新闻记者阿尔弗雷德 · 温斯洛 · 琼斯在写关于投资的文章时，受到某参考文章的启发，成立了一家合伙企业，而对冲基金的名字也由此而来。他不仅买入那

① 参考施罗德词条（Schroeder，loc. cit）。

些他觉得便宜的股票，还试图通过对冲来控制风险，比如做空那些他认为估价过高的股票。当价格下落时，做空能够赚钱，而在价格上涨时做空会亏钱。做空能够让投资者在一个低迷的市场中赚钱，琼斯做的这种对冲基金可能有更稳定的回报。尽管琼斯的想法一开始并不为世人所瞩目，但 1966 年《财富》杂志（*Fortune*）刊登了卡罗尔·卢米斯撰写的《无人可及的琼斯》，文章指出琼斯的对冲基金在过去的十年[①]中击败了几百家共同基金，这使得对冲基金的优越性变得十分明显。

我知道寻找投资者不会那么简单。1967 年和 1968 年对于市场和寥寥无几的对冲基金[②]来说是疯狂的两年，在这两年里股价飙升，而 1969 年则是暴跌。大公司的股票大约跌了 9%，而一些小公司股价崩盘，下跌近 25%。许多对冲基金经历了极大的损失并且倒闭。尽管我们解释说自己的市场是中性的并且是对冲的，因此能够保护本金，但我们的想法过于新颖，以至于人们很难相信。算上自己，我们最终找到了 14 名有限合伙人，每个人可以拿出不少于 5 万美元。我曾经的个人投资者是我们优先选择的合伙人；里根则去法院大楼，调取了被其他对冲基金归档的有限合伙人的名单，在电话访问后，我们筹集到了更多的资金。我飞去纽约与客户见面，详细解释了投资策略，并且

① 参见:《无人可及的琼斯》，个人投资版（Personal Investment），《财富》杂志，1966 年 4 月。

② 1968 年年初对冲基金的数量相当有限，几乎可以说是微不足道的。1968 年所有对冲基金的资产总额不到 2016 年对冲基金的千分之一。在 1968 年，排名前 20 的对冲基金的规模从 8 000 万美元到 1 200 万美元不等。1968 年市场上大约有 150 家对冲基金，资产总额在 10 亿到 20 亿美元之间，这个数字在半个世纪后增长到 2 万亿美元。因为美元的国民生产总值价值大约是 48 年后的十分之一，所以从 1968 年到 2016 年间对冲基金的资产总额相对于国民生产总值增长了 100 倍。

最终利用我出版的书籍和教职的威望说服了他们。10 月下旬，尽管只募集到 140 万美元，但是此时必须开始下一步了。只要收益增长，我们自然会从现有客户和新晋客户那里筹措到更多的资金。可转对冲联合公司［Convertible Hedge Associates，之后更名为普林斯顿 – 新港合伙公司（Princeton Newport Partners）］在 1969 年 11 月 3 日（周一）正式开张。《华尔街日报》[①] 在报道市场崩溃以及几家对冲基金倒闭 [②] 的内容夹缝里，刊登了一则我们开业的简短公告：

> “财富在移动”：即使一些对冲基金在今年阴郁的市场表现中破产，新的投资企业依然在源源不断地出现。其中就有可转对冲联合公司，其主要合伙人为爱德华·索普和杰伊·里根。索普曾经研发了一套计算机系统，用以在拉斯维加斯赌桌上的 21 点游戏中取胜，而由于索普的策略，赌场不得不纷纷修改规则。同时他也是《击败庄家》一书的作者。现在，他凭借他电脑方面的才能来进行资产管理，并且写成了一本叫《击败市场》的书。而里根则一直与基德的布彻和谢瑞德，以及维尔德的皮博迪和怀特合作。该公司的其他合伙人包括迪克·萨罗门——里兹饭店的拉文 – 查尔斯的董事长、查理·伊万斯（前伊凡 – 皮考尼设计师）

---

① 参见：迈伦·坎德尔编，《华尔街日报》（*The Wall Street Letter*），1969 年 11 月 7 日。

② 对冲基金倒闭的信息收录于温德姆·罗伯特森和安吉拉·海恩斯的《对冲基金未来的展望估计：关于 28 家对冲基金报告》（The Hedge Funds’ Dubious Prospects，A Report on Twenty–Eight Funds），个人投资版，《财富》杂志，1970 年 10 月。文中阐述了截至 1968 年 12 月 31 日最大的几家对冲基金。在所有基金公司中，最大的赢家莫过于巴菲特合伙有限公司，其运营 12 年内的战绩堪称辉煌，之后由于市场上公司的股价过高，远超公司的实际价值，巴菲特最终停止了该公司的运营。除了巴菲特合伙有限公司以外，唯一一家盈利的对冲基金是斯坦哈特 – 法因 – 贝科斯兹公司（Steinhardt Fine Berkowitz Co.）。

和鲍勃·伊万斯（派拉蒙影业公司），还有多恩·科里——雷诺兹食品有限公司的董事长。

在前两个月的运作中，我们获得了4%的利润，也就是5.6万美元。标普500指数则在这两个月下跌了5%。我在其中享有5 600美元的份额，这也超过了我在大学任教的同期收入。

很明显我现在处于十字路口，需要做出选择：可以利用我的数学能力继续研发新的对冲策略，并很有可能因此致富；或者继续在学术界争取更高的职位和响亮的名声。相比之下，我更喜欢大学层面的教学以及研究，所以我决定尽可能继续留在这里。我最佳的量化金融策略也会留给投资者，而不会公开发表，即使之后可能会有人重新发现这些策略，并且把发现归功于其他人。

巴菲特对于我的评价一定非常好，不然杰拉德夫妇也不会加入我们的基金。他们夫妇始终把资产交付我们管理直到相继去世。巴菲特对我的职业生涯有两个至关重要的影响：先是帮助我走上了开设自己的对冲基金的道路；之后又让我做了一笔相当可观的生意——投资给由他管理的那家经营困难的小纺织品公司：伯克希尔－哈撒韦公司。

第 13 章　合伙

1969 年成立的普林斯顿–新港合伙公司在当时绝对是革命般的创新。我们专职从事可转换证券的对冲交易，涉及权证、期权、可转债、优先股和其他流通的衍生证券。对冲风险并非新鲜事，而我们把对冲发展到了前所未有的极致[①]。我们先设计针对每一家公司的对冲组合，每个对冲组合只包括单一公司的上市股票和可转换证券，如此可以将因股票价格波动而导致的亏损风险最小化。然后，我们发明的对冲技术又能进一步保护投资组合免受利率变化、整体市场波动和罕见的系统性风险带来的损失。我们运用数学公式、经济模型和计算机处理上述问题，这几乎完全依赖定量方法的做法在当时独一无二。我们成了第一代量化投资者，量化投资在日后从根本上改变了华尔街的格局。

我一开始就预见到了我们的财富会如何增长。尽管我在赌博中运

---

① 套利管理公司（Arbitrage Management Company）利用《击败市场》中的对冲概念获利。其成员包括哈里·马科维茨——后来获得了诺贝尔经济学奖（1990 年）和约翰·谢尔顿——著名金融学教授和权证理论家。虽然该公司确实有所盈利，但3年后，其利润并不足以继续维持运营。

用了出色的数学技巧，但当我告诉朋友和同事们这项工作的时候，薇薇安是唯一理解它们的人。虽然她不是科学家或数学家，但她有两种最珍贵的品质——提出正确的问题和掌握要点。她常常花几个小时帮我拍摄轮盘赌小白球的运动情况，以便我制造出预测数字的设备；她也常常会模拟21点发牌上千次，好让我练习计牌；她还帮我编辑关于赌博、股票市场的书稿并帮我进行合同谈判。

普林斯顿-新港合伙公司成立前5年的名字是可转对冲联合公司，我最初的投资策略是找到高度相关、价格变化趋势相反的证券，并以此构建投资组合并降低风险。为寻找可能的对冲组合，我们会在买入估值相对较低的证券的同时卖空估值相对较高的证券，以消除其价格的反向变化。因为这两种证券的价格变动是偶联的，我希望在以此获得额外回报的同时降低风险。通过自己想出的数学方法，我会比较同一公司发行的股票和权证、期权或可转债券的定价情况来鉴别这些情况。

将研究过的对冲基金策略应用于实际就像在21点里的有利情况下下注。在21点里，我可以估计预期回报和风险，并以此择机下注。不同的是，21点里我的本金是1万美元，现在则是140万美元；拉斯维加斯的赌注上限是500美元，而华尔街这座赌场不设上限。最初，我们在每个对冲组合上下注5万到10万美元。

为寻找契机，每天下午纽约收市后，我雇用的加州大学欧文分校的学生都会去两家与我合作的经纪公司。他们会统计数以百计的权证、可转债、可转换优先股及其普通股的价格情况。优先股通常支付定额股息，而普通股则不一定，而且派息金额也不固定。另外，相比于普通股，优先股股息将被优先支付。通常情况下，股息固定的优先股类似于债券，但风险更大。因为清算后将优先支付债券的本息，优先股次之。所谓的可转换优先股是一种可以交换一定数量的普通股的股票。所以可转换优先股更像可转债券，但不如它安全，因为只有在债券持有人已经收到兑息且公司资金仍然充裕时才能支付优先股股息。那时他们给了我们无数的投资可能性。

我从 1969 年开始在家里经营这家公司。住房的变化也从侧面反映出我们所处环境的变化。8 年前，我刚到新墨西哥州立大学时，租的是 900 平方英尺[①] 的单层房屋，只有 4 个小卧室，并且它们很快就全用上了。在入住了几个月后，我的第二个女儿凯伦出生，一年后儿子杰夫也出生了。此后不久，赌博的奖金和书籍版权费不仅覆盖了我在股票市场的学费，还让我买下了第一栋属于自己的房子。几年后我们搬到加州大学欧文分校，在新港沙滩找到了一栋更大更漂亮的两层楼的房子，并在那里开展了普林斯顿 – 新港合伙公司的西海岸业务。

我和薇薇安雇了一个承包商，在住房外加装了分为上下两层的房间和配套楼梯，以作商用。我会在新房间里把数据绘制在自己发明的数学图表上。这些图表能快速而明确地显示市场情况，以便我快速发现合适的交易机会。每天的可转换证券及其正股收盘价都以不同颜色标注在特定的图表上。每张图上都有我用计算机求解的公允价格曲线，其优点是能够直观地看到是否有套利机会。如果数据点位于公允价格曲线的上方，那就表示可转换证券的价格被高估了，可以做空可转换证券、做多正股套利。如果数据点接近或者落于公允价格曲线上，则表示两者的估值合理，不存在套利空间。如果数据点位于公允价格曲线的下方，则应当买入可转换证券，卖出正股。数据点和公允价格曲线的距离直观地表明了套利空间。如果我们认为利润可观，则

① 1 平方英尺 ≈0.093 平方米。——编者注

会在次日进行交易。公允价格曲线上最接近数据点的切线斜率就是对冲比率，即普通股与可转债、优先股、权证和期权等可转换证券的比值。

在家办公使得人们蜂拥而至，薇薇安在忍受了几个月的打扰后，让我再租一间办公室。于是我们搬到一幢小办公楼的二楼，购买了电脑，并雇用了更多员工。我针对每个对冲策略都开发了印刷表格。这些表格上有股价及套利所需的可转换证券数量。除了要补充新的对冲交易外，这些表格会告诉我们，当股价变化导致对冲比例变化时，应如何调整投资标的比例，或者告诉我们套利目标何时达成从而结算对冲交易。

因为电脑耗电量大，办公室里总是很热，我们只能保持窗户敞开并用风扇散热，即使在加州冬天最寒冷的时节，我们也不得不以此降温。房东不另计水电费，它们已经涵盖在房租中。在注意到办公室常年处于高温中后，我计算了我们所使用的电费，竟然比房租都高。所以实际上，房东是在付给我们钱让我们租用办公室。

每天收盘后，我会打电话给身处纽约的杰伊·里根布置明天的交易。他会反馈今天早些时候交易的结果，以便我及时更新图表上的数据记录。次日他会执行我的交易指令，然后反馈成交结果，每天都是如此。

为了知会有限合作伙伴和潜在的新伙伴，我们会定期更新我们的秘密私募备忘录（Confidential Private Placement Memorandum），其中解释了合伙制的运作模式和业务目标、收费结构及潜在风险等。同时也用简化的投资示意图描述了若干实际交易情况，当然上面不会出现我们的数学公式、图表或是计算过程。

其中一些案例可以在《击败市场》里找到。在 1970 年，美国电话电报公司（AT&T）出售了3 100万股普通股，每股12.5美元。因此公司在当时募集了约38 750万美元。虽然在当时这一定价尚且合理，但是根据权证价格的历史走势看，在权证1975年到期前很可能产生价差。当出现价差时，我们用合伙公司的一大部分净资产对此下了注。

和数以千计的其他投资者一样，我们以1900年法国数学家路易·巴舍利耶在博士毕业论文里提及的公式为参考。巴舍利耶利用数学方法开发出了巴黎证券交易所内证券的行权定价理论。他的导师，全球著名的数学家亨利·庞加莱，则并不认可他的工作，而庞加莱在省级教授这一职位上度过了一生。同时，26岁的瑞士专利局职员阿尔伯特·爱因斯坦已经快要进入他的著作奇迹年了，他在1905年出版的那一系列论文将很快改变世界[①]。其中一篇论文奠定了“相对论”这一颠覆经典引力理论并引领核时代的论文。第二篇论文阐述了光的粒子性，帮助建立了“量子论”。不过，是除此二者以外的另一篇爱因斯坦的论文与我的故事有关。

在那篇论文中[②]，爱因斯坦解释了1827年由植物学家罗伯特·布朗发现的令人费解的现象。布朗用显微镜观察悬浮于水中的花粉粒。在显微镜下，花粉持续地不规则随机运动。爱因斯坦意识到这是构成

---

① 详见振奋人心的《奇迹迭出的一年：1905，阿尔伯特·爱因斯坦和相对论》（*Annus Mirabilis: 1905, Albert Einstein and the Theory of Relativity*），约翰和玛丽·格里宾著，企鹅出版社，纽约，2005年。

② 指的是爱因斯坦在1905年发表的《关于静止液体中微小粒子运动的分子热力学原理》（On the Movement of Small Particles Suspended in A Stationary Liquid Demanded by the Molecular–Kinetic Theory of Heat）。在该论文中爱因斯坦指出了每一自由度下的粒子的平均动能，并给出了分子的扩散公式。前者为物理热力统计学中的爱因斯坦模型，后者为分子动力学中的爱因斯坦公式（多用于材料学等领域），二者迄今依然是物理学、材料学等方面的经典模型。

周围液体的分子不断轰击花粉粒所致。他给出了能够正确预测这些粒子的随机运动统计规律的方程。那时，因为没有人见过单个的分子或原子（分子由不同类型的原子通过电磁力结合在一起），它们存在与否存在争议。这个方程是原子和分子真实存在的明确证据。这篇文章也因此成为物理学领域被最广泛引用的文献之一。

爱因斯坦并不知道，他描述花粉粒布朗运动的方程与 5 年前巴舍利耶描述另一个完全不同的现象——股票价格持续、不规则波动的方程基本一致。巴舍利耶运用该方程推算标的股票期权的“公允”价格。不同的是，直到后来的诺贝尔奖（1970 年）得主保罗·萨缪尔森在巴黎的某个图书馆里看到这一方程并将其翻译成英语，巴舍利耶的工作才为世人所知。巴舍利耶的论文最后发表在麻省理工学院出版社 1964 年出版、保罗·库特纳编的《股票市场价格的随机特点》（*The Random Character of Stock Market Prices*）中。作为我早期的金融自学材料，这些运用科学统计来分析金融的方法对我和其他读者产生了巨大的影响。

巴舍利耶假设股票价格的变化遵循钟形曲线，即正态分布（或称高斯分布）。不过这与实际价格情况匹配不佳，特别是当时间跨度达几个交易日时。到了 20 世纪 60 年代，有学者采用了更精确的描述方法来改进巴舍利耶的成果[①]。即便如此，这些新的期权、权证的公允价格公式对实际交易也帮助有限，这主要是因为它们包含两个不能从已有数据中合理估计的变量。其一是股票价格在“现在”和权证到期日的增长率。其二是折现系数，即用来估计权证在到期日的不确定性收益所对应的现值。

① 参见：《股票市场价格的随机特点》，克斯·M. 斯普林格著，保罗·库特纳编辑，麻省理工学院出版社，剑桥，马萨诸塞州，1964 年。

折现系数，也称补偿系数，是投资者对于不确定的回报的度量。例如你抛一枚两面等重的硬币（两面着地的概率相等），如果正面朝上，投资者获得 2 美元；反面朝上时，投资者不赚不亏，那么此时的平均回报是 1 美元，但是对每一局而言，回报是不确定的。这个数值是由每种收益（本例中为 2）乘以其出现次数（本例中为 1），再除以所有可能性的总和（本例中为 2）得到的。大部分投资者的收益应该为 1 美元。对于具有相同预期回报率的两种投资，风险较低的更好。由于我出生于大萧条时代，又加上受到自己早期投资经验的影响，我将降低风险作为投资的核心原则之一。

在 1967 年，我对权证定价的研究又向前推进了一步。直觉上我觉得公式中的那两个变量——折现系数和增长率，可以由所谓的无风险利率[①]，即美国财政部在权证失效日到期的票据利率[②]代替。这可以将原本有几个未知数的不可用的公式转换成简单而实用的交易辅助工具。我在 1967 年就将之应用到了我自己和投资人的账户[③]。这个方法的实测效果非常好。我当时并不知道，在 1969 年，费舍尔·布莱克

① 学术界的经济学家和金融学家始终认为，在布莱克－舒尔兹公式中，美国国债及其短期版本——票据，都是无风险的。争论点在于，政府是否可以随时印制所需的款项用以支付利息及赎回。国会则要讨论是否提高债务上限，例如 2013 年的争论就暴露了这种谬论。美国可以选择偿还债务，也可以选择违约——当然，默认是选择前者。由于投资者普遍要求支付更高的利率购买风险债务，所以债务上限的争议导致美国的借贷成本上升。因此，反对增加债务上限的人反而使债务本身更高。

② 以我操作的账户为例，请参见我在《维尔莫特》杂志的刊文（2002 年 9 月、2002 年 12 月、2003 年 1 月），相关内容也可在我的主页（www.edwardothorp.com）上找到。对合情推理的介绍可参考乔治·波利亚所著的《数学与合情推理》（*Mathematics and Plausible Reasoning*）的卷 I、卷 II，普林斯顿大学出版社，1954 年。或者可以参考他更基础的著作《何如解决》（*How to Solve It*），双日出版社，第二版，1957 年。

③ 背景讨论可参见埃斯彭·戈德尔·豪格所著的《金融衍生品：模型的模型》（*Derivatives: Models on Models*），威利出版社，纽约，2007 年，第 27—44 页。

和迈伦·舒尔兹受到《击败市场》的启发[1]，对这个公式进行了严密的证明[2]，最后在1972年和1973年发表了论文。这引领了金融市场里衍生证券的快速发展和传播。由于他们的贡献，迈伦·舒尔兹和罗伯特·默顿获得了1997年的诺贝尔经济学奖。诺贝尔奖委员会还对费舍尔·布莱克（1938—1995）的贡献致谢，并且表示如果他没有因咽喉癌早早去世，就能和他们共享这一届的诺贝尔经济学奖。

受益于此公式的巨大威力，普林斯顿–新港合伙公司迅速繁荣。在成立最初的两个月里（1969年的11月和12月），我们在标普500下跌4.8%的情况下仍使委托人获利3.2%，即领先市场8%。在1970年，我们的回报率是13%，同期的标普500则是3.7%。1971年，两者分别是26.7%和13.9%，我们大约超额了13%。不过1972年标普的18.5%终于优于我们组合表现的12%。但这是否意味着我们的策略有误？并非如此。这反而表明我们始终坚持自己的投资理念，即无论市场怎样变化始终保持稳定的高收益。对冲策略让我们避免损失，但也会在牛市中损失潜在的部分收益。投资回报率的变化主要受制于对冲策略数量和质量的波动，而非市场的变化。我们初期的几个试验正巧遇上1973年到1974年的熊市。那次熊市主要是阿拉伯石油禁运造成的。扣除通货膨胀因素，当时的石油价格创下了历史新高，这一点位直到2008年油价大幅飙升到140美元时才被打破。

1973年，标普下跌15.2%，而我们的投资回报达到了6.5%，超

① 他们在其著名的论文中对此致谢。见布莱克和舒尔兹所著的《期权和公司责任》（The Pricing of Options and Corporate Liabilities），《政治经济杂志》（*Journal of Political Economy*），第81卷，1973年5—6月，第637—654页上对此致谢。

② 事实上，他们的公式与我使用的公式完全相同，证明了我似是而非的推理得出了正确的结果。

额高达20%。股民在1974年亏损更多，标普全年暴跌27.1%，而我们则取得了9%的正收益，即取得36%的超额业绩。这两年周期中，普林斯顿–新港合伙公司有限合伙人的每1 000美元都增长为1 160美元，而标普500中每1 000美元则亏损至618美元。此外，普林斯顿–新港合伙公司在最初的6年间每月均有盈利（除了1974年的某一个月有小于1%的回撤）。从1973年1月11日股市顶部到1974年10月3日的底部，整个股市疯狂下跌48.2%，这也是自大萧条以来最严峻的情况。甚至连沃伦·巴菲特都说那时候应该关闭公司[①]。

现有的合伙人不断注资，潜在的合伙人也因听闻我们良好的口碑而不断加入。我们的本金已经从140万美元增长到了740万美元。普通合伙人的回报也按比例增加。由于《投资公司法》（*Investment Company Act*）规定我们的合伙人不得超过99名，因此平均每位合伙人需要投资超过100万美元才能使我们的资金池超过1亿美元。所以我们需要高净值投资人以及机构投资者，以注入对普林斯顿–新港合伙公司而言十分可观但只占他们金融资产一小部分的资金量。我们也希望那些高净值投资人具有丰富的知识和经验，甚至雇有私人投资顾问，以便更准确地判断我们投资的风险。为了能从较少的投资者那里募集较多的资金，我们逐渐将投资准入金额从5万美元提升至10万美元、25万美元、100万美元，直至1 000万美元。我们也只接受详细调查过背景的投资人。这其实很简单，我们可以从公开信息中获取他们的从业情况，或者他们本来就是我们认识的人。

我们将业绩报酬设定为利润的20%，按年支付，其中包括“高水位线”条款，即如果我们某年的投资收益为负，我们将转结损失并在

① 参见：罗杰·洛温斯坦所著的《巴菲特：一个美国资本家的成长》（*Buffet: The Making of an American Capitalist*），兰登书屋，纽约，1995年，第156页。

未来盈利报酬中扣除相应部分。这一点保障了双方的经济利益。事实上，我们从未有过全年亏损的情况，甚至从未有过单一季度亏损，这一条款从未实行。

普林斯顿－新港合伙公司在曼哈顿和新港沙滩的办事处随着我们雇用更多的员工而扩张。我当时是加州大学欧文分校的数学系教授，并在学校里找到了不少天才。于是，如何选择和管理雇员就成了我当时最重要的挑战。我自己摸索出了一套解决方案，后来这一模式被称为走动式管理，即以和每位员工的直接谈话来取代我在学术界就痛恨的无穷无尽的正式会谈，我让他们也这么做。

我向员工解释了总体计划和方向，告诉每位员工我希望他能达成的目标，再根据他们的反馈进行调整和修改。在公司，我需要可以独立执行事务而用手把手教的员工，毕竟管理时间有限。大部分的工作是随着我们的发展而产生的，而投资方法又是创新的，因此我需要传授给他们独特的技能。我主要选择刚毕业的聪明的年轻人，因为他们没有受到之前工作的影响。所谓白纸易画，就像从头教年轻运动员要比让有经验的运动员回炉重造方便很多一样，毕竟不需要对他们错误的习惯进行矫正。

大家能共同努力工作非常重要，尤其是在小机构中。因为面试的时候无法判断新员工是否能顺利融入整个团体，我告诉每位新员工前 6 个月是彼此的试用磨合期。在那段时间里，如果我们双方都认为合适，他就会成为正式员工。

我也根据经验来修正管理策略。我的秘书每隔一个星期五请一次病假，我就私下询问了办公室里她的某位朋友，得知那是她固定的做头发的时间，她也会利用这段时间处理一些积累下来的私人事务。她请病假的原因是如果这些带薪假期不用，就会过期失效。在这种思想下，请病假的员工能获得更多的带薪假期并且比不请假的员工收入更多。为去除这种被经济学家称为非正当激励的现象，我根据每位员工的工作时间来安排其带薪假期，他们可以在不影响基本工作的情况下，将之随意转化为带薪度假、休假、事假和病假。

为了吸引并留住优秀员工，我开出了远高于市场水平的工资和奖金。这么做实际上更节省资金，因为员工们的工作效率比市场均值高得多。高薪酬减少了员工的跳槽率，也减少了我再次教授独创的投资方法的时间和金钱。从更高层面上讲，它也避免了员工辞职创业。

投资机会也在不断增加，特别是在 1973 年 4 月由芝加哥期货交易所创建并管理的芝加哥期权交易所（Chicago Board Options Exchange，CBOE）开始进行期权交易之后。在这之前，期权只能在场外交易，这意味着潜在的买卖双方不得不聘用经纪人来寻找交易对手。这样的交易方式效率低下，而且需要付出高昂的经纪费用[①]。而芝加哥期权交易所则提供标准化的合约条款，并能在交易大厅买卖，向市场参与者提供了广泛的选择，这就如同在纽约证券交易所内买卖股票一样。如此一来，买卖双方的交易成本急剧下降，交易量猛涨。

为此，我在惠普 9830A（Hewlett–Packard）计算机上编写了一个程序，这个程序使用了 1967 年的公式来计算期权的理论公允价格。这台计算机设计精巧，尺寸接近于大字典，使用的是其著名的墨水笔绘图机，能够画出彩色的图表。对于每个期权而言，其理论公允价值为一条曲线，曲线上的每一点都代表了其可能的股价和对应的合理期

① 在大量交易的情况下，数百万亿美元的衍生品合约如今在场外交易（OTC）。同样地，银行和经纪人喜欢收取高昂的中间费用，并抵制标准化合同。场外交易合同被抵押很容易导致金融崩溃，就像我们在 2008 年到 2009 年间所看到的那样。交易所交易的标准化合同可以消除这种威胁。

权价格。我们在图上用其他颜色标注市场的实际情况，并比较这两者的相对关系。如果它在公允价值曲线的上方，那么期权价格就是虚高的，因此它会被我们列为卖出期权买入正股的对冲候选。而两者之间的距离则体现了市场价格和理论价格的差异。同样地，如果市场价格点在理论公允价值曲线的下方，则表明市场低估了期权价格，即可以成为买入期权卖出正股的对冲候选。理论公允价值曲线的斜率则表示不同价位上期权和正股数量的最佳比值。

期权的理论公允价值曲线是计算机从那个公式中计算得出的①。其中运用到股价波动（近期股价日波动百分比）、美国国债利率和期权有效期内的正股派息情况。

在芝加哥期权交易所开市的几个月前，我已经准备好使用期权定价公式来进行交易，并且我觉得当时没有其他人会知道这个公式。普林斯顿－新港合伙公司准备趁此机会大捞一笔。不过随后我就收到了预出版的一篇文献，作者是名不见经传的费舍尔·布莱克。他说他是我的粉丝，并且他和迈伦·舒尔兹从《击败市场》中受到启发，进一步拓展出期权定价公式。我浏览了全文后发现那个公式和我正在使用的完全一致。所以好消息是这个由我的直觉引出的公式被他们严格地证明了，坏消息则是这个公式现在成了公开的知识，每个人都可以使用。还好这个过程需要一段时间。这个公式在交易所的应用效果就像是从冷兵器到热兵器时代的跨越。

为比交易对手更快地在价格偏离消失前套利，我们向交易所申请让交易员使用编程过的掌上计算器，不过这一提议被否决了——新入场的交易员不能比资深交易员更有优势。当我们退而求其次地申请通

① 多年后，我听说有一个交易者已经咨询了布莱克，并在芝加哥期货交易所开市时用那个定价公式指导交易。

过步话机与交易员保持联系时，提议同样被否决了。这让我想起当年在拉斯维加斯 21 点算牌的往事。所以我们只能给交易员大量打印好的期权价格表单以捕捉市场动态。这些表格是高速打印机彻夜打出来的，并通过快速邮递寄到普林斯顿和芝加哥的办公室里。这个办法的效率几乎接近使用便携计算机。

因为异地的两个办公处和分散在交易大厅里的交易员都要使用这些表单，我们每张表单都复印 5 份。整整一夜，普印力公司（Printronix Corporation）的绘图机都在 Z 形折叠纸和复写纸上印刷这些表单。对冲指令和目标价格表常常多达数百页，每份都针对未来数日可能出现的情况。每张表单都是手掌大小，大概是 11 英寸宽、17 英寸长，厚度为数英寸。详细的情况可以参见 1974 年《华尔街日报》的封面文章①。后来，当资深交易员认为他们能力足够时，期权定价的掌上计算器才被允许使用，最后成了行业的基础工具。

在我沉浸于学术和商业的同时，薇薇安负起了养大 3 个孩子的重任。她还抽空协助了一位正派的地方议员复出。她在科罗娜·德尔·马尔（Corona del Mar）成立了选举办公室，突破了党棍的阻挠。在竞选过程中，她筹集到了资金，找到了志愿者，发动了大规模的电话竞选。在那个议员再度当选时，两名党棍把她的成就窃为自己的政治资本。薇薇安最终也进入了这个党派，但是并没有获得任何奖励。在我和她五十五年半的婚姻历程中，她从未自吹自擂。我很欣赏她对衣着的搭配和如同设计师般的家庭布置，她会看着我的眼睛，有理有据地解释她的选择，用她的话来说就是“我对色彩有一双慧眼”。

---

① 参见：乔纳森·R. 拉英，《计算机公式是一个人在市场中成功的秘诀》（Computer Formulas Are One Man’s Secret to Success in Market），华尔街日报，1974 年 9 月 23 日，第 1 版。

她还悄悄组织和运营了一家大型电话银行，帮助选举出了加利福尼亚州办公室的第一个黑人。她也影响了一个又一个人。曾经，她遇到过一位抱怨“那些犹太人”的女士。薇薇安已经在“二战”的纳粹战俘营中失去了好几个亲戚。当她告诉我们她遇到了那位女士的时候，我们都以为她会立即把对方痛骂一番。不过事实正好相反，薇薇安解释道如果那样做不仅会让她充满敌意，而且那位女士也不能了解真相。薇薇安耐心地教育这位本质善良的女士，还与她成了朋友。

薇薇安还凭借自己的洞察力帮助我鉴别投资界的各路伙伴，他们中的一些道德实在堪忧。薇薇安展现了巨大的魅力，她还常常根据对方的只言片语，推断出对方是否说谎。我妻子经常能讲出投资伙伴的准确性格、动机，并预测他们未来的行为。我每次都因她在与商界专业人士初次见面时就能如此而惊叹不已。

她就是能轻松地通过少量证据（少到我都不敢相信）来做到这点，而且每次她都像预言家一般正确。

有一次，会见结束后，她说：“这个人贪婪、虚伪，你不能信任他。”

“你怎么知道的？”我问。

她说：“你能从他开车的方式中看出他的贪婪。而且他每次微笑的时候都很假，他的眼神并没有在微笑，其实他在嘲讽你。并且他妻子的眼神里也充满了悲伤，他在家的嘴脸和展示给世人看的并不一样。”

几年后，我们投资了这个所谓的“朋友”格伦经营的对冲基金。该基金在其中一项投资中因遭欺诈而亏损 200 万美元。当律师最后追回 100 万美元的损失时，格伦把钱分配给了他的现任合伙人，其中绝大部分都不是之前遭受损失的投资人。他大概是因为觉得可以从现在而非过去的合伙人那里获取经济利益就这么做了。在我质问他的时候，他解释说未能找到当时的 20 多位合伙人。而当我告诉他，除了 3 位合伙人需要通过朋友联系外，我有其他所有合伙人的联系方式时，他仍然拒绝补偿，并以合约中合伙人需要单独仲裁的条款推脱。而且，每人的补偿大概只有 5 万美元，他知道我们不会花时间、精力和律师费来追索。我要求他同意通过集体仲裁来解决这一纠纷，他拒绝了，并且非常狡诈地表示，或许我们应该单独提请几个仲裁，要是都赢了，他倒是可能改变主意。在我质问他的法律助理为何做出如此不道德的行为时，他回答道："法学院不教授伦理。"

随着普林斯顿 – 新港合伙公司繁荣发展，我也遇到了很多有意思的人。说来有趣，我遇到保罗 · 纽曼不是因为我们公司的投资表现，而是因为税法中的条款瑕疵。税法在上市期权方面的条款已无法满足需要，因为一些交易可能极大地减少缴纳给联邦及各州的税款，这些条款直到多年后才被修订。为此我还受邀与保罗和他的税法律师在电影《火烧摩天楼》（*The Towering Inferno*）的片场共进午餐。

电影工作室比邻比弗利山高中（Beverly Hills High School），它是南加州校园里唯一有油井的高中。我见到保罗时，他穿着蓝色牛仔裤，搭配衬衫和夹克衫，领先衣着潮流很多年。这让我想起我在 20 世纪 40 年代因为节俭而经常穿的那条干净而褪色的李维斯牛仔裤，想不到 50 年后，人们竟然愿意以更高的价格购买被故意破坏过的牛仔裤（而且远比我高中的那条裤子破损严重）。

我被纽曼那非凡的蓝眼睛所吸引，它们比电影里的更有魅力。这是他第一次遇见我，当时他很矜持，甚至有些害羞。他回头看了我一眼，沉默了一下，然后说："你想喝杯啤酒吗？"我说："当然。"他随即就变得很放松，认为我是个普通人。午饭时，我吃了一个他推荐的特制三明治。他还问如果采用我的 21 点策略，全职赌博能赚多少。我说在我能完美伪装并独自作战的情况下，估计每年有 30 万美元。“那你为什么不这么做呢？”他问道。我回答说我的对冲基金能赚得更多[①]。那年他有600万美元的待征税收入（这也是我们共进午餐的原因），他很欣赏这个答案。不过对于其他的事，我们倒是没怎么讨论。保罗的律师相信我提出的减少税收的建议是个新想法，但是这也容易受到挑战。鉴于保罗是一个高调的进步民主党人，律师建议他还是不要冒被卷入倾向共和党的美国国税局的危险。

我们和好莱坞还有其他联系，比如早年的两位有限合伙人罗伯特·伊万斯和他的兄弟查尔斯。鲍勃曾是默默无闻的演员和制片人，直到 1966 年海湾西方公司（Gulf and Western）收购了派拉蒙影业（Paramount），他聘请伊万斯作为制作总监。在随后的 8 年内，伊万斯让派拉蒙影业大获成功，其作品包括：《妙人妙事》《罗斯玛丽的婴儿》《爱情故事》《唐人街》《教父》。在 1997 年的电影《摇尾狗》里，达斯汀·霍夫曼就以伊万斯的外表、习惯和风格为原型进行了表演。

1971 年或 1972 年的某一天，我在罗伯特比弗利山庄的别墅里尝试向他解释目前的交易类型。他和查尔斯戴着帽子和墨镜，在后院泳池里游泳，我坐在边上解释可转债对冲的基本原理。那时罗伯特娶了他的第三任妻子（一共 7 任），女演员艾莉·麦格劳。当然，我希望她会出现在我面前问问市场行情，可惜当时她在旅行。艾莉因为在《爱情故事》中的表演而获得 1970 年奥斯卡最佳女主角奖提名，甚至在 20 年后，《人物》杂志（*People*）将 52 岁的她列为全球最美的 50 名女子之一。

---

① 《财富公式》（*Fortune's Formula*）错误地报道说我赚的和保罗·纽曼一样多。

编剧查尔斯 · A. 考夫曼（1904—1991）在 1963 年因剧本《弗洛伊德》获奥斯卡提名，他也成了我们的有限合伙人之一，并且定期向我们介绍潜在的合伙人。考夫曼有位在洛杉矶工作的会计师，这位会计师同时也为拉斯维加斯的几个大赌场提供做账服务。考夫曼一家有次宴请了我和薇薇安，以及会计师夫妇，晚饭时，我们讨论了合伙经营策略和会计实务。当我们聊到 21 点时，我提及了我知道赌场作弊、逃税和做假账的情况。这名会计师（表现得）相当震惊，一副不敢相信的样子。他的妻子，美丽而直言不讳的前歌舞女郎，却完全没有任何这样的表情。会计师知道的应该比他透露的要多，因为在这顿晚餐后不久，我收到了与他有联系的拉斯维加斯人物，比如“莫尔”· 达利兹（1899—1989）和布兰登 · 卡特曼（1914—1988）有关投资的咨询。杰伊 · 里根很快同意了我拒绝他们加入的意见。

其中有个故事特别能反映会计师的隐瞒[1]。1962 年夏天，美国财政部的一位特工联系了我，表示财政部正在调查内华达州赌场可能发生的偷税漏税行为，他们认为其中某些赌场正在大量转移现金以在报税表上漏报。这位秘密便衣队员“约翰”与演员迈克 · 柯纳思长得极为相似（迈克 · 柯纳思在当时主演了电视剧《曼尼克斯》和《拉紧的绳索》，以及好几部电影）。我们经常在毗邻加州大学洛杉矶分校西木区的汉堡头盔吃午饭。约翰已经准备好糊弄赌场，他戴着宽边牛仔帽，穿着牛仔服，身份是名为 C. 凯许 · 安德森[2]——财政部的小幽默）的得克萨斯州富商。他开着崭新的红色凯迪拉克敞篷车，白色的车篷是收起来的。

在拉斯维加斯，他在 21 点上赌得很大，这也让他得以顺利地进

① 参见：《击败庄家》，1966 年版，第 167 页。

② 英文为“C. Cash Anderson”，“Cash”为现金。——编者注

入赌场的记账后台，各个赌场都在那里统计21点赌桌上获得的成箱现金。他报告说看到了两套账本和对应的计数器，一套记录了真实的现金流，另一套则用来向政府瞒报。约翰代表政府向我请教如何改进高赌注的21点策略，既能表现得像不老练的赌徒，又能同时降低财政部在伪装方面的开支。

我和薇薇安在合伙企业不断发展的同时也不断走向辉煌。在1969年，我预测了我和里根的财富将如何增长。在黄色的拍纸本上，我通过对公司回报率、净值增长率和税收情况的合理假设，预测出我们将在1975年成为百万富翁。我也把这个推算结果寄给了里根。

果然，在1975年，我们都成了百万富翁。金钱改变了我们的家庭生活。薇薇安和我对家里进行了大改造。我那1964年从拉斯克鲁塞斯的学生手里买来的红色大众，也在1975年换成了崭新的红色保时捷911s。薇薇安廉价而实用的行头也变成了设计协调的服装，以及时尚的手袋和鞋子。过去，我们假期里的学术会议旅行都花不了多少钱，现在则被高消费的游轮出行和高端海外酒店住宿所替代。

我们那时的生活水平超出了大多数教职员工。这在不经意间令我们远离了那些我们本应该与之相处得最融洽的聪明、有趣、受过优质教育的群体。另一方面，我们也还没有在富裕的奥兰治区（Orange County）商业界中交到新朋友，毕竟大部分合伙人都四散在美国各地。正如薇薇安所说，“我们现在非驴非马，不上不下”。

学术兴趣的转变也让我和加州大学欧文分校的数学系里的同事产生了学术上的隔阂。一般情况下，大学的研究重点是纯粹的数学，因此不严格地说，这也是抽象数学和理论发展本身的规律。

我的博士论文属于纯数学研究，并且这在此后的15年都是我的研究重点。但随着对赌博进行数学分析，我也对应用数学产生了浓厚的兴趣（即运用数学理论解决现实问题）。在金融界里、在普林斯顿－新港合伙公司的发展过程中，有无穷无尽的有趣又能获利的谜题需要解决。我再一次成了应用数学家，所以在研究纯数学的数学系里，我显得有些不伦不类。

同时，数学系本身也遇到了巨大的麻烦。加州政府对研究的补助和基金都被削减了。这直接导致系里不同的派系对谁去谁留产生了严重的分歧。为了稍做调停，学校只能聘请外人担任系主任一职，而这名系主任也在经历了 3 年的内斗后离职了。学校行政为再寻求一位多方都能接受的系主任，努力说服我担任了临时系主任一职，虽然我觉得这并不是个好主意。

这个任命给我带来的挑战比想象中严峻得多。我发现有位助理教授把原本应该上课的时间花费在去看他在 400 英里外的旧金山的女朋友上，以及里诺和塔霍湖的赌场里。作为计牌玩家，他甚至打电话来询问我 21 点的问题。还有的助理教授每个月能打 2 000 美元的电话（另外 25 位教授一共才 200 美元）。我询问缘由时，他解释是为做数学研究。看过账单后我发现，他基本上打给两个纽约市的电话。我只能打过去确认，发现其中一个是他母亲的电话，另一个是卖音乐磁带的店铺。他在谎言被揭穿时毫无悔意，甚至对我十分不满。

与此同时，某位全职教授窃取了系里另一位全职教授的机密工作记录。而当我发现并责令他归还时，他拒绝了。后来我发现这些文件里包含一份他写给对手的非常下流的信件。他担心作为系主任的我，如果知道他的所作所为，就会揭发他。当我请求校办启用纪律处分来对抗这些恶习时，他们竟然也拒绝了。我既震惊，又有心无力。

在庞大的官僚机构里，大多数人都会摒弃原则而选择不得罪人。我问系里好友（我帮他在系里找到了职位）是否愿意担任副主任来为我分忧。虽然他是拿到终身教职的全职教授，但还是婉拒了我的好意。他说："我需要在这些混蛋中生存下去。"我明白他的意思，不过还好，我并未困在这潭泥沼中，我有普林斯顿-新港合伙公司。我试着问自己，既然没有人愿意支持我，我又何必如此呢？我在数学系的工作是出于自愿，而非必要。所以我觉得是时候放下过去，继续前行了。

之后，我转到了加州大学欧文分校的管理学院，我在那里能够愉快地教授数学金融学课程。但不久后我就发现，管理学院的派系斗争和数学系的一样根深蒂固。无休止的会议，为了蝇头小利的琐碎的争吵……大家都不尽心竭力工作，也没有人被开除。这里的格言是——发表（论文）或灭亡。我认为是时候离开学术界了。即便如此，这也不是一个能轻易做出的选择，不止一个人说，他们最大的人生理想就是成为加州大学的终身教授，这也曾是我的梦想。这些年来，我雇用过加州大学欧文分校的学生和前任工作人员，其中只有一名是教员，而且没拿到终身教职，愿意冒险加入我的公司。其他人都认为这会得不偿失。当然，有些人后来后悔了。

我逐渐减少了全职的教学任务，最终在 1982 年辞职了。热爱教学和研究的我，放弃了这份曾希望能享受一生的职位，还是难免失落，不过这也是我最好的选择。我摒弃了那些被迫承担的任务，和朋友们继续合作研究。儿时的梦想终于实现了，我能够做任何我想做的，可以继续在学术会议上展示我的工作，或者将之发表在数学杂志、金融期刊和赌博的著述上。

我也将注意力转移到与华尔街的那些从学界蜂拥而来的数学家、物理学家和金融经济学家相竞争的浪潮中。

第 14 章　领跑量化革命

在布莱克和舒尔兹公布他们的计算公式时（这与我当时正在使用的完全相同），我意识到为了维持普林斯顿–新港合伙公司的交易优势，我们必须以足够快的速度来更新针对认股权证、期权、可转债以及其他证券衍生品的估值工具，以始终领先于这群通过发表文献获得学术成就的博士们。虽然我必须为了投资人的利益而隐藏部分重要结果，但是我仍然可以发布一些其他人可能很快就会发现的小结论。

早在布莱克和舒尔兹研究出结果前，我就已经推广了他们的基础公式，将其应用于其他股票经纪人的做空收益上（当然是出于他们的利益，毕竟他们是资产的持有人）。那些博士一旦发布新的成果，我就会将自己的这些研究①在位于维也纳的国际统计学会（International Statistical Institute）会议上展示出来。由于我当时参与了很多股票

① 论文题目为《布莱克–舒尔兹期权模型的扩充》（Extensions of the Black–Scholes Option Model），爱德华·O. 索普，它收录于国际统计学会会议的文章第 39 部（Contributed Papers 39th Session of the International Statistical Institute），维也纳，澳大利亚，1973 年，第 1029—1036 页。

的看涨期权以及认股权证的交易，我还将这个模型延伸到了股息支付股票（dividend–paying stocks）上。那时，芝加哥期权交易所宣称他们将于第二年，也就是 1974 年，开始交易看跌期权。这些期权，就如同我们正在交易的看涨期权一样，被称作美式期权（American options），它们与欧式期权（European options）不同，欧式期权只能在接近于满期时行权，而美式期权可以在满期前的任意时间行使。

当我们所研究的股票不分红利时，适用于欧式看涨期权的布莱克 – 舒尔兹公式同美式看涨期权的公式一致，而后者恰好是芝加哥期权交易所交易期权所适用的类型。欧式看跌期权的公式可以由欧式看涨期权的公式推导得到，但是美式看跌期权的公式就同欧式看跌期权有些差异了，直到现在人们都没有找到一个普适的公式。我意识到，可以利用计算机和我未公开的“积分算法”来给期权估值，以在可控的精度范围之内得到这个尚未解决的“美式看跌购买权问题”的数字结果。在 1973 年秋季，我花了一个小时构建出了解决问题的框架，然后同事们通过计算机编程得到了精确的计算结果。我的积分法同布莱克 – 舒尔兹的方法相比还有一个优势：后者是基于某个特定的股票模型[①]得出的，所以精度有限，而我的方法可以根据各种分布的股价来给其期权估值。

1974 年 5 月，我同费舍尔 · 布莱克在芝加哥一起吃了一顿晚餐，当时他向我发出邀请，希望我在芝加哥大学举办的证券价格研究中心（Center for Research in Security Prices, CRSP）的半年度会议上做演讲。当时 30 多岁的费舍尔身形修长，衣着整洁，有一头打理整齐的黑发，

---

① 这就是所谓的股价变化的对数正态模型。一个完全不同但至关重要的特定情况是，这个模型会在因收购导致期权价值回报呈现双峰图形时失效。

并且戴着一副“严肃的”眼镜。他的讲话清晰简短、逻辑严密，那整齐易读的笔记很好地反映了这一点。同时他对当时的热门金融话题都非常关注，后来他成了学术和应用金融领域[①]最有革命精神和影响力的人之一。用计算法给美式看跌期权定价对我而言轻而易举，因此我想要将自己的方法展示给费舍尔，并从他那里了解其他人是如何解决这个问题的。我把解决方案摆在了我们两人之间的桌子上，但是在我开始说话前，费舍尔先讲述了他的方法，以及到目前为止他还未解决的难题。早些时候，我粗略地研究过他的方法并且认为切实可行，但是因为我的积分法更简单易行，所以我仍然采用自己的方法。如果连费舍尔·布莱克都不知道如何解决这个问题，那么就没有人能知道如何解决了。出于我必须为合伙人保留自身竞争优势的原因，我只得又悄悄地将研究成果放回自己的文件箱。另外两种给美式看跌期权定价的方法[②]最终在 1977 年的学术期刊上发表。[③]

随着对美式看跌期权估价方法的推进，我和同事们继续将研究扩展到给所谓的金融衍生品估值上，甚至早于学术界对这种产品的发现和发布。从 1967 年到 1988 年年底普林斯顿–新港合伙公司解散，我

① 参见：《费舍尔·布莱克和他革命性的金融观念》(*Fischer Black and the Revolutionary Idea of Finance*)，佩里·梅林著，威利出版社，纽约，2005 年。

② 详见《期权定价：美式卖权期权》(Option Pricing: The American Put)，迈克尔·帕金森著，《商业杂志》(*Journal of Business*) 1977 年，V50 (1)，21—36 页；《美式卖权估值》(The Valuation of American Put Option)，迈克尔·布鲁南和爱德华多·舒尔兹著，《金融杂志》(*Journal of Finance*) 1977 年，V32 (2)，449—462 页。

③ 布莱克–舒尔兹期权定价模型，亦称布莱克–舒尔兹–默顿定价模型。由美国经济学家迈伦·舒尔兹、费舍尔·布莱克提出，罗伯特·默顿其后改善了原定价模型。该模型被广泛应用于期权等金融衍生品。尽管存在一定的适用范围和差异，但这个金融数学模型在应用中足够贴近实际市场价格。1997 年迈伦·舒尔兹和罗伯特·默顿凭借此模型获得诺贝尔经济学奖。——译者注

们在交易这些持续扩张的新金融工具上的优势非常明显。

我们的交易员可以很轻松地向合伙人解释这些新产品，而不需要借助任何理论基础。涉及其中的期权之一是由玛丽卡特油漆公司（Mary Carter Paint Company）发行的。这家公司成立于1958年，是由一家设立于1908年的公司发展而来的。成立之初，它收购了另外一家油漆公司，并逐步发展为一个在巴哈马地区的度假村和赌场开发商。在将其名字改为国际度假村（Resorts International）后，它逐步抛弃了原有的油漆产业和名字。在1972年，这家公司将它的认股权证以27美分的价格售出，而当时它的股价是每股8美元。认股权证价格如此之低的原因在于它们通常来讲一文不值，除非股价超过了40美元每股。这意味着，其中可能存在很高的利润。因为我们的模型显示认股权证的实际价值应该是每股4美元，所以我们尽可能地买入这些低得不可思议的（每只27美分）认证股权，最终共收购了10 800只认证股权，加上佣金之后总计3 200美元。同时我们通过以8美元每股的价格做空800股普通股来规避风险。之后，股价降到了每股1.5美元，因此我们又买回了之前卖出的股票，这笔交易让我们赚了5 000美元。因此，我们的总利润就是这“免费的”认证股权加上大概1 800美元的现金。虽然认证股权是以几乎为零的价格进行交易的，但是模型告诉我们它们值得购买，所以我决定暂时先不理会这些认证股权，将它们放在一边。

一转眼，繁忙的6年过去了。这家公司在新泽西的亚特兰大城购买了资产，在这之后它成功地说服了其他公司一起仅将赌场设立在本州内的亚特兰大城。在1978年5月26日，度假村集团在内华达州建立了第一家美国赌场。由于它们的项目较早获得了批准，市场上没有能与之抗衡的竞争对手，集团一直以暴利的状态运营，直到其他赌场在 1979 年年底建成。当时度假村集团的股价涨到了每股 15 美元，相当于它之前最低股价的十倍，认证股权的价格也涨到了三四美元，而我们的模型显示当时认证股权的实际价值为 7 到 8 美元。所以当时我们并没有卖出手上的这些认证股权以获得 3 万到 4 万美元的利润，而是买入了更多的认证股权并做空股票以规避部分风险。

当后来股价突破 100 美元时，我们仍在购买更多的认证股权并抛售股票。我们最终将这些 27 美分的认证股权以及其他后来买的认证股权以超过每只 100 美元的价格售出，获得了超过 100 万美元的总利润①。与此同时，采用我算法的 21 点团队，正在趁着赌场环境还算友好并且游戏规则还算合理的时候，在大西洋城的赌场里掠走财产。讽刺的是，当他们从度假村集团和其他赌场的 21 点赌桌上带走几百万美元时，我也正在从度假村集团的证券上赚钱。

在从 1973 年年初到 1976 年 10 月这三年零十个月间，普林斯顿 – 新港合伙公司的有限合伙人获得了 48.9% 的净利润。在这段时期，普通投资人在股票市场里可谓是大起大落。标普指数在最初的两年下降了 38%，但是在从 1975 年到 1976 年 10 月暴涨了 61%，净利润却只有 1%。与此同时，普林斯顿 – 新港合伙公司每个季度都在盈利。

市场像这样时好时坏，但最终结果相差不多的情况是普遍现

---

① 安德鲁 · 托比亚斯（Andrew Tobias）在他的《财富天使》（*Money Angles*）一书中提到了我在这一交易中的账户以及我们的其他众多交易项目，西蒙和舒斯特出版社，纽约，1984 年，68–72 页。

象[①]。举一个极端的例子，就每月月末的股价来说[②]，从1929年8月底到1932年5月底，标普500指数从它的峰值降了83.4%。这相当于每1美元的投资缩水到只有16.6美分。当这16.6美分再次涨回1美元时，指数需要是最初的6.02倍才行，这相当于502%的涨幅。直到约18年后，1950年11月底的指数才回到最初水平。在这段漫长的时间里，标普500指数每年的增长率大概是10.2%，接近于长期历史平均值。

在20世纪70年代，人们投资的范围和复杂程度都在迅速增加。市场开始推出一系列的证券产品，包括可转债、优先股、认证股权，以及看跌和看涨期权。这些产品大多是由股票衍生出来的，因此被称作衍生品。由于那些所谓的金融工程师在不断地发明新产品以降低风险、稳定提升回报，这些衍生品的数量、种类以及规模都在接下来的十几年里迅速增长。我用自己的算法来给这些衍生品定价，这使得普林斯顿–新港合伙人能够获得全市场最佳的准确定价。使用这些衍生品来规避风险是普林斯顿–新港合伙公司运转的19年间最重要的利

① 如果你第一年挣了20%，第二年挣了30%，那么财富增长的比例就是1.2和1.3，两者相乘，这两年的财富增长共为1.56。在第一年投入1美元，如果在第二年把1美元的本金和收益继续用于投资，1美元就会增长到1.56美元，增长率为56%，而非20%+30%=50%。如果你只是把所有收益数字加起来，最终得到的结果将是11.7%，这个数字还不错。但要想算出1973年年初投资1美元最终会增长为多少钱，需要把所有连续的收益乘起来，最终的结果就会变成–0.5%。在一段时期内投资1美元所获得的结果被称作“相对财富”（wealth relative，在周期结束时的财富）。比如说，一年内你挣了12%，那么这12个月间的相对财富就是1.12。当你把普林斯顿–新港合伙公司有限合伙人的收益数字加起来时，得到的数字是42.1%，远远低于把连续相对财富乘起来所得到的48.9%的真实回报率。

② 标普500指数的月末数字来源于伊博森（Ibboston）。因为大萧条期间，市场总体上是通货紧缩的，所以基于通货调整的结果——或者说“实际”收益——不那么极端。

润来源。这种规避风险的方式也成了许多后来成立的对冲基金的核心策略，比如城堡（Citadel）、斯塔克（Stark）以及艾略特（Elliott），它们都掌管着数十亿资金。

如今，可转债有许多复杂的条款和要求。然而，这背后的基本想法很简单。假想一下 2020 年的 XYZ“6s”。在 2005 年 7 月 1 日，每张债券的价格大约为 1 000 美元，在 2020 年 7 月 1 日，债券将以“面值”1 000 美元整兑付。债券承诺在此期间，每年将支付总共 6% 的利息给持有人，一般半年支付 1 次（分别于 1 月 1 日和 7 月 1 日），每次支付 3% 的利息，相当于 30 美元。到现在为止，可转债看上去和普通的债券没有区别，但其实可转债有一项特定的属性。期权的持有者可以在债券到期前（2020 年 7 月 1 日）的任意时间将期权转换成 20 股 XYZ 公司的普通股，因此这些债券同时拥有普通债券和期权的特征，其市场价格就是这两部分总和的体现。价格一部分参考的是没有转换特征的可比较普通债券，其价格会随着利率以及公司的财务完善程度波动。这部分决定了债底。

债券价格的另外一部分则是有可转换特征的期权价值。在本例中，如果股票市价为 50 美元，那么债券可被兑换为价值 1 000 美元的 20 股股票。由于债券在到期时本就应该值这个价钱，我们从这个可转换特征上并不能获得任何利润。然而，如果股票涨到了每股 75 美元，20 股股票的总价值将是 1 500 美元。假设我们立即将债权兑换为股票并出售，那么在股市中将至少获得这么多利润。

为什么公司会发行这种债券呢？因为这部分额外期权或者说转换特征的价值（相当于给了买家一个依附于公司未来发展的彩票）可以降低公司所发行的债券的票息。

就像普林斯顿－新港合伙公司用期权价值法来架构定价可转债的

模型一样，这个模型也适用于其他的金融衍生品。我们的对冲产品风险很低。在我从20世纪70年代初期开始观察的200只债券中，80%是净赚的，大约10%盈亏平衡，另外有10%是亏损的。但是总体来讲，亏损的金额远远小于净赚的金额。

为了获得更稳定的收益，我们通过中和组合对利率的敏感性（涵盖品级和期限[①]）来降低整个对冲产品的风险，同时这也抵消了整个股市价格剧变及市场巨大波动所带来的风险。从20世纪80年代起，一些先进的投资银行及对冲基金就开始使用这种方法了。它们同时还用一种被我们否定的概念——“风险价值”（Value at Risk，简称“VaR”）来评估在忽略最差的那5%的情况时，未来所有可能的结果对它们投资组合的影响。仅仅采用风险价值的弊端是它并不考虑最差的5%的情况，但往往是这些最差的情况带来灾难性的结果，并且实际发生的极端情况，可能比通常使用的高斯（正态）统计模型预测的还要极端。当标普500指数在1987年10月19日下降了23%时，某位学术界的金融泰斗说，如果在自宇宙创建以来的130亿年间，每天都有股市交易，那么发生一次这种事件的概率也是几乎可以被忽略的。

另外一种方法则是如今常用的“压力测试”投资组合法，即模拟过去发生的灾难性大事件对如今组合的影响。在2008年时，某个由量化分析师领导且拥有数亿资产的对冲基金，就已经利用极端情况的历史数据进行了模拟，包括1987年股灾的10天窗口期数据、第一次海湾战争（the First Gulf War）、飓风卡特里娜（Katrina）、1998年的长期资产管理公司危机、2000年2月发生的科技股暴跌、伊拉克战争等等。所有这些数据都被应用在了这只基金有关2008年的组合预测上，量化分析师们还指出这些事件将导致资产为130亿美元的基金最

① 更准确地来说是“久期”，表示支付现金流的修正加权平均时间。

多只损失 5 亿美元（不超过 4% 的损失）。但是这只基金在 2009 年的历史最低点上损失了超过 50%，一度濒临破产，直到 2012 年它才算是恢复了元气。2008 年的信用危机与这只基金历史回测的最糟糕的情况并不属于同一类型，而且它濒临消亡的事实证实，仅仅采用历史数据是不可行的。

我们的分析则更加全面：分析并且合并了尾部风险，同时将某些极端情况纳入考量范围，比如“如果市场一天之内暴跌了 25% 会怎样”。在十几年之后，股市确实发生了这种情况，但是我们的投资组合并没有受到太大的影响。在扩大投资范围和规模的时候，我们将账户交托给高盛，将其作为主要的交易代理人，因为我们考察的其中一种情况就是，“假如纽约高盛被恐怖分子用核武器轰炸成纽约‘坑’的话怎么办”。他们的回复是：“我们会将数据复制并储存在科罗拉多的铁山下。”

华尔街还有另外一种不能被计算机和公式保护的风险——欺诈。我在 20 世纪 60 年代被赌场欺诈的经历，对于应对日后在投资界遇到的规模更大的不诚信行为，是非常宝贵的预备课程。金融行业出版社每天都会揭露新的欺诈事件。

随着通货膨胀率增长到接近两位小数以及物价的暴涨，稀有金属和买卖它们的期权成了备受大众欢迎的商业。我比较了普林斯顿–新港合伙公司使用的“正确”价格与 XYZ 公司的实际股价，我们的“正确”价格就是当年出售大量股票给经纪人的操作价格。

我惊讶地发现，XYZ 公司正在向我出售相当于预期收益一半的期权。我从友好的销售员那里拿到这家公司的财务报表仔细研究了一下，我发现每当 XYZ 公司发售一种期权时，他们就会将这笔收入计入公司的总体利润，但是在公司支付兑换期权所需的现金给买家时，并不会在报表上增加相应的消除项。因为实际上 XYZ 公司在这些期权上支付出去的现金比实际收到的两倍还要多，正确的报表显示的应该是其每发售一次期权，都产生了更多的负收益。

很明显，他们必须不断地发售新的期权以支付之前“投资者”所需的兑换金额。这是一个传统式的庞氏骗局，注定会以悲剧收场。那么我们该怎么办呢？

我决定进行一个小小的教育性实验。在评估完这家公司为数不多的关于销售、现发行期权数量，以及早期的兑现率之后，我们预估这家公司至少还可以存活 8 个月（实际上这家公司倒闭于 10 个月后）。于是我购买了这家公司半年期的价值 4 000 美元的期权，并在 4 个月后以双倍的价格兑现。几个月后，这家公司如预期一样倒闭了，运营者们一哄而散，另一场诈骗调查随即展开。

很快，我展开了另一场对普林斯顿 – 新港合伙公司投资策略的测试。在 1979 年到 1982 年，股票市场的信息扭曲度非常大。美国发行的短期国库券收益率曾一度达到两位数，1981 年的回报率高达 15%。房屋抵押的固定收益率在巅峰时期竟达到每年 18% 的增长率。当然，通货膨胀率也没有落后，这些前所未有的价格变动给了我们又一个盈利的机会，其中之一就是黄金期货市场。

在某一时期，两个月后交割的黄金期货交易价格涨至每盎司 400 美元，14 个月后交割的黄金期货价格甚至高达每盎司 500 美元。我们在交易中以 400 美元的价格买入，以 500 美元的价格卖出。比如，在两个月内我们会得到之前以每盎司 400 美元支付的黄金，我们可以以票面价值将这些黄金储存一年，然后以每盎司 500 美元的价格售出（相当于 25% 的利润）。当然这种交易也存在一些风险，但是我们的策略可以完全规避这些风险；交易中也会发生一些“意外”（kicker）事件——我们达成了更高（通常会高非常多）的收益率。我们对银和铜的市场采用了同样的交易策略，整体效益都很好。除了一个小小的例外：在我们收到铜之后，其中有一部分在代理商的仓库里被盗了，并且保险公司延迟了一小段时间才弥补上我们的损失。

随着高利率时期的不断延长，许多存储贷款协会开始损失巨额资金。下面我来解释一下其原因。这些公司的运营方式是，从存款人手中短期借款，然后将这些资金以固定利率长期借给那些用房屋做抵押贷款的人（即期限错配）。随着短期内利率的上升，存储贷款协会的成本急剧上升，但是这些公司在先前就以更低的固定利率借出去的款项并不会随之增长。这种短期借款与长期外借的利率差造成了 20 世纪 80 年代许多存储贷款协会的倒闭，而纳税人则被迫因此支付了几千亿美元[①] 的紧急援助费。

---

① 在利率迅速积累的早期阶段，储蓄货款协会（S&Ls）通过特价出售政府国家抵押贷款协会债券（Government National Mortgage Association，GNMA，读作“Gin–nie–Mae”）的看跌期权（puts）来筹集资金。这些债券在交易中通常以 1 000 美元面值的百分比为单位，这也被称为“票”，所以这些引用价为 98 票（1 000 美元的 98%）的债券此时的售价为 980 美元。我们从储蓄与放贷协会购买的看跌期权允许我们在期权规定期限内（在我们的情况中就是 12 到 18 个月间），以固定价格把对应的债券卖给这家储蓄与放贷协会。如果在这期间债券下跌，我们就用低于 98 票的价格买入债券并把它们“存入”银行，而银行则根据合同必须付给我们 98 票来买入这些债券。如果这些债券上涨，那么看跌期权就会毫无价值直到期满作废。由于看跌期权的价格会朝着对应证券价格反向移动，我们通过购买政府国家抵押贷款协会债券期货来对冲看跌期权的风险，也就是说在未来特定时间以特定价格购买政府国家抵押贷款协会债券的合约。在期货市场上，合约要求每日结算收益或亏损。如果债券价格下跌，尽管最终兑现看跌期权的时候我们能挣钱，但在这期间我们每天暂时需要额外资金来弥补可能的损失。由于自身的购买力有限，这限制了我们一次性完全安全对冲的债券上限。为了估算安全对冲的最大总量，我们需要考虑每一只政府国家抵押贷款协会债券在看跌期权 18 个月后到期前的最大跌幅。假设债券实际最低能跌到 85 票，下跌 13%，那么正如我之前所说的，最谨慎的做法是让我们的安全边际翻倍，做好下跌 26%，也就是 72 票的准备。这一谨小慎微的举措在我们的交易操作中回报斐然，因为极端意外发生时，债券最低跌到了 68 票。

这些存储贷款社的倒闭其实是可预测的，并且可以通过一定的法规来避免，然而当时并没有出台相应的制度。这与之后发生的金融危机有类似的特征。

与此同时，我们普林斯顿–新港合伙公司准备扩张至新的投资领域。

第 15 章　潮起……

1979 年 11 月 1 日，普林斯顿 – 新港合伙公司刚好成立 10 周年。在这 10 年里，标普 500 指数的年回报率，包括红利，是每年 4.6%，小型企业的股票年回报率是 8.5%，而两者的波动率都远远超过普林斯顿 – 新港合伙公司。我们的财富则在相同的时间里增长了 409%，年回报率达到 17.7%，除去所有费用后也有 14.1%。管理的资本也从最开始的 140 万美元增长到 2 860 万美元。在 1979 年年末，我们对 20 世纪 80 年代的总体计划是：把自身的技术扩展到新的投资领域。对我来说，这意味着解决量化金融里更多有趣的问题。而对于公司来说，这将帮助我们把更多资本投资到市场中去，从而获得更高的回报率。

我们的第一个研究项目，我称之为"指标项目"，主要探究的是公司的各种财务特征——或者叫金融指标——能否被用来预测股价的回报。项目的原型机是"价值线模型"，一项我们在 1965 年开发出来的投资服务计划。在这个模型中，我们综合了公司的意外盈余公告、市盈率和动量等信息，把股票分成 I（最好）到 V（最差）一共 5 个等级。如果这家公司的股价近期有很强的上升趋势，我们就说这家公司的动量为正；反之，如果股价有很强的下降趋势，则动量为负。

指标项目的主要负责人是杰罗姆·巴塞尔博士。他是一位极具天赋并且说话思路清晰的年轻经济学家，我们是在商学院[①]（现在是加州大学欧文分校的保罗·莫里芝商学院）一同任教时结识的。项目的另一个重要人物是史蒂夫·水泽，他同时也是前后所有项目的核心成员之一。1972年，史蒂夫和另一名加州大学欧文分校的学生一起来找我，希望在我的指导下完成一个数学方面的特殊暑假课题，其主要内容是探究21点赌博中计牌的某一方面的运算。课题完成得相当出色。因此，在1973年，当我急需一名计算机方面的技术人才时，我就找到了史蒂夫。他拥有计算机科学和物理学双学位，主管我们的计算机运算和大部分相关方面的研究。之后，他成了普林斯顿–新港公司的普通合伙人之一，私下里，他也是我珍贵的朋友。

这个项目主要依赖于两个庞大的证券数据库，以及读取、运算数据所需的计算机运算能力。时至今日，我们已经有相当可观的渠道获取这两项条件。芝加哥大学的证券价格研究中心数据库提供了股票历史日线价格、现金分红的数量、时间以及其他证券数据，而在计算统计数据库（Compustat）里则可以找到资产负债表和公司收入等信息。在我们系统分析的诸多指标分数里，有几个和股票的历史价格表现了出强关联性，比如说收益率[②]（年收益除以股价），股息率，账面价值除以股价，动量，放空数量（公司股票当前的放空股数），意外盈余（公司的盈利公告中实际盈利数量大幅高于或低于分析员的预测），公

① 就是现在的管理系研究生院。

② 收益率的公式是E/P，E代表年收益（前12个月的收益或者是未来12个月的预期收益都可以）。这是著名的价格–收益比——P/E的倒数。在这里之所以用E/P更好，是因为收益可能为0或者负数，E/P在数学上更好处理。（P代表价格——译者附注）。

司管理层、董事和大股东的买卖数额，以及公司销售收入和市场价格的比值。我们首先研究了单个指标的影响，然后找出联立它们的方法。用固定的历史图形预测未来价格的展开分布，据此我们创造了多重指标资产分化系统（Multiple Indicator Diversified Asset System, MIDAS），并用这个系统另外建立了一个特殊对冲基金（做多“好”的股票而做空“差”的股票）。多重指标资产分化系统的优势在于，它本身适用于整个股票市场，因而有巨大的交易容量。

除了我们以外，还有两位金融学教授——布鲁斯·雅各布斯和肯尼斯·利维，也在独立研究类似的预测机制，他们在 1986 年秋天加州大学伯克利分校的金融项目中展示了其研究成果。多重指标资产分化系统运行得非常成功，我们一直沿用它直到 1988 年年末普林斯顿－新港合伙公司解散。其后，雅各布斯和利维继续使用这个机制来管理价值数十亿美元[①]的资产项目。

1985 年，我们的两个办事处——加利福尼亚州的新港办公室和新泽西州的普林斯顿办公室，加起来已大约有 40 名员工。我负责管理新港办公室，而杰伊·里根则负责打点普林斯顿的办事处。此时，我们的业务也扩展到了全球范围：除了纽约，我们也经营伦敦、东京等地区的股票市场。伦敦所在的时区比纽约提前 5 个小时，所以交易员们必须早早地到公司更新大西洋另一头的投资款项，然后为上午 9 点 30 分[②]纽约以及美国其他期权市场（芝加哥期权交易所、美国证券交易所、美国费城股票交易所等）的开市做准备。新港办公室晚普林

---

① 参见：《市场中性策略》（*Market Neutral Strategies*），布鲁斯·L. 雅各布斯和肯尼斯·N. 利维编辑，威利出版社，新泽西，2005 年。

② 从 1974 年 10 月 1 日到 1985 年 9 月 31 日，纽约证券交易所（NYSE）的开市时间是早上 10 点到下午 4 点，之后才变更为上午 9 点 30 分开市。

斯顿3个小时，我们的工作从早上6点开始，具体内容是把最新的股价数据输入电脑，为东海岸的办事处提供新的交易建议。另外，因为亚洲股票交易的开放时间在美国当地的深夜，而东京股票交易市场又尤为重要，我们和东京方面的通话经常从早上6点持续到下午，一整天的电话线路都相当繁忙。

很快，普林斯顿–新港合伙公司开始涉足全新的交易类型，其中有几个甚至是我们自己开拓的业务[①]，包括由高盛在1983年下半年建议的一单大宗一次性交易：源于政府针对美国电话电报公司（AT&T）提出的反垄断诉讼，根据审判结果，其被强制拆分成8家公司——1家依然名为AT&T的主公司和7家被称为“贝尔七兄弟”的本地电话公司。根据协议，每10股老AT&T的股份可以兑换成10股新AT&T股份，外加每个“七兄弟”公司的1股。这10股新AT&T股份和7股小公司股份的合计“预发行”（这意味着你能够以“现在”的价格协议买入或卖掉这些股份，而一直到这些股份正式发售时，都不用实际支付或获得相应的现金）价格远远高于10股老AT&T股份的价格，因此这单生意格外有吸引力。

普林斯顿–新港合伙公司以每股66美元的价格一共买入了500万股老AT&T股份，价值大约为3.3亿美元。这部分费用大部分由一笔定期筹款支付，它是中间商为这笔交易提供的专项特殊贷款，在交易结束后直接从收益中扣除。同时，我们做空了即将由老AT&T股份置换的新股股票，以此来降低相应的风险。这些“预发行”股包括500万股新AT&T股票和“贝尔七兄弟”中每家企业的50万股股票。

① 我们开拓的其他业务还包括：利率掉期（针对对冲我们头寸/款项中的利率风险）、正向债券套利、正向商品套利、购买价格低于清算价值的封闭式基金获利和许多其他特别交易。

整个交易过程里，我们从高盛那里以一单 500 万美元，每单取其中一半的方式，一共购买了市值为 3.3 亿美元的股票。在我桌子上还放着当时作为交易纪念品赠送的一枚金色徽章，纪念 1983 年 12 月 1 日这笔纽约股票交易所历史上最大数额的单笔交易。前后两个半月间，去除所有费用后，普林斯顿 – 新港合伙公司仅凭 AT&T 的这笔交易就赚取了 160 万美元的净利润。

同时，一支由博士生组成的庞大军队正在沿着我们的道路向华尔街进军，他们大幅延伸了金融衍生品理论，在华尔街掀起了一场量化革命，并在对冲基金、投资银行和其他机构中协助投资。这些被称作量化工程师的博士们往往为发行方（sell side，或者说“卖方”，他们寻找并发行新产品）所驱使，他们发明新的证券衍生品，然后交给销售以向投资人推销。不过这些投资产品在一系列危机中破坏了世界金融体系，并且危机愈演愈烈。不过，最初的这场危机就出乎了所有人的意料。

1987 年 10 月 16 日星期五，道琼斯工业平均指数下跌了 4%。相对于每日平均 1% 的波动幅度，这算是比较大的跌幅，不过这不足以引起恐慌。然而，市场已经有些疲软，波动率开始增加。

接下来，星期一早上我们看到市场持续下滑，等到我准备回家吃午饭的时候，市场已经下跌了 7%，超过了历史上两次最大跌幅纪录的一半，这两次分别是 1929 年 10 月 28 日、10 月 29 日的 13% 和 12%，两次下跌被认为是预示大萧条时期开始的信号①。而当我在餐厅

① 1929 年大股灾。1929 年 10 月 24 日到 10 月 29 日，多重因素导致连续数日股市崩盘，其中以 10 月 28 日、10 月 29 日两天跌幅最大。1929 年的股市崩溃并非源于一天之内发生的事情。股灾过后的 20 世纪 20 年代末直至 30 年代初，也就是“大萧条”时期，全球经济衰退，失业率居高不下，这也是引发第二次世界大战的重要因素之一。——译者注

里吃饭的时候，股市进一步崩溃，办公室给我打来电话，告诉我道琼斯指数已经下跌 400 个点，跌幅达 18%，创下有史以来单日跌幅最高纪录，同时市场恐慌在持续蔓延。薇薇安善解人意地问我是不是该赶回办事处，普林斯顿 – 新港合伙公司和我的个人财富很可能会蒙受重大损失。我告诉她，对当天市场发生的情况我无能为力。至于我们的钱安全与否，我相信它们大部分是安全的，对冲机制会保护我们的投资。“你现在准备怎么办？”她接着问道。我回答说，现在我们首先需要放松一下吃完午饭。下午，我去办公室草草地查看了一圈，回家开始梳理这场股灾的来龙去脉。

等我坐在书桌前思考时，交易所已经收盘，当天股市下跌了 508 个点，缩水 23%，创下历史上单日下跌之最。一天内美股股市蒸发了将近四分之一，美国损失了 5% 的资产净值，而股灾的余波依然在全球范围内蔓延，恐慌的情绪遍布市场。对于学术界的经济学家们来说，这样的情况几乎是天方夜谭。就好比太阳突然间熄灭或者是地球停转一样不可思议。学者们通常用一种概率分布来描述股价波动，并给这种分布起了一个深奥的名字：对数正态分布[①]。这种分布理论能很好地符合小的和相对较大的历史价格变化，但大大低估了股价发生特大波动的概率。类似布莱克 – 舒尔兹公式这样的期权价格金融模型就是建立在对数正态分布的基础上的。我们在研究指标模型时就意识到这种传统概率理论存在缺陷，在考虑了特大价格波动出现的概率

① 自变量的对数成正态分布。股票投资的长期收益率通常被认为成对数正态分布，这是因为总收益率是每天收益率的乘积，而对数运算中可以把收益率的乘除运算转换成其对数的加减运算。——译者注

后，我们找到了一种更好的办法来拟合历史股价变化[①]。因此，尽管我当时也对如此大的跌幅感到十分意外，却不像其他大部分人那样惊慌失措。

外界对这天股市崩盘的原因众说纷纭，至今也没有定论。那天晚上，我独自思忖：为什么会发生这种情况？明天股灾还会继续吗？在这场混乱中是否存在获利的机会？我相信当时的一种新兴金融产品——资产组合保险，是这次股灾的罪魁祸首。如果更早一些注意到这项产品的过度扩张，我本可以预测到这次股灾。这项投资产品主要由利兰、奥布莱恩和鲁宾斯坦的量化公司发明并推广。它的原理如下。假设一家公司的养老金和利润分享计划由一系列资产组合投资组成，如果公司想要保护这些钱不受市场下跌的影响，那么它可以在公司内部或者由组合保险专家建立相应的程序：当市场下跌时，卖出股票而买入美国短期国债。市场每下跌几个百分点，公司就会通过这一程序卖掉一部分股票换成国债，直到全部买入国债。同理，如果之后市场回涨，公司也会对应卖掉国债重新购入股票。

股灾发生时，市场上大约共有 600 亿美元的资产使用了这种保险机制，并由电脑负责交易操作。星期五那天股市下跌 4%，随后保险程序启动，下单卖出股票而买入国债，这些交易都将在星期一执行。所以星期一早上一开盘，大量抛售的股票驱使股价进一步下跌，结果导致了保险机制下的新一轮抛售。随着价格一泻千里，恐慌情绪开

---

① 我最近在读《金融大师》（*Masters of Finance*）上对哈里·马科维茨的采访时才了解到马科维茨和乌斯曼在当年得出了和我们一样的结论，他们针对标普 500 指数每日价格变化做了研究，而我们还测试了 200 只个股数据。他们的研究完成于 1987 年以前，早在马科维茨 1990 年获诺贝尔经济学奖之前就已经提交给了期刊，但被拒稿（！），直到 1996 年才在其他地方出现了一次。

始在普通投资者中蔓延，他们跟着卖出股票，市场下跌犹如洪水般泛滥。这样的“正反馈循环”持续了一整天，一发不可收拾，最终造成灾难性的崩盘。资产组合保险的本意是预防市场大幅下滑，保护投资者们免受大量损失。讽刺的是，治病良方反倒成了罪魁祸首。

想要理解我接下来做的事情，需要多知道一点相关背景：对于资产组合保险程序来说，不断地在下跌时卖出股票而在上涨时买入是非常昂贵的交易过程。一方面是因为买卖股票在交易中会对市场价格有所影响①；另一方面，每次操作时支付给经纪人处理交易的佣金成本也相当高昂。

尽管使用资产组合保险的机构比小投资者享有更低的佣金率，但它们依然不会直接交易股票，而会选择用合约的方式购买（或卖出）未来某个时间点上的标普 500 指数中的股票，这样可以尽量压缩交易成本。这种被称为“期货合约”的交易方式同样适用于交易其他资产，包括债券、货币、金属、原油、天然气以及像玉米、小麦、猪腩（五花肉）这样的农产品。标准的合约有统一的数量和交割时间，比方说一份在 2017 年 9 月交割的 100 金衡盎司②的黄金期货合约。合约是买卖双方的交易媒介，为了保证双方都必须遵守合约内容，两边都会拿出一部分资产作为抵押。这部分被称为“期货保证金”的款项通常和合约总额成一定比例③。因为特定商品的期货合约也是可交易的，期货合约的价格升降往往和所交易产品的价格保持一致。而这些都为

① 在这里对市场的影响主要是指：买入的“市价单”总体上都会等于或高于最新价格；而卖出的“市价单”则更接近低于最新价格成交。

② 一种英制单位，1 常衡盎司为 1/16 磅，约为 28.35 克，1 金衡盎司约为 31.10 克，比 1 常衡盎司重了约 10%。——译者注

③ 成一定比例：期货保证金分为固定保证金体系和比例保证金体系，这里说的是比例保证金体系。——译者注

股灾埋下了隐患。

标普 500 指数股票的期货合约在 20 世纪 80 年代初开始出现在交易市场上，到 1987 年 10 月，这类合约已经在市场上流行了好几年，通常被用作一种便宜、迅速的方式来看多（此时买入证券产品，也可以说“做多”）或看空（此时，卖出证券产品，或者说“做空”）市场。一般来说，如果期货合约的价格和标普 500 指数之间的差距过大，套利者就很容易通过“做多两者中价格低的那个，做空另一个”这种对冲方式，几乎毫无风险地套取利润，因而期货合约的价格和标普 500 指数本身的价格非常接近。正常情况下，这种套利方法也驱使标普 500 指数与其期货合约的价格差距维持在很小的范围内。而我们普林斯顿－新港合伙公司则自 1982 年标普 500 的期货合约在芝加哥商品交易所上市交易的第一天起，就用这种方法赚取利润。

经过一晚上的深思熟虑之后，我最终认为，是资产保险大量抛售股票导致了星期一的崩盘。第二天一早，标普 500 的期货合约的交易价格大概在 185 到 190 间，而标普 500 指数的价格依然是 220。两者的差价达到了惊人的 30 到 35，这种情况闻所未闻，因为套利者大量的交易单通常使二者的价差保持在 1 到 2 个点间。一种合理的解释是，资产组合保险机构抛售了巨量的标普 500 的期货合约，使得合约价格大幅下跌，而同时，股市崩盘让套利者们胆战心惊，无法轻易操作价差，使得标普 500 的指数没有跌得那么严重。通常情况下，当合约价格远低于指数时，套利者们会做空那些和标普 500 指数紧密相关的股票，同时买入便宜的指数期货作为对冲。当期货价格和股价收敛时（通常期货合约到期时，价格也会如此），套利者们就结束对冲操作，赚取价差利润。但在 1987 年 10 月 20 日星期二那天，许多股票却因为“报升规则”很难或者压根无法做空。

报升规则是《1934年证券交易法》(*Securities Exchange Act of 1934*，10a–1条款)的一部分。法案指出，除了特定情况以外，卖空交易单只有在当前报价高于除此以外最近的交易价("报价上升")时才有效。这条规则是为防止卖空交易者们故意打压股票价格而制定的。在这场股灾中，标普500指数与其合约的差价史无前例，两者间的潜在利润相当诱人。此时我想要通过做空股票、做多合约的方式套取价格利润，标普指数股票的卖空报价差不多比合约价高15%(30个点)，因此在未来几天内套利者的潜在利润也接近15%。然而，在股价崩溃的环境下，卖空报升股票的成交量寥寥无几，该怎么办呢?

我很快想出了一个解决方案并打电话给我们的首席交易员，指示他：不管此时标普期货合约的市场价格是多少(大约为190点)，都买入价值500万美元的指数期货合约；与此同时，以220点做空大约价值1 000万的标普指数股票——而不是做空通常形成最优化对冲的500万美元。我之所以选择两倍价值的股票，是出于对做空的考量：由于报升要求，股市崩盘时能够成交的做空交易(空头)数量极其有限，我估计大概有半数交易无法执行。如果在实际操作中有多于或少于半数的股票最终做空成交，那么尽管那样无法形成最佳对冲，15%的获利空间也仍会给我们充足的余地，保护自己的资金不受损失。

我们的首席交易员是公司的一个小合伙人，他的主要收入来源是我们的佣金费用。尽管我向他详细解释了我的分析过程，并指出这是千载难逢的盈利机会，但这天发生的一切远远超出了这位交易员的想象。惊魂未定之下，他呆若木鸡，因而拒绝执行操作。我企图说服他为了普林斯顿–新港合伙公司，马上就去下单交易，或者至少我希望他能拿我账户上的资金进行交易。如果他选择后者，我告诉他，我将把账户上的所有利润算作普林斯顿 – 新港合伙公司的利润，分给除他以外的所有合伙人。

我的策略是：由于报升规则，大约只有半数做空能够交易成功，若果真如此，那么我们就能做成最优对冲并赚取大约 75 万美元的利润。如果做空交易全部落空（这种情况很不实际），那我们就相当于在一个极低的价位购入了标普期货合约——标普指数至少要再跌将近 13 个百分点我们才会开始赔钱；而在另一种极端情况下，尤其是在市场极度恐慌时，空单几乎不可能全部交易成功。即便如此，期货合约市场也需要上涨将近 14%，我们才会开始亏损。为了避免出现后一种情况，我告诉交易员，在做空仓位差不多成交一半时取消剩下的所有做空交易。最后，交易员还是按照我的指示执行了操作，完成第一轮操作后，我们立刻进行了第二拨同等数额的交易。交易日结束时，正如我所预料的那样，有一半的空单没能成交，我们大约买入了 900 万美元的期货合约，做空了大约 1 000 万美元的股票。一天下来，我们套取了大约 100 万美元的利润。如果交易员没有浪费大量时间拒绝执行操作，我们本可以再进行数轮操作，多赚取几百万美元的收入。

这一年，我们非常“平稳”地度过了 10 月，普林斯顿 – 新港合伙公司在这个月里不赚不亏，而与此同时标普 500 的指数下跌了 22%。从 8 月到 12 月间的 5 个月里，整个市场也将近亏损了 22%，与之相对地，我们公司则稳定获利 9%①。

从 1969 年到 1979 年，普林斯顿 – 新港合伙公司从一间 140 万美元的合伙公司，成长为当时可能是华尔街上在数学分析、解析和计算机方面超一流的公司。在接下来的 8 年又 2 个月里，从 1979 年 11

① 普林斯顿 – 新港合伙公司当时在这里使用了 5 个月这一奇数月数作为计算周期，因为普林斯顿 – 新港合伙公司的财年计算从 1987 年 10 月 31 日变更为 12 月 31 日。

月 1 日到 1988 年 1 月 1 日，我们的资产总额从 2 860 万美元增长到 27 300 万美元，投资款项总计达到 10 亿美元。公司的资产年收益率达到 22.8%，除去所有费用，我们有限合伙人的年收益率是 18.2%，相较之下，这段时间里标普 500 指数的年收益率则只有 11.5%，小型企业的股票年收益率也不过是 17.3%。不仅是我们的收益大大超过了市场，按照行业数据[①]，我们承担的风险也远在两者之下。我们每年，甚至每个季度中，都未尝一败。

在此期间，我们新开发了数项投资产品，这些产品很可能把公司的资产规模发展到几十亿美元。

1. 最先进的可转债、权证和期权数字分析模型以及相应的交易系统。利用这些模型和体系，我们当时已经是日本权证市场上最大的投资商。

2. 统计套利系统。这是一个针对普通股票市场的数字化分析模型，我们在这个交易系统中用计算机实时采集市场数据后将其输入到价值 200 万美元的计算中心进行处理，处理完成后计算机自动生成电子交易单并将其送到交易层面执行操作。在一个小隔间里，我们每天完成 100 万股到 200 万股的交易量，占当时纽约证券交易所每日交易总量的 1% 到 2%。

3. 一群研究利率的专家后来也加入了我们公司。这群人原先就职于所罗门兄弟公司，曾在 18 个月内为所罗门兄弟获利 5 000 万美元。

4. 多重指标资产分化系统：这个股票指标预测系统当时很可能为

---

① 普遍的指标包括夏普比率、索提诺比率、回落分布（distribution of drawdowns）和 MAR 比率（年收益除以最大回落幅度）。详细情况可参考威廉·赞巴在《维尔莫特》杂志中分三部分连载的（2006 年 3 月、5 月和 7 月刊）《伟大的投资者》(The Great Investors)。

我们开拓更多资产管理业务。

5. OSM 合伙公司：这是一个“对冲基金投资”的项目，专门投资其他对冲基金公司。

而这一切都注定就此结束。

第 16 章 潮落……

1987 年 12 月 17 日，星期四中午，大约有 50 名全副武装的警员突然出现在我们新泽西普林斯顿的 3 楼办公室，他们分别来自国税局（IRS）、联邦调查局（FBI）和邮政部门。他们搜查了每位员工的随身物品，然后要求这些雇员离开大楼。与此同时，警员们扣押了上百箱书、记录，甚至包括通讯录名片盒。他们从垃圾桶一路检查到吊顶。大搜查一直持续到次日清晨。

这场搜查由时任纽约州南部检察官的鲁道夫·朱利安尼发起，意图打击华尔街金融犯罪。一名检察官后来才告诉我们的辩护律师，国税局突袭我们在普林斯顿的办事处的真实目的在于搜集关于德崇证券（Drexel Burnham，亦称德雷克斯投资分析公司）的迈克尔·米尔肯和高盛集团的罗伯特·M. 弗里曼的信息，以便之后调查、起诉。我的合伙人杰伊·里根恰好与他们往来甚密。弗里曼曾是里根在达特茅斯的室友。朱利安尼相信能通过里根把他们一网打尽，但里根拒绝合作。

政府利用搜查中找到的证据，以及某心怀不满的前员工的证词来提出诉讼。讽刺的是，普林斯顿办公室的人力在考虑录用此人为交易员时，曾飞来新港询问我们的意见。我们当时明确地表示，这个人非常不可靠。不过由于两间办公室拥有处理各自业务的自主权，他们最终还是雇用了这个人。普林斯顿办事处的5位负责人都遭到了起诉，罪名为操纵股票、股票暂存（stock parking）[①]、税务欺诈、邮件诈骗以及电信诈骗等共计64项。杰伊·里根本人、首席交易员、首席可转债券交易员、首席财务官及其助手和一位德崇证券的可转债券交易员，一共6人都被告上了法庭。

无论是我、其他40位合伙人，还是新港沙滩办公室的员工都不知道普林斯顿办公室有其被指控的行为。我们也从未被牵连、指控，或是做错任何事情。相距2 000多英里的两间办公室做着不同的事情，有不同的职能及公司文化。

诉讼的关键证据，是政府在我们的3个旧交易室里找到的一些早年被遗忘的录音带。对交易室里的业务电话进行录音是普林斯顿办公室的例行工作制度，也是华尔街其他公司的老规矩。这么做的主要目的，是快速解决和交易对手的关于合约及其执行上的矛盾。我们每年的交易量高达180亿股，失误在所难免。比方说，我们当时参与的一部分大宗日本权证对冲交易，是通过一家第三方企业执行的（我管它叫“恩科”）。恩科公司负责告诉我们权证条款，而我们则基于他们的信息做出交易决策。交易员说恩科公司曾反复保证他们提供的信息准确无误，但事实并非如此。而我们的证据就是这些录音磁带。

依靠错误信息的直接后果就是在对冲中，我们持有的证券款项（position，亦称“头寸”）有误，损失了200万美元。通常，录音带会记录过去4天内的所有电话对话，记满后会覆写掉老的通话记录。为

① 把股票暂时转移到他人账户，谎报真实资产以避税。——译者注

了解决这些错误信息导致的问题，交易员保存了所有相关录音带。之后，恩科方面拒绝承认错误，交易员准备通过另外两盘录音来申请仲裁或诉讼，在录音里，恩科曾数次向我们的交易员保证他们提供的原始信息非常准确。这意味着，加上这两盘磁带，我们一共有 8 天的录音作为证据。然后我们向恩科的管理层反映了事件的细节：他们的员工提供的信息如何与事实相去甚远，并要求恩科赔偿。通常来说，犯错的市商会补偿另外一方，但是恩科态度强硬地拒绝了，还威胁说如果遭到起诉，他们就断绝和我们的业务往来。当时日本一共有 4 家经纪公司掌控着全日本的权证和可转债券市场，我们明白如果真的和它断绝往来，那么其他 3 家公司也都会跟进。由于日本的业务是我们主要的收益来源之一，我们最终被迫自担了这 200 万美元的损失。尽管当时这 3 盘磁带理应继续被用于常规录音，但是它们在一张办公桌里被遗忘了十几年，直到 1987 年政府把它们和其他上百个装满文件和各种材料的盒子一起，当作搜查证据取走。

很快，政府援引《反勒索及受贿组织法》（*Racketeer Influenced and Corrupt Organizations Act,* RICO）针对普林斯顿办公室提起诉讼。这一案件在法律上具有“里程碑”意义，因为这部法律原本是被用来起诉黑帮的，这是它首次被用于起诉证券行业的被告人。最终，被告被判处总额达 2 000 万美元的现金债券赔偿。

为了进一步对普林斯顿的负责人们施压，美国检察官开始联系我们的有限合伙人，传唤他们到纽约在大陪审团前作证（这些检察官甚至自己都不知道传唤这些有限合伙人去证实什么）。由于有限合伙人并不直接参与运作，这对朱利安尼针对里根和其他人提起的诉讼毫无意义，这只不过是为了扰乱被告的心神，不过这一举动可能足以让不少合伙人退出公司。

我们的一个投资人在接到传唤时，刚刚购物完毕回到位于北加州的家中。据她描述，那是个阳光明媚的 8 月下午，干燥的空气中弥漫着松树的芳香，感觉像是盛夏的塔霍湖。当她准备往回搬购物袋时，她注意到街边停着一辆破破烂烂的掉漆老轿车，这明显不是当地住户的车。两个邋里邋遢的男子下车迎面走来，出示了检察官的传票后命令她前往纽约，在大陪审团前为普林斯顿办公室的诉讼案件做证。

高挑、镇定而优雅，这位艺术家出身的合伙人是湾区社会领袖（social establishment）的一员。她首先要求两位男士帮她搬运买回的生活用品。在交谈中，她说自己对普林斯顿－新港合伙公司的诉讼案件真的一无所知，但她乐于提供帮助。她一直很期待能去一趟纽约。当然，他们会安排她最喜欢的旅店，提供剧院的演出票和餐厅预约，不是吗？她也想要大都会博物馆（the Metropolitan）、古根海姆博物馆（the Guggenheim）以及惠特妮博物馆（the Whitney）的展览信息，哦，能顺便再帮忙找一下卡内基大厅的演出时刻表吗？

这两位可笑的传唤负责人夹着尾巴匆匆逃走了，此后，朱利安尼先生再也没有联系过她。

并非我们的每位投资人都能如此冷静地面对类似情况，但是，这 90 多位有限合伙人都寸步不让。没人想要退出。朱利安尼的手段不过就是虚张声势，实际上没有一个有限合伙人被要求作证。不过即使如此，我们也预料到，如果里根坚持拒绝帮助朱利安尼扳倒米尔肯和弗里曼，他可能会想方设法摧毁公司业务。

有限合伙人受到警告——《反勒索及受贿组织法》可能会涉及他们委托的资产，同时，因为调查，投资人们开始质疑普林斯顿办公室的领导能力。此外，普林斯顿方面也没把涉讼信息完全提供给我，这也令我相当不安。比如，政府拷贝了交易室的录音带，然后提供给了被告，我要求查看这些录音带副本，但普林斯顿那边迟迟不肯给出答复。与此同时，普林斯顿 – 新港合伙公司的律师也得到了一份附件，公司的律师团队和被告的辩护律师是相互独立的。于是在我的要求下，普林斯顿 – 新港合伙公司的律师给了我一份完整的录音。被告人的一位顾问听说这个消息后大发雷霆，并要解雇公司的律师。在阅读了好几英尺厚的文件后，我终于明白为什么普林斯顿方面拒绝我的要求了。那些对话录音带中的一些内容，不论对错，对于参与的双方而言都极度尴尬。

辩护律师费大约介于 1 000 万到 2 000 万美元之间。也没人知道这场官司会持续多久，最后会如何收场。如果这些人被判有罪，他们将支付自己的律师费，反之，如果他们被判无罪，那么合伙公司就要承担全部费用。为避免如此高昂的律师费，我协商为负责人们提前支付 250 万美元的辩护费，以免除公司在律师费上的全部责任。除此以外，公司本身也因为高额的诉讼费而不堪重负。

普林斯顿 – 新港合伙公司的收益在这令人痛苦的一年里只有区区 4%。一方面，这是因为公司要支付高达数百万美元的律师费；另一方面，普林斯顿办公室需要花费精力来为自己辩护，没法全身心投入业务。在 1988 年年末，我觉得普林斯顿 – 新港合伙公司前途渺茫，最终退出了公司。有限合伙人们也相继离开，于是公司彻底倒闭了。

鲁道夫 · 朱利安尼在 1989 年年初辞去了检察官一职，同年竞选纽约市市长，不过，由于他当年起诉黑帮和华尔街时恶名昭彰，最后竞选失败。4 年后，他再次参与了纽约市长的竞选，并获得了成功，连任两届。

其后，被告方于1989年8月被判定多项罪名成立，被判处3个月监禁及罚款。通过《反勒索及受贿组织法》定罪是米尔肯和弗里曼放弃抵抗的关键。他们马上做出了认罪协商（plea–bargain），不过他们可能行动得太快了。在普林斯顿–新港合伙公司被定罪（包括由《反勒索及受贿组织法》判定的诈骗罪）两个月后，美国司法部“由于引发了大量争议”，第二次采取措施“遏制由前曼哈顿检察官鲁道夫·朱利安尼发起的，经诈骗罪来处理华尔街腐败的案件”。普林斯顿–新港合伙公司的被告们合力上诉，在二审中成功地摆脱了诈骗和税务欺诈的罪名。但是法院依然对6名被告的共谋罪和其中2名被告的证券欺诈罪维持原判。1992年1月，检察官们终于达成了自己的真正目标——成功地给米尔肯和弗里曼定罪，于是他们撤销了对5位普林斯顿–新港合伙公司合伙人中4位的诉讼，以及对德崇交易员的相关处罚。普林斯顿办公室的首席交易员和德崇证券的其他被告仍然面临3个月的监禁和罚款。在1992年9月，联邦法官最终也撤销了对他们的判决。

从表面上来看，普林斯顿–新港合伙公司的案件起因只是政府起诉证券违规者。但要追根溯源，你必须回到20世纪70年代。当时的大公司们能轻松从华尔街和银行融资，而规模稍小的公司就只能自己在市场中挣扎。年轻的金融创新先锋迈克尔·米尔肯从这里面发现了商机，他通过一家老旧平庸的华尔街券商——德崇证券，为这些小企业打造了一台筹资机器。米尔肯所在的小组负责研究的是那些低评级高收益的债券——即所谓的“垃圾债券”，其中一些是可转债券或股票购买证书。由于这些债券的违约风险很高，它们往往以更高的收益作为对投资者的额外补偿。这一商业领域的长期空白让小公司对融资如饥似渴，而米尔肯的团队填补了这个空缺，他们很快成了华尔街历史上最伟大的金融引擎。

一开始，美国传统企业就像夜晚车灯前的鹿一样，对这一切目瞪口呆，但是在德崇证券几乎无尽的资金支持下，当一群新兴创业者掀起一轮轮不友好的收购浪潮时，那些墨守成规的美国传统企业被米尔肯的创新彻底激怒了。很多老企业对收购毫无招架之力，它们的员工和领导层没能投资好股东权益。由于资本回报率欠佳，它们的股票都非常便宜。收购团队将企业重组、提高收益率、提升这些公司的价值。由于类似的公司具有极大的潜力，看多[①]的新投资人会以高于当前的市价出资。

大型美国企业的主管和董事们都习惯了一成不变的生活。他们享受着狩猎场和私人飞机，为给自己贴金做一些慈善捐赠，并且给予自己充足的薪水、退休保障、奖金、股票、期权，还有优厚的离职补偿费。所有的这些优待都是高层为自己准备的，而其费用都由公司承担，并照例由少数股东团体批准。经济学家把这种管理层（或代理人）与股东（实际所有者）之间的利益冲突称为代理问题。这个问题如今依旧存在，2000 年，全美管理层给自己发放的股票期权价值已经上升到全美公司价值的 14%。而在 2008 年，无能又贪婪的美国公司管理层又成为史上最大金融危机的帮凶，而这一切的后果是联邦政府（实际上是大量纳税人）不得不救市，以防美国经济被彻底摧毁。

这些德崇证券资助的新人正在把不堪一击的管理层从马上拉下泥潭。必须要有人出手做点儿什么了。政府需要有一些“同情心”——因为这些老旧的公司掌握着国家绝大部分的资产以及政治影

① 对公司的预期很高。——译者注

响力。对华尔街而言这可能会造成一些损失，但意料之中的是（事实上也确实如此），德崇证券的陨落是个巨大的蜂蜜罐，每个人都能尝到甜头，从中获利。

无疑，这些传统公司的金融家们是幸运的，因为检察官们会发现米尔肯的团队及其客户、盟友和伙伴们[①]确实违犯了证券法。然而，比起整个金融界发生的一切，我们很难评判米尔肯的作为有多恶劣，商圈和金融业里的违法行为本来就持续不断又屡禁不止，每次只有少部分违法者会被抓到，而在起诉他们的时候，也只能针对其罪行的一小部分提出诉讼。这种情况与德崇证券案恰恰相反，政府在德崇证券案里一直试图找到尽可能多的违法者。这有点儿像是，某个司机一年内被抓到 3 次酒驾，但是他的邻居也酒驾，却从未被发现。那么谁犯罪更严重呢？如果现在我告诉你，事实是，被抓的司机只酒驾过3次，只不过每次都被抓到，相较之下，他的邻居酒驾了 100 多次，却从没被抓到过呢？怎么会这样呢？如果说这两位是商业上的竞争对手，而交通警察局长从没被抓到酒驾的司机那里获得了巨额的竞选捐款，那谁才是真正的罪犯呢？

当时的情况对于新任检察官鲁道夫·朱利安尼而言无异于美梦成真。朱利安尼在政治上野心勃勃，他从早年检察官托马斯·杜威的经历中获得启发，杜威在 20 世纪 30 年代起诉了一批违法人员，并把这些作为政治资本成功竞选纽约州州长，甚至在 1948 年离总统宝座仅一步之遥。起诉证券业违法人员和曝光内幕交易简直是完美的晋升阶梯。

① 詹姆斯·斯图尔特所著的《贼巢》（*Den of Thieves*），西蒙和舒斯特出版社，纽约，1991 年。

如果普林斯顿－新港合伙公司还在，2015 年，它会有多少市值呢？我怎么会知道？不过有意思的是，城堡投资集团（Citadel Investment Group）这个市场中性的对冲基金公司恰巧和普林斯顿－新港合伙公司的模型如出一辙。在 1990 年，前对冲基金经理弗兰克·梅耶发现了年轻的量化投资奇才肯·格里芬[①]（当时他还在哈佛大学的宿舍里交易权证和可转债券），随即二人在芝加哥成立了这家对冲基金。我见到弗兰克和肯时，向他们列举了普林斯顿－新港合伙公司的工作和盈利核心，同时也找出了那些详述历史上优秀权证和可转债条款的文件资料。因为没有任何副本，这些资料是无价之宝。

城堡投资集团在 1990 年（当时我是他们的第一位有限合伙人[②]）成立之初有些寒酸，只有区区几百万美元的资本和 1 位员工：肯·格里芬本人。而 25 年后，它总共管理着 200 亿美元的资产，拥有超过 1 000 名雇员，有限合伙人的复合年化净收益率达到 20%。肯的总资产在 2015 年也达到了 56 亿美元左右[③]。

在普林斯顿－新港合伙公司倒闭后我暗自反思，明白了生命中真正重要的是如何分配时间。J. 保罗·盖蒂成为世界首富之后并没有感到满足，他感叹一生中最快乐的时光是 16 岁时，他在加州的马里布沙滩上冲浪的时光。2000 年，《洛杉矶时代杂志》（*Los Angeles*

---

① 参见：斯科特·帕特森所著的《宽客》（*The Quants*），科恩出版社，纽约，2010 年。

② 参考我和城堡投资集团的斯科特·拉弗蒂的谈话。

③ 《福布斯》500 上的排名可能不全，这些名次是估算所得，且资产总值一直在波动，因此具体排名并不准确。比如沃伦·巴菲特在该排名产生的 1982 年就足以上榜，但是该榜单直到 1985 年才把他的名字加上去！另举一例，2014 年 5 月 8 日，扎卡里·米德尔在《彭博商业周刊》（*Bloomberg Businessweek*）上刊登的文章《130 亿美元的神秘天使投资人》（The $13 Billion Mystery Angels）揭示，前普林斯顿－新港合伙公司员工在 1989 年创办新公司后，借助我们的量化方法和计算机算法，历经 25 年，赚取了至少 130 亿美元。

Times Magazine）在提到新晋亿万富翁——来自博通公司（Broadcom Corporation）[①]的亨利·尼古拉斯三世时写道[②]："现在是凌晨1:30。他在灯光昏暗的办公桌前度过了自己的40岁生日。他已经有好几天没有见到妻子和孩子了。'这就是我活着的原因'，'上一次我们谈话的时候，斯泰西告诉我她很怀念过去的日子，当时我还在汤姆森·拉莫·伍尔德里奇（Thompson Ramo Wooldrige Inc., TRW，美国汽车零件公司），一家人住在公寓里。她告诉我，她想回到那样的时光'，但是他们回不去了，因为他无法停下手头的工作。"（两人之后离婚了）

我最初认为自己也许会继续创建类似普林斯顿–新港合伙公司的企业。但是如果那样做，除了享受工作中有趣的部分，我还需要负责自己讨厌的事务。我最终改变了这一想法，逐渐淡出了新港的办公室，开始为我们的几位主要负责人寻找优秀的证券机构职位，比如巨型对冲基金德劭集团（D. E. Shaw）[③]、巴拉量化投资公司（Barra），以及拥有几十亿美元资本（养老金和职工分红计划）的惠好公司（Weyerhaeuser）。之后我找到了如今就职于高盛集团的费舍尔·布莱克，他表示希望建立一套对于权证和可转债券交易的计算分析系统[④]。

① 区别于现在的博通有限公司，是如今博通有限公司的前身。是全球最大的WLAN晶片厂商。2016年被安华高科技有限公司收购后合并为博通有限公司。最近，其最著名的动向是，2017年11月企图斥资1 000亿美元收购高通，不过在2018年3月，被美国总统特朗普以涉及国家安全为由，发布行政令阻止并购。——译者注

② 洛杉矶时代杂志，2000年1月23日，pp. 10 ff，第35页。

③ 当德劭集团雇用了我们的某位重要员工后，所做的第一件事就是让他汇报所有与普林斯顿–新港合伙公司相关的情况——足足讲了6个小时。

④ 该程序结合了质量恶化和信用违约风险的度量，我认为这种想法在当时是独一无二的。

我们手头恰好有一套被证实可靠，并且先进的系统可对外销售，因此他乘飞机来找史蒂夫和我，花了两天学习系统的运作并做了详细的笔记，但最后他遗憾地告诉我们，把这套系统转码到公司的计算机上的代价实在过于高昂。

第 17 章　调整时期

在参加某位亿万富翁的聚会时，库尔特·冯内古特问约瑟夫·海勒，在得知自己的著作《第 22 条军规》(*Catch–22*)的所有收入甚至比不上聚会主人一天的收入时做何感想。海勒说他有那位富人永远不会拥有的东西，当冯内古特不解地追问那是什么时，海勒回答说："富足的知识。"[①]

在普林斯顿–新港合伙公司解散后，薇薇安和我已经有了足够后半生花销的财富。虽然普林斯顿–新港合伙公司的解散对我们而言非常痛苦，也使我们损失了数十亿美元的潜在收入，但是它让我们有更多的时间去做我们所热爱的事情：相互厮守、陪伴家人和朋友、四处旅行以及追求各自的兴趣。如同《享受自我(它比你想的迟)》[Enjoy Yourself (It's Later than You Think)] 里的歌词一样，薇薇安和我终于能够有时间做永远都不嫌够的事情——相互陪伴。在华尔街，成功是能赚最多的钱；但对我们而言，成功是拥有最美好的生活。

在这段时间里，我偶然发现了金融史上最大的一桩欺诈。在 2008

① 《纽约客》(*The New Yorker*)，2005 年 5 月 16 日。

年12月11日星期四下午，我终于等到了这个期盼了超过17年的消息：儿子杰夫从纽约打电话来，告诉我伯纳德·麦道夫承认诈骗投资者500亿美元，这是史上最大的庞氏骗局。“这是你在……1991年预测的！”他说道。

那是1991年春天的一个早晨，我来到某个国际著名咨询公司的驻纽约办事处，他们的投资委员会聘请我作为独立顾问来审查他们的对冲基金投资。我花了几天研究了它的投资业绩、商业结构、投资经理的背景并做了现场访问。有位经理在他办公室接受会面时表现得十分偏执，甚至都不愿意告诉我他使用哪种个人电脑，还在我去洗手间时全程陪伴，生怕我在途中得到任何宝贵的信息。

我批准了投资组合，但有一个例外。伯纳德–麦道夫投资公司（Bernard Madoff Investment Securities）的投资似乎不合情理。我的委托人两年间每个月获利1%到2%不等。此外，其他伯纳德–麦道夫投资公司的投资者每月分红已超过10年。

伯纳德–麦道夫投资公司声称采用价差套利策略：购买股票，高价卖出看涨期权，并以此低价买入看跌期权。

我解释说，根据金融理论，在价格合理的情况下如果期权投资组合的净收益为零，那么从长远看，这一投资的最终收益也应该是零。因此，随着时间的推移，我们认为客户的投资组合回报率应该大致等于股票的回报率。伯纳德–麦道夫投资公司的投资回报高得令人难以置信。此外，股票在几个月的下跌过程中，他们的策略应该会产生损失，但是伯纳德–麦道夫投资公司从未提及。仔细检查了委托人的账户情况后我发现，那几个应该亏损的月度被神奇地转化为卖空标普指数期货而获利。同样地，那几个理应大赚的月度也通过这样的办法“抹平”了收益。

鉴于有欺诈嫌疑，我请客户安排我拜访伯纳德－麦道夫投资公司办事处，它坐落于曼哈顿第三大街上的著名的口红大厦（Lipstick Building）的 17 楼。那个星期伯纳德恰巧在欧洲，我们现在知道他当时应该在那里筹集更多的资金。他的兄弟彼得，是合规部和 IT 部门的主管，他竟然拒绝我进入公司。

我询问了委托人关于伯纳德－麦道夫投资公司年度审计工作的情况，发现审计是由一位从 20 世纪 60 年代起就和伯纳德做邻居的人做的，他一个人经营着一整家个体公司，那发生欺诈的概率就很高了。因此我问客户何时能收到交易确认书，他们说基本上是每周或者每两周通过邮寄收到一期，这与公司所宣称的交易时间节点倒不矛盾。根据我的建议，委托人雇用了我的团队，对他们每个账户的交易进行详细分析以证明或证伪我的怀疑。在分析了 160 个期权交易后，我们发现伯纳德－麦道夫投资公司宣称的交易中有一半没有交易所的成交记录。余下一半的许多交易里，委托人的两个账户中，伯纳德－麦道夫投资公司宣称的交易数量已经超过了全市场的交易总量。而在剩下的价格、数量均看似合理的交易中，我们找到贝尔·斯登公司（Bear Stearns）的员工来确认交易[①]，但是仍未找到与伯纳德－麦道夫投资公司相关的情况。

我告诉委托人交易是虚构的，伯纳德－麦道夫投资公司的投资完全是个骗局。委托人此时进退两难：如果我是对的，他就会销户，保护本金和声誉，避免法律纠纷[②]；不过他也担心如果我错了，他将不必

① 我们从 40 个交易中抽查了 10 个，并未发现虚假交易。

② 经典案例可参见查尔斯·狄更斯的《荒凉山庄》中詹狄士和他的故事。

要地牺牲自己最佳的投资方式[①]。我告诉他我不会错，因为我已经通过公开信息证明他从未进行过他宣称的交易，他被伯纳德–麦道夫投资公司发送的虚假成交单糊弄了。我指出继续忽视虚假交易会使他的工作处于危险之中。最终，他选择在伯纳德–麦道夫投资公司销户，拿回了本金。在接下来的18年间，他看着其他伯纳德–麦道夫投资公司的投资者似乎变得更加富有。我想知道他是不是经常后悔雇用我。

我也尝试通过“关系网”来发现其他伯纳德–麦道夫投资公司委托人的投资情况。不过所有的委托人都被告知，如果他们互相透露信息就会被解除委托合同。尽管如此，我还是问到了其中5亿美元的投资情况，因此实际的骗局规模可能要大得多。有位投资者的业绩记录显示，自1979年起，账户每月都有盈利，年化收益达到20%，他还告诉我，类似的情况其实从20世纪60年代后期就开始了。这个骗局已经运作了超过20年！

证明了伯纳德–麦道夫投资公司向我的委托人邮寄的账户记录是虚假交易后，我发现他们还以同样的手法应付了其他几位我了解的投资人，所以我有确凿证据证明这是个骗局。我向周围的朋友们发出警示，并预测这不断扩张的庞氏骗局终将破灭并带来灾难性的后果。庞氏骗局的操纵者从投资者中获利。他们利用原投资人的投资，并且不断招募新投资者取得资金。而新的投资者也需要从中获利，这便诱发了庞氏骗局的运营模式。因此庞氏骗局存在时间越长，其规模越大，破灭的后果越严重。

当时麦道夫先生是证券业的翘楚，担任纳斯达克主席一职，运营着全国最大的“第三市场”（场外市场）之一的证券交易团队，向政

① 如果伯纳德–麦道夫投资公司真的每年获利20%，而他们最好的替代品，假设每年利润有16%，那么他们每年只少了4%的利润。

府提供咨询，并通过了证券交易委员会的例行检查。

当权者是否相信这些对麦道夫的指控呢？哈利·马克普洛斯的故事可能给出了答案。马克普洛斯在 1999 年受到他老板的质问：在采用类似投资策略的情况下，为何伯纳德–麦道夫投资公司能够得到更稳定且更高的收益。他也采用了我调查前采用的方法，从量化金融的角度证明了伯纳德–麦道夫投资公司的投资业绩是骗人的。虽然没有证明单个账户的交易是虚构的，但是他的推论具有压倒性的说服力。在随后的 10 年里，马克普洛斯多次请求美国证券交易委员会进行调查，但是每次都被否决。马克普洛斯在波士顿办公处请求针对伯纳德–麦道夫投资公司可能正在运作的庞氏骗局进行调查，但在对伯纳德–麦道夫投资公司进行了粗略的调查后，美国证券交易委员会拒绝了这一请求。

在一份长达 477 页的文件《针对美国证券交易委员会未能揭露伯纳德·麦道夫庞氏骗局的调查（公开版本）》[①] 中，美国证券交易委员会调查并记录了从 1992 年到 2008 年，其一再对伯纳德–麦道夫投资公司违法犯罪的那些明显的线索、尖锐的投诉和公然的违法行为熟视无睹的情况。而且，至少到 2010 年 7 月，美国证券交易委员会都还在继续销毁文件[②]，其中不仅涉及伯纳德–麦道夫投资公司，还有其他主要的金融机构，例如高盛、美国银行（Bank of America, BOA）和尚处于调查中的 SAC 资本顾问公司（SAC Capital Advisors）。由于被指控内幕交易，SAC 资本顾问公司在 2013 年年底同意缴纳 18 亿美元

---

① Investigation of Failure of the SEC to Uncover Bernard Madoff's Ponzi Scheme—Public Version，2009 年 8 月 31 日，报告编号：OIG–509。

② 迈克尔·罗斯菲尔德和珍妮·斯特拉斯伯格所写的《证券交易委员会被控销毁文件》（SEC Accused of Destroying Files），《华尔街日报》，2011 年 8 月 18 日，C2 版。

的罚款，并且不再对外部投资者开放。

在我发现伯纳德－麦道夫投资公司骗局的10年后，《华尔街日报》旗下的《巴伦周刊》（*Barron*，提供各类财务数据及深度消息）举办了一次对冲基金投资研讨会，周刊的封面文章①写的就是这位不在场的投资经理——创下最佳投资纪录的伯纳德·麦道夫。对投资者还算有利的是，他既不收取传统对冲基金年化1%的固定管理费，也不收取20%的超额业绩佣金。他的收入来源可能是旗下经纪商收取的大量交易手续费。

即使《巴伦周刊》的故事已经表达出广为人知的怀疑，而且当时许多人都声称怀疑欺诈，监管机构仍一直置若罔闻。同样地，伯纳德－麦道夫投资公司那成千上万的投资人和他们的有偿受托人也一直保持沉默。那骗局是如何结束的？很明显，没有足够的钱来继续支付投资者的收益时，一切就结束了，这也是所有庞氏骗局的终结。伯纳德·麦道夫（英语发音MADE–off，同“用你的钱”）在2008年12月11日自首了。也许是为了保护他的同伙，在他的故事中，他自己是整个骗局中唯一的谋划人，这实在是有些令人难以置信。这个对计算机几乎一无所知的人声称自己单枪匹马地布置了整个17层的计算机安保系统，并每天和约20名员工在数千个账户中悄悄地制造数百万美元的虚假交易。

2009年8月11日，负责每天监督麦道夫日常运营的小弗兰克·迪帕斯卡里，在纽约州南区地方法院被美国证券交易委员会起诉。当时，美国证券交易委员会就知道伯纳德－麦道夫投资公司“早在20世纪60年代就开始管理投资者账户……”。但是，美国证券交易委

① 参见：艾琳·阿维德兰《别问，别说》（Don't Ask, Don't Tell），《巴伦周刊》，2001年5月7日。

员会声称“价差套利策略”（split–strike price）是从 1992 年开始实施的，然而，根据我审查的客户交易记录，这其实发生在若干年前。麦道夫认罪时告诉法官，他从20世纪90年代初才开始庞氏骗局[①]。但其实在那时候，他的罪恶帝国已经拥有了很大的规模，并且至少开始于20 多年前。麦道夫声称他的兄弟彼得、儿子马克和安德鲁、公司所有的负责人以及他事必躬亲的妻子露丝都是完全无辜的——对这运行了 40 多年的骗局毫无所知。除了运作他所谓的单人操控骗局外，他还经常在不同的住处度假、出国旅行以筹集更多资金，在国际不同银行间混排大量基金，并且向给他带来投资的“受托人”支付高昂的费用，这样，尽管他常常不在公司，整个复杂的计划也能够如钟表般准确运行。

伯纳德·麦道夫在向法庭提交的陈述中表示这一骗局始于 1991 年，但这与事实不符，根据我的发现，这一骗局已经运作了超过几十年。美国证券交易委员会在针对弗兰克·迪帕斯卡里的指控（估计信息来源是迪帕斯卡里）中提出，价差套利策略和计算机化的骗局是从 1992 年开始的，这也与我从 1989 年到 1991 年间复核的投资人报告不符。彼得·麦道夫、迪帕斯卡里和另外几名涉案员工后来因此认罪并被判处监禁与罚款。

麦道夫声称骗局规模是 500 亿美元，而投资者根据假股权数量推测出最终账上会有650亿美元[②]。为了公平地分配余下的钱，破产受托人必须确认每位受害者的投入和收益。几位“经纪人”（每位都从投

① 参见：《伯纳德·麦道夫因创纪录的诈骗案获刑 150 年》（Bernard Madoff Gets 150 Years in Jail for Epic Fraud），Bloomberg.com，2009 年 6 月 29 日。

② 参见：《纽约南部地区的美国律师》发布的《伯纳德·麦道夫被控 11 项犯罪》（Bernard L. Madoff Charged in Eleven–Count Criminal Information），2009 年 3 月 10 日。

资者那里募集了数十亿美元，并宣称彻底核实过伯纳德－麦道夫投资公司策略的合法性）抽取了数百万美元的费用。通过这些资金，他们获取了政治资本和社会地位。据说其中还有人获利了50亿美元[①]。伯纳德－麦道夫投资公司让他人收取高额管理费而始终保持较低交易佣金的做法本身就是在提醒投资者、顾问和监管者存在潜在风险。

政府公布了一份超过3 000页的投资者名单，其中既有佛罗里达州普通的退休老人，也有名人、亿万富翁，还有非营利组织（如慈善机构和大学）。如果大批投资者轻易地被骗几十年，那这个骗局是如何和其他人解释市场的“有效”学说（投资者能快速而合理地参考所有公开信息并进行抉择）的呢？

伯纳德－麦道夫投资公司成千上万的投资者中有位著名的财务顾问，他曾出席我1991年揭露伯纳德－麦道夫投资公司骗局的会议。很多年前我就认识内德，所以我确定他了解每一个细节。虽然我们在20世纪90年代中期一度失去联系，但是在2008年，我惊讶地发现他和家人也在政府公布的伯纳德－麦道夫投资公司的投资者名单里。此外，我俩的熟人也告诉我，已经向客户提供了数亿条建议的内德，在麦道夫认罪的同一周，仍然在向投资者推荐麦道夫的策略。

曾经熟识内德的我开始思考他为何信任麦道夫。从我的角度来看，内德并不是个骗子，相反地，他应该患有所谓的“认知失调”，即笃信某件事物并简单地拒绝任何与之相反的信息。例如尼古丁上瘾者常常否认吸烟危害健康。政党成员对他们自己的谎言、罪行和其他

① 其中之一是杰弗里·皮考尔（《纽约时报》，2009年7月5日，B2版）。另，据受托清算伯纳德－麦道夫投资公司的戴安娜·恩里克斯说，“据报道，当麦道夫被捕时，皮考尔的一个账户被提走60亿美元”。《纽约时报》，2009年10月2日，B5版。

不道德行为反应温和，却对另一政党的类似行为义愤填膺。

我也早就知道，和他分享对任何事情的看法时，无论我多么谨慎、合理，其实对他都没有什么影响。其他人也和我同感。内德做决定的方法是，调查每个熟人的意见，然后简单地同意多数人的观点。在明白了这一点后，我再也不浪费时间和他分享我的想法了。

内德的轮询法在某些情况下确实很有效，比如估计桶里豆子的数量或者南瓜的重量。群体猜测的平均值往往比大多数人独自做出的猜测要准得多[①]。这种现象被称为群体智慧。但和大多数简化情况类似，它同样也有反转的一面，如同麦道夫的骗局。在这里只有两个答案，麦道夫是行骗者或投资天才，而群众错误地投票给了投资天才。我把群体智慧的反面称为旅鼠的癫狂（the lunacy of lemmings）。

在 1991 年，我们的工作组已简化为 4 人。史蒂夫 · 水泽在我的帮助下对冲了日本的权证[②]。我和朱迪 · 麦科伊则管理自己的对冲基金组合，她主要负责税务和财务报告，协助史蒂夫，她还是我们的后备业务经理。

我一边享受生活，一边又矛盾地想回到投资界，尝试着寻找一种高时效的方法来实现我们的统计套利策略。在与史蒂夫讨论后（他在我的决定中举足轻重），我开始寻找一位有能力向投资人推销我们的软件的合伙人。

我联系了布鲁斯 · 科夫纳——一名成功的大宗商品交易员，在普

---

① 如果群体的猜测在均值两侧且每侧各有 1/2，那么数学事实是，平均值会比至少一半人的估计值更接近于正确值。有趣的是，群体做出一致猜测时，结果往往要准确得多。

② 参见：《财富掌控者：三方赢家》（The Money Man: A Three–Time Winner），选自《福布斯》，1991 年 11 月 25 日，第 96–97 页。

林斯顿－新港合伙公司时代，我对他就有所耳闻。科夫纳最早在 20 世纪 70 年代的商品公司（Commodities Corporation）从业，随后他开始运作自己的大宗商品对冲基金，最终为自己和投资者赚取了几十亿美元的利润。

在 20 世纪 80 年代，我花费了整整一下午在布鲁斯位于曼哈顿的公寓里和他还有杰里·巴塞尔（加州大学欧文分校的金融教授，在普林斯顿－新港合伙公司时代就加入了我们的团队）探讨投资策略和如何获利。科夫纳是个通才，他常常能发现他人尚未发现的联系。

大约与此同时，他意识到，大型油轮供应过剩，旧油轮往往只能以废品价格交易。于是，科夫纳创立了一家公司，购买了一艘旧油轮，我是有限合伙人之一。有趣的选择来了：这让我们在很大程度上能够免受损失，因为总可以把油轮卖掉，收回大部分的投资；但更有利的是，历史上油轮的需求和价格波动很大。在几年之内，我们翻新的 47.5 万吨的油轮——“海上快递”号（Empress Des Mers）产生了利润，它在世界航海线上满载运输。我当有限合伙人的这家公司最后功亏一篑。后来我们这家合伙公司开始洽谈购买当时最大的船舶——65 万吨的海上巨人号（Seawise Giant），不幸的是，在交易担保阶段，卖家非常不明智地驾船冒险靠近波斯湾的哈尔克岛（Kharg），它在那里遭到了伊拉克飞机的轰炸，起火后沉没了。海上快递号持续盈利到 21 世纪，而后终于退役，其间产生年化 30% 的投资收益，它也在 2004 年以废品价格卖得 2 300 万美元，远超当时 600 万美元的买价。

科夫纳把我介绍给他自己投资的某个对冲基金。我建议那位基金经理采用我们有完整统计套利系统的软件，并提出收取产品收入的 15% 作为费用。我们也会培训他们的员工，并持续提供咨询服务。我们收取的费用会随着时间的推移和客户需求调整而下降。然而每次我们达成某个共识，对方的合伙人就要求其他方面对他们有利，而当我们同意其中一部分后，又产生了新的分歧，简直就是无底洞。于是我果断地结束了谈判。

大多数与二手车商、地毯商，或是地产商打过交道的人，对整个谈判过程都应该比较熟悉，简单来说，基本上可以将其概括为讨价还价。举例来说，假设你想要购买的房子定价为 30 万美元。于是你出价 25 万美元，卖方报价 29 万美元，你又调整为 26.5 万美元，以此类推。最后你同意以 27.5 万美元成交。这个程式化的过程可能涉及哄骗、诡计和诈骗。但是这过程就不能更简单、更令人满意吗？比如卖家按真实价位定价，而买家可以选择购买或者放弃。毕竟美国的大多数商店都是这样做的。你会购买定价不确定的东西吗？

然而在商业交易中讨价还价是很常见的，如前述基金经理跟我讲价的事例。这到底是为什么呢？在上述房产买卖的例子中，假设卖方的实际最低价格是 26 万美元，买方可接受的最高价是 29 万美元。（卖方可能会发现这点，例如，假如他告诉买方有人出价 28.9 万美元，那第一个买方就会出价 29 万美元。）因此 26 万美元到 29 万美元之间的价格对双方而言都是可以接受的，虽然当时双方都不知道这一点。因此，3 万美元的价格是“钓鱼价格”，讨价还价的目的是尽可能多地为这 3 万美元的价格进行拉锯战。

与此不同的是，如果买方只愿意支付 27 万美元，而卖方接受的最低价格是 28 万美元，那两者之间就没有重叠，因此不会成交。

我家住了 20 年的房子也是这么买来的。我们当时决定在新港沙滩的小山坡上建造一座风景宜人的新房子。在萧条的 1979 年，房地产市场的报价是 43.5 万美元。我们从 36.5 万美元起步，经过一系列的讨价还价，最后报了40万美元，但对方要价41万美元。而我们的价格底线是40.5万美元，因此最终未能成交。几天后，卖方让步了，主动提出了40.5万美元的价格，但是我们没有接受。这是为什么呢？

因为在可承担的最高价位，买入与否其实差别并不大，而且卖家已经主动疏远了我们，因此我们觉得不与他洽谈为好。此外他的报价也缺乏吸引力，我们觉得可接受的最高价已经低于40.5万美元。同时，也有其他房子可供选择。很快地，我们就在一个更好的地段建起了新房子，此后一直居住了22年。而那个爱砍价的房东，他的房子10年都没卖掉。

巧的是，我们在出售房屋时也遇到了类似情况。把房子挂在中介1年后，我们在一个星期内突然收到两份购买意向。当时我们的开价是549.5万美元，心理预期价格大概是500万美元。其中一份开价是460万美元，这位潜在的买家以咄咄逼人的态势开始了价格谈判。他风格有些肆意，而且总是找些房屋的小毛病来砍价。他觉得这样的态度可以杀价，但这么做其实疏远了我们和中介。另一个买家开价500万美元，他对房屋目前的状况很满意。我们果断接受了后者，即使前一位卖家恳求我们来考虑他，暗示他可能接受超过我们期望的价格，并且不再以咄咄逼人的态度来洽谈。这样的做派实在是太差劲了。这个事例的教训是：向对方施压以逼近其极限往往得不偿失。小额的超额收益往往并不与交易本身的实质性风险相匹配。

知道何时可以讨价还价对交易员而言重要非凡。在普林斯顿－新港合伙公司还存在的日子里，我们的首席交易员经常告诉我们他又通过虚报1/8或1/4美元的价格帮我们降低了大量成本。这个做法如下：假设我们要买1万股微软的股票（MSFT），而这只股票目前的价格是

71 美元，有 5 万股买入意向，若股票涨至 71.25 美元每股，则市场中将出现有 1 万股卖出意向。于是，我们现在就可以出 71.25 美元直接买下 1 万股，也可以用我们交易员的惯用手法，先在 71.125 美元挂单 1 万股，等待可能的成交。如果成交了一部分（其实在大部分这样的情况下，都会成交一部分），我们就节约了 0.125 × 10 000=1 250 美元。

这听起来不错。但这样有风险吗？是的，为了节省每股 0.125 美元，我们可能会失去买到股票的机会（如果股价始终不低于 71.25 美元 / 股）。进而当股价大幅上扬后，我们就会错失暴利。简单来说，你可能在 20 次中减少 0.125 美元的成本，而其中 1 次可能错失 10 美元。你觉得合算吗？我的答案是否定的。

我问交易员，这样的做法是否能够弥补错失的收益，但是他没办法衡量两者的关系。我进而询问了其他交易员，他们无一能明确地解释究竟是因此赚钱了还是亏钱了。

市场是现代经济的基础，交易又是其中的基本活动。因此，现代金融理论家们对市场进行了深入的分析，并通过检查数据及钻研理论来解释所观察到的现象。他们注意到交易是由买方或者卖方出于各种各样的原因发起的。有些交易者没有优势——没有特别有利的信息，这可能包括大多数自认为有优势的人。这些所谓的噪声交易包括：因为被剔除出某个指数而被指数基金出售的公司股票，或因为被纳入某个指数而买入的股票，或为支付税款而清算的房地产，或共同基金因为追加或赎回而进行的买卖。当然，对于交易中真正有价值的信息而言，这些例子是不完善的。

另一种交易是由确有优势的交易者发起的。比如说，在 20 世纪 80 年代，因进入诉讼程序而广为人知伊凡 · 博斯基的非法内幕交易

（类似的活动仍然在继续），或是那些因公开信息（盈余公告、兼并或是利率调整）而及时调整的合法交易。

这些真的重要吗？每股 0.125 美元的价差到底意味着什么？在我们每年交易 15 亿股股票的统计套利程序中，这相当于约 2 亿美元。参议员艾弗雷特·德克森（Everett Dirksen）曾这样说国会开支：这里 10 亿，那里 10 亿，很快你就会发现自己在谈及数量惊人的金钱。

讨价还价和交易员的行为让我想起了行为心理学里两种极端的情况：随遇而安和追求完美。追求完美者无论在雇用员工、购物或者计划出游时，都会寻找到最佳的方案，而花费的时间和努力并不重要。如果错失最佳选择，他们会倍感压力和后悔。所谓随遇而安者则能接受最佳选择的近似方案，既考量了寻找最佳方案所需的代价，又防止错失近似最佳方案（可能再也不会遇到）。

这让人联想到数学中所谓的秘书或婚姻问题[①]。假设你将采访（面试）一群人，并从中选择一位，你只能即刻判断是否选择某一候选人，并只能考虑一次，如果拒绝了某人，就不能重新再考虑他。最佳策略是观察前 37% 的候选人，然后选择下一个你认为优于之前 37% 的人。如果没有人比之前的更好，那就只能选择排在名单上的最后一个人。

在加州大学洛杉矶分校的研究生时代，这个策略也拯救了刚从物理系转系到数学系的我。我的导师安格斯·泰勒当时决定，每位博士研究生都需要给其他学生做专题演讲。我当时的数学知识远不如现在，而演讲既要让学数学的同学感兴趣，又要吸引外系的同学，在

① 如今，这个问题可能会以"'另一半'问题"（The Significant Other Problem）重新命名。

选题上我真是手足无措。在最后 1 分钟，我想到了演讲的主题：《每位年轻女孩应该知晓的》，并且没有透露给任何人我将讲些什么。那时候教室里坐满了人，参与人数比之前的讲座都多。最重要的是，与通常男性为主要参与者的讲座不同，竟然还有不少漂亮的女生来听讲座。从他们的提问和表情来看，听众们并没有失望。我当时所讲的就是这个婚姻问题的解决方案及其背后的数学原理。

第 18 章　骗局与危险

当我将精力从如何在赌场中获胜转移到分析股市时，我曾天真地认为自己将从一个舞弊百出、问题频发的世界中抽身，进入一个受规章和法律束缚、投资竞争更加公平的世界。然而我看到的真相是，更大的赌注只会吸引更狡猾的骗子。伯纳德·麦道夫的庞氏骗局只是 2008 年到 2009 年间众多被曝光的骗局中规模最大的一个，且是市场的急剧下滑导致新资产无法及时流入，才让这骗局为世人所发现。这些大大小小的骗局，有的是涉及 80 亿美元的银行诈骗，有的是涉及几亿美元的骗局（甚至包括几家对冲基金），还有的是涉及几百万美元的不动产、抵押借款以及年金的诈骗。这些骗局通常都遵循着一些简单的数学原理，以此来解释在经济体缩减时它们的业绩是如何增长的。

随着互联网和电子通信的兴起，骗子们又找到了新的机会。在 2000 年 8 月 25 日，我的侄女儿德纳在交易所闭市后给我打了一通电话，那时她对股票非常感兴趣。

“你知道一只叫作 Emulex 的股票吗？”她问道。

“不知道，发生了什么吗？”

“我买了一些这家的股票，但是今天开盘后没过多久，它的价格就从每股 113 美元暴跌到了每股 45 美元，然后他们停止了交易！”

“新闻里有提及什么信息吗？”我问道。

“我不知道。”

“我的建议是，现在什么都不要做。我认为这可能只是又一起互联网诈骗，这家公司可能一如既往地运营良好。”

真相很快浮出了水面。一个 23 岁的大学生向他之前工作过的电子信息服务公司——互联网电报（Internet Wire）——发送了一份报告，伪装成 Emulex（股票代号 EMLX）的官方新闻。报告声称，这家公司的总裁正打算辞职，过去两年间，良好的收入增长被更正为大额损失，并且美国证券交易委员会已经着手对其展开调查。很快这个虚假消息就扩散开了，纳斯达克在叫停交易时这只股票已经跌了 56%。这名诈骗犯早先由于卖空 Emulex 的股票损失了 10 万美元。这则假新闻使他在第二周成功地扭亏为盈，并净赚了 25 万美元。整个事件最严重的时候，他将 EMLX 的市值从 41 亿美元拉低至 16 亿美元，足足造成了 25 亿美元的损失。虽然当天晚些时候股市恢复，弥补了绝大部分的损失，但 EMLX 仍然以 105.75 收盘（下跌 7.31），即跌幅达 6.6% 或者说 2.7 亿美元市值蒸发。这场灾难给股价暴跌时抛售的投资人造成的损失更大。在骗局被曝光的 11 天之后（诈骗犯已经被绳之以法），该股票以 100.13 收盘（总跌幅 11.4%），此过渡期内再也没能完全恢复到之前的价位。

根据有效市场理论，市场定价会准确地反映出市场中所有可得到的信息。在这短短的 15 分钟之内，市场由于虚假信息而暴跌 60% 的情况是如何理性地反映出价格背后对所有信息的综合考量的呢？同时我也要求那些相信有效市场理论的人解释，为什么股市没有在骗局被曝光的 11 天后成功恢复至之前的水平。关于 EMLX 的新闻是正面的，但为什么还会发生这种情况呢？

市场有效理论的支持者已经慢慢地接受了该理论的少量偏离，他们也许已经意识到这次市场对于 EMLX 骗局的反应就是其中的一个例子。但是正如媒体所指出的，互联网充满了各种类似的企图，这尤其体现在很多聊天室中，并且 EMLX 只是这一系列大规模的、通过欺骗大众获利[①]的企图中的一个。

不久之后的 2000 年 9 月 21 日,《纽约时报》刊登了这样一则头条：《美国证券交易委员会发现青少年在课后有了新爱好：线上股票诈骗》（SEC Says Teenager Had After–School Hobby: Online Stock Fraud）。一个 15 岁的新泽西高中生从 11 次交易中赚取了 27.3 万美元。他首先购买一只交易量很小的公司的很多股票，然后在各种互联网聊天室中散播诸如“这只每股 2 美元的股票很快会涨到 20 美元”的信息。这些信息对于大众来讲如同福饼一般值钱。根据市场有效理论，这些掌握了信息的投资者很快就会开始炒高价格，然后这位年轻的列别德（Lebed）先生就会抓住时机将股票卖出。这个年轻人以自己父亲的名义注册了交易账号。事件的最后，他通过偿付这 27.3 万美元的收益以及 1.2 万美元的利息与美国证券交易委员会达成了和解。然而我们不知道的是，这笔钱是否被用于补偿那些被欺骗的投资者们，并且这场风波对于投资者们声誉的影响以及具体的损害程度都是难以准确估计的。这名青少年的父亲是如何评论的？“所以他们挑中了一个孩子的

---

① EMLX 诈骗案发生几个星期后,《洛杉矶时报》报道说美国证券交易委员会“清查了一宗网络诈骗案”。委员会起诉了 33 家公司和个人，理由是他们利用互联网，通过聊天室、网站和电子邮件，炒高超过 70 家小额交易量公司的股价，非法谋取 1 000 万美元的利润。

例子。”

在20世纪80年代早期，也就是麦道夫骗局的大概10年前，我听人提到一个据说非常厉害的投资经理。其外币交易员可以每月达成高至1%、2%、3%，甚至是4%的收益，并且似乎从未失手。我请新港办公室的同事乔治·寿斯前往附近的拉霍亚登门拜访大卫·多米内利。访问结束后，乔治带回了大卫的广告手册以及他令人惊讶的收益记录，但是上面都没有提及具体的交易信息。审阅审计后的财务报表、资产证明以及交易证明的请求也都被当事人圆滑地拒绝了。我怀疑这又是一个庞氏骗局，所以没有进行投资。两年后的1984年，多米内利的骗局瓦解了，它席卷了2亿美元的资产并且欺骗了1 000多名投资者，其中包括许多圣迭戈地区的社会名流、政客以及金融精英。

在1984年，我偶然间接触到了一家创新公司，它专门为各种金融社区提供计算机化的高科技产品。这家公司正在募集资金以完成产品的研发和宣传。它的故事很有说服力，商业计划也合情合理，并且我们的计算机专家史蒂夫·水泽很支持它的计划。于是我和几个朋友进行了投资，并支付了所有收益的20%（与当时对冲基金常见的佣金占比相当）。第一年，公司除了产生巨额的研发费用以外并没有任何收入。然而，公司负责人宣称取得了利润，并领取了20%作为报酬！但是财务报表上没有任何收益，只有支出。那我们的投入是如何产生收益的呢？负责人解释说研发投入的费用产生了更大的价值，并且他们把这个所谓的超额价值视为储蓄在银行里的现金！最终我们成功地让他们把钱悉数退还。

由于管理不当，这家公司丢掉了它的技术优势，对手迈克尔·彭博成功地用类似产品超越了它，并且进行了推广，当然也从中赚得了几百万美元的利润。几年之后，这家公司的两名主要负责人开创了一家对冲基金公司，我深知他们的品行所以警告大家不要投资他们。在 2008 年，他们由于盗用几百万美元的资产而被起诉，事实证明这是另外一起庞氏骗局。

金融媒体每天都在不断地报道无数的欺诈与骗局，并且这一情况在我 50 年的投资生涯内从未减少过。

早在互联网诞生之前[①]，自从股市在 17 世纪出现起，我们身边就一直充斥着各种欺诈、骗局、狂热与大规模的不理性金融行为。当然，这些不断重复的揭发与曝光，并没有被那些有效市场理论的狂热者重视。前加州大学欧文分校教授罗伯特·豪根，这位有效市场理论的学术批判者撰写了几本反驳有效市场理论的书籍，他曾经收到过一次极端的回应。在加州大学洛杉矶分校某次主题为“打破传统”的股市辩论会上，豪根发表了一篇关于无效市场的论文，他描述了当时有效市场理论之父尤金·法玛的作为：“……他在听众中指着我并称我为罪犯。之后他还说，他相信上帝知道股票市场是有效的，并补充说越是那些相信行为金融学的人，越将感受到脚下地狱之火的温度。”[②]

在过去的几年间，所谓的高频交易员（HFTs）在买家与卖家之间，借助计算机从市场抽取资金，从每笔交易中获取小额利润。这些非常有掠夺性的项目依赖于快过任何人的反应速度，时间以微秒为单位。受制于自然法则，电子信号传递到交易所的速度不会超过光

---

① 有两篇值得一读并且很有意思的著名文章：查尔斯·麦凯所著的《那些异常流行的妄想和群众的疯狂》（Extraordinary Popular Delusions and the Madness of Crowds），以及它最近的“续集”——约瑟夫·布盖茨所著的《庞氏骗局、火星入侵者和其他流行妄想》（Ponzi Schemes, Invaders from Mars and Other Extraordinary Popular Delusions）。

② 参见：罗伯特·豪根所著的《新金融：有效市场的反例》（*The New Finance: The Case Against Efficient Market*），第二版（1999 年），第 71 页。

速（上限速度大致为 1 000 英尺每微秒）。这就意味着地理位置极其重要，因此，很多公司不惜花费巨额成本使其计算机的地理位置尽可能靠近交易所。最近很多报道①声称，涉及这些项目的大部分交易，每年累计能产生 210 亿美元的利润。这相当于整个美国股票市场总值的 0.1%。一家大型投资公司告诉我儿子杰夫，他们手上“有一些资产超过百万美元的客户通过他们清算并进行日均上百万美元的交易”。我也好奇最近伯克希尔－哈撒韦公司频繁出现的奇怪的交易价格（比如 A 股一笔 89 375.37 美元的交易②）是否源自类似的交易项目。

虽然这些交易方案的大部分细节要么太过复杂，要么不为众人所知，但是其中一个原理是，某些交易所（例如纳斯达克）能让高频交易员提前 30 毫秒窥探到尚未到达交易所的买卖信息。③当看到买入意向时，高频交易员可以抢先买入，使股票上涨，然后再卖给客户以谋利。反之，如果看到卖出意向，他就会抢先卖掉，使股票下跌，然后再以更低的价格买入。这与超线起跑有什么区别呢？用维基百科的话

---

① 参见：《有害的资产交易单在华尔街横流》（*Toxic Equity Trading Order Flow on Wall Street*），萨尔·阿努克和约瑟夫·萨卢齐著，忒弥斯交易有限公司白皮书（*Themis Trading LLC White Paper*），www.themistrading.com；《算法交易员年获利 210 亿美元》（*Algo Traders Take $21 bn in Annual Profits*），汤姆·费尔利斯，财经新闻（Financial News），引用塔布研究公司的结果（Tabb group）。

② 这笔交易报道于纽约时间 2009 年 7 月 24 日下午 13：22。

③ 参见：《高速计算机让交易员获利匪浅》（Traders Profit with Computers Set at High Speed），查尔斯·杜西格，《纽约时报》，2009 年 7 月 24 日，A1 版；《美国证券交易委员会开始打击“闪电”交易技巧》（SEC Starts Crackdown on ‘Flash’ Trading Techniques），查尔斯·杜西格，《纽约时报》，2009 年 8 月 5 日，B1 版。另见：（1）斯科特·帕特森和乔弗里·罗古夫，《高频交易的背后是什么》（What’ s Behind High-Frequency Trading），《华尔街日报》，2009 年 8 月 1—2 日，B1 版；（2）保罗·维尔莫特，《急着奔向下一次恐慌？》（Hurrying into the Next Panic?），《纽约时报》，2009 年 7 月 29 日，A19 版。

来说，就是“股票经纪人为谋求自身利益而超前利用客户交易订单的非法行径”。

有些证券行业的发言人则表示这种获利方式会使金融市场更加有效，并且表示“市场需要流动性”。诺贝尔经济学奖得主保罗·克鲁格曼对此表示强烈反对[①]，他认为高频交易只是从普通投资者身上获利的手段。不仅没有任何益处，而且浪费国家资源，因为这种方式并不创造社会财富。

人们交易得越多，就会输给计算机越多。这也是买入持有比买入卖出更好的原因之一（除非单笔买卖的差值比较大）。虽然从政策上不大可行，但只要增加一项小额联邦税，即平均每笔交易中的每一股都要多花费几美分，就足以使高频交易员失去仅有的盈利，这样做可能使投资人在缴纳额外的税款后，依旧省出一些钱，还可以使美国国库更加充盈。如果将每年 30 万亿的股票交易量缩减一半，即使税率是 0.1%（每股 30 美元则需缴 3 美分），都可以为国库增加 15 万亿美元。

传统意义上的财务报表也会愚弄投资者。《股票因盈利问题下跌》（Stocks Slump on Earnings Cocern）在《纽约时报》的商业头条赫然刊登[②]。文章继续阐述，“第三季度的财务报表让投资者担心，以致股票持续下跌”。暴跌？让我们来看看。“道琼斯工业平均指数下降了 2.96 点，降到 10 628.36”。相较于日常波动的 1%，这只有 0.03%。根据道琼斯指数往日的变化，比这个波幅大 1% 的情况很常见，大约有

---

① 参见：保罗·克鲁格曼，《奖励行为不轨者》（Rewarding Bad Actors），《纽约时报》，2009 年 8 月 3 日，A19 版。另见马修·奥布莱恩所写的《高频交易不是为了效率——是为了作弊》（High Speed Trading Isn't About Efficiency——It's About Cheating），大西洋报（*The Atlantic*），2014 年 2 月。

② 参见：《纽约时报》，2000 年 9 月 28 日。

97% 的概率，而波动 0.03% 左右的情况，一年内可能不到 8 天，因而以道琼斯指数来比较，并不能说明投资者的"忧虑"。

道琼斯指数计算方法如下：取 30 只股票计算其均价，然后乘以由股息和股票分割而调整的参数。现在这个乘数大概比 5 稍大一点，意味着如果 30 只股票中的某一只上升了 1.25 点，那么道琼斯指数就会上升 6 点多一些，轻松超过了 3 点（或者说现有指数的 0.03%）。所以在这种情况下，道琼斯指数会升高而非下跌。标普 500 指数只下降了微小的 0.04%，这样的变化和道琼斯指数一样都是极小的。唯一的变动是纳斯达克综合指数，下降了 32.8 点，也就是 0.9%。然而这个指数的日常波动有 2/3 的可能性要大于 0.9%。

那么到底发生了什么呢？这个故事里，业绩没有达到预期的股票在前一天就得到了惩罚，然而它对各指数的影响微乎其微。这个记者犯了两个错误。第一，他认为数据噪声是有意义的。第二，他忽略了故事的第二部分：那些一定会上涨的股票以及上涨背后的理由，因为上涨的股票一定会抵消其他下跌股票的影响。

人们在财务报告中经常纠结于解释股价的小幅波动。而报告通常都无法判断遇到的波动在统计学上是否常见。再者，人们又都喜欢"总结"实际上不存在的规律，这从赌场博弈中就可以窥视一二——人们过多地从无用的规律和以某个故事为背景的投资方式中总结方法。

第 19 章　低买高卖

时间一晃到了 2000 年春天，这是新港沙滩又一个温暖明媚的早晨。从坐落在 600 英尺高的山坡上的家中放眼望去，30 英里外太平洋上卡特琳娜岛的海景清晰可见，在这座因瑞格利家族[①]而闻名的海岛上，26 英里长的海岸线宛如一艘巨艇横陈在天边。而在左手处，60 英里以外，同样巨大的圣克莱门特岛的身影隐约藏匿于天际线上。从我所坐的位置向前走 2.5 英里就是蔚蓝的大海，中间由一片宽阔的沙滩隔开，远远望去，拍打岸头的浪花宛如一条白色丝

---

① 瑞格利家族、箭牌与圣卡特琳娜岛：世界知名口香糖公司——美国“箭牌”糖类有限公司（Wm. Wrigley Jr. Company）即取自瑞格利的家族姓氏。1891 年小威廉 · 瑞格利创建箭牌股份有限公司（当时主要从事肥皂生意），之后逐渐把箭牌公司发展为全球最大的糖果公司之一。1919 年，小瑞格利买下了圣卡特琳娜岛公司，并在 1919—1975 年将卡特琳娜岛建设成世界知名的旅游胜地。如今，2008 年 4 月，玛氏食品（Mars）在伯克希尔 – 哈撒韦公司、高盛与 JP 摩根（J.P.Morgan）的资助下收购箭牌，2016 年 10 月，玛氏食品从伯克希尔 – 哈撒韦公司手中购回箭牌的股份并合并成玛氏箭牌甜品公司（Mars Wrigley Confectionery）。1972 年，菲利普 · 瑞格利将原由卡特琳娜岛公司管理的卡特琳娜岛的大部分土地授权给卡特琳娜岛管理委员会（Catalina Island Conservancy）管理，不过瑞格利家族的卡特琳娜岛公司至今依然掌握着岛上大部分设施的股权和运营管理。——译者注

带。此时，清晨早航的船只已经从新港港口鱼贯而出，这个港口是世界上最大的小艇停泊处之一，有超过 8 000 艘帆船和动力船只在此停靠。同时，新港地区也不乏一些世界顶级的奢华住所。这里的生活环境如此宜人，让我不由在外出度假时怀疑是否压根没必要离开。

早餐时分，太阳从我身后的山峦间冉冉升起，照亮了西边时尚岛上巨大的商务出租楼群，数座高耸的金融中心大厦也因此添上一缕晨色。等到我驱车到 3 英里外时尚岛的办公室时，那些摩天大楼已完全沐浴在阳光里。到那时为止，我和史蒂夫在 1992 年创立的统计套利[①]公司已经顺利运营了 8 个年头。

在清晨的第一个小时内，我们的计算机就完成了超过 100 万股股票的交易，同时赚取了 40 万美元的利润。此刻，公司管理着 3.4 亿美元的本金，我们买入价值将近 5.4 亿美元的股票并做空等价的证券产品。通过电脑拟合，并结合经验判断，我们的投资组合近似市场中性，也就是说投资组合的价值波动几乎和市场总体的平均价格变化没有显著关联。如果用那些金融理论学家们所谓的“贝塔”（beta）指标来衡量，我们的市场中性贝塔平均值为 0.06。当一个投资组合的贝塔值为 0 时，该投资组合的价格和市场价格变动无关，这就是所谓的“市场中性”。而如果投资组合的贝塔值为正，这种组合的价格会对应市值的升降而同向增减，贝塔值越大这种趋势越明显。通常，我们定义市场对自己的价格变化贝塔为 1。负的贝塔值则表示组合的价格波动和市价波动趋势相反。如果从另一个金融理论学家们常用的角度——风险调整超额回报（risk-adjusted excess return），也被称作

① 统计套利（statistical arbitrage）：一些中文资料似乎把套利（arbitrage）行为理解成狭义的利息套利（interest arbitrage），但实际上，从广义上来说，各种金融衍生品都可以进行套利，本文在这里说的是广义的套利操作。——译者注

“阿尔法”（alpha）指标（与同等风险的投资相比，年收益率超过这些投资的部分）——分析，我们的平均超额回报率达到了每年 20%。[①]在未扣除成本和佣金时，年投资收益率约为 26%，这就意味着我们的收益率总体可以看作由三部分组成：美国短期国债的 5% 年收益、与市场有细微相关性的 1% 收益和 20% 的超额回报率。

通过模型计算，计算机每天都会为投资组合中的股票算出一个“合理”价格，这些股票是纽约和全美交易市场上约 1 000 只最大、买卖最频繁的股票。市场专家们把这些交易量巨大的股票称为“液体”，由于体量优势，它们能在交易中轻易买卖转手而不明显影响总体股价。最新的交易价格源源不断地流入电脑，并立刻和我们的模型所预测出的合理价格进行比对。当实际股价与合理价格相差大于特定程度时，我们就会做多被低估的股票并做空被高估的股票。

为了控制风险，我们对每家公司的股票投资设置了上限。显然，这种风险控制措施和谨慎起到了效果：我们日、周、月的回报率都是“偏正”的，也就是说，赚钱的天数、周数和月数都是多于亏损的，我们与此同时还在盈利。

坐在办公桌前，我扫过电脑屏幕，看看今天的有趣信息，比如今日涨幅和跌幅最大的股票。我可以很快了解是否有哪只股票的收益高得出奇或者过低，但是一切看上去都很正常。接着，我沿着大厅走到史蒂夫·水泽的办公室，他在那里盯着彭博终端机，查看是否有影响我们股票的突发消息。每当兼并、收购、分拆或重组这类消息曝出时，他都会给电脑发出指令并把股票放到限制清单上：不再新增该投

① 阿尔法和贝塔：阿尔法也称詹森指数，表示超过预期的超额收益；贝塔系数表示不同证券或投资组合的相对风险比值。与两者相关的模型包括资本资产定价模型（CAPM）等，也是评价对冲基金运营表现的重要机制之一。——译者注

资标的并结算现有交易。

史蒂夫成功说服我们的主要经纪人把每股的佣金降低了 0.16 美分。这节省了大量开支。我们所持有的全部股票，包括做多和做空，每隔两周就会完全更换一次，所以每年大约会这样更新 25 次。从现有的资产来看，每次更换就意味着我们要卖掉手中持有的 5.4 亿美元做多的股票，再买入等额的股票，一进一出加起来就是 10.8 亿美元的资金流动。在另一侧，我们还要对手头做空的股票执行同样的操作，这又是 10.8 亿美元。一年 25 次就意味着每年要经手 540 亿美元，或者说 15 亿股①。著名的对冲基金经理人迈克尔·斯坦哈特退休时，曾说他一年内交易了 10 亿股，光是这一数字就已经惊呆了不少人。

史蒂夫和经纪人的协商结果能每年为我们节省 160 万美元的费用，不过经纪人每年依然能从我们这里赚取 1 430 万美元的佣金。显然，比起那 160 万美元，我们的经纪人相当聪明，他很清楚如何保持自己的市场竞争力。

什么是统计套利呢？套利最初是指一对持仓相抵的资产款项，利用两者间的差价可以锁定利润。比方说，在伦敦，每盎司黄金可以卖出 300 美元的价格，而同一时间在纽约买入 1 盎司黄金只要 290 美元，那么这之间就有 10 美元的差价。如果交易的成本加上运输成本是 5 美元，那么剩下的 5 美元就是稳赚不赔的利润。这就是套利最原始的意思。

---

① 这个案例出自大奖章基金公司，它是一家由数学家詹姆斯·西蒙斯运营的不对外开放的对冲基金。这家对冲基金的交易方式与我们类似，但数量远远超过我们，他们的周转率（回报率。——译者附注）也比我们高，年交易体量惊人。如今，大奖章基金公司成为西蒙斯和他的同僚们的文艺复兴科技公司旗下的投资子公司，这可能是有史以来最成功的对冲基金。

之后，这个词语的意思拓展到描述那些大部分风险相互抵消，有很大概率获利（如果不是一定能赚钱的话）的投资上。以兼并套利为例，如果 A 公司的股价为每股 100 美元，B 公司的股价为每股 70 美元，A 公司现在以 1 股换 1 股的形式买下 B 公司，那么市场价格立刻就会发生变动。假设 A 公司的股价掉到了 88 美元而 B 公司的股价涨到了 83 美元，这时候套利者们就会介入，买入 83 美元的 B 公司股票并做空 88 美元的 A 公司股票。如果三个月内兼并成功，那套利者们就能在 83 美元的基础上锁定每股 5 美元的利润，大约为 6%。不过，并购项目在完成法定流程并取得股东同意以前并不是板上钉钉的，有一定谈判失败的风险，如果并购失败，那么 A 公司、B 公司的股价就会逆向变化。假设 A 公司、B 公司的股价回到原位，套利者们就会亏损：做空 A 公司股票的 100–88=12 美元；做多 B 公司股票的 83–70=13 美元。也就是在 83 美元的成本基础上损失 25 美元，将近 30% 的亏损。所以，套利者们除非有充足的理由相信并购失败的可能性微乎其微，不然绝对不会轻易冒这么大的风险。

我们在做多和做空两边各持有相当数额的股票，从统计学上来说，持有这么多只股票会大大降低投资组合的风险，且最终无疑会获利。这就像是 21 点赌博中的算牌一样，只不过现在赌注更大。我们平均每手交易的价格约为 54 000 美元，每年下注 100 万次，相当于开市时每 6 秒就押下一枚筹码。

在回办公室的路上，我思考着我们的统计套利公司未来会何去何从。在加州大学欧文分校管理学院教授金融学时，我和隔壁办公室的杰罗姆·巴塞尔教授就此事有过不少振奋人心的讨论。之后，我邀请他来普林斯顿 – 新港合伙公司就职，主要负责开发指标研究项目。杰里（杰罗姆的昵称）和我都不相信有效市场理论。通过 21 点赌博游戏、沃伦·巴菲特和他朋友们的经历，以及我们在普林斯顿–新港公司每天的盈利过程，我有充分的理由相信市场并不是有效的。我们从来不问“市场是不是有效”，而是问“市场在什么程度、什么方面无效”或者“我们应该怎样利用这点”。

项目的本意在于研究证券的历史收益和股票的多种性质（或者说迹象）之间的联系。我们考虑了诸多基本面和技术指标：每股收益和每股价格之间的比值（也被称作“收益率”）、清算价值和公司的总市场价值（或者说公司的“账面”价值和它市场价值之间的比较）。如今，我们的方法已经人尽皆知并且人们已经彻底掌握它，但是在 1979 年，大部分学者相信股票的市场价格已经充分反映了这些指标信息，所以任何策略和分析都是无效的，尽管当时大量的金融从业者对此持反对态度。我们的研究项目切入的时机恰到好处，因为研究所必需的高质量数据库和运算力强大的新型电脑在当时刚刚流入市场。

幸运的是，我们有位研究员①几乎立刻就发现了统计套利背后的基本原理之一。他把不同股票通过它们在过去 2 周内的盈亏分成几个等级，大部分在过去一段时间内表现很差的股票在接下来的几周里都会有所上涨，而过去表现得很强势的股票则会下降。从历史数据上来看，买入走势最差的后 1/10 股票并做空走势最好的前 1/10 的股票，年收益率能达到 20%。我们称这套系统为 MUD 系统，取自“涨得最多，跌得最多”（most–up, most–down）的股票。正如我在加州大学欧文分校数学系的同事威廉·F. 唐纳需（William F. Donoghue）所开

① 他是大卫·格雷贝姆。（大卫·格雷贝姆是一位行事极度低调的投资人和基金经理人，毕业于加州大学欧文分校，更多有关他的故事详见《不为人知的太阳能之王》（You'd Never Know He's a Sun King），《纽约时报》，2010 年 5 月 8 日，www.nytimes.com/2010/05/09/business/09green.html——译者附注。）

的玩笑："索普，我的建议是，买入走势差的股票，卖掉价格高的股票。"做多的投资组合会和市价波动保持一致，而做空的投资组合则恰好相反，所以两边会抵消市场波动。这就是我们所期望的：一个市场中性的投资组合。不过即便如此，使用这个统计套利策略的波动依然远大于我们的常规投资，所以我们暂时搁置了这个系统。

那时我们还不知道，就在几年后，摩根士丹利的某位普通研究员开发了一套和我们的产品极其相似的套利产品，但价格变动远低于我们的系统。那套系统大约在 1983 年投入使用，随着经验的增长，他的自信程度也随之提升，他开始逐渐扩展他的投资产品。统计套利在 1985 年已经成为摩根士丹利的核心盈利项目，但这个统计套利系统的发现和公司的奖励并没有被归功于它的发现者——格里·班贝格①。当他的老板农西奥·塔尔塔利亚继续拓展业务时，对此十分不满的班贝格递交了辞呈。

与此同时，作为普林斯顿 - 新港合伙公司计划的一部分，我们准备增加多元化核心获利项目，公司在不断寻找并资助那些有成功量化策略的人。正处于失业时期的班贝格因此找上了我们。他解释说自己的策略是通过持有大量股票，多头、做空另一些股票的一种高利润、市场中性、低风险的投资策略。这听上去非常像我们的统计套利策略，所以尽管我们只知道投资组合的大致性质，而且对如何选择交易的股票一无所知，我们仍答应和班贝格具体谈谈。在此之前，我向班贝格保证决不向其他任何人透露这项策略的信息，除非他亲自同意，或者这种策略通过其他渠道进入公开领域。班贝格向我详细解释了他的策略是如何运作的。

---

① 对于这件事情的相关详情参见：理查德·布克斯塔伯所著的《金融食人魔》(*A Demon of Our Design*)，威利出版社，纽约，2008 年。

格里·班贝格是一名身材高大、挺拔的传统犹太人，他看待问题的方式相当保守，但开的玩笑常常让人啼笑皆非。我们在新港沙滩办公室里一起工作了几个星期，尽可能详尽地测试了他的套利方法。如果测试结果令人满意，我们准备资助格里成立一家合资公司。在这段时间里，他每天都带一个棕色午餐袋，里面总有一份金枪鱼沙拉三明治。有一天，我终于忍不住问道："你午餐大概多久吃一次金枪鱼沙拉三明治？"格里回答说："过去6年里的每一天，我午餐都吃这个。"格里是个老烟枪，而我又对烟味极其敏感——新港办公室从不雇用抽烟的员工，也不允许在办公室里抽烟，所以我们俩商量了很久该如何解决这个问题。我们最终达成了一致：如果他想抽烟，就必须出去，到底层的花园里抽。比起东海岸的气候，这在南加州温和的冬天里算不上是什么严峻的考验。

班贝格版统计套利策略的获利原理，和我们在1979—1980年发现的"涨得最多，跌得最多"的策略如出一辙。我们对冲了市场风险，但班贝格通过把不同工业领域的股票分开交易，进一步降低了风险。为了测试他的系统的历史数据表现并模拟实时交易，我们使用了普林斯顿–新港公司里占地1 100平方英尺的电脑机房，里面的设备价值约200万美元。像洗衣机一样大的千兆级磁盘驱动器堆积如山，里面还有磁带机和冰箱大小的中央处理器（CPU）。机房的地板是隔空的，上面铺了一层可拆卸的面板，面板下则是一簇簇电线、光缆和其他连接器。

机房有自己特别的安全系统。一旦发生火灾，房间就会在80秒内自动排出空气并充满不可燃的卤素气体。在这种情况下，火焰会因为缺氧而熄灭，不过人在机房内也会因空气不足而窒息。为此，我们两人特意演练了该如何及时逃生，或者在必要时手动释放卤素气体。

我们的设施在 20 世纪 80 年代中期都是高科技产品，但随着计算机越来越小型化、计算速度越来越快、价格逐渐走低，现在即使是手机也能轻易达到千兆比特。我们的机房有一套单独的冷却系统，室内温度恒定控制在 60 华氏度（15.56 摄氏度），门都是密封的，并且装有防尘滤网来保证屋内空气纯净。由于吸烟者哪怕只抽一根烟，也会在接下来的几小时内释放大量微粒，格里答应决不在进机房前或者在机房附近抽烟，他还为此开了不少玩笑（我相信这些玩笑的初衷是好的）。

我对测试的结果完全满意，于是很快成立了一家合资公司，由普林斯顿 – 新港合伙公司提供资金，而由格里负责一站式操作。我们为这家公司取名为 BOSS 合伙公司，代表“班贝格（加）奥克利 – 萨顿证券”（Bamberger Oakley Sutton Securities），其中奥克利 – 萨顿是我们创立的用来辅助普林斯顿 – 新港合伙公司业务的商业实体。在 3 000 万美元到 6 000 万美元的资金基础上，BOSS 合伙公司在 1985 年获取了 25%~30% 的利润。之后收益逐渐降到 1988 年的 15%。不断衰退的利润和朱利安尼针对普林斯顿办事处与日俱增的攻击让格里沮丧不已，最终他决定退出证券行业[①]，拿着百万资产退休。

另外，我进一步完善了统计套利的概念，从 1988 年 1 月开始用自己改进过的统计套利策略进行交易，恰巧避开了 1987 年的股灾。我们的新套利系统表现如何？根据数据模拟，标普 500 指数在 1987 年 10 月下跌了 22%，而 BOSS 合伙公司则将在这个月内赚取 7% 的利润。同时，拟合还显示我们的新统计套利产品会在这个月内创下单日和单月收入纪录。这艘船毫无疑问有能力应对激变、驾驭风浪。

① 参见：斯科特·帕特森，《宽客》（*The Quants: How a New Breed of Math Whizzes Conquered Wall Street and Nearly Destroyed It*），，科恩出版社，纽约，2010 年。

为了进一步控制风险，我把班贝格针对不同工业领域分开交易的部分替换成多因子分析的统计过程。因子就是几家、很多或者所有公司共有的趋势，其中最重要的是市场因子——用来描述每一只股票的价格随着市场上下浮动的程度。股票的每日收益可以被看作是随着市场波动的部分和剩余的被称为“残差”的部分。理论学家们和金融从业者已经识别出相当数量的可以用来解释证券价格变化的因子。有些因子——比如说特定工业领域或分支（原油业、金融业等）的因子——主要影响相同领域或副产品领域的股票价格。其他因子——比如整个市场本身的长期、短期利息，通胀率等等——则会同时影响所有股票。

统计套利策略的优美之处在于它可以在模型中抵消任何你想要的影响因子。由于使用统计套利的投资组合是市场中性的，它的多头款项随市场影响的波动已经被空头的效果所抵消。利用相同的原理，投资者可以一对一地抵消每个市场影响因子，让投资组合进一步达到通胀中性、原油价格中性等等。当然，“天下没有免费的午餐”，这一切都是有所取舍的，抵消的风险越多，投资组合的选择就越少。同时，如果我们只选择那些市场中性、通胀中性、原油价格中性等等的投资组合，我们的组合收益也会随之下降。

我们管这种新策略叫“明星套利策略”（STAR，指代英文中“统计套利”两个单词的前两个字母 STatistical ARbitrage）。应投资人的要求，我们把明星套利策略的历史交易记录送到了巴拉量化投资公司。巴拉量化投资公司在研究及开发金融产品的领域是无可争议的全球领导者，他们用 E2 模型——包括 55 个产业因子和 13 个宏观经济因子——对明星套利策略进行了测试。测试的结果是，明星套利策略的收益对这 68 个因子全是系统中性的，并且策略收益也跟运气无关。

能够超过班贝格模型的表现是一件值得庆幸的事情，这也是因为班贝格模型在数据拟合中，收益会逐渐降低。另一个问题是，因为在 1987 年收益惊人，摩根士丹利把统计套利交易的数量扩增到 9 亿美元多头、9 亿美元空头这一庞大的的数字，降低了市场上所有使用这一方法进行套利的投资人的收益。曾有传言说摩根士丹利后来在这一策略上损失了 6% 到 12% 的资产，导致他们最终放弃了这一策略。

摩根士丹利的员工们逐渐离开主管统计套利的量化系统团队。大卫 · E. 肖便是其中之一。肖原本是哥伦比亚大学计算机科学的教授，想要利用计算机技术在华尔街有所作为。

1988 年春天，肖来到新港沙滩，我们详细讨论了他通过改进统计套利策略开发新金融产品的想法。普林斯顿 – 新港合伙公司有能力按他的计划提供 1 000 万美元的启动资金，并深为所动。不过由于我们当时已经有了另一个非常优秀的统计套利策略，我们最终决定放弃本项目。然后，肖找到其他投资人，创办了当时华尔街最为成功的分析公司。之后，肖还被聘为总统科学顾问团的一员。德劭集团接着以统计套利作为核心盈利项目，雇用了大批聪明的量化学术人才，把业务拓展到对冲和其他套利领域（这又回到了他当初在普林斯顿 – 新港合伙公司提出的计划）。2014 年，《福布斯》将大卫 · 肖列为全美最富排行榜第 134 位，他的身价达到 38 亿美元。在他的所有雇员中，有一个名为杰夫 · 贝索斯的员工，他在 1994 年为德劭集团寻找商机的过程中萌生了开网上书店的想法，并很快辞去德劭集团的职务，成立了亚马逊公司（Amazon.com）。2014 年，贝索斯以 300 亿美元的身价排全美最富有的人第 15 位。

就在 1988 年年末普林斯顿 – 新港合伙公司逐渐衰落的时候，尽管当时压力重重，我们依然成功开发出一套更简单却更强大[①]的统计套利系统。随着普林斯顿－新港合伙公司的解散，我希望一切变得越简单越好。与之相对地，我们把重心放在两块只需少量员工就能处理的领域：对冲日本权证[②]和投资其他对冲基金。两者都进行得相当顺利。

我并没有计划立刻把新的统计套利技巧投入使用。和市场竞争一样，随着使用类似系统的人越来越多，我预计这会逐渐蚕食剩余的套利空间。4 年后，我的朋友，也是前合伙人，杰里·巴塞尔前来探望我，向我讲述了统计套利所创造的收益传奇，除了德勋集团，还有其他金融从业者应用了统计套利系统，包括普林斯顿－新港合伙公司的老员工，还有数名从摩根士丹利出来自己创办对冲基金公司的前量化分析师们。我询问摩根士丹利的分析师们，想看看他们知不知道统计套利策略是如何从摩根士丹利发展而来的，他们都摇头表示一无所知，偶尔有几个表示有谣言说是一个无名的传奇“发现者”——格里·班贝格开发的，这般看来，他的贡献如今已经被完全抹去了。

杰里·巴塞尔告诉我，他现在正为我们的一个前投资人工作，这名投资人准备发起一项数十亿美元的养老金和利益分享计划，如果我们的统计套利系统现在依然可以运转，这名投资人乐意出资让这套系统发挥它的最大容量以尽可能获利。然而，在试图产生额外收益时，每个具有套利优势的股票系统所能利用的资金都是有限的。其中一部

① 这基于的是一个统计学概念“主成分”（principal components），我们称之为“ETS”，代表“资产交易系统”（Equity Trading System）。

② 详见《三方赢家》（A Three Time Winner），《福布斯》，1991 年 11 月 25 日，第 96—99 页；以及肖、索普和赞巴的文章《1989—1990 年日经指数看跌期权权证中的风险套利》（Risk Arbitrage in the Nikkei Put Warrant Market of 1989–1990），《应用数学金融》（Applied Mathematical Finance）卷 2，第 243—271 页，1995 年。

分原因是，买入被低估的证券会促使股价上升，卖空被高估的证券则会让股价下跌，两者都会减少差价。因此，打败市场的机会是有限的，交易本身也会影响证券的价格。

由于我们的统计套利方法大部分都已经被计算机程序化，史蒂夫和我在少量员工的帮助下就能游刃有余地处理账户。这同样也为我们留下了充裕的时间享受生活。于是，我们决定接下这一项目，公司顺利开张。最开始是数据模拟，我们的软件运行得很顺利，1992 年 8 月，软件正式投入使用，开始投资实款。

我同样也希望投入自己的资金，开一家新的合伙公司就是一种行之有效且有利可图的方法，这促使我在 1994 年 8 月创立了山脊合伙公司（Ridgeline Partners），和我们的主营账户共同交易。山脊合伙公司的有限合伙人在公司运营的 8 年又 1 个季度里，每年都能获得 18% 的收益。

附录 E 是当时其中一个大额账户的投资表现，出于隐私，我管它叫 XYZ，在这段时期内，标普 500 指数的年回报率为 7.77%，年收益标准差为 15.07%。XYZ 的无杠杆年收益在扣除费用前为 18.21%，是标普 500 指数的 2 倍；而 XYZ 的风险（年收益标准差）则只有 6.68%。XYZ 的收益 – 风险比是 2.73，也是标普 500 指数的收益 – 风险比值的 5 倍。与此同时，美国 3 个月短期国库券的平均收益大约为 5%，标普 500 指数对其的夏普系数为 0.18，而 XYZ 的这一数值则达到了 1.98。

在附录 E 的图表中，XYZ 有两个主要“时期”特别值得关注。从 1992 年 8 月 12 日到 1998 年 10 月初，在这段时间里，XYZ 的资产稳步上升。从 1998 年 10 月到 2002 年 9 月 13 日则是第二个时期，XYZ 的收益率大幅上升，极具讽刺意味的是，就在大型对冲基金公司“长期资产管理公司”崩溃后，XYZ 的收益创下惊人的半年期新高。收益率激增之后，XYZ 的增长速度在 1998 年 4 季度到 1999 年 1 季度间逐渐回归到第一个时期的收益水平。不过，尽管趋势上相同，第二个时期内 XYZ 的收益波动更大了①。

波动剧烈的一个原因可能是乔治 · W. 布什选举的影响。由于政府财政支出的增加和减税政策，美国经济由财政盈余变成巨额赤字。互联网经济泡沫的破裂和“9 · 11”恐怖袭击事件也给美国金融市场增加了更多的不确定性。

在山脊合伙公司运营期间，我们每年收取 1% 的费用和净新收益的 20% 作为佣金。其中有一段时间我们对自己的表现倍感失望，出于这个原因，我们自愿削减这段时间内的佣金，退返了超过 100 万美元给有限合伙人。这个举动在当今一些贪婪的对冲基金经理看来，可能既不实惠也不“聪明”，但我们的投资者对公司相当满意，投资人名单上总是排起长龙。山脊合伙公司大部分时间都是不对新投资者开放的，对于现有客户也严格限制增加资金。为了保持高收益，我们有时甚至会退回一部分资金给投资人来控制金额。

和另一些炙手可热的基金经理不同的是，我们本可以通过提高利润分成或者增加资金来提升自己的收入，但这样做会压低有限合伙人的收益。根据理论经济学，这种普通合伙人的小伎俩能够让他们赚取几乎所有的超额风险收益（或者叫“阿尔法”），而不是把这些收益与其他投资者共享。相反，在这种情况下，我更愿意设身处地地

① 图表中第二时期内的相对波动程度实际上并没有它们看上去的那么大。比较变化性（variability）和增长率的正确图表应该是正态对数图。XYZ 的相关图表收录于爱德华 · O. 索普，《统计套利，第 6 部分》（Statistical Arbitrage, Part VI），维尔莫特，2005 年 7 月，第 34—36 页。

为有限合伙人着想：如果自己是有限合伙人，我会希望合伙公司怎么对待自己？我通常会把这个问题的答案作为执行标准来对待有限合伙人。

对冲基金长期资产管理公司在 1998 年 8 月几乎损失了 40 亿美元资金池里的所有资产。债台高筑的公司威胁对合同中大约 1 000 亿美元的资金债务违约。违约的资金量如此之大，因而有些人声称这个举措是在威胁全球金融系统的稳定。美国联邦储备体系理事会（Federal Reserve，以下简称“美联储”）最终判断长期资产管理公司“大到不能倒”，并和一系列银行和经纪人制定了一份紧急调解方案，这些银行和经纪人出于个人利益都乐意拯救长期资产管理公司。而在同一时期，由于俄罗斯债务违约，数个亚洲经济体都饱受其害。

一连串的事件大大增加了金融市场的波动率。它们究竟是会增加我们的潜在回报率，还是会阻碍统计套利系统呢？大量对冲基金在各方面承受着相当大的压力。亚洲证券损失惨重，金融机构一夜之间都不愿再延长信贷，加了杠杆的对冲基金被迫肃清所有款项。我们听说大额统计套利也被叫停。这次去杠杆化和流动性危机在 2008 年全球金融危机中再次上演，只是 2008 年的严重程度远远超过 1998 年的这次。

如果市场上有大量统计套利资金撤离，我们预计在危机期间公司的投资组合会有损失。比如说，如果其他基金抛售我们做多的股票，就会促使股价下跌，那我们的多头就会亏损；相似地，随着其他基金肃清做空交易，对应的股价上涨，我们的空头也会受损。但是一旦统计套利的投资组合清算结束，我们预期自己的投资组合收益就会反弹[1]。实际上，紧跟9月最后4天的小幅下滑，10月最初的6天内，我们的资产组合都呈现出负收益，一共损失了4.2%的资金，这是我们有史以来经历过的最严重的亏损。由于恰好是季度末，我怀疑这是对冲基金公司强行结算统计套利款项来偿还信贷导致的。还好我们之前在9月间的表现创下新高，这些损失并没有对公司产生很大影响。

尽管10月初公司的表现很糟糕，但我们及时赚回了损失的金额并延续了9月惊人的收益势头。在随后的6个月里（即直到1999年2月），我们的回报率达到惊世骇俗的54.5%。从1998年到1999年8月之间的12个月里，山脊合伙公司有限合伙人的回报率为72.4%，并且这还是一个市场中性投资产品，杠杆比例都低于2∶1的结果。几个有限合伙人问我有没有见过类似的情况[2]。我的回答是：在投资市场中性产品的35年职业生涯中，这是一段独一无二的经历。我自己对此相当不适应，未来我们也不大可能再重复类似的表现。

如果把山脊合伙公司和XYZ的账户加起来，我们用统计套利策略挣了4亿美元，使用其他策略系统赚了7 000万美元，而在普林斯顿－新港合伙公司的巅峰时期，我们也只赚到2亿7 200万美元。在

---

① 在金融危机期间，由于短期内大量抛售和肃清空单，股价会有暂时性的大幅波动，但是这都是短期影响，不同股票对应的公司和市场的强弱本质并没有改变。一方面，强势的公司虽然受抛售影响股价下跌，但在之后的时间里股价会逐渐回到原位，反之亦然。另一方面，大量统计套利对冲基金的撤离让市场上的价差和套利空间陡增，而撤离的基金在危机过后无法及时再投入市场。这两个因素相互影响，促使作者的对冲基金在接下来的6个月内创下收益新高。不过这一切都需要很严格的前提条件：作者很好地控制了山脊合伙公司对冲资金的体量，同时这些资金有很强的流动性；市场中性策略也有比较强的抗风险能力；1998年金融危机对统计套利策略的破坏时间也非常有限。体量、策略和时间三者结合才最终使这次收益表现成型。——译者注

② 据报道，西蒙斯神秘的文艺复兴合伙公司在2008年8月有过类似的经历，在刚开始的几天内损失了8%，但在接下来的一年中反弹，赚取了超过100%的利润。

普林斯顿 – 新港合伙公司，我们最多有 80 个雇员，而山脊合伙公司里只有我们6个雇员[①]。面对众多强大的竞争对手，很多对冲基金和投资公司都有数百名雇员，其中不乏数学、统计学、计算机科学、物理学、金融学和经济学等各个领域的博士。一路走来，我们可以说是一家自动化程度极高、稳定而有利可图的公司。

山脊合伙公司在 2002 年秋天完成了自己的使命。尽管收益不错，但 2001 年和 2002 年的利润在逐渐萎缩。市场上对冲基金资金的激增和统计套利程序的普及[②]是收益减少的主要原因。这与 1988 年摩根士丹利扩展统计套利策略时我们遇到的情形相似，当时摩根士丹利的业务对我们的收益影响显著。其他在同一领域使用套利策略的对冲基金公司也经历了收益下滑的过程，这进一步证实了我的猜想。

除此种种，对我来说放弃山脊合伙公司的最重要的原因是，比起更多财富，和家人在一起的时光才是不可替代的至宝。薇薇安和我都希望能有更多时间和自己的孩子，以及他们的家庭在一起，共同旅行、阅读和学习。这对我来说是人生的又一次转折。

我还对另一些投资颇有兴趣，比如儿子杰夫和我从 1990 年开始参与的互助储蓄和贷款转换。

---

① 由于办公室里的 6 个人每人都各自还有其他负责的事情，实际上我们在这个项目里只“相当于”有 3.5 个“全职员工”。

② 从事统计套利的对冲基金，比如城堡投资集团，已经在这些领域投入大部分必需的技术、智囊和专家，他们之后创造并实施了高频交易方法（high frequency trading）。对于高频交易的相关情况，另见迈克尔·刘易斯所著的《闪电交易员》（*Flash Boys*）。2005 年，就在我们终止统计套利业务的 3 年后，史蒂夫和我与杰里·巴塞尔（就职于摩根士丹利资产管理部门）一起研究了统计套利策略是否值得重启。我们得出的结果是，它的收益非常微小，只有 10%，比起其他投资显得并不怎么诱人。与此同时，我们依然保留着“简化打包”过的软件系统，并依然在等待“有新人和新的数据加入来重启这个项目”。如果我们在 2008—2009 年还在继续应用这个策略，我怀疑我们很可能会重现 1998—1999 年的“奇迹”。

第 20 章　把钱投到银行

1990 年的一天，我已经成了企业家的儿子杰夫打电话建议我在互助储蓄贷款协会里开立存折储蓄账户。但我何必将收益为 20% 的资产转投到收益只有区区 5% 的项目里呢？不过杰夫反问："如果能拥有大额无主财富的一部分呢？"这让我提起了兴趣："继续说。"他随即解释了这项投资的运作原理。

曾经有一段时间，全国各地有几千家互助储蓄贷款协会。它们由大量储户组成，大家将资金集中在一起（即形成资金池），允许成员根据需要借钱，并在资金池中为此付息或还本。储户"共同"拥有协会，这意味着在运营过程中产生的商业价值也被储户所"拥有"。随着时间的推移，储户进进出出，但是离开时会留下他们的业务份额。这部分价值的提取机制还是空白。

美国的储蓄贷款业从 20 世纪 70 年代后期开始逐渐倾覆，并贯穿了整个 20 世纪 80 年代，因此在当时急需资本来扶持衰落的储蓄机构；同时也需要资金开拓新商机，用以填补失败机构留下的空缺；还需要大量本金和新兴的大型综合性存贷机构竞争。

"共有制"存贷机构只能依靠吸引储户来增加资本，而这个过程往往缓慢而不确定。其对立面“股份制”存贷机构则是股东所有的公司。他们可以在需要的时候卖出股份，从市场上获得更多资本。在此情况下，某些进取的“共有制”存贷管理人打算把机构性质变更为“股份制”，而这个行为会开启获取之前的无主巨额财富的过程。

大致的原理如下：设想一个虚构的共同储蓄贷款协会，就叫它“魔杖储蓄贷款机构”（Magic Wand S&L），清算价值（账面价值）为 1 000 万美元，每年净收入为 100 万美元。如果魔杖储蓄贷款机构是一家拥有 100 万股流通股的股份制银行，那么每股的账面价值为 10 美元，收益为 1 美元（相当于账面价值的 10%）。假设魔杖储蓄贷款机构的股票按照惯例交易，则其价格应该是其账面价值，即每股 10 美元。

管理层决定将魔杖储蓄贷款机构“转换”为股份制存贷机构，并首次以每股 10 美元的价格发行 100 万股股票，收入为 1 000 万美元。在首次公开募股（IPO）后，魔杖储蓄贷款机构拥有 1 000 万美元的新进现金和先前由储户持有的 1 000 万美元资产，总共 2 000 万美元。现在每股股票的账面价值为 10 美元现金加上 10 美元的资本，共计 20 美元。

新股应该如何在市场定价？根据同类股票的市价，投入资本应该值 10 美元，而 10 美元的现金应该再值 10 美元，因此一旦公众理解了这一点，我们预计新股的交易价格将达到每股 20 美元左右。

为 10 美元买入 20 美元的股票。谁输了？没有人！但那些在股票首次发行前没有购足持有份额对应股票的储户，放弃了自己本应有的收益转而给了他人，使别人获利更多。好在首次公开募股的过程中，储户在申请股票时一般优先于其他类人。通常只有一类人具有更高的优先级。谁？你猜对了！内部人员——高级职员、董事、员工股期权和福利计划。内部人员能够获取部分储户价值，这极大地增强了管理层的转换意愿。

假设我们有先见之明地在魔杖储蓄贷款机构首次公开募股合格参与人招募截止日前成为其储户。银行将在此后宣布其转换意向，选择某家投行来负责股票的发行，并得到监管部门的批准。魔杖储蓄贷款机构会设立一个名为转换中心的临时部门，该部门负责发布一整套文件，解释说明转换合格参与人及其优先级条款和信息的章程，涵盖最近几年财务报表的背景数据等。其中的股票订购表（stock order form）允许我们以每股 10 美元的价格，最多申请发行的 100 万股总股本的 1%，即 1 万股[①]。我们向转换中心电汇了 10 万美元，期望顶格获配 1 万股。不过根据经验，我们最终取得的股数可能是 0 股到 1 万股之间的任何数量。几周后，我们得知我们获配了 9 000 股，在邮件中获得股票凭证后我们将其存入了经纪账户。另外还有 10 191.78 美元的支票，其中 1 万美元是未获配股票的退款，而 191.78 美元是代管期间的利息。在本例中，本金为 10 万美元，年化利率为 5%，募集持有期为 14 天。

那我们股票的价格会怎样？股票开盘价为 12 美元，在接下来的几周内，股价将缓慢上涨至 16 美元，不过仍然低于已上市同类股票的每股 20 美元的估值。

它并不会达到 20 美元。这是为什么呢？第一，魔杖储蓄贷款机构的每股净现金略低于 10 美元，因为承销商抽取了收益的百分之几，所以其总价值略低于 20 美元，也许是每股 19.30 美元。第二，存贷机构的市场价格存在波动，该类型股票最近表现略有疲软。价格比账面

① 储户能申请的股数在不同机构间差异巨大，常见区间为 0.25% 到 1%。

价值低了几个百分点。第三，新进资金投入使用需要管理时间，所以在一两年内每股收益难以达到2美元。即便如此，我们还是在几周内赚了60%。

在这类赌博中，许多参与人被称为“脚蹼”（flippers），他们在最初几天就锁定利润（卖出股票），然后将资金投入下一个共同储蓄贷款协会进行同样的操作。不过我会长期（数月甚至数年）持有管理良好的公司股票。如果股票继续向账面价值靠拢（上涨），就会带来更多收益。此外，持有超过1年后卖出股票获利属于长期资本回报，其税率较低。

总的来说，存贷机构的首次公开募股能让买家获利，但大多数不如魔杖储蓄贷款机构那么好①，短期利润率大约在10%至25%的范围内，还会有一些其他小的损失。

当然，也有帮助你分析该类交易且能够规避较差的投资标的的服务，或者你可以自行判断。

杰夫和我每人开了几百个储蓄账户，其中一些是通过邮件设立的，但大部分还是要亲自完成。每当出差时，我们都会检查数据库，看看应该考察哪些存贷机构。

其中有一次，某个规模很大的存贷机构看似准备好了所有制转换，其首次公开募股数量/数额将非常巨大。银行为减少竞争，要求开设账户时必须本人亲自办理，不能采用邮寄的方式。杰夫催促我和

① 假如魔杖储蓄贷款机构交易中的商业价值是每股5美元（而非10美元），管理层帮助自己达到最终企业价值中的3美元，销售成本为1美元，首次公开发行的股票的购买者会为原本的10美元获得价值5美元+10美元–3美元–1美元=11美元。市场不会立刻认清这一价值，因此股票最初的交易价格会低于每股11美元。同时，存贷机构整体的市场价格可能会下跌，导致新股价格跟跌。或者，如果市场认为管理层是贪婪的——3美元本身就需要大量资金，或者不能胜任新的资本运作，股价就会下降。

我的女婿利弛在那天飞抵达拉斯。

我们到达后，坐在旁边等着开户的人大概 30 多岁，是位来自比弗利山的红人，还带着女友。他遮遮掩掩的行动过于明显，像个无能的中情局特工。随后，我和这位“太阳镜先生”聊了起来，他得知我们来自乡下，并想知道我们是否像他一样参与这存贷机构的游戏。我们表现得很天真，于是他郑重地给了我一张名片。我觉得很有趣，便留下了它。几个月后，有篇关于我的财经报道刊登在《新闻周刊》（*Newsweek*）上，我寄给了他这份报道的复印件以及一封信，上面写着我很高兴在银行见到他。1 年后，我在达拉斯的那笔交易中赚了 8.5 万美元。

我把开户看作种植橡子，希望能得到一棵棵橡树。不过它们是些奇怪的橡子——可以休眠数月或数年，也许永远都不会发芽。但偶尔，一棵粗壮的金钱树会随机地突然出现。这个“农场”值得经营吗？

这样的数百个账户将资金从其他投资中撤走。鉴于存折和存单利率很低，我们牺牲了 10% 到 15% 的预期收益率差额，还需要另外的费用和所谓的机会成本[①]。幸运的是，我们办公室的朱迪 · 麦科伊对此类项目进行了有效的管理。

投资存贷机构的账户有时一年能净赚 100 万美元。在过去的 20 年间，这项投资已经逐渐淡出舞台。共同储蓄贷款协会不断转换，留下的机会越来越少了。

同时，由于更多的投资者开立账户，利润也在下降（总利润分摊给了大量参与人）。投资者还在存单、储蓄账户和支票账户里留下较

---

① 机会成本是指放弃机会的成本。除了我们把资本从其他投资中撤出的成本，它还包括我们把个人时间转投到存贷机构项目中导致的所有未完成的事项的价值。

大余额，以期在未来的转换中分配到更多股份。捆绑更多资金增加了这项投资的成本。我们的利润在持续减少，因此当前的策略是维护已设立的账户，减少对新开户的投入。即便如此，在我们开立账户四分之一世纪后的 2014 年，我们依然获利不少。

第21章 最后一口

在12年的成功投资后，沃伦·巴菲特认为股市已经被极度高估，便在1969年10月着手解散巴菲特合伙公司。每位合伙人分到的清算资产会至少包括56%的现金，可能有少部分各类公司股票残余，如果合伙人选择不变现，那么余下的30%到35%则会被转成两家公司的股票——多元零售公司（Diversified Retailing）和新英格兰地区的一家纺织企业——伯克希尔－哈撒韦公司（如果合伙人选择变现，这部分则是现金）。他还说道："在整个投资生涯中，这是我第一次相信普通投资者在选择投资专业管理的股票和选择被动的投资债券之间，几乎没有自由。"

今日重温巴菲特当年的断言，我还是没能找到伯克希尔－哈撒韦公司成为沃伦合伙公司后继者的线索。介绍我和巴菲特认识的拉尔夫·杰拉德，是巴菲特的长期投资人，他同样也没有看出这一点[①]。投资人待分配的1亿美元资产中，大概有1/4属于巴菲特，他最终选择

① 在巴菲特合伙公司关闭后，巴菲特不断地从朋友、同事和以前的合伙人那里尽量增持伯克希尔的股票。据施罗德所著的《滚雪球》中第341—342页记载，当时该股票尚未注册，其交易都是非公开的。

持有伯克希尔半数的股票。

伯克希尔－哈撒韦公司曾被巴菲特和他的导师本杰明·格雷厄姆称为“雪茄屁股”——能很便宜地吸上最后一口。如同《福布斯》在1990年以其特有的手法写的一样[①]：巴菲特在1965年买下了伯克希尔－哈撒韦纺织厂（每股12美元），而在1969年解散了增长了30倍的巴菲特合伙公司，并决定以伯克希尔－哈撒韦公司作为主要的投资工具[②]。原有的纺织业失败（在1985年停工），但其投资业务却蓬勃发展。

由于专心于普林斯顿－新港合伙公司的工作，我和沃伦在1969年后就失去了联系。不过在1983年，我听闻有个名为伯克希尔－哈撒韦的公司业绩增长显著。因为不知道它已经是沃伦·巴菲特的投资工具，我也没去追溯其1969年之后的发迹史。当时它的股价是每股42美元，而现在市场价已经突破了每股900美元。我马上明白了其中的玄机。所谓的“雪茄屁股”已经成了一盒哈瓦那（高档雪茄）。虽然它在14年间增长超过22倍，但我仍然在每股982.5美元的时候开始持有[③]，并持续增仓。与之相反的是，我在2004年和某旧金山的银行总裁闲聊，得知他的母亲曾经是巴菲特合伙公司的有限合伙人，并在散伙的时候分到了一些伯克希尔－哈撒韦公司的股票。“那太棒了！”我说，“按照今天的市价（每股8万美元），她一定非常富有了。”“呃，”他的回复是，“我母亲在每股79美元的时候就全卖了，只获得了几倍的利润。”

---

① 参见：《福布斯》400，1990年10月22日，第122页。

② 默默地将伯克希尔－哈撒韦公司转型。

③ 巴菲特对此计划极度保密，他的孩子都在很早的时候贱卖了那些股份。我首次买入的时点差不多是他的女儿苏茜将股份卖得差不多的时候。

我在向找我咨询的人提供投资建议时，只会把股票推荐给那些明白股票投资是长期持有且在未来存在不确定性的资产的家人和朋友。我不会向那些不懂得交易背后的原理，以及会害怕股价大起大落的人推荐股票，因为有时候他们的反应实在是令人大失所望。

1985 年，我们离异的清洁工卡罗琳获得了 6 000 美元的车祸赔偿。她想用这笔钱进行投资，以让她当时五六岁的孩子上完大学。每周她都来恳求我推荐股票，但是鉴于她对股票和投资毫无了解，我每次都婉言谢绝。不过有位算命师告诉她，我能让她的钱翻 2 倍，甚至 3 倍，因此她仍然坚持来求我。有一天我心软了，约定如果她买了我推荐的股票，不可以在和我商量前卖掉。于是我请经纪商朋友以很低的佣金帮她买了两股伯克希尔 – 哈撒韦公司的股票，每股 2 500 美元。她后来调任到办公室工作，我们也就失去了联系。同时伯克希尔 – 哈撒韦公司的股票在 1987 年股灾前已蹿升至每股 5 000 美元。后来，我才从经纪商那里得知，卡罗琳在股灾后的低点以每股 2 600 美元的价格卖出了她的股票。16 年后，也就是 2003 年的第一季度，她的孩子大概已经大学毕业了，当时的股价已介于 60 000 美元到 74 000 美元间[①]。

在儿子杰夫的建议下，他和我们夫妇、长女瑞安夫妇、外孙女

---

① “普通”投资者倾向于将资金从价格已经下跌的证券转移到那些已经上涨的证券里，这种策略有时被称为追逐回报（追涨杀跌。译者附注）。有学术研究统计了 1991 年到 2004 年美国国内所有股票型基金的业绩表现，发现这一策略会导致每年 1.6% 的业绩下降。请参见：杰弗里 · 弗里森、特拉维斯 · 萨普所著的《共同基金资金流动和投资者回报：基金投资者的择时能力的经验分析》（Mutual Fund Flows and Investor Returns: An Empirical Examination of Fund Investor Timing Ability），《银行与金融杂志》（*Journal of Banking and Finance*），2007 年 9 月。这一点由马克 · 赫尔伯特总结于《高买低卖》（Buying High and Selling Low），《纽约时报》，2009 年 7 月 12 日，共同基金报道版，第 18 页。

艾娃决定参加2003年5月在沃伦的家乡——内布拉斯加州的奥马哈——举办的年会。我提前写信给沃伦，提及我们家即将参会，并且7岁的艾娃作为股民也有些问题想当面请教。虽然我们在1969年后就再未联络，但他仍然记得我们当时的会面，并在回信中告诉艾娃，他将认真“准备”回答她的问题。

股东大会定于星期六早晨举行。我们在星期四提前飞抵，预计于星期日或星期一返程。这个30年前的小型股东大会如今已经成为“伯克希尔百万富翁”的大型多日庆祝会，它甚至有个非正式的名称叫“资本家的伍德斯托克音乐节”（Woodstock for capitalists）。

我们先从参观伯克希尔旗下的各个子公司开始，包括DQ冰雪皇后（Dairy Queen，连锁冰激凌甜点店），波仙珠宝店（Borsheims，最大的独立运营珠宝店）——其还出售面向股东开放的“年会周末”特价产品，内布拉斯加家具城（Nebraska Furniture Mart，最大的独立运营家具店），当然还有加利福尼亚人最爱的喜诗糖果（See's Candies）。我们遇到的伯克希尔–哈撒韦公司员工数量众多并且来自世界各地，每位都非常称职、彬彬有礼且训练有素；更重要的一点是，我们从这次参观中也获益匪浅，（考虑到我们所花的费用）这趟行程确实物有所值。在星期五晚上我们去了巴菲特最爱的格罗特牛排店（Gorat's Steak House），点了一份大型又美味，还有很多装饰的丁字牛排——只花了18.95美元。在那里，巴菲特和他的生意伙伴查理·芒格将在星期六晚上与特殊股东共进晚餐，所以我们也预订了那里的座位。

星期六的大会从早上七点半开始，不过最开始的内容是一段视频。我们睡饱之后在早晨九点半前漫步到了奥马哈市政中心（Omaha Civic Auditorium），那时沃伦和查理会上台发言。我们在路上看到了几组群情激奋的示威者。这是第一次出现这种情况吗？他们穿着谴责沃伦及其公司支持堕胎行为的衣服，展示着血腥的堕胎照片，并对公司支持堕胎合法化进行不实指控。我们接下来会谈到这件事情极具讽刺意味的后续。

在发现奥马哈市政中心涌入了约 1.4 万人后，我们选择进入超过 2 000 人的拥挤的分会议室。在室内的大屏幕上，沃伦和查理简要回顾了伯克希尔–哈撒韦公司前年的业绩，并回答了提问。会场里一共有 10 个麦克风站（供提问用），每个都带有长长的提问人名单。艾娃恰巧是我们能找到的最短的名单里的第九个。1 个小时后，每个漫长的提问–回答环节让我们意识到艾娃估计是轮不上提问了。出门的路上，我们顺便参观了伯克希尔–哈撒韦公司子公司的产品展览。你能买到喜诗糖果、成套的百科全书，甚至可以花 8 美元与沃伦的纸制人像合影。薇薇安感叹道："他们真是一点商机都不放过啊。"

伯克希尔–哈撒韦公司已经从 20 世纪 60 年代的简单选股公司进化成了涵盖三块主要业务的综合企业。第一块是持有其他公司的普通股，投资标的涵盖可口可乐（Coca–Cola）、吉列（Gillette）和华盛顿邮报（The Washington Post）。第二块是运营全资或控股公司，例如西科金融公司（Wesco Financial）、世界百科全书（World Book Encyclopedia）和克赖顿房屋公司（Clayton Homes）。2003 年年报中列出了其中的 66 家，涉及超过 172 000 名员工。这些公司由总部的沃伦和查理以及逐年增加到 16 名的员工管理。第三块（也是最重要的一块）则是运营保险，包括政府员工保险公司（GEICO）和再保险公司——"通用再保险公司"（General Re）。

吃完午饭后，我们在当地的机场参观了利捷航空展览（NetJets）。星期六晚上，我们回到了格罗特牛排店，发现上个星期五吃过的丁字牛排（股东特享）已经涨了3美元。查理·芒格有些不情愿地坐到了我们所在的房间，我对他提起了一则他年轻时的逸事。他曾经在哈佛大学法学院深造，而我的好友保罗·马克斯几年后同样在那里获得了学位。保罗·马克斯说，查理是个传奇人物——甚至被评为有史以来最聪明的学生。入学第一年，查理的提问就经常让教授进退两难。在某次（著名的）交流课上，教授让查理在没看过案例的情况下回答问题。查理马上回答道："教授，您告诉我事实，我来告诉您对应的法律条款。"[1]之后，查理在我的菜单上签名的时候伤感地说："那是很久以前的事了……很久以前。"

奥马哈之行也有意外。这个美国中西部的小城市在21世纪初达到鼎盛，之后大部分人逐渐移居到近郊，留下了安静又宽敞的市中心。星期日我们参观了奥马哈美术馆，沃伦的儿子霍华德正在那里举办一场壮观的摄影展。奥马哈的动物园也很有意思，里面有两个用可穿行的穹顶连接的巨大又独特的动物栖息地。但在星期天下午，我们接到了飓风警报，酒店将所有人都疏散到地下健身房。我一边健身一边静待暴风雨过境，我的女婿布莱恩·蒂奇纳跑到4楼观察窗外几层楼高的起重机水平配重臂，它被大风吹得转个不停。这种运动能保护起重机不被龙卷风毁坏。由于龙卷风过境，大气压时高时低，他手里的苏打水剧烈起泡，最后归于平静。龙卷风随即在小镇里徘徊了一段时间，造成了零星的损坏。从美国中部的奥马哈到达拉斯是著名的龙卷风带，龙卷风威胁是世界之最——平均每年多达80次。

进出奥马哈的航班被悉数取消，导致周末参会的近3万急切返程的人滞留。看起来返程至少要顺延两天。我们开了个简短的家庭会

① 这个故事是保罗·马克斯告诉我的。

议，杰夫在1小时内租到了私人飞机。次日早晨，我们花了10分钟到达当地机场，然后迅速登机（不用等待，不用排队，没有托运的麻烦，也没有美国运输安全管理局安检）。双引擎包机的机组由两名飞行员和1名乘务员组成，而且飞机上的午餐也很美味。7岁的艾娃说她再也不想坐别家的航班了。这次归程一共只花费了两个小时，其中还包括在达拉斯因为暴风雨延误的时间，而从加州新港沙滩出发去奥马哈则花了10个小时。

多年来，伯克希尔－哈撒韦公司始终保留着一个由股东决定的慈善捐款项目。每年公司都会允许每位A类股东捐赠X美元（其中X表示每股捐赠的金额，一般会从1美元开始逐步增加到每股18美元左右）。股东可以指定接受捐款的慈善机构，而伯克希尔－哈撒韦公司只负责支付善款。由于这次的反堕胎抗议及其引发的联合抵制伯克希尔－哈撒韦公司的活动，本次年会的捐款项目遭到取消。反堕胎抗议者们成功地阻止了股东对计划生育项目的捐款，然而其他慈善机构也同时损失了一大笔款项，当然也包括示威者所青睐的那些慈善机构。

判断持有伯克希尔－哈撒韦公司的股票是否值得其实很简单。上文提到，伯克希尔－哈撒韦公司主要有三块业务。第一块是公开市场股票的持有，例如可口可乐、华盛顿邮报和吉列等。证券市场会每日对这些资产定价，由此可以看出巴菲特的投资组合是跑赢了市场，还是落后，抑或是持平。借此我们就能判断是否值得花费溢价来相信巴菲特的择时和选股。

第二块是巴菲特的全资子公司，例如喜诗糖果、克莱顿房屋和利捷航空等。我们能通过资产负债表，考察公司增长率、“特许权价值”

及其管理质量，运用证券分析的原理来为这些公司估值[①]。

第三块是保险，其中以政府员工保险公司为最。对此类非公有制公司的估值，我们除了采用上述原则外，还需要对其“浮动价值”进行估算。所谓“浮动价值”是指现在收入的保费日后应偿还的债权。巴菲特以此为本金进行投资，其业绩除了能够足额偿付外，还取得了不俗的超额收益。长期来看，沃伦不仅利用浮动价值持续盈利，还在价格奇高时卖掉保险，在价格因竞争下跌的时候退到一旁。这两方面大大增加了伯克希尔–哈撒韦公司的价值。2008年之前的数年，巴菲特认为股市已经被严重高估，因此伯克希尔–哈撒韦公司未投资的现金余额超过400亿美元。这一“现金拖累”[②]使得那几年伯克希尔–哈撒韦公司的价格上涨放缓。而在2008年股灾时，他用这笔现金开始进行抄底。

如同巴菲特预测的一般，伯克希尔–哈撒韦公司在扩大规模后，盈利相较于标普500有所减少。我把对此的解释列在表21–1中。每个新周期其优势都会下降，在未来持续跑赢指数会越发困难。同时，如果未来巴菲特不再管理伯克希尔–哈撒韦公司，也会对股价产生负面影响。尽管他的继任者很有天赋，但公司股价还是可能大幅下跌，这一过程甚至会持续很长时间。

持有伯克希尔–哈撒韦公司的股票后不久，我开始将部分普林斯顿–新港合伙公司的利润投入其他对冲基金。在与华尔街最聪明、最富有的人交流信息和投资机会的同时，我的个人组合也受益于多样化投资。

---

① 由格雷厄姆、多德、巴菲特、芒格、费舍尔和其他人实践总结出的结论。

② 这一术语原指交易型开放式指数基金（Exchange Traded Funds，ETFs）投资组合因持有现金造成的对组合整体业绩的负面影响，作者在此借用了这个概念。——译者注

表 21–1　连续四个周期内伯克希尔 – 哈撒韦公司的股票的总回报率与标普 500 指数比较

日期	BRKA 股价（单位：美元）	BRKA 年化收益	标普 500 年化收益	BRKA 年化超额
12/31/1980	425	—	—	—
12/31/1990	6 675	31.70 %	13.93 %	17.77 %
12/29/2000	71 000	26.67 %	17.46 %	9.21 %
12/31/2010	120 450	5.42 %	1.41 %	4.01 %
12/30/2016	244 121	12.50 %	12.47 %	0.03%

注：选择前三个时间节点只是自然划分，后两个则是出于经济危机余波对市场影响的考虑。

第22章 对冲赌注

将投资进行对冲据说可以预防灾难性的损失。但2008年的经济衰退来袭时，许多对冲基金的投资者损失惨重。全球信贷和资产价格的暴跌幅度达到了大萧条以来的顶峰。房价跳水，标普500指数从2007年10月9日的高位下跌了57%，全美私人财富从64万亿美元减少到51万亿美元。小型投资者——例如我的侄女和我家的保姆等——看着他们个人退休账户里的股票指数基金狂跌，询问我是否应该卖掉所有股票。许多投资者都因现金周转被迫卖掉股票，甚至连全国最富有的哈佛大学捐赠基金[①]——2008年年初估值为369亿美元，如今也亟须变现。

对冲基金的设立初衷是保护投资者免受此类下跌的影响，但是它们也平均损失了18%[②]。即便如此，收入最高的对冲基金经理，文艺复

---

① 哈佛大学捐赠基金的悲剧被记载于尼娜·蒙克所写的《富有的哈佛，贫困的哈佛》（Rich Harvard, Poor Harvard），《名利场》杂志（*Vanity Fair*），2009年8月，第106页。

② 这个数值在业界被普遍引用，本书中我也借用了这一数据。然而，它其实被大大低估了，因为有些基金未能彻底将不良资产折算，有些基金因非流动性资产上报太晚而未能被统计，而且上报是自愿的，因此失败者不太可能反馈，另外，年内消亡的基金也可能未被统计。

兴科技公司的詹姆斯·西蒙斯，仍然赚了25亿美元。最赚钱的前25名经理[①]的利润由2007年的225亿美元降到了116亿美元。

普林斯顿–新港合伙公司解散距今已有20年，全球范围内对冲基金已经激增至1万家，总估值为2万亿美元。其投资者涉及个人、信托、公司、养老金和利润分成计划、基金会和养老保险等。2008年的大崩盘给对冲基金业带来了沉重的打击，4 000亿市值凭空蒸发。这不该发生的损失激怒了全球的投资者，导致了大量的赎回申请。然而更令他们震惊的是，许多基金拒绝他们赎回剩余资金。

随着经济缓慢复苏，市场反弹到新高，投资者们遗忘了他们在2008年到2009年的遭遇。截至2015年，对冲基金资产创下2.9万亿美元的新高，其中，有1.5%至2%为向运营机构支付的管理费，共计500亿美元[②]。假设绩效报酬是扣费后利润的20%，那它们的收入可能会再添500亿美元。但从投资者整体来看，其实际支付的比例更大。为什么会这样呢？假设有两支初始规模为10亿美元的基金。一只基金的净利润为3亿美元，另一只损失1亿美元。在绩效费为利润20%的情况下，第一只基金会获取6 000万美元，而第二只基金则不进行收费。从整体来看（汇总这两只基金的损益），我们发现投资者共支付了6 000万美元，净获利2亿美元，业绩报酬占合并损益的30%。

在普林斯顿–新港合伙公司时期，新入资本主要由利润产生，因而增长缓慢。不过40年来，争夺资金来源的场面发生了戏剧性的变化。所谓的另类投资成了最热门的新赚钱领域。事实上，从20世纪

① 参见：《纽约时报》，2009年3月25日，B1版。

② 据《华尔街日报》2015年9月10日报道，2015年的奖励费用平均为利润的17.7%，而2008年是19.3%。管理费已平均下降到1.54%。

90 年代末开始，如果你竖起一条标语，上面写着“对冲基金在这里”，投资者将很快排起长队。1 亿美元的中等规模对冲基金，年回报率为 10%（1 千万美元），投资者每年向基金经理或普通合伙人支付 1 亿美元中 1% 的管理费（100 万美元）。此外，基金经理每年可得到 900 万美元剩余利润中 20% 的绩效费（即 180 万美元），那么总收入为 280 万美元。假设各种费用为 100 万美元，那么基金经理仍将取得每年 180 万美元的税前收入。因此投资者或有限合伙人将获得剩下的 720 万美元，即实现年化 7.2% 的回报率。

在管理类似的规模为数十亿美元的对冲基金的普通合伙人中，许多人可能分享上述利润的 10 倍（即每年 2 800 万美元）。即使管理规模为 1 000 万美元的对冲基金，按一定比例提取的费用、支出和报酬也能为单一的普通合伙人提供每年 28 万美元的收入。从这一点可以清楚地看出，经营对冲基金是致富良策。在这些回报下，我们应该理解许多（被认为是）业界最优秀的投资者在经营对冲基金。

业界对对冲基金回报率研究的共识似乎是这样的：考虑到风险等级，总体来看，对冲基金会向投资者提供额外回报，但随着对冲基金行业的扩大，这一优势正在逐渐减退。[①] 后续的分析表明平均结果比描述的更差。[②] 由于管理业绩均是自愿报送到行业数据库的，成功者

① 这些研究在获得干净的长期数据和纠正生存偏差方面遇到如下困难：过早消亡的基金可能未被纳入数据库，并且其表现可能较差。因此忽略这部分基金的研究可能夸大幸存者效应。

② 参见：伊利亚·迪切夫（Ilia D. Dichev）和格温·于（Gwen Yu）所写的《更高风险，更低回报：对冲基金投资者实际获得了什么》（Higher Risk, Lower Returns: What Hedge Fund Investors Really Earn），《金融经济学杂志》（*Journal of Financial Economics*），100 卷（2011 年），第 248—263 页。西蒙·莱克所著的《对冲基金的海市蜃楼》（*The Hedge Fund Mirage*），威利出版社，纽约，2012 年。

往往比失败者更愿意参与调查。一项研究表明，在1996年至2014年，这一报送制度将实际为6.3%的回报率在数据库中翻了一倍，达到了12.6%。[①]

进一步的研究指出，如果回报率按照其投资额加权，其多年来的回报率“只比无风险（美国国债）利率的回报稍高”。另一个可以解释行业报告中的回报率看上去比投资者实际投资的回报率更高的原因是，他们合并统计了早些年回报率更高的情况：当时对冲基金的总量较小，回报率较高；而后期其管理规模大增，回报率下降。

挑选股票很难。对冲基金是小企业，可以类比为在交易所流通的公司股票。在挑选对冲基金时，我们能比挑选股票做得更好吗？

对冲基金投资者也曾遭受重大灾难。2000年春，世界上最大的对冲基金之一，由朱利安·罗伯逊管理的业界标杆老虎基金（Tiger Fund）在遭受严重损失后宣布关闭。从1980年年初成立时的一家小规模基金开始，罗伯逊的基金在消亡前已经增长到220亿美元。在最后阶段，市场损失和投资者撤资使资金减少到70亿美元，还有更多的待办赎回。自称为价值投资者的罗伯逊将此归咎于非理性且疯狂的高科技市场。但正如莎士比亚所建议的：“错不在市场，而是在自身……”[②]

几个月后，由乔治·索罗斯团队管理的另一个世界上最大的对冲

---

① 参见：洛·格特曼斯基和李·格特曼斯基的报告：《扫兴的教授：对冲基金只有你想象的一半好》（Buzzkill Profs: Hedge Funds Do Half as Well as You Think），《彭博商业周刊》（*Bloomberg Businessweek*），2015年8月17日。通过1996年到2014年的数据，他们得出结论：基金在报道中的平均回报率为12.6%，但在包括了那些倾向于不报告的失败者时，回报率的实际值是6.3%。

② 参见：莎士比亚戏剧《朱利乌斯·凯撒》（*Julius Caesar*），第一幕，第二场，第140—141行。

基金之一——量子基金（Quantum Fund）宣布重大损失，随即大量投资者进行赎回。基金的管理规模从超 200 亿美元的峰值大幅度缩减，索罗斯的公司经过重组后转为管理自己的财富。索罗斯和他的主要伙伴斯坦利·德鲁肯米勒采取了和罗伯逊相反的做法：他们赌科技股。与此同时，范氏对冲基金顾问公司（Van Hedge Fund Advisors）在一篇题为“对冲基金好年景”（Good Year for Hedge Funds）的文章中宣称：前一年（1999 年）的对冲基金指数是自 1988 年年初开始统计起最好的一年——美国国内指数增加了 40.6%，离岸指数增加了 37.6%。[①] 后来索罗斯东山再起。2008 年，他个人赚取了 11 亿美元，但这一数字在当年的对冲基金经理中只排名第四[②]。

你应该投资对冲基金吗？首先，你需要确定自己的经济条件是否符合标准。虽然这些基金通常需要 25 万美元以上的最低投资额，但一些初创基金在首次募集时会将其放宽到 5 万美元或 10 万美元。需要大额投资的最初原因是历史造成的。为获得某些证券条例的豁免从而在广泛的范围内投资，对冲基金不得不将持有人限制在 100 名合伙人以内。但随后为获得数千万或数亿美元的资金，基金只能避免向小型投资者开放其合伙人名额。

美国证券交易委员会后来在某些情况下将限额提高到 500 名合伙人。许多对冲基金只接受合格投资者：就个人而言，这意味着与配偶共同拥有至少 100 万美元的净资产，或在过去两年中每年收入 20 万美元以上，并预期今年的收入也只高不低。不过筛选后还是有大量的合格候选人。2013 年，在一百多万美国家庭中，净资产超过 1 亿美元的估计有 500 万至 800 万人。

① 参见：《国际基金投资》（*International Fund Investment*），2000 年 4 月，第 64 页。

② 参见：《纽约时报》，2009 年 3 月 25 日，B1 版。

接下来，你需要确定自己或代理人是否有足够的知识储备。在伯纳德·麦道夫那650亿美元的庞氏骗局中，1.3万名投资者及其投资顾问都没有做最基本的尽职调查，因为他们都相信其他投资者一定进行了调查。这个问题与购买股票、债券或共同基金的本质相同。你需要掌握足够多的信息和知识，才能做出有依据和有说服力的解释，说明为什么你提议的投资比股票或债券指数基金等标准的被动投资更好。借由类似测试，你很可能找不到比指数基金更优越的投资。

另一个问题是税收。美国国内的对冲基金和大多数主动投资项目一样，税收效率都很低。其高换手率更易产生短期资本利得和损失，并且税率高于持有1年以上的证券。

对于免税投资者而言，如果投资那些有借贷的美国对冲基金（那些位于美国境外的克隆公司不在此列），那么任何因贷款款项而产生的盈利、亏损或收入都会产生相应的税务。这就是所谓的非主营应税业务收入①（unrelated business taxable income，UBTI）。

如果你精通某个专业领域，那就应该寻找那些以你的专业知识能够协助评估的基金。对冲基金数据服务商通常罗列出现存数千只基金中的1 000只左右。这些服务商以及维基百科等互联网资源将对冲基金按资产类型分类。另外，你也可以用投资的方法学分类，举例来说：使用经济数据与基于价格和成交量的技术走势；量化（使用计算机和算法）与非量化；自下而上（分析个别公司）与自上而下（侧重于宏观经济变量）。基金的其他重要特征还包括预期收益、风险以及收益与其他类别资产的相关性。例如，利用商品期货价格趋势的基金回报往往与市场没有显著的相关性。这可以使整体投资组合的价值变

① 这是一段复杂的解释，简单来说，就是原本的免税实体在参与应税活动中产生收入，这部分收入对于免税实体来说也会产生相应的税收。——译者注

化不那么剧烈。此外，基金还可以分为股票多头基金、空头基金和多 – 空基金。市场中性基金（如普林斯顿 – 新港合伙公司和山脊合伙公司）则力求收益与市场好坏无关。

基金还可以根据地理区域、国家金融经济水平（如所谓的新兴市场）、经济成分（如生物技术、黄金、石油或房地产）等分类。

你也可以选择一只基金中的基金（fund of funds, FOF），即投资于不同对冲基金的对冲基金。如同共同基金投资于股票组合，基金中的基金的管理人需要评估的是对冲基金的业绩。除了对冲基金直接收费外，基金中的基金的基金经理还会收取第二层费用，通常为每年基金规模的 1% 及利润的 10%。

对冲基金经理这群聪明人绝对不会忽视欺骗带来的好处。实际上，对冲基金往往在小规模起家时取得惊人的投资回报，随后业绩因规模增长而回归平庸。

还有一种会导致类似情况的方法也被用来发起新的共同基金。基金经理有时会以少量资金启动一只新基金。然后经理人在基金里面塞满各种热门 IPO（首次公开募股）的股份，这些优质资产的本质是股票经纪人因之前的大宗交易业务而给予公司的奖励。在这个“腌矿”[①]的过程中，基金不向公众开放。一旦其绩效创下新纪录，它们就会向所有人开放。公众被它的惊人业绩所吸引并纷纷涌入，向基金经理提供庞大的资本，而基金经理则从中获取大量佣金。提供热门 IPO 的经纪公司也会因得到新基金中产生的大量额外业务而有所回报。但当基金规模变大时，鉴于现有 IPO 的新股发行量太少，基金公司接下来的收益难以借此提升，它的业绩也会下降到平均水平。然而，基金发

① 原本指欺诈性地提高矿石品质，这里借用类似概念，指代提高对冲基金绩效。——译者注

起人可以使用更多的热门新股来孵化另一个业绩壮观的新基金，周而复始。

美国证券交易委员会终于在1999年采取了行动——首次因此将某位著名的基金经理解聘[①]。该经理的成长型基金在1996年表现最好，但不对公众开放。据报道，当时资本只有几十万美元，它从31家热门IPO中获得了当年62%收益的一半！在1997年2月，基金经理向公众开放了这一基金，筹集了大量资金，但没有透露IPO的使用情况。

除腌矿外，还有许多其他因素可以"突破"平庸的业绩。对经理来说，要获得大量投资者的关注，通常需要一个像样的初始记录，或者是基于声誉、商业计划等的有说服力的案例。当然，也存在只需要简单销售宣传的情况。此外，还有些幸运的管理人，他们可能在20世纪90年代末开始建立"成长基金"，并购买了一些互联网公司的股票，如美国在线公司、亚马逊公司。不过随着时间的推移，幸运的经理往往会淡出众人的视线[②]。

对冲基金管理人有很多办法超额获取约定的管理费（通常是利润的20%），其中有一个被我称为"正面朝上我赢，反面朝上你输"（heads we win, tails you lose）的"办法"。可以用一个例子解释它的工作原理。回到1986年，当时，我在面试某位富有的对冲基金经理，看看是否应该和他一起投资我用来投资对冲基金的基金公司——OSM合伙公司。当时的时机很好，他管理的多只对冲基金欣欣向荣，他邀请我离开普林斯顿－新港合伙公司，带着专业知识和团队加入他。我能够在更大的基金规模中得到一半的管理费。"不，谢谢。"我拒绝了。

---

① 参见：《纽约时报》，1999年9月9日，全国版，C10版。

② 鉴于回归均值的统计现象。

次年（1987 年）10 月股市暴跌，他旗下的基金亏损了 30% 到 70% 不等。业绩报酬只有在赚回损失后才能支付，然而这可能需要数年。假设跌幅是 50%，那么他就必须将现有的资产加倍，即赚 100%，才能勉强回到原来的水平。面对多年没有业绩报酬的情况，他选择终止自己的对冲基金，让自己保持富有而使投资者损失惨重。总的来看，就是他赚走了所有利润。随后不到一年，他推出了一套全新的对冲基金，他有机会立即从中收取业绩报酬。

另一种对冲基金经理榨取其有限合伙人的方式被我称为“摘樱桃”（cherry–picking）。我首次遇到这个情况是在 20 世纪 70 年代，那时候的权益市场乏善可陈。某位专家通过挑选价值被低估的公司股票，大概能实现每年 20% 的毛利率。经朋友们推荐，我进行了投资。但我挖掘数据后得知，他有另一个年化利润为 40% 的产品，那个产品只为他自己、家人和挚友服务，其内部组合均为最佳的投资标的，余下的投资标的则进入了年化利润为 20% 的产品。我素来不与品行堪忧的人合作投资，因此最终退出。由普通合伙人雇用律师并指导起草的对冲基金合同通常会默认这些利益冲突。

还有一种方式是通过收取不正当费用来侵占有限合伙人应得的利益。此类问题五花八门，而对冲基金投资者的保护有限，因此投资前最重要的工作是检查经营者的诚信水准、道德水平和性格。

1994 年推出的对冲基金长期资产管理公司是由 16 位普通合伙人组成的梦之队，其由前所罗门兄弟公司的传奇交易员约翰·梅里韦瑟和两位未来的（1997 年）诺贝尔经济学奖得主罗伯特·默顿、迈伦·舒尔兹领衔。该团队还包括另外几位前所罗门兄弟公司的交易员、杰出的学者和前美联储副主席。投资者包括 8 个国家的中央银行、主要的经纪公司、银行和其他机构。

我认识的某位金融工程团队核心成员当时恰巧在长期资产管理公司工作，他询问我是否有兴趣投资那只基金。我拒绝了这个建议，因为梅里韦瑟在所罗门兄弟公司工作时曾是高风险偏好者，而且我认为他们中的理论家都缺乏“街头智慧”（street smarts）和实际投资经验。沃伦·巴菲特曾说：“只在遇到好打的球时挥杆。”（Only swing at the fat pitches.）这个投资机会对我而言并非“好球”。

长期资产管理公司投资者的年回报率在30%到40%之间，但这是基于巨大的杠杆效应，据说杠杆率在300%到10 000%之间波动。如果不加杠杆的话，回报率连资本的1%都不到。他们的多头和空头金额都达到了数千亿美元。但在进行27亿美元的分红之前，他们将资金扩增到70亿美元，这一举措增加了剩余资本的风险和收益。后来，当市场略有不佳，轻微下挫了几个百分点时，杠杆效应放大了冲击，几乎将公司资金平仓，他们在数周内损失了90%的资本，并且几近彻底破产，但是由于他们的资金体量“大到不能倒”，美联储发起了救援行动。在对该基金逐个清算后，投资者终于收回了小部分本金[①]。

不久后，梅里韦瑟和原16位合伙人里的4位开始筹备一个类似于长期资产管理公司但杠杆率较低的新对冲基金。诺贝尔奖得主舒尔

① 有许多书籍和文献对此进行了描述，包括罗杰·洛温斯坦的《营救华尔街》（*When Genius Failed*），兰登书屋，纽约，2001年；《华尔街失败的天才》（Failed Wizards of Wall Street），《商业周刊》（*Business Week*），1998年9月21日，第114—120页；蒂莫西·奥布莱恩和劳拉·波尔森的《对冲基金的明星效应让大金融家自我陶醉》（Hedge Fund's Star Power Lulled Big Financiers into Complacency），《纽约时报》，1998年10月23日。我的评论可参见蒂莫西·奥布莱恩的故事《经济炸弹导致风险模型失效》（When Economic Bombs Drop, Risk Models Fail），《纽约时报》，1998年10月4日。2000年2月，长期资产管理公司宣布了一条耸人听闻的新星计划——宣称公司合同余额达1万亿美元。

兹和默顿并未加入他们。包括在长期资产管理公司中亏损的大量投资者很快投入了 3.5 亿美元。净值增长和新进资金使之更上一层楼。但是随后，他的“旗舰”基金被报道在 2008 年年末下跌 42%，损失超过 3 亿美元。该基金也在 2009 年终止。2010 年，梅里韦瑟又新开了一家对冲基金。默顿在保留哈佛大学教职的同时成了摩根大通（J.P.Morgan & Co.）的顾问。舒尔兹重返斯坦福大学，成为一名财务顾问，后来又创办了另一家对冲基金。

从长期资产管理公司的覆灭中，我们应该得到过度杠杆的教训，而这一点被忽视了。10 年后历史重现，全球范围内的宽松监管和高杠杆率导致整个金融体系几近崩溃，其中因亏损和赎回导致的损失就使对冲基金的规模从 2 兆美元下降到 1.4 兆美元。对冲基金在今天才成为成熟的资产类别之一。我曾在《华尔街日报》上预言，投资者的任何优势都将逐渐消失。

同时，那些超级富豪，挟持着政府数十亿美元的救助，在大衰退后卷土重来。到了 2012 年，他们甚至比以前更为富有。

第 23 章　拥有多少财富才称得上富人？

有一次，我问一位远在伦敦的金融创业者："如果你现在退休，大概需要多少钱才能舒舒服服地度过后半生？"他的回答是："对我来说，这个数字是 2 000 万美元。"我接着说道："根据我的计算，每年你能取出这个数字的 2%，相当于现在的 40 万美元。你花光所有钱的概率微乎其微。"这位创业者 40 岁出头，已婚并且育有二个小孩，他说这个数字对他来说足够好了[①]。不过每个人心目中的标准各不相同。

著名的美国小说家约翰·D. 麦克唐纳在他 20 世纪 70 年代的特拉维斯·麦吉系列小说中描述过几种财富等级。在我印象中，麦吉的经济学家同伴梅耶认为，10 万美元算得上"充足"（adequate），25 万美元的生活可谓"舒适"（comfortable），100 万美元则是相当"富裕"（substantial），而 500 万美元则可以说是一笔令人"叹为观止"（impressive）的财富。由于通货膨胀大大降低了美元的真实购买力，

① 也许这个数字对他来说好过头了。之后，他从公司里窃取了几百万美元，然后逃到了巴西。

把麦克唐纳的财富等级对应到2015年，这些数字差不多是原来的6倍：60万美元为“充足”,150万美元算“舒适”,600万美元被称为“富裕”，而3 000万美元的财富令人“叹为观止”。

迪内什·杜泽对财富做了如下分类[①]，我已经将这些财富调整为通货膨胀后对应的数字（见表23–1）。

表23–1 财富分类等级

	收入（单位：万美元）	财富（单位：万美元）
巨富	>1 500	15 000
富有	150—1 500	1500—15 000
中产偏上	11.2—150	75—150
中产	5—11.2	8.2—75
中产偏下	2.2—5	1.5—8.2
贫困	0—2.2	0—1.5

美国2014年年末的家庭财富总值大约为83万亿美元[②]，主要由股票、债券、房产和动产组成。如果我们把这些钱平均分给每个人呢？3.2亿人中每个人大约能分到27万美元。不过，这么简单地估计全国财富和收入分配问题重重。这取决于计量基准和计量方法，而其中大部分数据都无从获取[③]。

另一个不争的事实是，尽管这个国家的财富总值在不断增长，但美国的贫富差距也越来越大。从2003年到2013年，经通货膨胀折算

① 表格参考《福布斯》，1999年10月11日，第60页。

② 参见：《奥兰治县报》（*Orange County Register*），2014年3月7日，商业版，第3版。

③ 地下经济的体量究竟有多大？私人持有的非贸易业务的价值究竟有多少？如果算上一个国家里专利、版权和创新等非物质形态的财富呢？大部分家庭的人力劳动也都没有货币化，所以也就照例没有被计入国家总收入中。

后，美国家庭财富值的中位数下跌了 36%，从 8.8 万美元下降到 5.6 万美元。而与此形成鲜明对比的是，前 2.5% 的家庭的财富值却上升了 12%，从 119 万美元上升到 136 万美元[①]。

100 万美元听上去依然是很大一笔钱，尽管它的购买力大不如前。事实上，一个世纪以前，100 万美元的购买力差不多相当于今天的 2 000 万美元。在美国，有多少人拥有超过 100 万美元的财产呢？没人知道具体数字，全面的个人财富信息往往难以收集。大部分信息都是缺失的、没有上报的或者被刻意隐瞒，用来避税、防盗、掩盖各种罪行或者单纯地作为个人隐私不愿意透露给他人。相较之下，家庭财富信息则触手可及，全美有 1.25 亿左右的家庭，其中一部分家庭仅有一名成员，而剩余的大部分家庭也只有一个人是主要经济来源，因此，通过计算家庭财富的数字，我们能对个人财富分布做出一个很好的估计。

2015 年全美财富超过 100 万美元的家庭差不多有 1 000 万户。既然有这么多百万富翁家庭，"家产百万" 这个目标似乎也并非遥不可及。让我们具体看看达成目标需要做些什么吧。想象一下，你是一个无依无靠、没有任何财产和积蓄的 18 岁蓝领工人，每天想方设法节省下 6 美元[②]，每个月月末用这笔钱去购买先锋标普 500 指

① 数据来源于一项密歇根大学的财务杂志报告，主要作者为法比安·T. 菲弗。大部分贫富差距来源于房价和股票价格增长的差距，从 2003 年到 2014 年，房价几乎没什么增长，而美股，以标普 500 指数为代表，则在此期间翻倍。大部分富人的财富都在股票市场里，分配在房产上的份额较少，而相对较穷的人的财富都集中在房产上。

② 假设香烟价格随着通货膨胀不断增长，他在之后的岁月里每天能省下的钱将比 6 美元更多。

数基金[1]（the Vanguard S&P 500 Index Fund），如果这项投资能在延期纳税的退休计划账户里以年收益率 10%（大型企业的长期平均年收益率[2]）的速度增长，那么47年后，也就是你65岁退休的时候，账户里就能有 240 万美元。从哪里能弄到每天 6 美元的额外收入呢？那些每天抽一包半香烟的烟民戒烟后，一天就能省下 6 美元。如果建筑工人们每天少喝两罐 5 美元的啤酒或者可乐（一盒 6 罐），改喝自来水的话，一天能省下 10 美元，其中 6 美元存入指数基金，剩下的 4 美元用来购买健康食品来代替啤酒或可乐中的垃圾热量。

比起这个假想中的可怜、年轻的蓝领工人，我们中的大部分人都有更多机会重新分配自己的钱。对此，一篇题为“理财基础：从今天开始做出改变的 25 件事”（Budget Basics: 25 Things You Can Do to Trim Yours Today）的文章[3]开头就提出了一条绝妙的建议：记下每一笔花销，很快你就能看出哪些开支是不必要的浪费。它的第 2 条建议和我的想法一样：尽快付清信用卡里的账单。文章的第 4 条是戒烟。第 23 条提议买二手车而非新车，因为“在开出车行的那一瞬间，你的车就会贬值将近 1/3”。尽管真实的损耗是否如此巨大仍有待探讨，但是普遍观点是，购买新车因在最开始的几年内折旧严重而性价比很

① 先锋基金公司以及先锋 500 指数基金：先锋集团（the Vanguard Group）由约翰 · C. 伯格创立，伯格也是第十一章的作者注释中提到的最早提出指数共同基金的人，世界最早的指数化共同基金便是先锋集团旗下的先锋标普 500 指数基金。伯格早年最先在威灵顿管理公司（Wellington Management Company）下创建了“先锋”基金分支，该基金以英国皇家海军在 1798 年史诗般的尼罗河海战中的旗舰“先锋号”命名（该战役中，传奇海军将领霍雷肖 · 纳尔逊带领英国皇家海军歼灭了此时正入侵埃及的拿破仑麾下的法国地中海舰队）。——译者注

② 伊博森联合会年报（Ibbotson Associates yearbook）。

③ 一篇文章：http://quickenloans.quicken.com/Articles/fthbc_afford_budget.asp.（译者附注：这条网址似乎已经失效。）

低。假如你能拿用来买新车的 2 万美元去买一辆 1 万美元的二手轿车，将余下的钱像香烟钱那样投资一份税后年回报率为 8% 的理财产品，这 1 万美元在 30 年后就能增长为 10 万美元①。而对于那些拒绝改变消费习惯的人，我们只能用瑞吉斯 · 菲尔宾②的经典台词问他们："谁想成为百万富翁？"

经常和我打交道的人通常不仅是百万富翁，而且是资产在 500 万美元以上的投资者。有多少户家庭的财富能达到这个难以企及的数字呢？著名的意大利经济学家维尔弗雷多 · 帕累托研究了收入分布情况，并在 1897 年得出一条"指数规律"，这条规律③不论是在当时还是现在，都很好地描述了现代社会中顶端财富拥有者的数量分布水平。想要标定这条公式中的数字，我们只要知道两个简单的情况：第

---

① 由附录 C 中的"240 法则"心算可得。

② 瑞吉斯 · 菲尔宾，美国著名电视节目主持人，他在电视摄影机前表演的时间创下了吉尼斯世界纪录，并是该项纪录的保持者。——译者注

③ 假设指数规律符合数学形式 $N=AW^{-B}$，其中 W 代表一个非常富有的水平，大部分人都不在这个财富水平范围内，N 表示财富在 W 水平以上的人数，A 和 B 是未知数。为了计算 A 和 B 的确切数字，我引用的两个事实是：（1）当 N=400 时，W=13 亿美元；（2）这 400 人的总财富是 1.2 万亿美元，也就是说总财富大约是 W（13 亿美元）的 3 倍。计算结果为——$N=400\left(\frac{13亿}{W}\right)^{\frac{4}{3}}$。每年的 B 数值大致上都在 4/3 附近，也就是说，这 400 人的总财富大约都是 3 倍。所以对于不同年份，只需要调整 W 即可。如果使用 1999 年的数据，我发现 B 值更接近 1.43 而不是 4/3[《多富才算财富多？——第一部分》，（How Rich is Rich？），《维尔莫特》杂志，2003 年 7 月，第 44—45 页]。也许是巧合，我在 2009 年《福布斯》400 版本上找到了一个计算公式，用的指数是 0.7，也就是 1.43 的倒数。它们的公式恰好也是上面我用的公式的反函数，用 N 的方程来表示 W。详见 forbes.com/baldwin.，第 20 页。更多有关估算财富和收入的讨论，包括帕累托公式的证据，可以参考英哈伯和卡罗尔的书《多富算财富过多？》（*How Rich Is Too Rich*？）以及其中的许多被引用文献，包括斯卡费塔、皮科奇和威斯特的论文《论一种不平衡的财富分布模型》[（An out-of-equilibrium Model of the Distribution of Wealth），《量化金融》（*Quantitative Finance*），卷 4（2004 年），第 353—364 页]。

一，2014 年福布斯 400 排行榜的最末位财产总值大约为 15.5 亿美元；第二，这 400 名全美最富有的人的财富总和达到了惊人的 2.3 万亿美元。有了这两条信息，我们就能给出表格 23–2 中的财富分布。

表 23–2　2014 年全美最富有的家庭财富分布估计

财富总值（不少于该数值，单位：百万美元）	用帕累托公式估测，财产总值在对应数字以上的美国家庭总数
1	9 300 000
5	1 030 000
10	400 000
20	155 000
50	44 000
100（1 亿美元）	17 000
250	4 900
500	1 900
1 000（10 亿美元）	730
1550	400

这条公式仅仅适用于拟合高净值家庭的财富分布，在估算拥有 100 万美元以下的某个财富值的家庭数量时，结果会明显偏大。

你可能会好奇表 23–2 中分布在你所居住的城市、县、地区或州里的数字分别是多少。如果你所处地区的生活水平差不多在平均线附近（不是极端贫困或极端富裕），那你只需要把表 23–2 中对全美财富情况的估测数字乘上你所在地区占全美人口的百分比就可以了。比如说，我所居住的加州奥兰治县在 2014 年总人口刚刚超过 300 万，是全美人口的 1%，所以计算奥兰治县的财富分布非常简单，只要把表

23–2 中数字的小数点向左移两位就可以了，也就是说全奥兰治县大约有 49 户人家的财产在 2.5 亿美元以上[①]。不过不同地区的财富分布差别很大，像华盛顿州雷德蒙德市（微软公司总部所在地）、加州硅谷（互联网革命中诸多公司所在的中心地区）或纽约曼哈顿（自称是全宇宙的金融中心），这些地方的财富远高于其他地区，因而全美其他地区的财富分布数字也会比标准数字要低。

有一些超级富翁把 1 亿美元称作一个"单位"，当他们挣到自己的第一个"单位"时会自豪地宣称"挣到第一个单位是最难的"。表 23–2 显示，2014 年全美大约有 17 000 个家庭的财产达到了 1 亿美元。在全美 1.25 亿个家庭中，最富有的前 1% 的家庭（125 万户）的财富最少为 400 万美元，然而这种估计在政治上相当有争议。正如我们所讨论的那样，实际上是那群最富有的 0.01%（万分之一）的家庭主导着整个社会，这些家庭的财富最少也有 1.25 亿美元。

在所有财富阶梯最顶层的是威廉 · F.（比尔）· 盖茨［William F.（Bill）Gates］，他是微软公司的创始人，也是微软的最大股东，他的财产一度让他成为第一个财富超过 1 000 亿美元的个人，这个数字甚至超过了美国整个国民生产总值（GNP）的 1%。即使把大部分财产捐给了自己的慈善基金会，2014 年他也仍以 810 亿美元[②]的总财富位居福布斯全美最富排行榜的首位。

想要看看你在财富阶梯上的大致位置，或者估计你的家庭财富，

① 《奥兰治县报》上罗列了 36 个财富超过这一数值的人，包括洛杉矶湖人队的篮球明星科比 · 布莱恩特，他以 2.5 亿美元的身价排在第 36 位。不过我知道他们漏掉了不少我认识的人，因此我觉得 49 应该更接近于真实数字。

② 盖茨家族的财富是全美平均家庭财富的 15 万倍，换句话来说，是美国所有私有财产的 1/1000。

需要列出你所拥有的资产和负债。两者之间的差值即你的财富总值。有一个简单的快速入门法，不需要事先做大量研究，也不需要查找相关记录，如果你不知道某一项的确切数值，简单地猜一下就够了。如果你对此实在没有把握，那就给出一个自己资产的最低数额、负债情况的最高数额，这样得出的结果就是最保守的财富估值。表 23–3 中所举的例子就是一个财富差不多在全美排前 1% 的个人的财富情况，表 23–3 的数字是基于数个我所熟悉的人而做出的假想组合。

表 23–3　家庭净资产

资产（单位：千美元）		
不动产		
主要房产		875
度假小屋		220
	总计	1 095
个人财产		
汽车 1		35
汽车 2		21
家具		30
艺术品		10
珠宝		35
总计		131
公开交易的证券		
股票		1 400
债券		830
共同基金		775

（续表）

资产（单位：千美元）		
其他		25
	总计	3 030
私人持有的证券		
科技初创公司		10
有限合伙（对冲基金）利息		725
现金		
支票		11
储蓄 / 货币市场存款账户		23
	总计	759
总资产		5 015
负债（单位：千美元）		
不动产		
主房产抵押		750
其他贷款		
信用卡		2
保证金账户		55
未支付税款		22
总负债		829
净资产（单位：千美元）		
资产		5 015
负债		829
净资产		4 186

通过这种快速估值法能够得出自己在财富阶梯上的大致位置。之后你可能会想要做一份更详细的资产负债表，我通常每年会制作一张这样的表格。资产负债表中的财务变化能清晰地反映这一年中的资产总值在考虑了收入、支出、各项获利和亏损后的增减情况。而一系列的年度资产负债表则能告诉你资产的长期浮动状况。

在填写表 23–3 中的资产部分时，每一项资产的价格都应该是你确定能短期内卖出时的合理价格。比如，一年前新买的车价值 4.5 万美元，现在的重置成本大约为 3.9 万美元，不过如果你想立刻脱手，这辆车可能只能卖到 3.5 万美元，那么在“汽车”这一项资产中就应该填写 3.5 万美元。另举一例，近期跟你所居住的房型类似的房屋价格在 9.25 万到 9.5 万美元间变动，但是算上所有成本和讨价还价，你最后只能拿到 8.75 万美元，那么就在房产这一栏中填上 8.75 万美元。而在负债部分，你所欠的款项则应该扣除所抵押物品的价值。

与流动性很强的上市证券不同，汽车、房产、艺术品和珠宝这类实物财产的现行市场价格并不时常显现，但它们依然与证券有相似的性质，以证券为例能帮助你很好地理解佣金（回扣）对于收益或损失的影响。每一只证券都有一个你能够购买的现行价格，即“要价”（asking price），实际支付完佣金后，你所花的成本会比要价高一些，我们把包含所有成本的最终“要价”想象成购买某项财产时所支付的所有费用，这就是“重置成本”（replacement cost）。从另一方面来说，每只证券也有一个其他人愿意从你手上购买的价格，这叫“标价”（bid price），计入佣金后我们所拿到的价格同样会比标价低一点，试想一下，这个过程和我们卖掉某项资产时，最后的总收益要扣除销售成本是一样的。这就是我们填写在资产栏里的清算价格。

不动产的重置成本和清算价格之间的价差非常大——通常能达到

10% 到 20%。比如我购买一幅 10 万美元的画，支付完 7 000 美元的消费税后总共花了 10.7 万美元。第二天，我突然后悔了，依然以 10 万美元的标价卖掉这幅画，同时付给经销商 1 万美元的佣金，最后一共拿到了 9 万美元。两者间的价格差为 1.7 万美元，是 10 万美元“基础”价格的 17%。而这 17% 的差价就是一轮买卖交易中损失的财富。对于房产、汽车、艺术品和珠宝来说都是如此。而证券的交易成本则非常低廉，一般连证券价格的 1% 都不到；同时，证券的流动性也更强，更容易出售。这两条性质使得购买证券成为一种优质的储存财富的方法。

“财富”，即会计术语中“净资产”的同义词，描述的是你当下的富有程度，而“收入”则用以衡量你的财富、劳动和创造力所产出的价值。总财富的增长主要来源于股票、债券、不动产和收藏品等的投资，这对富裕阶层的家庭而言尤为显著。衡量一个人的财富水平是以“资产”而非“收入”为标准的。不过，对于那些声名初立、刚刚开始每年赚取 2 000 万美元的电影明星来说，收入也可能是未来财富激增[①]的主要原因。

每年净资产的增长是你在财富阶梯上不断上升的关键，想要得到你的财富增长值，比较每年的资产负债表就可以了。将今年和上一年的总资产相减，用两者的差值除以上一年的总资产，就能得到资产在这一年中的百分比变化，这会告诉你财富的增长速度。如果在这段时期内，你还存有自己的利润表，那么扣费后的净收入应该和一年中净

① 进一步来说，你可以用现今的美元价值预测别人未来的财富，只要预测出他们未来的存款加上他们现在的总价值就可以了。这和分析师们用来计算公司价值的方法非常类似，这进而可以预测公司的合理股价。如果估算出未来的通货膨胀率，你就能得到他们在未来任何一个时间点的财富总值。

资产变化的数字相等。

资产负债表是你在某一时间点的财富的“截图”，而利润表能告诉你在两张资产负债表之间发生了什么。制作一张简单的利润表不必在发票中挣扎或是在账本里逐行查询，粗略地罗列出过去的 12 个月间影响你财富总值的项目即可。“简单粗暴”地给出一个大致印象，而不要纠结于每一项的细节和精度。下面就是一些常见的收支类别。

1. 应税和免税收入：

（1）工资或薪水等劳动所得收入；

（2）利息或股息等非劳动所得收入；

（3）已实现的资本损益；

（4）管理费、版权费、酬劳等其他可税入账；

（5）免税利息，比如地方政府债券等。

2. 非应税损益：

（1）财产升值或贬值，比如房地产、艺术品和汽车等；

（2）证券中未实现的资本收益或损失。

3. 费用（所有用作“费用”花出去的钱——或者说，没能节省下来的钱）

（1）生活开销、消费等；

（2）个人所得税；

（3）礼品；

（4）所有其他赚取的但没有节省下来的钱。

第一类中的科目就是大部分人通常所说的“收入”，扣除税收减免的款项和免税收入后的部分就是应税收入。第二类科目中的损益则不那么明显，人们从心理上也不那么喜欢或理解这部分财富，但实际上这些款项同样对你的总财富有所影响，并且因为对这部分财产的税收往往会被延期，甚至无法征收，所以这些财富在长期投资中更能保值。这类收入非常理想。然而，讽刺的是，在过去的一个世纪里，大部分人都把目光集中在利息和股息等收入上。等到投资者们逐渐意识到这样愚蠢的行为是在支付不必要的额外税收时，公司就会不断降低付给股东的股息率，造成股价激增，使投资回报从收入转向资本利得。

最后，第三类科目就是你所有的支出或消费，这部分项目对你的个人财富没有贡献。把你年初的个人财富想象成一个巨大量杯里的一些液体。资产负债表能告诉你，当时量杯中有多少液体。第一类和第二类科目则告诉你在过去的一年中，你往量杯里加入了多少液体，而第三类科目就是表明在同一时间段内你倒出了多少液体。这三者之间的差值（A+B–C），就是你在一年中往量杯里加入的或倒出的液体总量，这被称作经济净收益，而投资者的目的就是最大化自己的经济净收益。年末的资产负债表对应的是现在量杯里还剩下多少液体。

利润表中你的应税收入与经济收入可能相去甚远。并没有研究可以提供经济收入分布的统计数字，大部分此类信息都无从知晓或者没有申报。不过，尽管对于不同的纳税人，经济收入和应税收入之间的差别大得惊人，我们也依然可以得知全美所有家庭应税收入的分布情况。比如说，2007 年，全美财富排前 0.01% 的家庭支付了美国大部分的所得税，这 1.5 万户家庭平均每户支付了超过 1 150 万美元的税收。他们在 2007 年的总收入为 5 570 亿美元，平均每户入账 3 700 万美元[①]，占全国总收入的6.04%，这也是历年来财富排前0.01%的家庭的收入占比之最。

期刊《税收简报》（*Tax Notes*）写道，全美财富排在前0.01%的家庭从1973年到2007年的年收入，经过通胀调整，增加了8.58倍；而后90%的家庭在这34年里每年只增加了8美元！这一贫富差距在之后的10年里依然在扩大。

达到财富顶端的关键秘诀之一就是复合增长。

① 《彭博社》（*Bloomberg*）于2009年8月17日引用了加州大学伯克利分校经济学教授伊曼纽尔·塞斯的研究，塞斯教授一直致力于研究美国财富和收入分布，以及其统计方法。注意这里的3 700万美元的平均数，除以1 150万美元的此区间最低值，得到的数字是3.2，这和上文中《福布斯》400的财富分布结果非常接近（上文的作者注中得到的数字是，平均财富是此区间最低值的3倍左右），这就意味着2007年超级富豪可税收入的分布符合，或者非常接近，财富的指数分布公式。

第24章　复合增长：世界第八大奇迹

对于那些希望攀登财富之梯的人来说，领会金钱增长的特殊算术过程意义非凡。复利，没人知道这个短语从何而来[①]，但是如今它被称为“世界第八大奇迹”。无论是奇迹还是诡计，它确确实实帮助我们积累了大量的财富，你可以借助它变得更富有。

在1944年，51岁的美国国税局房地产审计员安妮·施贝尔离开了这个她努力工作了23年却从未提拔她的地方。之后，她将5 000美元的存款投入股票市场，过着节俭的生活，不断了解市场中的公司，并继续把股息投资于市场，资产在她1995年以101岁的高龄逝世前一直保持增长。此后，她的律师本·克拉克试图会见叶史瓦大学的管理层，告诉他们这位女士有一份遗产想留给学校。大学高层从未听说过安妮·施贝尔，于是想尽办法避免浪费时间。等双方最终会面时，他们才得知施贝尔女士留下了2 200万美元用以资助女性学生。

安妮·施贝尔是不是投资运气特别好呢？作为普通投资者该怎么做？从1944年年初到1997年年末，算上清算遗产和将证券转移给叶

① 许多人声称发明了“复利”这个词，包括本杰明·富兰克林、许许多多所谓的“罗斯柴尔德”家族的人、阿尔伯特·爱因斯坦、伯纳德·巴鲁克，以及“未知来源”。

史瓦大学所花费的几年，投资 5 000 美元于大公司股票仅仅只能使财富增长到 376 万美元；而把同样的资金投资于小公司股票，资金大约会增长到 1 231 万美元。平均来看，小公司股票投资者可以用 8 936 美元的初始资金（比安妮的 5 000 美元稍微多一点）达成增长到 2 200 万美元的目标[①]。

复利，或者更准确地说叫作复合增长，就是安妮·施贝尔使用的方法，即通过不断地再投资积累财富。用简单的方式来看待复利和财富阶梯，就是翻倍和再翻倍。让我们假想有两个投资者："胆小的"山姆（Sam Scared）和"复利的"查理（Charlie Compounder）。如果"胆小的"山姆初始资金为 1 美元；每当资金翻倍的时候，他就把 1 美元的收益放到一只袜子里，而不是用于再次投资。在十次翻倍之后，山姆就拥有了放在袜子里的 1×10 美元的收益加上他最初的 1 美元，总共是 11 美元。假设查理的初始资金也是 1 美元，并且做完全相同的投资，但是他把每次的 1 美元收益也放到投资中，他的 1 美元就会变成 2 美元，然后是 4 美元、8 美元……以此类推。十次翻倍后，他的总资产就达到了 1 024 美元。而山姆的财富增长过程是 1 美元，2 美元，3 美元……11 美元。山姆的投资方式叫单利增长、算术增长或求和增长。查理的财富增长为 1 美元，2 美元，4 美元……1 024 美元，这就是我们所说的复合增长、指数增长、几何增长或者说是多样增长。无论算术增长的利率有多大，经过足够长的时间后，财富通过利率比较低的复合增长都会大大超过任何利率的算数增长。如果"胆小的"山姆的利率是每年 100% 并且把收益放进袜子里，而查理的利

① 所有这些数字都没有把交易成本和个人所得税计算在内。一个购买后长期持有的投资者在交易成本上几乎没有损失，而也只有股息会被收税。每个人的税收（若有）情况各不相同。

率仅为每年 1%，但是会再投资利息，查理的财富也最终会超过山姆。就算让山姆的初始资金达到 10 亿美元，而查理只有 1 美元，在经历足够长的时间后，查理的财产也依旧会超过山姆。罗伯特·马尔萨斯（1766—1834）在意识到人口是按几何倍数增长，而资源则是按线性增长之后，极度悲观地预测未来人类会陷入资源短缺。

不少政客在隐约意识到复利强大的力量后，在自己的辖区范围内通过立法以抵制复利式增长的永续年金，防止无限制的复利式投资造成的财富过度集中问题。而在另一方面，许多州和郡现在都欢迎这种永续信托项目，对通过它们拿到收益十分感兴趣。

世界人口以每年 1% 的速度从 1930 年的 25 亿增长到 2015 年的 73 亿，预计在 2050 年能够达到 97 亿。每个人都知道人口是不可能继续这样增长下去的：地球可承载的容量受制于用以生产食物的太阳能，以及其他稀有资源。而根据估计，地球最多能支撑 1 000 亿的人口。但如果我们把增长的速度控制在每 100 年增长 1% 呢？计算显示，即使是这样，在 120 万年以后，我们也会变成一个跟所处星系一样巨大，并以光速膨胀的表面布满人的星球。

那普通投资方式的增长速度如何呢？最简单，同时也是最佳的长期投资方式就是持有普通股票的指数基金。历史数据显示，如果平均每年增长率约为 10%，那么投资组合将在 7.3 年内翻倍。一般来说，通货膨胀会抵消 3% 的增长率，所以平均需要 10 年左右来翻倍资产。此外，股指基金的投资者们每年还需要就收到的股息和资本利得向政府纳税，这样导致翻倍资产所需要的时间延长到了大约 12 年。

对于类似的复利问题，通常会计会利用简便的“72 法则”来估算答案。如果每一期资金以百分比 R 在增长，并且采用复利投资，那么经过 72/R 的时间后资产会翻倍。

假设你的资产以每年 8% 的速度增长，并将你的收益不断投资，那么资产多久会翻倍呢？如果周期长度是 1 年，那么通过采用 72 法则，它需要 72/8=9 年。

再比如，你投资的市场中性对冲基金，每年税后收益率为 12%，同时你的初始资金是 100 万美元，你会将所有收益进行再投资，那么 24 年后，你的资产会变成多少呢？

根据 72 法则，你的钱会在 6 年后翻倍。然后会在下一个 6 年后再翻倍，直到最后，总共会翻倍 24/6=4 次。所以把它们乘起来 2×2×2×2=16，最终会变成 1 600 万美元。更多关于 72 法则的内容，请参阅附录 C。

72 法则还能够揭露一些听起来很荒诞的言论的真相。我的私人教练曾经参加过一个股市研讨会，其中有一些“操盘者”提出了一种名为“滚动选股”的方法。按照这种方法，通过挑选那些据说股价会在两节“价格阶梯”间来回震荡的普通股，投资者可以不停地在低点买入、高点卖出，每月收益能达到 22%。如果这是真的，那么把 2 000 美元放进某个税惠的个人退休账户中，再用这种方法不断投资收益，以 22% 的月收益率计算，经过 10 年，资产会高达 46 万亿美元。如果真有这种好事，他们为什么要把这个“秘密”分享给别人呢？

假设你花费时间和精力赚取了 1 000 美元，那么为了下一个 1 000 美元，你愿意付出同样多的努力吗？再下一个呢？经济学家认为绝大多数人不愿意，并且我们会对自身总资产中不断增加的 1 000 美元越来越不在意。这个观点适用于所有稀缺而有用的事物，即所谓的“经济学商品”。每多一个商品，我们都会认为下一个的价值低于上一个[①]。

① 所谓的边际递减效应。

我把这种心理应用在健康、财富以及时间三者的权衡之中。你可以用时间和健康来换取积累更多的财富。为什么是健康呢？你也许会很焦虑、失眠、饮食习惯变差或者缺乏锻炼。如果你像我一样渴望有更健康的身体，那就会把时间和金钱投资给医疗护理、诊断以及预防措施，还有锻炼和健身。几十年以来，我每周都会花 6 到 8 小时跑步、远足、散步、打网球以及在健身房运动。我认为每在健身上花费 1 小时，就能够减少日后我在医院里的一天①。或者你也可以通过付出金钱来节省时间，比如可以少工作一点，或者购买能够节约时间的商品和服务。雇用家庭管家、个人助手，或者出钱让其他人做你不想做的事情，这些都能够节约你的时间。时薪上千的纽约职场人士愿意每小时支付 50 美元雇一个司机，这样他们就能够节省宝贵的时间。

为了判断你花费时间是否值得，你可以仔细想想自己通过努力和工作，收获了多少财富。一旦算清楚了自身的时薪比率，你就能知道在哪些情况下节约时间是值得的，而在哪些情况下需要付出更多的时间。当你习惯于这种思考方式后，我预计你会经常惊讶于自己的收获。

我遇见的大部分人并没有思考过时间、金钱和健康这三者的相对价值。假设有一个工人要从炎热又乌烟瘴气的加州河滨县花费两小时，驱车 40 英里来到温暖惬意的新港，从事时薪 25 美元的工作。如果他在河滨县的公寓房租是每月 1 200 美元，而在新港，条件类似的

① 相同年龄的成人可能在健康年龄上各不相同。据报道，身体状况足以参加老年奥林匹克竞赛的人的健康年龄通常比他们的实际年龄小 25 岁，详见格雷琴·雷诺兹的《老年运动员有年轻得惊人的健康年龄》(Older Athletes Have a Strikingly Young Fitness Age)，《纽约时报》，2015 年 7 月 1 日。另外，关于双胞胎的研究则为长期锻炼的好处提供了相当可信的证据，比如格雷琴·雷诺兹的《两个双胞胎，健身与否的差距》(One Twin Exercises, the Other Doesn't)，《纽约时报》，2015 年 3 月 4 日。

公寓月租为 2 500 美元，这意味着他每个月的租金会增加 1 300 美元，但是他能节约40个小时的上下班时间[①]。他的时间，每小时值25美元，于是每个月可以节省下 1 000 美元（每月 40 个小时的上下班时间乘以每小时 25 美元）以及驱车 1 600 英里的费用。假设他的经济适用车每英里花费 50 美分，那么一个月就是 800 美元[②]，住在新港还能为他节省 40 个小时的开车时间，他就一共能节省下 500 美元（1 000 美元的时间成本加上 800 美元车耗减去 1 300 美元的额外房租）。折合下来，他在上下班途中实际每小时只挣了 12.5 美元。这位工人理解了这一切吗？我觉得未必，因为每个月房租多出 1 300 美元是显而易见的一笔支出，这对他来说很难接受，但是在车子上的花费则不那么明显，并且他很可能从未考虑过这一点。

美国人喜欢每周花 40 个小时甚至更长的时间来看电视。那些有充足的“垃圾”时间的人应该利用这些时间来锻炼或者健身。每周 5 小时的健身时间能够使健康生活的时间延长 5 年。

轻视这种滞后的利益是一种投资时常犯的错误，并且它似乎是我们基本心理的一部分。某位心理学家曾经做过这样一个实验：给一群 4 岁的小孩子每人一颗棉花糖，并且许诺如果在 20 分钟后实验者回到房间时，这颗棉花糖还在，那么就能得到第二颗棉花糖。在监视仪器中可以看到，2/3 的小孩立马就吃掉了他们的棉花糖，而 1/3 的小孩等待着第二颗棉花糖。在测试的 8 年后，也就是他们 12 岁的时候，实验者发现那些拿了两颗棉花糖的孩子明显比那些只吃了一颗棉花糖的孩子取得了更好的学习成绩。如果你是那些拿了一颗棉花糖的小孩

---

① 假设他每个月平均上 20 天班。

② 包括油费、维护费、保险费、行车安全证明的费用和损耗等等的成本，还要外加车主保养汽车所花费的时间。

中的一个，长大后用着年利率 16% 到 29% 的信用卡赊购，然后来问我如何去投资一些闲置的现金，那么我的第一个建议就是还清你信用卡的债务。利息是不可免除的，而存款是确定的，所以偿还债务就意味着你正在享受 16% 到 29% 的无风险税后利率。第二个建议就是：为了日后能够拥有更多的棉花糖，我建议你在开始时将部分棉花糖用于投资，而不是在一开始就立即把它们全部吃掉。

第 25 章　用指数战胜大多数投资者

战胜大多数投资者并积累财富的最简单的方法其实基于的是一个简单的概念。无论是作为投资工具，还是作为对市场理性思考的例证，这个概念对所有投资者而言都至关重要。假设某共同基金持有一家主流美国证券交易所内交易的所有股票[①]，然后根据每家公司在全美股市市值中占的百分比分配投资比例，那么这家共同基金的业绩表现会和整个市场一致，每天的百分比价格变化相同、派息比例相等。这意味着，如果石油巨头埃克森美孚的市值（股价乘以流通股数）为 4 000 亿美元，而全市场总市值是 10 万亿美元，那么这家指数基金持有的埃克森美孚的股票金额将等同于自己净资产的 4%，以此类推。形如这类复制某个特定股票的集合成分和表现的共同基金被称为指数基金，其投资人被称为指数基金投资者。

我们将所有跟踪整个美国股市的投资称为"被动"投资，因此这些投资的业绩总和也会与整体市场表现相同。假设这些被动投资者持

---

① 先锋集团全股市指数股份（Vanguard Total Stock Market Index Admiral Shares）（股票代码 VTSAX）就是这么操作的。事实上，它对每只股票按浮动市值比例投资，即按估计的流通股份数额而非总股本投资。这两种方法的业绩差异可以忽略不计。

有每只股票市值的15%，那余下85%的市值的投资总和就可以被视为另一个巨型指数基金。在这里，“余下的投资者”指的就是主动投资者，他们每个人都有异于指数基金的独特持股原则。诺贝尔奖得主比尔·夏普曾说，从算术定律来看，所有主动投资者的总持股也复制了指数基金。这个广为人知的想法的最原始出处已不可考。鉴于我最初是从夏普那里听说它的[①]，而且他给出了最清晰的阐述[②]，因此我称之为夏普原则。

我在1968年或是1969年就认识了比尔·夏普，当时大家都是加州大学欧文分校的青年教授。厉害的是，他在那时已经完成了荣获1990年诺贝尔奖的工作。不过遗憾是，比尔当时隶属于加州大学欧文分校的社会科学学院，入职两年后就被斯坦福大学挖走了，因而我对他了解有限。如果普林斯顿－新港合伙公司成立时他还在加州大学欧文分校，或许我们会有所合作吧。比尔的贡献之一是为理解期权提供了一个关键的简化模型——二元模型，或许我能说服他市场具有显著的低效性，也就是伴随异常风险调整的获利机会。1975年，我邀请他到加州大学欧文分校演讲，会议上我们探讨了这个问题，比尔认为我在PNP中得到的收益并不能说明市场效率低下，他争辩说我们团队只是根据自身努力的价值得到报酬。如果把才能运用到其他方面的经济活动上，我们可以期待同样的回报。

不考虑各种费用，每位被动投资者将得到与投资指数基金相同的

---

① 参见：贾斯汀·福克斯，《理性市场的神话》（*The Myth of the Rational Market*），第119页。其中提及1962年本杰明·格雷厄姆指出，投资基金作为一个整体不应该被期望击败市场，“因为在很大意义上，它们就是市场”。

② 参见：威廉·夏普，《主动管理的算术》（The Arithmetic of Active Management），《金融分析师杂志》（*Financial Analyst's Journal*），第47卷，第1篇，第7—9页，1991年1月/2月。

回报。对主动投资者而言，个人得失可能与指数基金不同，但是所有的主动投资者的业绩总和与指数基金表现一致。主动投资者持仓比例与指数基金组成不同，将其收益和指数比较，结果也会时好时坏。从整体上看，所有主动投资者的业绩回报（不考虑费用）与指数基金回报相同，其中个人业绩的统计分布则服从大部分接近指数、小部分与指数差异较大的形态。

主动投资者其实承担着与回报不匹配的风险。购买指数基金的原因之一是可以通过多样化来降低风险，但更重要的原因是它可以降低投资者所需承担的费用。指数基金的交易频率很低，只在因指数偶尔增加或清除某些成分股而少量调仓，或者因申购或者赎回而导致交易时产生。从另一方面来看，整体而言，主动投资者们的年交易量会超过其持仓。交易佣金和冲击成本造成了巨大的浪费。

为解释市场影响造成的损失，我们假设 XYZ 股票的“真实”股价为每股 50 美元，为了简化交易过程，我们以 10 美分作为价格的最小变动单位。由此，买家会以每股 49.90 美元、每股 49.80 美元、每股 49.70 美元等出价。同样，卖方则会标价每股 50.10 美元、每股 50.20 美元等。此时买家在市场上最常买入的价格就是每股 50.10 美元，比实际价格稍微高一些。这个成交价格与实际价格之间的 10 美分差额被称为市场影响。市场影响会随着交易量增加而增加。我们将上述例子延伸，一个大买单不仅能够完全清空每股 50.10 美元的卖单，而且会导致卖家出到更高的价格，使平均购买价升至 50.10 美元以上，即此时市场影响大于每股 10 美分。

在我和史蒂夫·水泽经营山脊合伙公司时，我们通过将大单拆分为小单（每单为 2 万美元至 10 万美元不等），并将每笔交易间隔开几分钟，使市场价格回复。我们知道“真正的”价格在买价最高点

（出价）和卖价最低点（要价）之间，但不知道确切数字。总体情况下，大约是两个极值的中间值。为证明市场影响真实存在，假设在我们的例子中，买方以每股 50.10 美元购买股票后，想直接在市场上出售，那么他将得到 49.90 美元的成交价格，每股直接损失 20 美分（约 0.4%）。

非指数基金投资者每年除了将在交易费用上额外支出约 1% 外，还会在投资经理、销售人员、顾问和渗透到投资各个领域的受托人（巴菲特称之为“协助者”）① 处再额外支出 1%。所以主动投资者整体上会比指数基金投资者的业绩差 2%，而那些选择无费用（无销售费用）、低费率（较低的管理费和托管费）指数基金的被动投资者则只需支出不到 0.25% 的费用。从赌博的角度来看，主动投资的回报可以看作是这几部分的总和：被动投资业绩，如同赌场里抛硬币般的业绩回报正值或负值，以及每年 2% 的“抛硬币费用”。应税主动投资者则更惨，因为资产周转率过高意味着收益属于短期资本利得，其承担的税率比持有超过 1 年的投资更高。例如将 1 000 美元投资于收益 8% 的组合，并在实现利润时缴税，表 25–1 比较了每年与某些特定年限缴税的差异。为简化起见，假设短期资本利得税率为 35%，长期资本利得税率为 20%，则实际税率因投资者的税级和法律修订而异。

有势力的私募股权和对冲基金经理已经说服他们在国会的朋友们批准推迟对其征收海外税款的截止期限，甚至不按照工薪阶级的税率对他们的普通收入进行征收，而是按低很多的长期资本收益的

① 理柏公司（《华尔街日报》，2009 年 7 月 6 日）第 R 篇指出：2007 年，股票型共同基金的费率仅为 1.22%，而先锋集团的无费率股票指数基金的费率则是 0.20%。由于费率仅仅是投资者支付的一部分费用，交易过程中的其他“帮手”每年的费用超过 1%，再算上交易成本，主动投资者每年滞后被动投资者约 2%。

税率征税。表 25–1 中第一列和最后一列的数值表现了这两者间的巨大差异。

表 25–1　投资收益 8% 时，每年缴税 35%、每年缴税 20% 与到期缴税 20% 后剩余资产的比较

投资到期年限	投资金额		
	每年缴税 35%	每年缴税 20%	到期缴税 20%
0	1 000	1 000	1 000
1	1 052	1 064	1 064
10	1 660	1 860	1 927
20	2 756	3 458	3 929
30	4 576	6 431	8 250

如果指数基金的投资回报每年都以 2% 的优势高于主动投资者业绩的总和，这是否表示它同样能够优于绝大多数的股票型基金呢？公开年报显示，标准普尔 500 的指数常年能击败大多数共同基金，不过偶有例外。原因何在？一个原因是，这两者如同苹果和橘子般难以比较：标准普尔 500 指数并不是整个市场。对整体市场而言，指数基金可以被理解为一种低费用的主动投资，因为它不包含大多数小公司，因此对于非标准普尔 500 持仓的共同基金而言，夏普原则似乎并不适用。标普 500 指数由标准普尔公司遴选出的 500 只股票组成，这些股票的具体组成偶尔会被调整。虽然这 500 只大公司的股票市值约占公开市场的 75%，但是它也会忽略一些非常大的公司，比如 2010 年前的伯克希尔 – 哈撒韦公司——市值排全美前 10。事实上，从 1926 年到 2007 年的 82 年间，小公司的年复合收益率大约是 12.45%，而大公司的则是 10.36%。然而，共同基金持有小公司股票的收入，并不

足以抵消其额外成本。

另一个不能比较的原因在于现金余额。鉴于基金持有人持续申购或赎回，基金需要用部分资金解决流动性问题。当市场强劲上涨时，这部分现金的利息无法同步上涨，导致基金整体回报率低于其持有的股票回报率。相反，当市场急剧下跌时，基金股票仓位的损失也会因现金的存在而减少。不过这种现金拖累的影响通常很小。

此外，非指数型共同基金只是主动投资者中的一部分。我们可以认为，它们的管理人员是富有经验的专业人士，在这种情况下，非指数型共同基金总体的业绩将优于其他的主动投资者。尽管主动投资者总体上落后于所有非指数基金投资者之和，但是共同基金胜过了其他主动投资者。然而，针对共同基金历史回报的学术研究很少有证据表明共同基金的这种管理优势。根据夏普原则，业绩表现弱于指数基金是因为主动投资的规模小而非投资者的数量少。主动投资者所管理的资金池的总收益一定会低于指数基金投资的表现。

晨星公司（Morningstar）一直在跟踪共同基金业绩，定期对基金业绩与指数基金进行比较研究。2009 年的结果是非常典型的。在调整了风险、规模和投资类别之后，只有 37% 的基金在过去 3 年中战胜了它们的基准，而 5 年和 10 年内的统计结果亦与此相似①。

跟踪指数基金的收益情况如表 25–2。在此，我比较了大公司股票的历史回报和估算成本（如标普 500 指数的组成股票）。附录 B 中则给出了更多的细节。扣除费用和通货膨胀后，免税的被动投资者的资产每年增加了 6.7%，而主动投资者的资产增加了 4.7%，前者比后者多了约 2/5。而税后主动投资者的业绩则为 2%，被动投资者的业绩

① 参见：山姆·马穆迪，《跟踪基金》，《华尔街日报》，2009 年 10 月 8 日，C9 版。

为 4.8%，收益差超过税后投资者业绩的 1 倍。

表 25–2　主动投资与被动投资的比较

	指数基金	被动投资	主动投资
不计各类费用	10.10%	10.10%	10.10%
扣除各类费用	—	9.70%	7.70%
计通货膨胀	7.10%	6.70%	4.70%
计通货膨胀，不扣税	—	6.70%	4.70%
税后	—	4.80%	2.00%

如果你投资指数基金，那就应该选择一个年度开支少于 0.2% 的基金，拒绝选择那些管理费较高、有销售费或其他费用的基金。不过有一种费用可以例外，就是针对持有期过短（比如 30 天）的惩戒性费用。这是基金为防止短期内因为频繁的大规模申购赎回导致不必要的交易成本而设置的。

通常在每年的 10 月底，美国的股票型共同基金会向持有人分派年度应纳税额或者亏损。如果你计划在此时间点不久前进行投资，那么当你投资基金的收益很高时，可能会遇到比实际收益大得多的纳税不公平现象。反之，如果基金亏损明显，在摊派损失不久前购买，可以使投资者在没有对应经济损失的情况下减少他们的税单[①]。

免税投资者，例如个人退休账户、新型养老金计划[②]、员工福利计划，以及基金会的投资者，都应该考虑将他们在股市的主动投资转换为低费率的指数基金，除非他们有充足的理由相信目前的投资有显著

① 如果清理投资，这些额外的应纳税所得额或损失将被抵消。

② 源于美国《国内税收法案》第 401（k）节，即员工将部分税前工资存入储蓄计划，并积累至退休后使用的新型养老金计划。——译者注

的优势。不过根据我的经验，出众的选股能力极为罕见，这意味着几乎每个人都应该做出这样的选择。

应税投资者需要根据每个人不同的情况审查其持有的资产。例如在 2015 年，每股成本为 1 000 美元的伯克希尔 – 哈撒韦公司 A 类股票的市价是每股 22.5 万美元，假设联邦和州的税率和为 30%，那么我卖出股票的收益大概是每股 15.78 万美元。而如果把卖出款项投资于指数基金，其业绩表现必须比伯克希尔 – 哈撒韦公司高 43% 才能回到原位，这样的预期似乎极不可能[①]。

像我这样仅持有而不交易伯克希尔 – 哈撒韦公司的股票、无顾问费的投资者将避开主动投资者的常规费用。事实上，他们的成本可能比投资指数基金更少。如果类似这样的买入后持有的投资者随机选择股票，且按照其市值比例持仓，其期望收益就是全市场表现减去买入股票的费用（这一点可以通过类似夏普原则的方法证明）。

购买并持有策略与指数基金相比最大的缺点在于附加风险。用赌博的话来说，买入并持有的回报就像在指数基金业绩上反复地掷硬币来增加随机的收益或损失。持有约 20 个分散在不同行业的股票时，这种额外的风险往往较小。其实对买入并持有的策略威胁最大的是投资者自己。跟踪持仓股票、听信传闻和建议可能会导致频繁交易，从而导致我前文所述的负面影响。因此，购买指数基金可以规避这类陷阱。

换一种角度来看指数投资，假设每只股票以同样的百分比被纳入某低成本指数基金，其余股票被纳入由世界上最好的投资经理主动

① 税后我将留有 70% 的卖出价格，为了回到 100 美元，70 美元将要增加 30 美元，即 42.9%。

管理的巨大资金池中，那么只要一名职员使用计算机来做指数基金的簿记工作，就能通过低廉的佣金和费用来击败世界上最好的投资管理团队。在记者推动的竞赛中，随机选择的股票组合（如通过飞镖、骰子，或黑猩猩等随机择股）能够和专家投资的业绩不相上下。

第 26 章　你能战胜市场吗？值得一试吗？

当我刚对 21 点产生好奇时，大家都不相信获胜策略的存在。对许多经典的赌博游戏而言，涉及复杂下注方式的获胜策略在数学上已经被证明是不存在的。而且，如果有人可以击败赌场，那游戏规则将向阻止他们的方向改变。在我对股市产生兴趣时，也听到了同样的投资主张。学者们提出了一系列被称为有效市场假说的论点。通过金融市场数据，他们认为明天的价格似乎在今天价格的附近随机波动，因此无法预测。

此外，如果价格变化是可预测的，那么就会有人立即照此交易，直到它不再可预测。这个想法引申出了一个所有学金融的学生都熟悉的经典杜撰。有效市场假说之父尤金·法玛有一天和研究生一起漫步于芝加哥大学的校园里。学生一低头，惊呼道："看，地上有张 100 美元纸币。"尤金·法玛不为所动，回答道："不会的。如果地上真的有，一定早有人把它捡走了。"

21 点的发牌看似随机，但是如果你"追踪洗牌"，即通过观察弃牌的顺序，对洗牌方法进行特定的数学计算，就可以预测下一张牌的点数从而获胜。如果计牌，21 点中的下一手牌其实也不是完全随机的。

一样东西是否随机取决于这个人得到信息的多寡，得到的信息越多，随机性就越小。只有在市场价格“真正”随机波动时，其未来价格才无法预测，此时没有人能战胜市场。[①]

有效市场假说的支持者，实际上是一系列相关假设的支持者，他们普遍认为发达国家的证券市场对新信息的反应迅速且彻底。有效市场假说的坚定支持者最初认为在过去的几十年间，绝大多数投资者都是理性且反应及时的。可惜，他们还是很不情愿地承认了压倒性的反面证据。[②]不过他们仍然声称：所有投资者的整体影响，平均来看都能使当前市场价格逼近最佳估值。自20世纪60年代以来，在经济和金融学术上，有效市场假说的不同描述已经造就了数以万计的论文、数千名博士和几百本书籍。[③]

关于普通股合理价格的经典观点是，该价格以普通股未来所有收益的价值为基础。[④]但是这些收益具有不确定性，受不可知因素的影响。有谁能提前想到总部设在世界贸易中心双子塔的公司会因“9·11”事件而影响未来收益，从而体现在当时的市场股价上呢？这些未来收益被体现为反映其各种可能性和风险的现值。如果市场利用今天的公开信息来确定当前价格，那么只有知悉重要内幕消息的投资者才有优势。在20世纪80年代，投资者借助内幕信息[⑤]进行非法交易，大量知名案件的诉讼也证明了这一点。

有效市场假说永远无法被逻辑证明。唯一可供探讨的是，它是否

---

① 乍听之下很荒谬。它的意思是无人有能预测价值的信息。

② 他们表现出明显的认知失调特征。

③ 这段历史可参见贾斯汀·福克斯的佳作：《理性市场的神话》。

④ 系持有人净值的减少或增加。

⑤ 詹姆斯·斯图尔特的《贼巢》（*In Den of Thieves*）、康妮·布鲁克的《垃圾债券之王》（*The Predators' Ball*）等书均有提及。

贴切地描述了现实。不过这个理论只能被证伪，即发现越多独立的反面例子，其描述现实的能力就越差。

我已在前文记述了战胜市场的实例，其中涉及赌博、普林斯顿－新港合伙公司、山脊合伙公司等对冲基金的交易营收以及沃伦·巴菲特和伯克希尔－哈撒韦公司的故事。业绩优于市场与战胜市场并不等价。前者常常只是由于运气，后者是找到有统计学意义的优势并以此获利。举例来说，普林斯顿－新港合伙公司就在 20 世纪 80 年代利用封闭式基金常见的清算价值（往往比其他估值低很多）来获利。

封闭式基金从向投资者出售份额开始。之所以被称为“封闭”基金，是因为募集份额只发生在基金募集期。随后管理人会将资金投向特定类别的证券，比如高科技类、韩国类、垃圾债券类、绿色能源类或生物技术类。为说明这类基金是如何运作的，我们来做一个假设。假设我们正处于贵金属繁荣的时期，发起人以 8% 的总佣金通过经纪公司出售封闭式基金“第一桶金”（以下简称 POG）的份额。投资者以每份额 10 美元的价格共购买了 1 000 万份，即 1 亿美元，扣除 8% 的佣金后还剩 9 200 万美元可用于投资上市的黄金类股票。每份额最初为 10 美元，现在价值为 9.20 美元（即每份额净资产），“卖方”华尔街发起人已经直接收取了其中的 8%。请注意，投资者可以直接购买黄金类股票，且每进行 10 美元的初始投资就可以拥有价值 10 美元的股票。

该份额随后在市场上进行交易。尽管单位资产净值仍然是 9.20 美元，但是看好基金管理人的投资者可以出价 11 美元、12 美元甚至更高。每份额 POG 的市场价格与其净值（投资者持有的 POG 的投资标的价值）会随着时间波动。如果 POG 价格高于资产净值，则被称为资产净值溢价，反之则被称为折价。此外，资产净值是 POG 股份的清算价值，只要基金处于运作状态，其价值就会明显减少。这是因为相较于投资者直接持有组合，基金的管理人会收取费用，从而减少持有人的收益。

鉴于管理运作成本和费用的存在，封闭式基金通常折价交易。如果投资组合收益产生的管理费用为15%，那么持有人的预期收益就是总收益的85%，所以合理的价格应该是资产净值的85%，即有15%的折价。在这个例子中，最初的投资者为每份额支付了10美元，华尔街的销售费用将之减少到9.20美元，其管理费用为未来收益的15%，即又降低了15%，使每份额的价值变为85%×9.20美元（即7.82美元）。投资者的10美元立即损失了2.18美元（即缴纳给了基金管理人的21.8%）。这就像购买了崭新的汽车，只要开出仓库就立即折价。随着时间的推移，市场价格，也就是资产净值的百分比，在不同的市场环境和不同的基金之间明显波动。我也曾遇到过折价50%和溢价80%的基金。投资者可以买入那些相较于历史价格或是类似基金明显折价的基金来获利。

当然，也可以卖空高溢价的基金份额。根据它们不同的结构，投资组合中不同期限的基金可能在一定程度上对冲，而且期货和期权也可能额外降低风险。这种策略的回报相当稳定，但在较长的“试验”期内，折价和溢价往往会消失，从而导致回报下降。我曾经投资于采用这个策略的对冲基金好几年。不过因为错误定价修正得过于缓慢，其10%的回报率比我们预期的15%要低。

如果POG以40%折价交易（每份额净资产10美元，市场价格6美元），我们可以购买足够多的股份并通过持有人大会投票，将之转换为开放式基金，这样就可以允许持有人以资产净值赎回。由此，我们只需要支付每股6美元就能获得每股10美元的现金，利润是4美元（6 美元的 67%）。封闭式基金折价交易是普林斯顿 – 新港合伙公司的赚钱良机。虽然管理人强烈抵制，我们还是成功地进行了此类型的交易。①

封闭式基金的市场价格和净资产价值之间的差别，对于那些认为市场价格有效的人而言没有什么套利空间。为什么投资者有时会为 1 美元的资产支付 1.80 美元，而其他时候则以 50 美分的价格出售价值 1 美元的证券？这肯定不是因为信息的缺乏——资产净值和价格偏差都是随实际投资组合定期公布的。

在 2008 年到 2009 年的金融危机中，出现了可以折价购买资产的千载难逢的商机——一种被称为“特殊目的收购公司”（Special Purpose Acquisition Corporations, SPAC）的封闭式基金。这些公司从之前私人股权投资的繁荣时期开始上市。在特殊目的收购公司的基金首次公开发行后，投资经理承诺投资于指定类型的初创公司。在金融危机中，特殊目的收购公司业绩惨淡，其实际投资的企业平均亏损达到 78%。典型的特殊目的收购公司在成立之初就定下两年期的协议，而投资人可以在特殊目的收购公司投资企业前做出选择——参与购买或赎回本息。

到 2008 年 12 月，由于恐慌，即使是那些只持有美国国债的特殊目的收购公司的股票市价亦低于资产净值（NAV）。这些特殊目的收购公司的剩余期限从几个月到两年不等，很快就会需要进行投资或者清算，并且在投资前允许投资者按照资产净值变现赎回。在某些情况

① 参见：安德鲁 · 托比亚斯，《钱的角度》（*Money Angles*），西蒙和舒斯特出版社（Simon and Schuster），纽约，1984 年，第 71—72 页。通常情况下，管理人会按赎回股份的中间价兑付有异议的持有人，并保留余下的资产继续管理。

下，我们甚至可以购买到只有几个月就到期，年化收益率为 10% 到 12%，且只持有美国国债的特殊目的收购公司。[①] 而当时，美国国债的短期利率已逼近零！

对于那些仍然认为市场总是能正确定价的人来说，这就是因为投资者连算术都不会做而产生的获利机会。

要了解发生了什么，不妨假设有两个相邻的汽车经销商。第一个经销商提供标价为 9 000 美元的新福特轿车，并且 6 个月内可以返利 2 000 美元。第二个经销商提供相同的新福特轿车，标价为 14 850 美元。每个开车路过的人都能看到巨幅标牌上的价格。价格较高的经销商前有飘扬的气球，并有乐队演奏。价格较低的经销商虽然生意兴隆，但是价格较高的经销商前人山人海。大多数“理性”的投资者宁愿支付更高的价格。疯了吗？不可能吗？这类事情其实经常发生。比如在下面的例子中，100 股 3Com 公司的股票就像 9 000 美元加上 2 000 美元返利的经销商，而 135 股的奔迈（PalmPilot）公司的股票就像标价 14 850 美元的经销商。[②] 详情如下。

---

① 购买特殊目的收购公司的风险在于资产不受债权人破产保护。发现这个策略的杰夫在每次投资前都会研究其风险。

② 3Com 和奔迈（PalmPilot）的一段历史。奔迈计算公司（Palm Computing）本是一家 1993 年由杰夫·霍金成立的科技公司，奔迈是 20 世纪 90 年代末其旗下非常流行的掌上电脑硬件品牌。1995 年，美国机器人公司（US Robotics）收购了奔迈，而 1997 年 3Com 公司收购了美国机器人公司，因此 3Com 成为了奔迈的母公司。上文中叙述的就是 2000 年时奔迈上市发行的股价与 3Com 对应持有的奔迈股价不对称的案例。由于 3Com 拥有奔迈 94% 的股份，并准备把这些股份分给股东，奔迈的股价此时是过高的，而对应地，3Com 的股价是过低的，此时买入 3Com 的股票、做空奔迈的股票就能获取套利空间。不过，2000 年科技股的这一段历史已成过眼云烟，由于智能手机业务的繁荣，掌上电脑市场萎缩。2010 年，美国科技公司惠普（HP）分别收购了 3Com 和奔迈公司，2014 年，惠普公司将奔迈品牌出售给了中国 TCL 集团。——译者注

在 2000 年 3 月 2 日，因旗下的掌上电脑奔迈而闻名的 3Com 公司以每股 38 美元的价格首次公开募股。收盘前，其所发行的 2 300 万股股票换手率超过 150%，日交易量为 3 790 万股。盘中最高价为每股 165 美元，最后收于每股 95 美元。奔迈故意在首次公开募股中出售远低于需求的股份，克隆了当时常见的科技类股票首次公开募股购买狂潮和价格井喷。到目前为止，这只是重复了科技股 18 个月的繁荣期里的常见情况。

现在来看市场的无效性。星期四收盘时，奔迈的估值为 534 亿美元，而拥有奔迈公司 94% 股权的 3Com 公司估值“只有”280 亿美元。但这意味着市场将奔迈公司 94% 的股权估值为 500 亿美元，而将 3Com 余下的资产估值为 –220 亿美元！然而分析师对 3Com 的这部分资产的估值为 50 亿到 85 亿美元。在 6 个月内，3Com 打算将持有的奔迈股份分给自己的股东。为此，我儿子杰夫提前数日打电话给我来筹措资金。你可以直接购买 PALM（奔迈公司的股票代码），或是通过首次公开募股购买（但你需要有“关系”），要么是从二级市场买入已经涨价的股份。或者你可以通过购买 COMS（3Com 公司的股票代码）来间接购买 PALM，只需要等待几个月，持有 1 股 COMS 就相当于获得 1.35 股 PALM。此外，你还持有业务拆分后仍然盈利的 3Com 股票，且每股价值 8 美元现金。杰夫估计那时候的股价介于 15 到 25 美元之间。

分析师点评：杰夫的每 100 股 COMS 分配 135 股 PALM 的看法是保守估计，市场看法是每 100 股 COMS 分配 150 股 PALM。因此市场观点比我们的预计还要多。这个不确定性主要由分配时 COMS 的流通股份数量决定，而其数量会因期权等临时因素变化。

当杰夫和我讨论第一天的策略时，3Com 和奔迈股价一度蹿升到每股90美元和每股110美元。购买135股奔迈的直接成本是14 850美元，但如果我们用9 000美元购买100股3Com，则可以得到135股奔迈股份和100股3Com的“存根”公司（把100股3Com看作由两部分组成的证券，一部分是135股奔迈股份，另一部分是拆分奔迈后的100股3Com股份）。总计，花9 000美元购买100股3Com股票，将获得价值14 850美元的奔迈股份和剩余估值为1 500到2 500美元的3Com股份。假设以2 000美元卖出3Com的股票，那买入奔迈的股票只需花费7 000美元。

我向有效市场的理论家提出了如下疑问。为什么有人愿意支付14 850美元获取135股PALM而非仅仅支付7 000美元？为什么有投资者愿意在PALM市值为530亿美元时高位买入而非通过支付其一半的股价持有3Com而间接获得奔迈的股份呢？这与信息无关。这些条款简单、公开，而且事先就发布了。

我和杰夫应该如何利用这点呢？一种方法是购买3Com，等待6个月左右，然后出售从3Com获得的奔迈股份以及余下的3Com股份。但如果3Com和奔迈现在被大大高估而到时候价格急剧下挫怎么办？我们有理由相信这种情况会发生。第一，COMS股价已从两个月前的50美元，在首次公开募股前涨到超过100美元。第二，我们认为科技股正处于由大量非理性投资者制造的非理性泡沫中，其中许多是日内交易“赌场”的参与人。从结果上看，我们对投机泡沫的判断是正确的。纳斯达克指数在这时达到历史最高，而在不到3年里下跌了75%，直到16年后的今天，它还没有完全恢复。

我们可以借入135股PALM并以每股110美元的价格卖空，获取的14 850美元的利润将由经纪人代为保管，直到我们归还借来的股票。我们另外以每股90美元的价格买入100股COMS，这样会产生

9 000 美元成本，同时构建出一个几乎无风险且收益明确的对冲组合。在约 6 个月后，我们会从持有的 100 股 COMS 中获得 135 股 PALM 来平空头款项，随即获得 14 850 美元的卖空收入，最终得到 5 850 美元的现金和 100 股 3Com 的“存根”部分。如果这部分目前估值为每股 15 美元，卖出后我们就可以再获取额外的 1 500 美元。那么在 6 个月中，9 000 美元的投资可以获利 7 350 美元，即 82%。[①]

这样的套利规模受限于经纪公司允许出借给我们并卖空的 PALM 股票数量。我有个朋友，他管理着 27 亿美元的对冲基金，被允许卖空 20 万股 PALM，而且他在 COMS 的首次公开募股前就以低得多的价格买入了不少股票。

正如《华尔街日报》所指出的[②]，套利者可能在几天内，采用上述方法，借入且卖空更多的 PALM 并买入 3Com，从而减少套利空间。在此，我们可以清楚地看到市场无效性的机制，即“沉默者”（非理性的 PALM 买方）和精明的套利者的不同行为。该媒体还指出，类似的价差也出现在 2 月中旬 IXnet 公司从 IPC 通信公司（IPC Communications Inc.）中剥离的时候。纵然 IPC 仍然拥有 IXnet 中 73% 的股份，它仍然被“有效市场”以低于 IXnet 一半的市价估值。杰夫也利用了这点进行对冲。

如同“地平党”[③]般自信，有效市场的信徒认为 3Com 和奔迈的例

① 我省略了一些细节，如投资所需的实际现金可能与例子中的 9 000 美元不同，因为投资者已有的组合可能影响保证金条款，并且市场空头随时间的标记会有差异。

② 参见：《3Com 的下属 Palm 公司上市首日暴涨》（Palm Soars as 3Com Unit Makes Its Trading Debut），《华尔街日报》，2000 年 3 月 3 日，C19 版。

③ “地平党”（members of the Flat-Earth Society），笃信地球是平面的团体，即伪科学迷信团体。——译者注

子没有问题。有效市场理论的倡导者[1]的解释是：因为没有足够可做空的 PALM 股份，套利者无法纠正两者的价差。而如果有足够可做空的 PALM 股份，套利者就能使两者的价格回归一致。在这点上确实如此。如果可以借入股票，我和其他人会把我们大部分的资产净值拿来进行这样的操作。然而，奔迈的买方有能力，也应该纠正其错误定价：他们可以简单地通过卖出 PALM 并将收入再投资于 3Com 来大大增加其持有的 PALM 数量而不需要任何成本。然而，包括次日《纽约时报》[2]头版报道在内的广泛而公开的解释都似乎没有对市场造成任何影响。投资者不仅自己不会做算术，也显然不知道谁会。

除了 PALM 和 COMS 的例子外，让我们从另一个角度来审视有效市场理论。

对于完全有效的市场，我们无法将之击败，其条件为以下四点。

1. 所有信息都可以立即提供给参与者。

2. 参与者在经济上是理性的。例如，他们在其他条件相等的情况下倾向于获得较多的钱。

3. 参与者能够立即评估所有可用的相关信息，并确定每个证券当前的公允价格。

4. 新的信息能够使原有价格立即跳转到新的公允价格，杜绝任何人在过渡期间通过中间价格交易获得超过市场交易的回报。

注意：该理论的支持者在不同程度上认识到，这些条件中的部分或全部是不现实的，但仍然认为它们已足够与真实情况近似。

---

① 参见：波顿·麦基尔，《华尔街上的随机漫步原理》（*A Random Walk Down Wall Street*），诺顿出版社（Norton），纽约，2007 年。

② 参见：《Palm 公司股票首次交易中子公司使母公司相形见绌》（Offspring Upstages Parent in Palm Inc.'s Initial Trading），《纽约时报》，2000 年 3 月 3 日，A1 版。

现在让我们来看看市场是如何实际运作的，这样我们就可以理解如何更好地投资了。

在真实的投资过程中，我们遇到过一些市场无效的情形，在下面这些情况下，我们可以战胜市场。

1. 某些信息只能立即让少数碰巧在适当的时间和地点的人得知。许多信息刚开始只被少部分人群知悉，然后逐步散播到更广泛的群体中。这种传播过程视情况可能需要几分钟到几个月。对此信息最早采取措施的人将取得收益，而其他人可能什么也得不到甚至受损。（内部人员利用早期信息的合法与否取决于信息的类型、获取的途径，以及如何使用。）

2. 每个人的经济理性都是有限度的。有些人几乎完全不理性，也有人在所有的投资行为中都力求理性。在现实的市场里，参与者的理性是有限的。

3. 市场参与人通常只通过部分相关信息来为证券估价。而每次估价中，处理信息的时间和分析信息的能力通常都有很大不同。

4. 对信息做出回应的买单和卖单有时会在几秒内蜂拥而至，导致价差蹿升或几乎蹿升到一个新高度。然而，更多的情况是，市场对信息的反应需要几分钟、几小时、几天或几个月，就像学术文献一样。[①]

对真实市场的描述可以告诉我们如何战胜市场，具体如下。

1. 及早获取优质信息。如何判断信息是否足够好或足够早？如果你不确定，那么它可能不是。

2. 成为遵守纪律的理性投资者。用逻辑和分析取代推销、冲动或

---

① 因非预期盈余公告、股票回购和拆分等引起的股价调整往往需要几周甚至几个月才能充分实现。

情感。假设你只有在抵制了冲动、进行理性投资时才有优势。除非你很确定自己有优势，否则不要赌博。正如巴菲特所说："只在遇到好打的球时挥杆。"

3. 寻求更好的分析方法。如前所述，我可以通过统计套利、可转债对冲、布莱克－舒尔兹公式，以及21点的计牌获利。其他优秀的策略包括少数天才做出的证券分析和更好的对冲基金策略。

4. 当投资人利用证券的错误定价获利时，后续的交易往往会消除这定价的偏离。这意味着最早的交易员能够获利最多，随后的持续交易会趋向减少或消除这一错误定价。当你发现类似机会时，要早于其他人进行投资。

请注意，市场是否无效取决于观察者的学识。大多数市场参与者没有明显的优势。对他们而言，市场似乎是完全有效的，就像21点的牌点或轮盘赌上的数字似乎随机出现一样。

为了战胜市场，你应该把投资精力集中在你的学识范围内和有评估能力的方面，即你的"能力圈"。要确保信息是有效的、准确的、基本上是完整的。要明白信息是从"食物链"中流出的，早知道信息的人会将后知道的人"吃掉"。最后，除非你能用逻辑来论证，否则不要进行投资，而且如果有历史记录可循，你会获得优势。

不管是否想战胜市场，你都可以通过妥善管理财富来做得更好，这也是我接下来要谈的内容。

第 27 章　资产配置和财富管理

私人财富在发达工业国家中主要分布在权益（普通股）、债券、房地产、收藏品、商品和其他个人财产这些资产领域中。如果投资者们把钱投资到每一项想要投资的资产分类下的指数基金中，那么投资者资产组合的风险和收益将取决于他们如何分配不同资产分类里的资金。这一原理同样适用于那些不购买“指数基金”的投资者们。表 27–1 中粗略地罗列了一些资产类型。表格中没有计入共同基金、对冲基金、基金会和员工福利基金的投资资产，因为这部分资产实际上已经被包含在表格所列举的项目里了。[①] 另外，证券衍生品，比如权证、期权、可转债和其他许许多多复杂的衍生品发明，看上去似乎和公司普通股这些“底层”的证券价值有所不同，但人们依然把证券衍生品理解为底层资产分类的一部分，所以也不用在表格里单独罗列。

---

① 共同基金管理公司和对冲基金合伙公司除了持有的资产外，本身也有一部分分开的、有相当数额的市场价值，不过这部分价值都已经被计算在私募股权分类中了。

表 27-1 主要资产分类和子项

权益	
普通股	
优先股	
权证和可转证券	
私募股权	
利率证券	
债券	美国政府（联邦）
	公司
	市政
	可转债
现金	美国短期国债
	储蓄账户
	存单
不动产抵押贷款证券	
房地产	
自住	
商用	
商品	
农产品	
工业制品	
通货	
贵重金属	
收藏品（艺术品、宝石、硬币、汽车等）	
其他（可售）个人财产	
机动车、飞机、船、珠宝等	

你是如何在表 27-1 中的类别里分配自己的资产的呢？大部分投资者选择的三个主要类别是权益、利率证券和房地产。尽管三者的具

体比例每年起伏不定，尤其当某一项特别的资产分类经历了大涨大跌的时候，比例变化尤为明显，不过这三类资产每个都大约占据了全美家庭总财富的 1/4。

追求回报的投资者们常常在某类资产增值的时候买入、在贬值时卖出，这种投资方式的历史结果难以令人满意。2000 年年末，科技股泡沫破灭、2006 年房地产膨胀达到顶峰、2008—2009 年股价暴跌，这三次事件中，追涨杀跌的投资者们损失尤其惨重。而另一方面，那些被认为是做“逆势”或者“价值投资”的高抛低入的投资者们，却往往能通过在不同资产间转移投资资金跑赢市场。①

附录 B 中的表格展示了股票和商品房市场的最佳长期投资回报结果。利率投资在经过税收和通胀调整后几乎没什么回报，仅有那些免税投资者才能获得少量收益。尽管从长期结果来看，投资权益的收益效果最好，但此类投资也可能长时间处于低谷期，这意味着它们的价格一直在前一个历史高峰以下徘徊。房地产产业则在 2008—2009 年的金融危机期间大幅萎缩。

假设所有类型的资产在 21 世纪的风险和回报都与它们在 20 世纪的表现类似，那么对于被动的长期投资者们来说，投资普通股和会产生盈利收入的商品房是最佳选择，只不过后者的数据相对比较粗略。在两者间分散投资能够降低风险，同时增加总体收益。

不过许多投资者并不喜欢把钱放在高风险的普通股和房地产产业里，尽管这两类资产的总体收益很高，但它们的增长趋势时不时地会被暴跌所打断。

---

① 这部分效应的数学讨论，有时被称作“波动抽利”（volatility pumping），详见《凯利资产增长投资公式：理论及其应用》（*The Kelly Capital Growth Investment Criterion: Theory and Practice*），莱昂纳德·麦克林、爱德华·索普、威廉·赞巴编，世界科学出版社，2010 年。

我认识的一对退休夫妇是这么处理他们价值600万美元的投资的：他们计划把这600万美元资产作为他们余生的主要经济来源，每年花费其中的4%，而剩下的部分就放到“安全并能跟上通货膨胀”的投资项目中。按照他们的计划，在一个人在世的情况下，这对夫妇能进行经过调整计算后等值于每年24万美元的税前消费，并能在之后的25年始终保持相同的消费水平。于是，他们选择把一半的资产投入免税的市政债券，用另一半投资股票权益。他们害怕世界市场会重蹈大萧条的覆辙。

我觉得这份计划非常适合他们。因为夫妻二人都对学习投资和理财毫无兴趣，他们应当继续作为被动投资者处理自身的资产。即使是我在20世纪90年代初提出的投资50万美元到伯克希尔–哈撒韦公司的保守建议，对他们来说也是不可想象的。伯克希尔–哈撒韦公司当时的股价是每股1.2万美元，当2016年这对夫妻过世时（妻子先于丈夫过世，而丈夫一直活到了2016年），当初的50万美元增长至900万美元。况且把一半的财产存放到安全而稳定的市政债券里能够保留充分的财产应对危机。

随着时间流逝，尽管这对夫妇资产的市场价值随着利率反向变化，但他们投资的市政债券平均每年能稳定提供4%的回报率，也就是大约12万美元的免税收益。总体上，美国权益投资市场在同一时期平均增长到原来的4到5倍（这是税前数字，也没有把投资咨询费用和其他成本考虑在内），伯克希尔–哈撒韦公司的股票从每股1.2万美元先是涨到了将近15万美元，在金融危机期间又回落到7.5万美元，最终在2016年上升到每股超过20万美元。当2008年金融危机发生时，权益市场在价格反弹前损失了整整一半的价值。另一边，对于那对退休夫妇来说，虽然寄给他们的税收账单数额逐年减少，但是美国联邦政府庞大的财政赤字开始影响州和地方政府，他们所购买的市政债券也不再是当年万无一失的投资选择。尽管夫妻二人的股票投资收益平平，但他们依然有足够的金钱保证他们生活无忧，即使看着股票投资组合的数字上上下下，也不会有丝毫顾虑。

另一位我所熟识的投资者则按照自己的开支习惯分配他几百万美元的投资。相应地，他的资产组合大部分都是短期和中期债券，为此他不得不支付天价的个人所得税。有意思的是，他似乎认为自己只能花费股利和利息这类“收入”。在他的观念中，资本增值是某种不现实的“玄学”。我企图说服他，更高的税后收益意味着更多钱和更多资产，已实现的收入和未实现的资本收益或损失都是钱，然而我的努力并没有起到什么效果。购买一只像伯克希尔–哈撒韦公司的股票（伯克希尔–哈撒韦公司从未支付过一分股利）对他而言是不可想象的事情，因为这并不产生任何“收入”。类似这样对已实现收入而非净收益（经济收入）的偏好在众多投资者间非常普遍。

对那些稍稍勤于思考并实际着手操作的投资者来说，市场上有大量机遇有待发掘。比方说，过去数年的股指平均市盈率（price-to-earnings ratio），例如标普 500 的市盈率，与未来数年内的股指总收益率，有很强的反比关系。简单地说，高市盈率意味着股票价值被大大高估了，在未来一段时间内股价很可能会走低；而低市盈率的情况则恰好相反。一个拥有多项分散投资组合的投资者可以充分利用这一规律，在市盈率创下历史新高时减持股票，而在市盈率较低时增持股票。

我个人更喜欢把市盈率的倒数作为参考标注，也就是每股盈利除以每股市价（E/P），不过更准确地来说应该叫它收益率。当市盈率是 20 的时候，收益率就是 1/20，或者说 5%。以美国长期国债和一些特别高质量的公司债券的收益率作为评价基准，投资者也可以把标普

500 指数当作一种低等级的长期债券。当股指收益率相对于债券基准创下历史新高时，投资者可以卖掉一些债券买入股票；与之相对地，当债券收益率高于股指时，再把钱从股票市场转移回债券上。

市场上总是充斥着各种推销股票的故事：比如可以改变世界的革命性新产品，控制着整条产品线能肆意调整价格的垄断寡头，裙带关系复杂并深受政治保护而在市场上狼吞虎咽的企业，优质矿藏的发现……此类故事层出不穷。谨慎的投资者在听到这些消息时，应该问自己的关键问题是：股价多少时购买这家公司的股票是合适的？这只股票的价格到多少时就算过高了？假设在分析过公司的财务报表、经营状况、商业模式和发展前景后，你的结论是这家企业的合理购价是每股 40 美元左右，那这一价格就意味着在考虑所有风险后还有令你满意的盈余收益，而且它还应该留出充足的安全边际以防在分析过程中出现失误。另一方面，如果你判断每股 80 美元是一个不合理的定价，那公司的价值就被高估了。通常情况下，投资者会尽量避免投资在自己的要价以上交易的股票，不过如果你仔细观察了大量公司的股价变化，就能发现市场上时不时地会出现一些特别合适的购价。在那些更好、更有经验的投资者估值时，“要价”到“估值过高”的价格区间——在这个案例中，就是 40 到 80 美元之间——通常会更小一些，这使得他们能有更多信心应对更多的情况。

美国股票市场总值在 2014 年年末大约是全球市场的 1/3 稍多一点。在多个国家的股市投资的销售组合通常享有分散投资的优势——在相同收益水平下投资的风险更低。不过这种做法随时间不同而结果不同：1970—1986 年的效果显著，而 1987—2015 年则表现平平。最近数年，随着信息科技的发展，全球化的影响使得各国市场和美国股市的走势越发接近，这在金融危机期间尤为明显，这也大大限制了海外分散投资所抵消的风险。

大部分美国家庭都拥有自己的房产，对于很多人来说，这是他们财产的主要部分。所以房产投资究竟有多有效呢？1952 年时，我的一个叔叔和他的妻子花了 1.2 万美元买下了加州托兰斯市工薪阶层社区的一座木质结构的小屋。2006 年，他在房地产泡沫接近顶峰时卖掉了这座房子。尽管这座房子几乎处在不断恶化的帮派冲突地区的边缘，房子本身的年头也相当长了，但由于房地产金融泡沫在加州尤其严重，他卖掉房子后扣除税收和佣金，依然净赚了大约 48 万美元。他的投资在 54 年间增长了 40 倍，差不多是在以每年 7% 的复合利率增长。同时，他购买房子后每年支出的房产税和维护费用也比租一栋类似的房子要便宜不少。

虽然这样的故事层出不穷，但我叔叔依然算是极少数幸运儿中的一个。根据经济学家罗伯特·席勒的计算，美国平均房价经过通货膨胀调整后在 1890—2004 年每年增长 0.4%，在 1940—2004 年这段时间内年增长率为 0.7%。[①] 从这个数据来看，投资获利并不应该是买房的主要原因。你完全可以租一栋差不多的房子，在经济上也没什么损失。但是，和我买房的理由一样，拥有自己的房产的很多其他好处是不可量化的[②]：比如，在自己的房子里可以完全做主，对房屋进行升级

① 参见：《美国房价泡沫的成因》（*Causes of the United States Housing Bubble*），维基百科页面，2009 年 9 月 16 日版；威廉·赞巴，《1980—2009 年有效的和无效的》（What Signals Worked and What Did Not 1980—2009），第 I、II、III 部分，《维尔莫特》杂志，2009 年 5 月、7 月和 9 月刊。

② 一般而言，大量资金投入导致的过量通货膨胀出现在商用房地产中，而不在民用房地产中。然而房主和潜在购房者却通常不理解两者的差异，他们被不同时期不同地点的房产大赢家的故事所误导。这也是股票投资市场里投资者的常见错误，不要对这点感到惊讶，因为这两者通常是同一批人。行为金融学家对这一人类行为趋势有过充足的分析。

或者改造而不必事先征求房东的同意。同时，如果你有固定利率的抵押贷款或已经全款买下了房子，你就能安心地充分掌控自己未来的每月开支。

正如我所提到过的，应纳税投资者和政府共享他们的利润，这与拥有相同资产组合的免税投资者相比极大地削减了应纳税投资者的财富。“减税出售”（tax–loss selling）是一种广为人知的避税办法，这种方法让纳税投资人有机会抵消全部或者部分的税收影响。

用最简单的话来说，就是投资人在这一年年底前卖掉有所损失的股票来实现资本损失，以减少这一年的资本收益数字，从而削减个人所得税。这一行为催生了所谓的“一月效应”：由于大量投资者在年底时出售亏损的股票，出售压力使得这些股票的价格在这段时间里被压得更低；然后在一月份的时候，回购热潮让股价大幅反弹，使得公司在年初表现过剩。这对小公司的影响很大。投资者一度在出售股票实现资本亏损后立刻把股票买回来，这样承担经济损失（或收益）的风险非常小。为了反制这种做法以免带来税收损失，美国政府引入了“假售回购”条例来增加这一行为所承担的风险。条例中指出，任何出售亏损股票并在 31 天内购回所产生的损失都无法出于抵税目的申报。这一条例还刻意调整了字眼，阻止精明的投资者通过转投“等价”股票来避税。

“减税出售”的反面是“持税递延”（tax–gain deferral）：想要出售大量收益证券的投资者会等到第二年再卖出股票，这样就能让资本收益的税收递延一年，税收费用就能在上缴给政府前再多用一年。

一方面，尽管税法条文在不断变化，长期资本收益的税率总体上比短期收益的税率还是要低不少，持有超过一年的资本收益在税收上的优势相当可观。因此，获利的投资者在一年以后再出售股票可以享有更多优势。另一方面，因为短期损失一开始是为了抵消计算税收时短期收益的效果而引入的，所以它们也通常比长期损失更有价值，这意味着最好在持有时间少于一年时出售亏损的证券。

普林斯顿 – 新港合伙公司运营时，美国税法与现在大不相同，公司也因此利用递延或出售的办法极大地削减了合伙人的应纳税收益。尽管现在的税法已与当年不同，在税收上发生有趣事情的概率依然存在。

有组织的减税出售可以挣得更多利润。假设你是一个喜欢购买并持有股指基金的投资人。如果你购买了 20 到 30 只股票来跟踪股指涨跌，以此取代原先的股指基金，那你就能通过避税获取更多利润。如果你怀疑这么一小撮股票能否做到有效跟踪股指涨跌，那么不妨看看道 · 琼斯工业指数，因为它就很好地证明了这一方法切实可行。道 · 琼斯工业指数只包括了 30 只股票，它与标普 500 指数使用完全不同的方法进行选股，前者却在历史数据上和标普 500 指数出奇地保持着一致的步调，而这一价格同步的现象也并非事先就计划好的。为了做指数套利，普林斯顿 – 新港合伙公司在 20 世纪 80 年代中期开发出一套选股方法，能够特别有效地追踪股指涨跌。1987 年 10 月 19 日“黑色星期一”发生一天后，我们就用这种方法成功套取了标普 500 指数和股指期货合约间超过 10% 的利润。之后的量化分析师们（宽客）进一步完善了这种方法，他们在交易中把股票组合和股指之间的价差控制得非常小。

想要削减赋税，先要找一组追踪股指的股票，每当有股票下跌，比如说下跌 10% 时，就卖掉亏损的股票然后买入另一些股票，使这个组合在整体上和股指的趋势保持一致。如果你只想要短期资本损失，那就最好在购买股票后的一年内出售它们。不过，我建议任何认真考虑这一做法的人在具体实施以前先根据历史数据进行模拟测试。

投资时，理解手上的证券是否容易出售是非常重要的，这一特性被称为“流动性”。缺乏流动性可能会造成严重的损失，这一结果在2008—2009年的金融危机期间给对冲基金和房地产投资人的教训尤为深刻。

2002年解散山脊合伙公司以后，我对财政赤字不断扩大、房价物价飙升的情况非常担忧。与此同时，对冲基金也在改变合同条款来套住投资者的钱，撤出资本变得越发困难。允许提款的频率从每月一次延长至每季度、每年一次，甚至更低。提前通知提款的周期也在加长：从30天变成了45天、60天或90天。基金的单日提款数额也被强加了限制，这被称作“节流值”(throttles)。而美国证券交易委员会则恰恰在这一问题上起了反作用，它新出台了规定，要求资产超过1亿美元的对冲基金经理人必须首先成为注册投资顾问，除非这些经理人能保有初始投资资金两年以上。许多对冲基金兴冲冲地以避免在基金运营过程中注册投资顾问为借口，绑定了投资人的资产——这对于基金来说是一个双赢结局，而对于那些美国证券交易委员会本应保护的投资者来说却是相当不利的局面。

2008年春天，我意识到这次房价崩溃波及的范围会非常广，所以我向投资的几家对冲基金申请部分撤资。不幸的是，曾经一度流动性非常强的投资已经不复当年，2008年的金融危机在9月时严重激化，我申请撤回的大部分资金在那之前都未能及时交付，而基金的资产也在此期间大幅缩减。因为鲁莽地对资产增加杠杆，许多基金自己都面临着严重的流动性危机。由于没有预料到金融危机，基金投资者因未能及时转移资产而蒙受了重大损失。即使是本应在熊市中获利的对冲基金也在这一年跌了 18%，大型公司的股票下跌了 37%，房地产投资的跌幅更是超过了 40%。那些被信用和资产泡沫冲昏了头脑的新一代对冲基金经理要么对对冲一无所知，要么就认为对冲的成本太高，不值得这么做。

像哈佛、耶鲁、斯坦福和普林斯顿这些最顶尖大学的捐赠基金，因为长期偏好低流动性投资，比如私募基金、商品和房地产等等，所以和大部分对冲基金一样，比普通证券的流动性更低。大学捐赠基金的收益率通常处于 15%—20%，在领先市场多年后，它们如今损失了大部分积累下来的优势，相较于中型偏大的捐赠基金[①]的 18% 的亏损，顶尖大学的大型捐赠基金亏损率达到了 25% 左右。

因为没法在麻烦到来时及时撤资，低流动性投资所带来的额外收益会被未来不可预知事件的影响所抵销。

21 世纪第一个十年间出现的住宅、商用房地产产业迅速扩张的繁荣景象把数以百万计的房主引入举债过度的泥潭。房主们被业内广为流传的促销神话“房价只会越涨越高”所迷惑，许多人借贷 80%、90% 甚至 100% 来买房。当房价上涨时，数百万人通过再融资或者二次抵押获取住房贷款保持高额杠杆。当房价在 2006 年到达顶峰然后回落时，处于水位线以下的房主（也就是说他们的贷款数额已经高于房屋本身的市场价值）和其他那些因购买了过多房产而无力支付的人开始大量出售房产，进一步压低了房价，引发了新一轮的出售潮。杠杆在这里给我们的教训就是：你需要问自己，假设发生了最坏的情况，你能否承担后果。如果答案是“不能”，那么就减少你的贷款数额。

① 参见：约翰·赫琴格，《普林斯顿捐赠基金缩减 23%》（Princeton's Endowment Declines 23 percent），《华尔街日报》，2009 年 9 月 30 日，C3 版。

我对使用杠杆的理解源自我在赌场的经验。当我实施自己的21点算牌策略时，从直观上来说应该在期望回报或者优势更大时下注更多。但问题是具体应该下注多少？来自贝尔实验室的物理学家约翰·L. 凯利在他1956年发表的一篇论文里给出了答案，凯利据说是贝尔实验室里除了克劳德·香农以外最聪明的人。威廉·庞德斯通在他的著作《财富公式》[①] 中详细介绍了凯利公式引人入胜的历史，庞德斯通指出，对于一个有概率优势的赌注，如果下注1美元可以获得A美元的赌利，最优凯利赌注就等于你所占优势百分比的本金数额除以你的获利数A。在21点中，优势概率通常在1%到5%之间，而赔率，或者说每1美元的获胜收益平均下来比1略多一点。所以，根据公式，当算牌策略算出的优势较多时，我会以总资金的1%下注，比我的概率优势略低一点。凯利公式不仅可以应用于双数值回报的情况[②]，而且

① “财富公式”这个标题可能听上去非常熟悉，这正是1961年我在美国数学协会上演讲的标题。比尔·庞德斯通曾体贴地问我，他是否能够把这个标题用在他的书上。在《击败庄家》一书中，我很自然地称这一公式为凯利赌博系统，从1966年后，我就称其为凯利公式，而这个名字也就此保留下来。

② 在21点赌博中，结果要么是赢，要么是输，只是二者的概率不同。市面上常见的 $f=\frac{bp+p-1}{b}$ 公式就是针对输－赢两种情况的凯利公式的，其中，f为下注占总资金的百分比，p为获胜概率，b为赌注所赢得的倍率。事实上，凯利公式本身是由信息熵公式 $E=p\times\ln(1+f\times b)+(1-p)\times\ln(1-f)$ 取一阶导为0后直接推算出来的，E为期望值，p为获胜概率，f为下注百分比，b为获胜倍率。整个公式可分为两部分理解：加号以前是获胜的信息熵，即有p的概率获得 $f\times b$ 的资金；加号以后的部分是失败的信息熵，即有1–p的概率损失所有赌注，损失的所有赌注就是f，因此在后半部分用 –f 代替前半部分的 $f\times b$ 即可。这条公式也可以推广到大于两种结果的情况，广义的结果可以被总结为 $E=\Sigma_i P_i\times\ln(1+q_i)$，即总期望等于每一种结果的概率乘以结果数值的对数，也就是说，第i种结果的概率为 P_i，其对应的收益/损失为 q_i，可正可负，正的代表获利，负的代表损失，对E求一阶导为0就能得到凯利最优解。——译者注

适用于所有已知概率或者概率可以被估计的赌博或投资中。

如果你按照凯利公式推荐的结果执行会发生什么呢？凯利在他的论文中从数学角度证明了，使用凯利系统的人的最终财富会比使用任何其他下注系统的人都多。从 21 点赌博开始，到百家乐，再到在投资中分配资产，我一直使用凯利公式。

凯利公式的几个主要特征有：（1）投资者或者赌徒通常可以避免损失全部的资产；（2）优势概率越大，赌注越大；（3）风险越小，赌注越大。[①]凯利公式并不是由保守的学院派经济学家发明的，它的应用也因此饱受争议。[②]

1969 年的夏天，比尔 · 格罗斯在内华达玩 21 点时知道了凯利公式，他随后成为太平洋投资管理公司的创始人之一，凯利公式一直影响着他的投资决策。在一次采访中，他告诉《华尔街日报》[③]："在太平洋投资管理公司里，不管是 200 美元还是 10 000 亿美元，你有多少总资产都无关紧要。你可以从我们的投资组合里看出来，我们没有一个投资账户里的钱超过总资产的 2%。从风险管理的角度讲，专业的 21 点策略在交易室里效果显著，这也是我们的一大成功之处。"

不过凯利公式也有一些瑕疵，有三条关于应用凯利公式的警告：（1）凯利公式可能会导致总资产的大幅波动，所以大部分投资者都选

---

① 可以在我写的文章里读到详细的细节，大部分文章都在我的个人网站上：www.edwardothorp.com。

② 除了庞德斯通的历史以外，有一定数学基础的读者可以在《凯利资产增长投资公式：理论及其应用》里读到相关方面的近期发展。《凯利资产增长投资公式：理论及其应用》，莱昂纳德 · 麦克林、爱德华 · 索普、威廉 · 赞巴编，世界科学出版社，2010 年。

③ 参见：斯科特 · 帕特尔森，《从过去的数学优势角度打量市场》（Old Pros Size Up the Game），《华尔街日报》，2008 年 3 月 22 日，A9 版。格罗斯 2014 年离开了 PIMCO 并前往骏利集团（Janus）进行资产管理。

择用更低的比例下注，通常是凯利比例的一半或更低些；（2）对于短期或者想要规避风险的投资者，凯利公式的适用性并不强，其他投资策略可能效果更好；（3）想要完完全全应用凯利公式，需要知道收益结果的确切概率，这在大部分赌场中是可以做到的；而当面对像投资等不那么确定的情况时，最好使用保守的结果估计来计算相应的凯利赌注。

正如我在《维尔莫特》杂志中所指出的[①]那样，沃伦·巴菲特的思维方式和凯利公式是一致的。巴菲特某次出席埃默里大学活动时，在问答环节里被商学院的学生问了这样一个问题：按照畅销书《财富公式》和凯利公式的观点，应该怎样选择投资数额。巴菲特和他的同僚查理·芒格当时正管理着2亿美元的资产，他们把大部分钱分成每项投资只有500万美元或差不多数额的小额款项。不过有时巴菲特也愿意用75%的财富做某一项投资。在有极端优势的局面下大量注资也是凯利赌注的显著特征之一。

在普通人的一生中，成年以前，我们的消耗远大于我们的产出。随着不断受到教育和训练，我们对社会的贡献渐渐多于社会对我们的支持。在这段时期，谨慎的资产投资者会积累足够多的财富，使自己在年龄增加、工作收入减少时，能够通过提取之前积累的财富来维持自己的生活。

在这个问题上，如果想要用存款完全支持自己的生活，你每年能花多少钱而不会导致资金枯竭呢？当然，这并没有标准答案，因每个人不同的需求、欲望和环境而异。我所认识的一个退休的人拥有

---

① 参见：爱德华·索普，《理解凯利公式》（Understanding the Kelly Criterion），《维尔莫特》杂志，2008年5月，57—59页，网址：http://undergroundvalue.blogspot.com/2008/02/notes–from–buffett–meeting–2152008_23.html。

1 000 万美元的财产，他生活得很好并相信自己的投资回报跟得上通货膨胀，他在用完所有存款前每年能有 40 万美元的开销，这足够他过他想要的生活。用最“保守”的方式回答这个问题：当把钱投入像短期国债这样的低风险并紧跟通货膨胀的产品中时，用投入的资金除以你能活的最多年数，得出的结果就是你每年的安全开支。

如果你想要像捐赠基金那样源源不断地产生资金该怎么办呢？计算机模拟的结果[①]显示，即使是最好的长期投资，比如股票或者商用房地产等，未来每年的花费也应该被限制在原资金经过通胀调整的 2% 这一数字以下。这一保守得惊人的数字是基于未来投资结果会和美国历史上的投资和风险结果类似这一假设得到的结论。在这种情况下，捐赠基金永不枯竭的概率高达 96%。

之所以会得出 2% 这么低的开支上限是因为，如果在早期投资时受到严重的市场衰退的影响，资金量可能会大大缩减，任何高于 2% 的开支要求都有可能直接清空所有资产。

① 这一结果是数学家阿特·奎夫模拟的（阿特·奎夫是加州大学伯克利分校的博士——译者附注）。

第 28 章 回馈

2003 年，我和薇薇安受到我们在过去几十年间所做的慈善的启发，向加州大学欧文分校的数学系提请设立一个基金。设立该基金的原则之一是这项“馈赠”能够领导变革，引发比金钱本身更大的影响。同时我们也希望能为那些不能继续进行的项目提供必要的资助。这些条件和要求都得到了满足。

20 世纪 90 年代，数学系迎来了新的系主任，他平息了冲突纠纷，边缘化了那些游手好闲的人并且引进了许多有真才实学的教员。尽管学校里有不少类似的基金，但是数学系一个都没有。我们希望通过设立这个基金，为数学系吸引学界新星，进一步提升整体院系的高度。我们的目标描述如下：（1）支持有非凡天赋的数学家的个人研究；（2）通过不同于其他基金的投资方法和发放政策，利用复利增长来增加受惠人并最终使这个基金成为全世界最富有的基金之一，从而使加州大学欧文分校吸引更多卓越的数学人才。

为实现这第一个目标，捐赠只能用于支持该基金获得者的研究行为。这项基金只是正常工资和大学资金上的补充，并不能代替它们。如果大学不准备录用此人，那么我们也不会资助。这一举措不会改变，即使该基金的资助额远远超过（如同我们所预期的）了大学给予的薪水。

综合用于院系、校区、学校的预算，或者是其他未能直接支持研究行为的基金资助部分，不得超过每年可支配资金的5%。我们把每年的分配率设置为2%，即0.1%的资金用于支持管理和正常运作，1.9%直接给到受惠人群。因为我们很清楚，将分配率限制于年收益的2%对长期复利增长至关重要。

我们捐赠了手中伯克希尔–哈撒韦公司极具升值空间的A类普通股，这相当于我们放弃了这项投资的长期收益，因为如果日后卖掉它们，可以获取更多资金。股票只会在基金需要支持的时候出售。但是，一份伯克希尔–哈撒韦公司的A类普通股能够换取大量现金（在2016年达到了20万美元），远超捐赠基金每年的总支出。所以在需要资金的时候，我们会按照特定转换率将每份A类普通股转化成1 500份B类普通股。B类普通股在2016年中期的市价大约为每股140美元，在需要资金的时候，可以通过卖掉一部分来获取精确的金额。这是为了保证投资效率，让资金在股票投资中充分增长，直到下一个需要现金支持的时点出现。在我们过世后，剩余的股份会转换成无年费、低费用的股指基金[①]，比如先锋标普500股指基金或者先锋全美股指基金。

我们对于捐赠基金的回报增长预期如何？在过去的200年中，美国股票指数增幅超过通胀率，达到7%。没有人知道未来是否仍能维持这一优势，但是只要增速能领先通胀率达到5%，那么总的年购买

① 为什么不继续持有伯克希尔–哈撒韦公司的股份？原因之一是我无法预见谁会在将来管理捐赠基金，我相信把资金锁定在已经发展完全的指数增长机制中是最好的选择。这也避免了主动投资所产生的资金浪费。

力增长就会是 3%。年收益平均每 24 年翻一倍，经过一个世纪后，基金和它的年收益换算成现在美元的购买力，会是当今价值的 19 倍。如果在接下来的 200 年间年收益都保持这一增速，那它最终会达到 2003 年初创时的 370 倍。假如美国继续繁荣、大学始终存在、投资和分配政策能够严格实施，那么复利会使我们这个数学系的捐赠基金超过世界上所有现存的捐赠基金的规模（按今天美元的购买力折算）。

对于那些质疑本计划能否实现的人，我们可以给出一个真实的案例。本杰明·富兰克林提出过一个类似的计划，用其传记作者 H.W. 布兰德[①]的话来说，富兰克林在遗赠中提到，“这些钱在当下看来可能仅仅是有用而已，但是随着时间的积累，它将最终成为普助众生的力量”。

在 1790 年富兰克林逝世前，他设置了两项每项均为 1 000 英镑的专项周转基金：一个在波士顿，另一个在费城。它们每年提取出 5% 用以资助“年轻的已婚技术人员”。富兰克林预计这两项基金会以每年 5% 的利率增长，100 年后会超过 13 万英镑，这时提取出其中的 10 万英镑用来支持公共事业。在第二个 100 年里，富兰克林认为，如果余下的 3 万英镑依旧能够以每年 5% 的利率增长，那么这笔钱最终将超过 400 万英镑，然后，这些钱会被分到各个城市和州。实际上，波士顿基金 1990 年增长到了 450 万美元，而费城基金则增长到了 200 万美元。

那到目前为止我们做得怎么样呢？在前 13 年，尽管经历了 2008—2009 年的市场崩溃，在扣除开销之后，基金的本金还是翻了一倍还多。关于这所大学未来是否还会存在，前加州大学校长克

---

① 参见：H. W. 布兰德，《财富》（*Fortune*），2003 年 8 月 11 日。

拉克·克尔说道："自从1520年以来……只有约85个机构留存至今……其中70个都是大学……很少有事物能够比大学存在得更久、更有适应性。"[①]

政治、时尚和风尚来了又走。一些特殊利益集团曾企图通过享有特权，或者是阻碍其他团体的发展，来达成自己的目的。纵观整个数学发展的历史，大量不同的文化、信仰、社会系统都做出了相当的贡献。我们要指出本基金并没有对任何人在种族、宗教、国籍、性别或者信仰上有任何的偏好和歧视——对于数学的价值、未来的潜力，还有意志和使用数学的能力，是我们捐赠基金仅有的筛选条件。[②]

我们希望自己计划得够好，而我们的捐赠能够像本杰明·富兰克林的那样，积累起来造福许多代人。

另一个满足我们条件的慈善机会出现在2004年。乔治·布什政府严格限制了联邦基金赞助的干细胞研究，并且一些被政策禁止研究的实验室必须从联邦赞助的机构中分离出来。理论上，如果政府基金赞助的一支铅笔被用来做了禁止的研究，那么整个联邦机构都会被撤销。

国家面临着挽救生命的治疗方式的发展滞后，许多科学家选择移居海外来继续进行他们的工作，大量人才流失，导致我们在干细胞研究上的领先地位正逐渐消失。此时加州的投票人介入了，他们通过了一项投资30亿美元债券创立CIRM（the California Institute for Regenerative Medicine，加州再生医学研究所）的议案，目的是向那

① 引用自史蒂文·桑普、沃伦·贝米斯，《洛杉矶时报》书评，2003年7月13日，R9版。

② 在此，我要感谢罗纳德·斯特恩教授在鼓励并成立基金会中所做的贡献，大学基金会的保罗·马克斯在法律方面提供的支持和许多极具远见的会谈，以及我的妻子薇薇安为成立基金提供的良好的环境，这最终使得我们的捐赠得以实现。

些被布什禁令影响的干细胞研究提供十年的资金支持。

CIRM 计划在全州范围内赞助 5~6 个大学的研究中心，每一个最后都会得到几亿美元。资金会用来帮助建设完全独立于联邦基金的研究机构，并且也赞助教职员工开发新的干细胞治疗方法。加州大学欧文分校本身就有一群研究干细胞的专家，并且研究机构设立在生物技术发达的奥兰治县。但是，为了满足基金赞助的条件，学校需要在两年内建设完一个研究中心，那就只能从大学和私人赞助者那里筹措大量资金。谁在奥兰治县有足够的钱，并且愿意站出来成为第一个私人捐赠者呢？

故事的下一部分要追溯到 1966 年，那一年，一个杜克大学的大四学生经历了一场可怕的车祸。他失去了头皮和大部分血液。所幸，有位州警察找到了他的头皮，并且医院把它接了回去。他花了很长时间恢复，将大四的大部分时间都用来在医院养伤。其间，他阅读了《击败庄家》这本书。之后，他应征了海军，在毕业和随后的 3 年服役生涯之间的那个暑假，他不顾母亲的意愿，选择去拉斯维加斯成了最早的计牌玩家之一[①]。

参考了《击败庄家》后，他带了 200 美元本金，最后一路赚到 1 万美元，这只花了他 4 个月。他每天在赌桌前精疲力竭地奋斗 16 个小时。这是一种艰难的赚钱方式，但是其真正的价值，一如他的前辈和后辈们，是他在赌场中学到的东西。正如他所说："我最初并不知道拉斯维加斯赌桌上的 4 个月给我未来在华尔街的成功打下了基础。

---

① 参见：蒂莫西·米德尔顿，《债券之王》，威利出版社，新泽西，2004 年；威廉·H. 格罗斯，《每件你听说的关于投资的事都是错的》（*Everything You've Heard About Investing Is Wrong*），兰登书屋，纽约，1997；以及威廉·H. 格罗斯，《比尔·格罗斯谈投资》（*Bill Gross on Investing*）的修订版，兰登书屋，纽约，1997、1998。

但它教会了我几条重要的原则，使我在过去25年[①]的职业生涯中受益匪浅……”

1969年这个计牌玩家从越南参军归来，去了加州大学洛杉矶分校攻读工商管理学硕士。他在《击败庄家》里读到过可转债，因此围绕这个主题完成了自己的硕士毕业论文。两年后，他在1971年毕业时发现，适合工商管理硕士的工作很少。但当他去应聘太平洋共同基金的基础信用分析师时，公司对于这个人和他的论文主题都非常感兴趣。

在接下来的几十年中，他合伙投资创立了太平洋投资管理公司，这家公司现在管理着将近2万亿美元。这位杜克大学的毕业生就是如今世界闻名的债券大王——威廉·格罗斯。当时，比尔（威廉的昵称）和他的妻子，苏，已经向医疗研究机构捐赠了几千万美元，所以加州大学欧文分校的一个研究组[②]安排了一顿午餐会见比尔，想问问他和苏是否愿意捐赠1 000万美元并且成为这个新成立的CIRM下属干细胞研究中心的首席捐赠人。

在谈话期间，我提到这1 000万美元的捐赠会在未来增长到6亿美元，是捐赠资金的60倍。我看到比尔眼中闪过一道光，我当时想：比尔和苏一定希望这次捐赠的未来价值能够远远超过这个捐赠的数额，这和我与薇薇安所希望的一样。在经过深思熟虑之后，他们答应了下来。

到目前为止，一切都很顺利。但是CIRM的要求之一，是捐赠必

---

① 参见：格罗斯，1997年，op. cit.，第90页。

② 会见比尔·格罗斯的主意源自斯特恩教授，后来的物理科学学院的院长，以及格雷格·吉森丹纳尔，加州大学欧文分校的大学进步处在学院的工作人员之一。我的朋友保罗·马克斯认识比尔并筹措了午餐会面。

须来源于若干私人捐赠者，不能只有一个，这也是整个社区都支持该项目的证明。与其他人一起，我和薇薇安也做出了自己的贡献。CIRM 在 2008 年拿到了 3 000 万美元，并且在两年内完成了价值 7 000 万美元的设施的全部建设，这不仅在预算之内，也远早于时间安排。[①]

加州大学同时也满足了我和薇薇安在考虑捐赠时的另一个测试。我们希望至少有 90% 的资金能直接用于捐赠目标，而不是用作资金筹集和管理。你可以通过每年的财务报表来分析任何非营利组织在目标和整体上的开销比例。

薇薇安和我同受惠于加州大学系统，它给予了我们当时负担不起的优质教育资源。这里也是我们遇见彼此的地方。我们很高兴自己能够对加州大学说一声感谢。

筹措成立“苏和比尔·格罗斯干细胞研究中心”（Sue and Bill Gross Stem Cell Research Center）的时机也恰到好处。因为之后的经济环境变得非常差。

① 苏和比尔·格罗斯之后又捐赠了 400 万美元用以建造 4 楼的实验室和会议中心。

第29章　金融危机：未汲取的教训

2007年10月9日，标普500指数达到历史最高收盘位[①]1 565点。由于2006年飙升见顶的房价回落，股市开始加速下跌，在2009年3月9日跌落至最低点676，跌幅为57%。指数最高点时的100万美元市值，在最低点跌至43万美元。独户公寓跌幅达30%。唯一的亮点是债券。借款减少以及利率下行，推动美国政府和优质企业不断走强。尽管债券价格上涨，但美国家庭的净资产仍然从2007年6月65.9万亿美元的顶点，跌落至2009第一季度的48.5万亿美元[②]，减少26%。这是自80年前的大萧条以来对国家财富的最大打击。

祖辈的教训在两代人之后就被遗忘了。引发股灾的原因是巨大的投机泡沫。随着股票价格在20世纪20年代不断上涨，所谓的“投资者”（大部分是赌徒）开始相信它们会继续上行。当时某位著名的经济学家激动地宣称，股市已经永久性地上升到了新的台阶。但是随之而来的是股灾，其源头是杠杆和低息贷款。投资者可以用10%

---

① 源自www.finance.yahoo.com复权后的日收盘价，图上仅显示1 565.15点至676.53点。

② 来自美联储，《洛杉矶时报》2010年3月12日报道。

的保证金购买股票，这意味着他们只需以占价格 10% 的起始资金买入，另外的 90% 可以通过融资获得。这听起来异常熟悉。2008 年房价崩溃的原因也是如此：无限制且不合理的贷款滋生了高杠杆率的借款人。

我们先来简单回顾一下 1929 年股票市场的运作方式。如果每股价格为 100 美元，投资者只需支付 10 美元，余下的 90 美元通过借贷获得，随后股价上涨到每股 110 美元，那么这位幸福的投资者每股就拥有 20 美元，即 110 美元减去他最初从经纪人那里借来的 90 美元。股价上涨 10% 就能将他的本金翻倍。于是现在他能够通过每股 10 美元的利润再借 90 美元，使总资产变成最初的 2 倍。如果投资者在股价上涨 10% 的情况下不断循环这个加杠杆行为，那么他的股票和贷款每次都会加倍。5 个循环之后，股价为每股 161 美元①，增长了 61%，而投资者的股票则会翻 5 翻，达到原来的 32 倍（2 的 5 次方），1 万美元将变成 32 万美元。如果循环 10 次，股价变成每股 259 美元，投资者最初 1 000 美元的投资（总资产 1 万美元，即 10 倍杠杆）会变成 1 024 万美元（净资产是总资产的 10%，即 102.4 万美元），于是他就成了百万富翁。这，就是杠杆的诱人之处。

但是如果股价随即下跌 10% 会发生什么呢？我们轻率的投资者将失去他的全部股票，同时经纪人会发出补缴保证金的通知：还清贷款——现在已经超过 900 万美元，或者强制卖出所有股票。由于 1929 年股市上扬，投资者利用增加杠杆的这种方式买进更多的股票，从而推动价格继续上涨。平均来看，这种正反馈使得 1925 年年末到 1929 年 8 月间大公司股票总回报率达到 193%。如果不加杠杆，则 100 美

① 价格连续上涨 10%，即 100 美元到 110 美元，再到 121 美元，再到 133.10 美元……5 次后即达到每股 161.05 美元。

元购买的股票会增长到 293 美元。但是采用上文所述的 10 倍杠杆（即 10% 为本金、90% 为贷款）的投资者，其总资产会翻倍超过 10 次[①]，从而获利超过初始投资额的 1 000 倍。然而，随着股价在 1929 年 9 月和 10 月间的下挫，杠杆率最高的投资者的股票消失了。当他们无力追加保证金时，经纪人强制卖掉了他们的股票。这样卖出会压低股价，导致杠杆率不那么高的投资者需要补缴保证金，从而引发了新一轮的价格下跌。随着股市泡沫的破裂，历史上最大的股灾拉开序幕，大公司股票最终下跌了 89%，几乎只是当时最高价的 1/9。

杠杆投资者的大军一夜溃败，背负坏账的银行和经纪公司彻底垮台，由此进一步摧毁了它们的债权人机构。这个过程不断蔓延、延伸，使经济活动急剧萎缩，导致美国当时的失业率达到 25%，全世界范围内的萧条接踵而至。直到 1945 年 1 月，经过超过 15 年，第二次世界大战已经过去了一大半后，大公司的股票才超过了 1929 年 8 月的历史高点。同样地，公司债券的投资在这段时间里增加了约一倍，美国政府的长期债券也几乎如此。这表明除了股票外，资产投资的多样性虽然可能牺牲长期回报，却能在危机时期守住财富。

为了防止 1929 年的灾难再现，《1934 年证券交易法》授权美国联邦储备委员会（board of governors of the Federal Reserve System）规定了投资者购买上市证券的出资比例。规定外的部分金额可以全额或部分借贷。自 1934 年以来，这一比例在 40% 至 100% 之间不等。100% 的保证金意味着投资者必须全额支付股价。在 2009 年，初始保证金比例为 50%。证券交易所也规定，当股价波动时，投资者必须维

---

① 从 1925 年年末到 1929 年年末，指数每月回报跌幅均为超过前值高点的 10%，表明市场鼓励增加借贷，股市上扬。

持保证金的最低数额。[1] 例如，在保证金比例维持在30%时，若投资者账户的净值低于他所持有股票的市值的30%，经纪人将要求他支付足够的现金还贷，以使其净资产回到30%的水平。否则，经纪人将抛售股票，直到净资产比例达标。

银行系统的崩溃也部分是因为储户得知某些银行倒闭后，在存款未到期时就匆忙从储蓄账户里提现。为防止类似的恐慌现象重演，《1933年银行法》（*Banking Act of 1933*），也就是第二部《格拉斯–斯蒂格尔法案》（*Glass–Steagall Act*），将商业银行与投资银行业务分离，以避免投机冲击。[2] 它还建立了联邦存款保险公司（Federal Deposit Insurance Corporation，FDIC），可以覆盖一定程度的损失。（在2015年，每个账户的保险金额为25万美元。）这一安全网在20世纪80年代受到了严重考验，当时储蓄和贷款的崩溃使联邦存款保险公司损失了近2 500亿美元，即纳税人为每位国人承担了约1 000美元。

从20世纪80年代开始，政府、总统、国会和美联储给我们提供了30年宽松的金融环境。杠杆效应、宽松货币政策和"金融工程"随即带来了一系列资产泡沫，对金融体系的自身稳定产生了威胁。

第一次全球冲击是1987年10月的崩盘，当时美国股市单日跌幅达23%。其诱因是在期货市场增加杠杆的新型量化保险产品的大规模反馈，好在股市和经济迅速复苏，但是这样的复苏也使人们没有充分认识到过度杠杆的危险。

第二个警告是在1998年，对冲基金长期资产管理公司的倒闭。它由一位出手阔绰的交易员和两位诺贝尔经济学奖得主操纵，这个所

---

① 详细论述请参考爱德华·索普、施恩·卡索夫，《击败市场》，兰登书屋，纽约，1967年，第11章。

② 参见维基百科。

谓的由世界上最优秀的交易员和金融理论家组成的梦之队几乎亏光了基金所有的 40 亿美元净资产。在当时宽松的政策环境下，它们的杠杆率在 30 倍到 100 倍之间浮动。通过杠杆效应，年化不到 1% 的利润可以产生约 40% 的年化回报率。如果资产价格正常，那么一切将顺风顺水。但是如同 1929 年价格小幅下跌就能毁灭那些保证金比例为 10% 的投资者一样，保证金比例为 1% 到 3% 的长期资产管理公司会因为市场的巨变而彻底破产。

正如纳西姆·塔勒布在《黑天鹅》中所指出的那样，在正常情况下，长期资产管理公司明显的超额收益其实是虚幻的，因为它们会因为受到罕见的极端事件的影响而被全部抵消。这种“黑天鹅”事件对各人的利弊可能不同。讽刺的是，错过 1994 年长期资产管理公司的投资而没短暂暴富的我，反而在 1998 年通过购买因它倒闭而价格受到重挫的股票盈利。长期资产管理公司的损失正是我们山脊合伙公司盈利的来源。

长期资产管理公司的倒闭可能将 1 000 亿美元左右的不良资产转嫁到其他机构。这将导致某些银行、券商，或是对冲基金破产，并扩大不良资产的数额且再次传递到更多的机构使之破产。如果允许此类事件发生，其多米诺效应可能会导致全球金融市场崩溃，所以美联储指示财团介入：接管长期资产管理公司、提供更多的资金，并进行有序清算。

似乎大家没有从这件事中学到什么。在国会的领导下，银行业得到了它想要的。颁布于大萧条时期的第一部《格拉斯－斯蒂格尔法案》的分离商业银行业务和投资银行业务的条款在 1999 年被废止。这使得大型机构可以通过大量无管制的衍生证券交易承担更多风险，却更少接受监管。商品期货交易委员会（Commodity Futures Trading Commission）主席布鲁克斯利·波恩（1996—1999）试图规范那些可能引发系统性风险的衍生金融产品，却受制于美联储主席艾伦·格林斯潘、美国财政部长罗伯特·鲁宾和美国财政部副部长劳伦斯·苏梅尔斯这三巨头，美国公共电视网的《前线》节目（*Frontline*）[①]对此进行了详细报道。这三位巨头都在2008—2009年向政府提供了救市建议。纳西姆·塔勒布将之比喻为：司机撞了自己的校车，导致乘客死亡或受伤后，人们竟然委任他去负责另一辆校车，并要求他建立新的安全规则。

短暂的政府盈余期（收入超过支出）告一段落，减税降低了2001年的收入，支出却随着战争、军事预算和各种权利的增加而增加。监管则维持在宽松状态。美国人花的比挣的多，消费比生产多，不够的部分就问外国借贷。政府和国会被强大的房地产商游说，促使住房价格上涨，使得数百万人无法负担住房。当我在抵押贷款行业工作的侄女拒绝批准不健全的贷款时，管理层竟然把它们送到另一个担保人那里去审批。人们认为，住房能够持续增值，其买方经常通过低廉的介绍性优惠利率减少首付款，现款支付的部分很少或几乎没有。骗子贷款，即买方提供虚假财务资料的案例，成了普遍现象。

抵押贷款行业将这些贷款出售给华尔街。在那里它们被证券化，这意味着它们被包装成各种债券。然后这些债券由评级机构，例如标普、穆迪（Moody's）和惠誉（Fitch）等，进行评级。这里有明显的利益冲突——评级机构向客户收费，却要给他们提供的证券客观评级。高评级使证券更容易出售，但当房价从2006年的泡沫最高点开始下降时，包括享有最高评级AAA的许多证券，都变得几乎没有价值。

---

① 参见：《警告》，2009年10月20日版，源自：pbs.org，有DVD出版。

随着 2006 年的住宅地产价格攀升到历史最高点，大量业主把房子视作储蓄罐。许多人直接借入了接近房价市值的资金，但如果房价略有下跌，他们就会资不抵债。

加速房地产泡沫的巨大信贷扩张，很大程度上是由金融工程或量化策略促生的。这一类策略结合了数学训练和严密科学（例如市场的有效性和投资者的理性），使用假想模型来构建新产品，但是实际情况并非如此。

这些产品导致美国国民生产总值[①]永久性地损失了数万亿美元，浪费了大量社会资源，并在世界范围内造成了类似损失。因此理解这些产品尤为重要。

我在 20 世纪 80 年代中期首次遇到这类产品，它叫抵押担保债券（collateralized mortgage obligations，CMO）。它们最开始被用于分析个人住房抵押贷款，而这些抵押贷款则是债券的担保品。

假设你最好的朋友想买一栋市值为 40 万美元的房子，他用自己的储蓄支付 8 万美元，需要你出借 80% 的资金（即 32 万美元）。作为回报，他同意在 30 年后偿还所有贷款，按每年 6% 的利率支付利息。这就是所谓的固定利率贷款，因为无论市场波动如何，利率始终为 6%。如果这是到期还本贷款，那么你的朋友每年会付给你 32 万美元的 6%（即 1.92 万美元），并在 30 年后支付 32 万美元的全部本金。

如果你选择了等额本息还款方式，那情况就与此不同了。在这个还款计划中，你的朋友在每个月月底支付等额本息。这种支付方法比到期还本贷款（每月 1600 美元，即每年 1.92 万美元）每月支付的金额稍多一些。以标准房地产公式计算出来的精确结果是每月 1 918.59

---

① 失业工人的产出从未被“修饰”，社会性浪费包括空置房屋老化和疲惫不堪的生活的影响。

美元。这额外的还款金额在每次支付后会逐渐减少剩余本金，从而削减下一笔还款的利息。因此，随着时间的推移，你这位朋友每月还款中支付本金的比例越来越高，所欠的本金也逐渐减少，在接近30年贷款期限时，本金已经基本还清，而剩余本金的利息也不多，所以还款主要用于归还本金。你的贷款的担保是朋友的房子。合同里规定，如果你的朋友拖欠贷款，你可以卖掉房子，然后用这笔钱来支付部分或者全部贷款，但是你没有更多的追索权。

如果房价从未暴跌，或者说很长时间内没有，那风险是什么？这个问题其实关乎的是平均价格，而非单价。比如你朋友的隔壁可能变成贫民窟，或者他可能在飓风卡特丽娜来临前买下了新奥尔良的房子。不管怎样，总会有一些风险使你失去部分或者全部贷款。

人寿保险和意外保险公司一直在处理这样的风险。它们卖出大量不同策略的保单，虽然其中可能有某项盈不抵亏，但是将风险分散到整个资金池来看，保险公司（基于历史经验）在偿付损失和费用之后的盈利是可预计的。

抵押担保债券背后也有同样的想法。集合成百上千的抵押贷款，4 000项均价为25万美元的抵押贷款就能产生一个10亿美元的资金池！从这些抵押贷款中收取利息和本金，支付给股份持有人，这种每月支付的现金流与债券中的现金流非常相似，抵押担保债券的份额定价也与债券类似。

然而，要准确地对其定价，我们还需要知道违约损失的情况。当我在普林斯顿－新港合伙公司研究这个项目时，发现金融业的通常做法是假定违约率与正常的历史经验相吻合。他们并没有试图对类似大萧条这样罕见的大规模不利事件，以及可能出现的大量违约事件进行量化和调整。这些模型未能将黑天鹅风险纳入定价。

另一个问题是预测房主提前偿还抵押贷款（或许是为现有房屋重新融资）的概率。30 年期的抵押贷款相当于长期债券，而 5 到 10 年内还清的抵押贷款则像是中期票据，如果抵押贷款在 2 到 3 年内清偿，就类似于短期融资债券。因为利率取决于债券赎回期的长短（利率的这种变化被称为利率的期限结构），所以对抵押担保债券的正确定价取决于资产池中抵押贷款的偿还速度以及违约率。我在 20 世纪 80 年代就发现固定利率抵押贷款的提前还款率是高度不可预测的。一方面，当美联储促使长期利率下行时，新的抵押贷款比现有的更便宜，房主会通过提前还清抵押贷款后再融资的方式降低月供。另一方面，如果利率上升，房主会坚持以固定利率偿还现有贷款，导致提前还款率下降。

借助对不良模型的定价，华尔街利用抵押担保债券向房地产市场注入信贷。抵押贷款公司为新的住房抵押贷款再融资，然后将之卖给银行和华尔街，获得新的现金以提供更多的抵押贷款。银行和华尔街把这些抵押贷款集中成资产池后卖给“投资者”，然后将重新获得的现金用于购买更多的抵押贷款，组建新的抵押担保债券。

因此人人发财。抵押贷款公司从房屋贷款人那里收取费用。银行和经纪人购买抵押贷款后将其包装成抵押担保债券，再将产品卖出获利。他们还能通过维护抵押担保债券来获取稳定的收入，即从抵押贷款资产池中收集款项、支付费用，再将剩余部分分配给抵押担保债券持有人。为何他们在扣除如此多的费用后仍然能以盈利的方式将抵押担保债券出售给持有人呢？这是通过金融魔术来实现的。抵押担保债券可以进行分级，比如优先获偿的优先级和最后获偿的劣后级等。由抵押担保债券发行人雇用的评级机构往往会高估每层的信用等级。而高等级证券的售价比低等级证券高，因此抵押担保债券能溢价出售。

所谓的金融魔法就是分层前后的信用利差。政治家也因此获利，房地产和证券业积极支持了他们的选举活动。大家各取所需。

学术界也为此做出了自己的贡献。正如诺贝尔奖得主保罗·克鲁格曼所指出的[①]，宏观经济学学者运用他们深厚的专业认知，使我们相信灾难性的崩溃可以不再发生。斯科特·帕特森在他的书《宽客》[②]中详细描述了这一切是如何发生的，宽客们运用金融学术理论进行计算，说服众人其定价模型风险低而准确。

价值数千亿美元的抵押担保债券被卖给了世界各地的投资者。抵押担保债券的设计原理非常好，因此拓展出担保债务凭证（collateralized debt obligations，CDO），即面向其他类型的债务，例如类似住房贷款的汽车贷款或信用卡贷款等。这些证券品种被证明是高风险的，而更高风险的证券品种，例如信用违约互换（credit default swap，CDS），也在监管机构不作为的情况下出现。信用违约互换本质上是贷款人为避免借款人违约所带来的损失而购买的保单。通常情况下，这项保险的年限和年费是固定的。举例来说，对于你购房的朋友那 32 万美元的贷款，你可能担心他会在未来 5 年内违约，因此如果可能，打个比方，你将购买价格为每年 1 600 美元，即 0.5% 的初始贷款额的保险。

价值万亿美元的信用违约互换相继发行，并像其他证券一样进行交易。买卖这些合约并不需要你持有信用违约互换所投保的债务。这本身没有问题，毕竟金融市场只是一个有经济效应的大型赌场，仓位相当于赌注。问题是，信用违约互换的发行人没有其他担保，他们唯

① 参见：保罗·克鲁格曼，《经济学家怎能错成这样？》（How Did Economists Get It So Wrong），《纽约时报》，2009 年 9 月 6 日，第 36–43 页。

② 参见：斯科特·帕特森，《宽客》，皇冠出版社，纽约，2010 年。

一的抵押品就是“充分的信心和信用”，这意味着他们赌输时可能根本没钱还账。

保证金（保证付款的抵押品）通常很少甚至为零。这些不受管制的项目常常由子公司持有，因此它们不会在母公司的财务报表中明确体现。典型的例子是全球大型保险公司美国国际集团（American International Group，AIG）在 2008 年金融危机爆发时濒临崩溃。在美国政府花费数千亿美元的救市行动中，它是最大的单一受助方——受助款项高达 1 650 亿美元。它以自己的名义通过子公司发行了数万亿美元的信用违约互换。随着受保债券价格下跌，它必须对其背书的信用违约互换提交担保物（即发生亏损）。最终，它无力支付担保，使得全球范围内大量银行和投资机构面临数千亿美元的损失。美国政府救助美国国际集团的行动不仅帮助了国内公司，例如持有美国国际集团价值 100 亿美元的不良资产的高盛集团，同时也为美国国际集团的全球性违约兜底。

我们来举例说明这是多么疯狂。想象“游手好闲”的乔[①]将你出借给朋友的 32 万美元贷款作为信用违约互换，以 5 年、每年 1 600 美元的价格出售给你。乔做得很对，他拥有一幢价值 100 万美元的无贷款住房，因此他“足够有钱”。由于每年有额外 1 600 美元的收入，乔将继续卖出住房贷款的信用违约互换。因为不受管制，他可以将卖给你的类似合约卖给其他 1 000 个人，那他的年收入就增长到 160 万美元。如果这些贷款平均为 32 万美元，他的担保总额就为 3.2 亿美元，而这仅仅由他价值 100 万美元的住房背书。你可能持有不同意见，认为乔无法卖出这么多信用违约互换，因为他卖出若干合约后，人们就

① 美式俚语。形容一个无所事事喝完半打（6 罐）啤酒的人，泛指普通人或一般人。——译者注

会意识到在金融危机中他无法全额支付。啊，但是如果乔在子公司做了这件事，却没有透露他的业务规模呢？这就是美国国际集团在干的事。

“游手好闲”的乔卖出的每份信用违约互换都是未来潜在的负债。如同他账目上描述的一般，只有当收到的保费加上再投资收入足以支付其出售的信用违约互换在未来的索赔额时，才能证明这是一笔好买卖。人寿保险公司的情况也是一样，乔需要留出一笔准备金来应对这些未来的支出，如果未来支出增加，准备金数额就要相应增加。相反地，假设乔并没有留出准备金，那这样的做法就类似于我描述的20世纪70年代XYZ公司的庞氏骗局。他们以过于便宜的价格卖出贵金属的看涨期权——这就是所得收入——并且没有留足日后可能要支付给期权持有人的金额。所以美国国际集团的信用违约互换与乔和那家公司的骗局有何区别呢？

2004年，5家大型投资银行——高盛、摩根士丹利、美林证券（Merrill Lynch）、贝尔·斯登公司和雷曼兄弟（Lehman Brothers）向美国证券交易委员会游说，要求委员会允许其提高杠杆比例。之前，1美元净资产仅可对应11美元负债，也就是说，它们的每12美元总资产中，仅有1美元净资产，杠杆率为8.33%。如果发生股灾，这样的杠杆率可以起到缓冲作用。但在主席克里斯托弗·考克斯的推动下，委员会允许它们将杠杆比例提高至33∶1左右，非常接近6年前薄命的长期资产管理公司。这一杠杆比例意味着每33美元的总资产由1美元净资产和32美元的负债组成，因此资产跌幅稍微超过3%时，其净资产就消失殆尽。一旦这种情况发生，银行就被称为技术破产，债权人将要求支付（而且他们能够得到兑付），并触发经典的银行挤兑，如同20世纪30年代。

危机在 4 年后的 2008 年爆发，这 5 家激进的金融巨鳄坚持的时间和当年杠杆过高的长期资产管理公司差不多长，同样面临崩溃。5 家投资银行中的 3 家不再作为独立的实体存在；另外两家，摩根士丹利和高盛，被政府的救市行动所拯救。不过高盛中 10% 的优先股和权证由沃伦 · 巴菲特的伯克希尔 – 哈撒韦公司斥资数十亿美元购得。在 2009 年，这两家投资银行都恢复了繁荣，而高盛尤甚。合伙人有望瓜分接近历史记录的 200 亿美元至 300 亿美元奖金。而竞争对手的消失或被边缘化并不是坏事。高盛的首席执行官劳尔德 · 贝兰克梵在公开露面时被问到有关巨额奖金的问题，他贪婪地表示原因是公司在“做上帝的工作”：从学术上讲，更多的贸易会创造有效的资本市场，从整体的角度给买卖双方提供更合适的价格。不过显然，上帝的一部分工作变成银行家故意出售基于抵押贷款的垃圾证券，并对即使客户破产也能清偿债务这一点大规模下注。当你将银行家和神职人员的薪金做比较时，你会断定银行家的工作确实简直是“神圣”的。

虽然在金融秩序的建立中总会有些个人投资者和机构投资者阵亡，但是公众的钱包还是被有政治背景的富人掠夺了 1 万亿美元来拯救那些“大到不能倒”的机构。安抚和奖励特殊利益集团的代价非常高昂。就像是车主将旧车报废，获取 4 500 美元的“旧车换现金计划”奖励，再购买新车。换新车对环境的好处可能只是每加仑汽油能多跑 1 到 4 英里（取决于不同车型）。而这微小的环境效应所带来的收益远远不及制造一辆新车所产生的额外污染。然而，汽车经销商们却会因为车主换购发生的库存下降而欢呼雀跃。

由于全职、兼职失业率继续攀升，失业保险被一再延长。虽然延长期限无可厚非，但尽可能地多雇用那些没有工作的保险受益人似乎更符合公众利益。我记得童年时代就有的公共事业振兴署和平民保育团（Civilian Conservation Corps，CCC）等项目在20世纪30年代承包了修路、造桥等公共工程，这些基础设施的改善使我们受益了几十年。

房地产行业由此得到启示，制定了它的策略。首次购房者可以获得8 000美元的全额退税。“全额退税”意味着即使从未纳过税，你仍然可以申请并获得8 000美元的支票。语言具有欺骗性是政治家的特质。在这个糟糕的监控计划下，一个4岁的孩子都能够买一栋房子。反正这是他首次购房。

在某些情况下，激进的抵押贷款机构能够接受税收“退款”作为首付款，而不需要买方的其他资产。国会进一步奖励房地产游说团，扩大这项计划使之覆盖那些过去3年没有买房的人。受旧车换现金项目的启发，为什么不能通过“旧房换现金”（Dollars for Demolition）——房主自己拆除原有住房后获得比如10万美元的“全额退税”额度——再建造新房子的新方案呢？这将重新激发美国经济的重要部分——建筑业的活力。这就产生了无穷无尽的可能性。

由投资者疯狂推高的资产泡沫，其实也是他们反复面临的难题。你能获利吗？你能避免重大损失吗？以我的经验来看，正在吹起的泡沫很容易鉴别，因为它们的价格和估值远远超过历史标准，却似乎并没有经济意义。例子包括20世纪80年代储蓄和贷款的热潮、1999年到2000年科技股的过高估值、房价通胀见顶的2006年。能否获利其实很微妙，这就像庞氏骗局，判断它什么时候结束是极其不容易的。如果下注过早，即使从长远看是正确的，你也仍然可能在短期内破产。正如凯恩斯所说，市场维持非理性状态的时间，可能比你保持不破产的时间更长。[①]

① 他同时还说：“从长远来看，其实都会死。”

如何避免损失？一旦发现泡沫，对此就不再投资。然而还是存在损失溢出和传导的情况。房价从 2006 年一路下跌到 2010 年，不仅伤害了投机者，也损害了那些买房太晚的人。衍生产品将损失传导到世界各地。2009 年 3 月，标普 500 指数较峰值腰斩 57%，我也无法判断股市的走向。任何一个决定都可能引发灾难。如果我们继续陷在世界性的大萧条中，那买入股票将导致损失。而如果发生另一种情况——即事件实际的走向——市场已经到达底部，那么股票在不到 1 年内会反弹超过 70%。沃伦·巴菲特，这个几乎比任何人都有更多信息和洞察力的投资专家，事后告诉《华尔街日报》的斯科特·帕特森，他曾一度看空市场，认为所有资产的价格会继续下降，甚至包括伯克希尔–哈撒韦公司。直到美国政府表态愿意采取一切必要措施来拯救金融体系时，他才意识到终于得救了。

如何预防系统性的无节制杠杆所导致的金融危机呢？一种有效的方法就是要求交易双方均有足够的抵押品来限制杠杆。这种策略已经在期货交易中实行（而且期货交易的合约都是标准化的）。该模式已经安全运作了几十年，并且容易监管（主要由交易所本身监管）、出岔极少。

那些"大到不能倒"的机构，会引发明显的系统性风险，应该把它们分割成即使倒闭也不危及金融系统的小机构。艾伦·格林斯潘终于承认，"大到不能倒的太多了"。这句引人注目的原话并没有点出问题所在。引发危机的并非是机构规模，而是金融系统对错误引发的风险的容忍能力。保罗·克鲁格曼说[①]，加拿大的金融体系和美国的一样集中在大型机构中，然而加拿大没有大规模的抵押贷款违约、金融机构倒闭及巨额救助。两者的不同之处在于，加拿大对抵押贷款有严格

---

① 参见：保罗·克鲁格曼，《好的和无聊的》（Good and Boring），《纽约时报》专栏，2010 年 2 月 1 日。

的标准，对银行杠杆和风险的限制则更为严格。

公司的高管们对股东资产进行了投机，因为如果他们赢了会获得丰厚的个人回报，而输了常常能得到政客们的公款救助。这就是利润私有化、风险社会化。

首席执行官的收入直接反映了企业高管占有社会财富的能力。相较于普通员工，首席执行官的收入在 1965 年是其收入的 24 倍，但“40 年后这一比例增加到 411 : 1”。[①] 另一个日益增长的经济不平等的标志是在收入最高的 1% 的人中排前 1% 的人（即前万分之一）所占有的国家收入的比例。在 1929 年他们的收入占全国的 10%。大萧条时代这一比例下降为 5% 左右，而后在 20 世纪 80 年代缓慢回升。最近几年，这一团体的 1.25 万人收入占比超过了 20 世纪 20 年代的 10% 并持续增加。这些高管们声称他们的薪酬激励他们成为资本主义社会的创新引擎，将使所有人受益。而 2008 年的金融危机就是对我们的“奖励”之一。

对 2008 年到 2009 年经济衰退前后情况的研究均指出，公司支付给前 5 大高管的薪酬越高，公司的盈利和股票表现越差。这些高层往往在消耗公司的利益而不是使公司受益。他们声称其薪酬是由“市场力量”所决定的。然而，正如摩西 · 阿德勒在他的文章《推翻高薪酬》[②] 中指出的那样，经济学家大卫 · 李嘉图和亚当 · 斯密在 200 多年

① 参见：迈克尔 · 赫兹克，《CEO 薪资的回响》(Echoes of Bell in CEO Salaries),《洛杉矶时报》，31 版，2010 年 10 月 3 日。据《华尔街日报》(转载于《奥兰治县报》，2014 年 5 月 11 日，商业版，第 3 页) 报道，经济政策研究所一项针对销售额最高的 350 家公司研究发现，首席执行官的薪资在 1965 年是普通员工的 18 倍，而在 2012 年二者的薪资比例均值为 201 : 1。

② 参见：摩西 · 阿德勒，《推翻过高报酬》(Overthrowing the Overpaid),《洛杉矶时报》，A15 版，2010 年 1 月 4 日。

前早已总结："一个人赚钱的多少并非取决于他的产出，而是由其议价能力决定。何故？因为生产是典型的团队活动……每个成员的贡献难以简单划分。"

一波民粹主义的浪潮要求法律限制高管的薪酬。而更简单、更有效的解决办法是赋予股东权力。他们才是公司的所有者和高管侵吞的对象。

目前，大多数企业董事会的运行像第三世界的领地。在投票选举董事时，力求自保的董事会给出提名，股东只能投赞成或反对票。1 张赞成票能在有 100 万张反对票的情况下选出一位董事。这些故意设计的公司章程使独立股东难以在董事会上提名董事，以及给某些决议议题投票。相反地，被国家许可并管理的公司法律主体——法人，应该按照美国民主的常规投票规则进行民主选举。此外，任何持有一定比例股份的股东都应享有无限制的董事提名权，以及投票表决议案提议权，其中包括更换董事会成员和高级管理人员。

某些公司利用表决权不同的股份来侵占股东利益。例如，管理层可以持有投票权为每股 10 票的 A 类股票，而公众投资人则只能持有投票权为每股 1 票的 B 类股票。试想，你会生活在每个"内部人"可以投 10 票，而任何"局外人"都只能投 1 票的国家吗？这个差异应该被消除，使每股都享有相同的投票权。另一个常见的问题是代持股份的机构可以在实际股东拒绝投票的情况下投代理票。这些代持机构通常会选择投票支持延续公司现有管理制度并批准其决定。这一点应该进行变革：计票时仅统计股东的直接投票，将所谓的代理投票记作无效。

民主选举和保障股东就议题投票的权利这两项措施，能够使公司的实际所有人（即股东）对公司高层（即所谓的公司代理人）的管理进行控制。在我看来，这样做远比政府直接管制更为有效和准确。

我们的经济在2008年到2009年金融危机后的几年里慢慢复苏。然而，防止危机复发的安全措施却未见踪迹。哲学家乔治·桑塔亚纳有句著名的警言："那些不记得过去的人注定要重蹈覆辙。"尽管社会性机构很难从历史中吸取教训，但个人可以这样做。接下来，我将分享自己的心得体会。

第 30 章　思考

我想分享这一路走来的经验，把它作为这个关于科学、数学、赌博、对冲基金、金融和投资方面的冒险故事的结尾。

教育让整个旅程在我眼中产生了巨变。数学教会我逻辑推理，理解数字、表格、图表，并让计算成为我的第二天性。物理、化学、天文学和生物学则揭示了世界的奇妙，告诉我如何建立模型和理论，对未知进行描述和预测。这些经历让我在赌博和投资中都获得了回报。

教育为大脑制作软件。你可以把刚出生的自己看成一个只拥有基本操作系统，而没有其他软件的计算机。学习就像给计算机添加大大小小的不同程序，从画一个人，到骑自行车，到掌握微积分。你将用这些程序在世上走出独特的道路。我学到的很多东西都来源于学校和老师。更可贵的是，我从小就懂得自学。这一点让我在后来得到了回报，因为没有课程能教你解决所有遇到的问题，例如击败 21 点，为轮盘赌设计电脑，或者推出一个市场中性的对冲基金。

我发现大多数人都不曾掌握赌博或其他日常生活中涉及的概率计算。如果我们还是一个生存于森林和丛林中的物种，那我们并不需要这种技能。当狮子对你怒吼时，你本能地爬到最近的树上，然后再考虑下一步该怎么办。如今我们经常有时间思考、计算和提前计划，而数学就能帮助我们做出决定。例如，汽车安全带和气囊是“值得”配置的吗？假设我们以每辆车300美元的价格升级1亿辆汽车，总共花费300亿美元，每年减少5 000个交通事故死亡案例。如果这些附加了安全特性的车辆能使用10年，那就可以挽救5万条生命，代价是300亿美元，或者说是每人60万美元。尽管汽车行业中许多人持不同意见，我们还是在花钱挽救生命。

那每天抽一包烟的人呢？持续抽40年烟将使他的平均寿命缩短7年。每根香烟不仅使死亡逼近12分钟，还会导致余生的健康问题。此外，吸烟也对其他人产生了不良影响，比如人生最后几年中更高的医疗支出，工作期间生病天数的增加，以及二手烟损害。不过这些都说的是普遍情况。有些吸烟者不会死于与吸烟有关的疾病，而有些人则在很年轻的时候就死了。这就像轮盘赌，总体来看，每下注1美元会损失5美分，但这是平均值。有些赌徒很快就被淘汰了，而其他人可能会待上相当长的一段时间。

现今公共政策的主要问题之一是保持某些程序的成本和收益的平衡。有些选择是赤裸裸的，像是花50万美元挽救1个超级耐药结核病患者的生命，还是用同样的金钱向儿童提供5万剂流感疫苗（每人10美元）来拯救50个生命。统计的思维可以帮助我们在遇到类似问题时做出选择。

我建议教授幼儿园到12年级的孩子简单的概率和统计，通过分析抛硬币、掷骰子、轮盘赌等机会游戏，我们能学到足够的方法来思考这类问题。了解赌场时常获胜的原因可能有助于我们远离赌博，并教会我们将损失限制在娱乐价值上。在今天，赌博就像是对无知的大规模税收，从那些无法承担损失的人身上赚钱。

我从赌博中学到的大部分知识也适用于投资。人们大多不明白何为风险、报酬以及不确定性。如果他们懂得这些，那投资结果会好很多。几年前，我们小区的业主委员会把他们储备的现金投资于 30 天期的美国国债，以保证绝对安全。然而他们的年花费大概只有其总量的 1/5。我建议他们把总额的 1/5 投资于明年到期的美国国债，另外 1/5 投资于后年到期的国债，余下的 3 份总额的 1/5 以此类推。这个策略即著名的阶梯策略，效果一般不错，因为长期的美国国债在到期前会出现较多的价格波动，且收益率更高。在过去的 83 年中，5 年期国债的年化收益率比 30 天期国债大概高 1.8%。委员会的财务主管是一名专业的会计师，他虽然最初反对，但是后来还是赞同并采用了这个策略。

我希望中小学开展基础的金融知识教育。如果公民更了解如何有效利用支票簿，以及怎样编写并理解自己的利润表和资产负债表，他们就可能在购房时做出更好的选择。合理安排投资将更好地为退休做准备，使人们在有生之年不再依赖社会。

研究投资、金融和经济学的最大乐趣之一就是洞悉人群和社会的特点。物理学有自己的定律，比如万有引力就适用于我们的世界。但是人类和他们的行为却没有被普适而固定的理论所涵盖，兴许永远都无法概括。相反地，我发现了一些有局限性的概念，它们能把事物联系在一起，并且可以作为理解事物的捷径。

概念之一是自由主义者和自由市场粉丝的最爱，也就是亚当·斯密在 1776 年的论述。他认为在许多小型买家和卖家组成的经济体中，每个个体都试图增加自己的利润，而整体的利益将在“看不见的手”的引导下最大化。这个概念的使用范围有限，因为大多数市场不像亚当·斯密所假设的那样。以电脑芯片为例。世界上 99.8% 的芯片是由美国的两家公司生产的，而其他较小的厂商正在为生存而奋斗。

与“看不见的手”相对的概念是加勒特·哈丁[①]在 1968 年所描述的“公地悲剧”。想象一下任何人都可以自由利用的自然资源，比如曾经的海洋捕捞。在 18 世纪，鳕鱼的鱼群非常庞大，本杰明·富兰克林曾惊讶于船舶通过它们要花费好几天。在经过两个世纪的过度捕捞后，这一数量已经坍塌式下降。个人利益如何将社会利益最大化？在全球范围里，我们可以将污染作为例子。个别人肆意地使用化石燃料，大大增加了二氧化碳等温室气体的排放量，导致 20 世纪全球气温持续上升。燃烧化石燃料产生的微小颗粒还会导致肺部疾病甚至死亡。但每个污染者从中由此得到的收益都多于自身损失，因此他没有改变的动力。

而社会性的解决方案则体现了另一个整齐统一的概念——“外部效应”。在经济“教士们”所钟爱的神秘术语中，外部效应是指因个人经济活动而对社会产生的正面或负面效应。在空气污染的例子中，外部性就是负面的，对此问题的“公平”的解决方案显而易见：估计损失并按其金额征税。外部效应也可以是正面的，例如对房屋进行防火处理能保护邻居[②]，并可能降低当地消防服务的成本，增加我投保的保险公司的利润。那么我不但不会被征税，保费还可能降低。

伯克希尔–哈撒韦公司的查理·芒格在他那本有趣的著作《穷查理宝典：查理·芒格的智慧箴言录》（*Poor Charlie's Almanack: The Wit and Wisdom of Charles T. Munger*）里罗列了类似的思维工具。涉及

---

① 参见：加勒特·哈丁，《公地悲剧》（The Tragedy of the Commons），《科学》杂志，162 卷，第 3859 期，1968 年 12 月 13 日，1243—1248 页。

② 接种疫苗是一种正面的外部效应，因为它能保护其他人免受接种者感染。

多学科的见解[1]中涵盖了我最喜欢的部分——理解交易及其关系，即“寻找诱因”。这与寻找“何人获利”密切相关。何人获利能迅速解释为何从美国与墨西哥边境的蒂华纳到科珀斯克里斯蒂的全美 7 000 多家枪支经销商，能够被允许向墨西哥贩毒集团提供接近军用级别的武器。这也解释了为什么国会强制使用以玉米为原料制造乙醇这种愚蠢又浪费的方法：生产过程造成的污染差不多被其环保效应所抵消，却抬高了人们购买食品的价格。如果目的是使用乙醇，那为何到 2011 年年底还在对乙醇征收每加仑 54 美分的关税以限制从巴西进口呢？

更深层次的见解源于对所有投资者都至关重要的想法，即承认有政治力量的富人群体在美国的经济和政治上占据主导地位。这是理解社会中发生的事件及其原因的关键。这一群体利用竞选、就业机会、投资利润等收买政客，坐拥财富而大权在握，他们掌控着国家，并且未来也将如此。我们已经看到了他们是如何利用政府来帮助他们摆脱 2008 年到 2009 年的金融危机的。

恕我直言，我不反对有些人比其他人富有，甚至富有很多。但我反对通过政治关系而不是能力获得财富。如果某个篮球队以每年 2 000 万美元雇用我的邻居科比 · 布莱恩特，那我觉得没什么问题，他有这样的价值。但是，如果某对冲基金的经理贿赂政客们，使得法律中的某条款能够将他们大部分收入的税率[2]降到工人平均工资的一小部分，那我持反对意见。

简单来看，富人可以分为两种，一类通过政府获得更有利的竞争环境，另一类则不然。前者的纳税量远低于中产阶级，而后者的纳税

---

① 《穷查理宝典：查理 · 芒格智慧箴言录》由沃伦 · 巴菲特作序、彼得 · 卡夫曼主编。

② 可参阅维基百科和其他网站上关于附带利益课税的讨论。2012 年共和党总统候选人米特 · 罗姆尼就是其中一位重要的受益者。

量则明显较高。两者的总体纳税量则与上层中产阶级相当。但有政治关系的富人通常以无政治关系的富人的高税率为幌子，要求更多的税收优惠。在这个群体中，权力主要集中在持有财富最多的 0.01% 的人手里，其目前身价超过 1.25 亿美元。

处理公共政策问题的另一个主题是简化规则、规章和法律。要把政府从微观管理业务中剔除。例如，各州都有自己的所得税税法，虽然其与联邦税法相似，但二者差别很大，因此居民必须填写并提交一份详细程度和复杂程度与联邦政府退税相似的州退税申报表。我提出的解决方案是：由立法机关制定，将各州的个人税法计作联邦税法的一部分，调整税率使之与合并前相同即可。退税可以贴在明信片上，此举不仅能节约每位纳税人的时间，还能将政府雇用的数千名相关岗位的员工从这个非生产性的工作中解放出来，使他们投入私营企业从事更有价值的工作。加州可以减少 3 000 多名相关岗位上的员工，若以每人每年 10 万美元的成本计算（涵盖工资、福利和开销），每年能够节省 3 亿美元，这还没有算上公民节省的时间和金钱。如此就是一个不影响收入又能让本州产生净收益的解决方案。

当我们将这种方法应用于联邦税法时，会带来更大的好处。目前的高税率是因为漏洞百出的法规允许某些人少缴纳甚至不缴纳税款。而这个税收总量中性的单一税可以使税法变得简单而公平，并且不会遗漏目前逃税的人群。所有的收入都将被同等征税，并可以设置征税起点，比如收入是贫困线的 1.5 倍。低于此限额的人将不需要纳税。这一群体只占国民收入的一小部分[①]，因此他们的豁免影响较小。考虑到目前未被征税的群体在新税法实施后将被征税，那么税收总量中性

① 收入最高的 1% 的群体大约缴纳了总税收的 1/3，接下来 9% 的群体缴纳了总税收的 1/3，余下 90% 的人也提供了总税收的 1/3。

的税率应为 20% 左右。[①] 这样，我们就可以给社会带来巨大的收益。成千上万的政府雇员、税务律师、会计师和报税人员将被解放出来，（很可能）参与到对社会有贡献的生产活动中。除此以外，增值税是另一个能够追回漏税，并将最高税率减半的方法。

有一个利于社会的想法只是第一步，最困难的往往是通过立法将之实施。这个步骤目前已变得更为困难，因为美国政党之间的政治冲突非常极端。政治，曾经被称为可能性的艺术，现在正在转变为不可能的艺术。派系之间无法妥协的僵局正是罗马帝国衰落的一个重要原因。

可以认为在历史上只有过两个超级大国：战胜迦太基的罗马帝国和苏联解体后的美国。对长期投资者来说，重要的是确认美国是会在 21 世纪成为世界主要强国，还是它已然到达了顶峰，正逐渐被昂贵的国外战争、不善的财政管理和国内冲突不断削弱自身实力。第一种情况可能使整个世纪的股票年回报率达 7%（已扣除通货膨胀效应），而后一种情况的后果可能不那么令人愉快。我用悲观的方式安抚悲观主义者：我们仍然富有，仍在创新，而且罗马帝国也并非在一天内崩溃。那些曾经的世界霸主，如英国、法国、意大利、西班牙、荷兰和葡萄牙，现今仍然是最发达和文明程度最高的国家。对于乐观主义者，我提到了显而易见的问题：无休止的赤字、战争中消耗的大量生命和财富、政治补贴（猪肉、救济、企业福利、给游手好闲者提供的补贴）以及三权分立中的恶性党派纷争。此外，中国的崛起正在改变地缘政治和经济格局。

① 可以这样简化理解：2015 年政府收入为 3.25 万亿美元，国民生产总值为 18 万亿美元。如果我们免除 2 万亿美元的最贫困公民税额，对余下的 16 万亿美元以单一税率课税，那结果就是 3.25/16，即 20%。

被低估的未来威胁之一是教育和技术。我所在的加州在这方面已经严重滞后。反税运动减少了州政府的收入，导致教育系统的经费严重缩水。拥有10个校区的加州大学系统曾经是世界上最好的公立高等教育体系，但在2015年，它将学费提升到每年1.2万美元①。而1949年我在那里求学的时候，学费只有70美元，算上通货膨胀后仅相当于今天的700美元。优质的教育曾经对每位合格的学生开放。受到良好教育的毕业生又能继续引领技术革命。但是在2014年，州政府只能提供加州大学所有花销的10%。

如果加州大学系统将学费加倍，它可能会完全放弃州政府的支持而私有化！其他州和外国学生的学费是本州居民的3倍，因此学院院长和管理人员很可能通过多招非本州学生而筹集更多的资金。与此同时，许多有天赋的外国学生（其中不少来自中国②）会选择在美国获得高等学位后回国，而非为获得博士后经费和居民资格而奋斗。有才华的本地科学家和工程师也加入他们，移居海外。经济学家发现，科学家和工程师的产量比任何其他因素都更能解释国家未来的经济增长和繁荣。缩减教育资源如同竭泽而渔，不顾长远。今天没有税收，明天就没有新技术。

---

① 加州大学招生公室称，这一情况已经有所缓解，即超过1/2的本科生不付学费，超过2/3的学生平均获得1.63万美元的助学金和奖学金。

② 我的孙子爱德华高中时在加州大学欧文分校修读高等数学课（偏微分方程）。36名学生中有31人来自中国。由于他们不知道爱德华汉语很流利，他偷听到了许多坦率的谈话。

后 记

弗洛伊德说，一旦我们满足了自身对于衣、食、住和健康方面的基本需求，接下来我们所追求的东西就是财富、权力、荣誉和男女之爱。而对于那些动辄企图不断地狂赚几千万、几亿甚至数十亿美元的金融巨头，你可以问他们：“赢家真的是那些最后坐拥最多财富的人吗？”赚多少才算够呢？你什么时候会收手？通常，他们的答案是“永不停手”。

为了保证我的生活质量、花更多时间陪伴在我珍视的人身边以及享受探索新主意的乐趣，我常常自发地放弃一些投资机会，尽管我相信它们几乎毫无疑问会回报丰厚。一旦我理解了某个项目的核心概念并证明它们有效，我就会接着投入下一项新挑战，从赌博游戏开始，接着是投资界的权证、期权、可转债和其他衍生品，最后是统计套利。我最初是一名大学教授，原本计划将一生都投入教学、科研和与那些才智过人的人相互合作的事业，但从孩童时代起，我就被“用抽象思维来理解并引导自然世界”这一力量深深地吸引。后来，当我目睹物理学是如何穿透概率的重重迷雾成功地预测轮盘赌的结果、数学是如何轻摆21点游戏里胜率的天平时，我立刻就被拉入了充满冒险的生活。

能够与一位出色的伴侣分享人生的旅途是我一生中最大的幸运和财富。我的妻子，薇薇安，从小就喜欢书并且是一名“贪心”的读者。我们每年都会一起回顾上一年中我们读过的东西。在 12 个月里她能以每分钟 700 字左右的速度阅读 150 本书。我之所以知道她阅读的速度是因为，有一天当我们一同读书时，我不敢相信她翻页的速度能如此之快，于是在她毫无察觉的情况下悄悄统计了她 1 个小时内阅读过的页数。薇薇安对书本的热爱和她在英语语言方面的天赋同样遗传给了我们的孩子和孙子、孙女们。

她熟练地掌握了打桥牌的技巧，学习了艺术和艺术史，学会了如何准备一桌丰富而又健康的餐点，取得了图书馆学的硕士学位，启发她的家人们关注健身和个人健康，并且支持慈善事业。同时薇薇安也是一名很罕见的、具有“超级面孔识别能力”的人。她能轻易认出几十年前见过的人，尽管这些人在年龄、发型、体态和外貌方面的变化相当大——在我看来有些根本就是判若两人。我们中的大部分人虽然都记得过去发生的事情，但我们的记忆会随着时间而消磨，记忆里的“事实”会越发接近心底的“愿望”而非真实情况。但对于人的信息，薇薇安的记忆不仅出奇地精确，而且不会随着时间而变化。

在 2011 年薇薇安因癌症逝世后，我们举办了一场追悼会来纪念她的一生。当我回想起我们在一起的生活时，我记得她的哥哥曾说过：“记忆是一个人永远的珍宝。”①

生活像是读一本小说或者跑一场马拉松，到达终点往往不那么重要，旅途本身和沿途的体验更为珍贵。正如本杰明 · 富兰克林的名言

① 原文为“No body can take away the dance you have danced”。——译者注

所说："时间才是生命的一切。"而花费你时间的方式才是重要的。

我一生中最美好的时光都是同我所珍视的人一起度过的——我的妻子、家人、朋友和合伙人们。无论你是谁，我都希望你能享受自己的生活、珍视和你一起度过时光的人，并为后代留下一份自己的贡献。

附录 A
通货膨胀对货币的影响

表 A–1 将标示出 1 美元的购买力将如何变化。[1] 为了表明我在 1961 年同曼宁 · 坎摩尔与艾迪 · 汉德赚到的 11 000 美元在 2013 年值多少钱，我们用表格里 2013 年的指数乘上 11 000 美元，然后除以 1961 年的指数：11 000 美元 ×233.0 / 29.9 = 85 719 美元。将 A 年的数额转换成 B 年的数额的基本方法是：用 A 年的数额乘上 B 年的指数再除以 A 年的指数。

总而言之，指数大概每年增长 3.6%，但是这里有一些不太正常的波动。在 1929 年的事故之后，指数下降了（通货紧缩），并且在之后的十年中都保持在下降的状态。在二战期间以及战后的一年，指数急剧上升。

虽然美国及其他大部分发达国家的通货膨胀情况一直还算稳定，

① 具体从计算上了解为什么自 19 世纪 70 年代起，由于一系列政府修订案的出台，通货膨胀指数一直非常低，以及这对于投资者和消费者的影响，可以参见出版于 2008 年 6 月的比尔 · 格罗斯的《玩弄通货膨胀》（*Fooling with Inflation*），www.pimco.com.。最新的消费价格指数以及每月的具体数值，可以通过 www.bls.gov/cp 或者正常的谷歌搜索得到。

但是也存在偶然性的、非常剧烈的变化。在 1919—1923 年德国恶性通货膨胀期间，其货币暴跌至其原有价值的一千亿分之一（除以100 000 000 000）。借债人几乎等于不用还钱了，而出借方的损失是毁灭性的。这种级别的通货膨胀会将 18 万亿的美国国家债券（2015 年到期）贬值到 180 美元。在 2009 年，位于非洲的津巴布韦经历了可以跟德国旗鼓相当的恶性通货膨胀，整个国家里到处都是巨额的账单。

标普 500 的总收益指数（分红重新投资计入）曾在 1929 年到达峰值之后，在 1932 年暴跌 89%。当时正处于通货紧缩时期，所以国家对于通货膨胀的调整并没有起到太大作用，只是将指数的损失控制在了 85%。

表 A–1　消费价格指数

年份	指数	年份	指数	年份	指数
1913	9.9	1947	22.3	1981	90.9
1914	10.0	1948	24.0	1982	96.5
1915	10.1	1949	23.8	1983	99.6
1916	10.9	1950	24.1	1984	103.9
1917	12.8	1951	26.0	1985	107.6
1918	15.0	1952	26.6	1986	109.6
1919	17.3	1953	26.8	1987	113.6
1920	20.0	1954	26.9	1988	118.3
1921	17.9	1955	26.8	1989	124.0
1922	16.8	1956	27.2	1990	130.7
1923	17.1	1957	28.1	1991	136.2
1924	17.1	1958	28.9	1992	140.3
1925	17.5	1959	29.2	1993	144.5
1926	17.7	1960	29.6	1994	148.2

（续表）

年份	指数	年份	指数	年份	指数
1927	17.4	1961	29.9	1995	152.4
1928	17.2	1962	30.3	1996	156.9
1929	17.2	1963	30.6	1997	160.5
1930	16.7	1964	31.0	1998	163.0
1931	15.2	1965	31.5	1999	166.6
1932	13.6	1966	32.5	2000	172.2
1933	12.9	1967	33.4	2001	177.1
1934	13.4	1968	34.8	2002	179.9
1935	13.7	1969	36.7	2003	184.0
1936	13.9	1970	38.8	2004	188.9
1937	14.4	1971	40.5	2005	195.3
1938	14.1	1972	41.8	2006	201.6
1939	13.9	1973	44.4	2007	207.3
1940	14.0	1974	49.3	2008	215.3
1941	14.7	1975	53.8	2009	214.5
1942	16.3	1976	56.9	2010	218.1
1943	17.3	1977	60.6	2011	224.9
1944	17.6	1978	65.2	2012	229.6
1945	18.0	1979	72.6	2013	233.0
1946	19.5	1980	82.4	2016	240.0

资料来源：美国劳动部
劳动数据局
华盛顿，DC 20212
消费价格指数
所有城市消费者—（CPI–U）
美国城市平均值
所有分项
以1982—1984年为100
指数均为当年均值

附录 B
历史收益

表 B–1　不同资产类型的历史收益，1926—2013

资产类型	复合年收益 *	平均年收益 **	标准偏差	实际（计入通货膨胀之后）复合年收益	夏普指数 ***
大型公司股	10.1%	12.1%	20.2%	6.9%	0.43
小型公司股	12.3%	16.9%	32.3%	9.1%	0.41
长期企业债券	6.0%	6.3%	8.4%	2.9%	0.33
长期政府债券	5.5%	5.9%	9.8%	2.4%	0.24
中期政府债券	5.3%	5.4%	5.7%	2.3%	0.33
美国短期国库券	3.5%	3.5%	3.1%	0.5%	—
通货膨胀	3.0%	3.0%	4.1%	—	—

* 几何平均值

** 算术平均值

*** 计算值

资料来源：伊博森，《股票、债券、票据和通货膨胀》（Stocks, Bonds, Bills and Inflation），晨星年报，2014 年。西格尔的《长期股票》（*Stocks for the Long Run*）给出了从 1801 年开始的美国收益率。迪姆松等人给出了 16 个国家的收益率及分析。表 B–1 的收益率取决于所选时期以及选择的特定参数。我选择了伊博森的数据作为基准，因为其已经提供了具体的最新年度统计数据。

表 B-2　投资者历史收益率（%），1926—2013

产品类型	复合年度收益*	减去管理费用		税前；减去交易损失		税后		实际免税额（计入通货膨胀后）		应纳税额	
		被动	主动	被动	主动	被动	主动	被动	主动	被动	主动
大型公司股	10.1	9.9	8.9	9.7	7.7	7.8	5.0	6.7	4.7	4.8	2.0
小型公司股	12.3	12.1	11.1	11.9	9.9	9.5	6.4	8.9	6.9	6.5	3.4
长期企业债券	6	5.8	5.3	5.7	5.0	3.7	3.3	2.7	2.0	0.7	0.3
长期政府债券	5.5	5.3	4.8	5.2	4.5	3.4	2.9	2.2	1.5	0.4	–0.1
中期政府债券	5.3	5.1	4.6	5.0	4.3	3.3	2.8	2.0	1.3	0.3	–0.2
美国短期国库券	3.5	3.3	2.8	3.2	2.7	2.1	1.8	0.2	–0.3	–0.9	–1.2
通货膨胀	3	—		—		—		—		—	

* 几何平均值

资料来源：伊博森，《股票、债券、票据和通货膨胀》，晨星年报，2014 年。西格尔的《长期股票》给出了从 1801 年开始的美国收益率。迪姆松等人给出了 16 个国家的收益率及分析。表 B–2 中的收益率取决于所选时期以及选择的特定参数。

表 B–3　历史收益率减少的费用明细（%）（非真实案例）

	股票		债券		票据	
	被动	主动	被动	主动	被动	主动
管理费用	0.2	1.2	0.2	0.7	0.2	0.7
交易费用	0.2	1.2	0.1	0.3	0.1	0.1
剩余价值的预估税率	20.0	35.0	35.0	35.0	35.0	35.0

表 B–4 年度收益（%），1972—2013

	复合年度收益率 *	平均年度收益率 **	标准偏差
不动产投资信托	11.9	13.5	18.4
大型公司股	10.5	12.1	18.0
小型公司股	13.7	16.1	23.2
长期企业债券	8.4	8.9	10.3
长期政府债券	8.2	8.9	12.4
中期政府债券	7.5	7.7	6.6
美国短期国库券	5.2	5.2	3.4
通货膨胀	4.2	4.3	3.1

* 几何平均值

** 算术平均值

由收入产生的不动产投资的相对历史收益率如表 B–4 所示，数据均为公开的不动产投资信托总回报率（1972—2013）。

资料来源：伊博森，《股票、债券、票据和通货膨胀》，晨星年报，2014 年。西格尔的《长期股票》给出了从 1801 年开始的美国收益率。迪姆松等人给出了 16 个国家的收益率及分析。表 B–4 中的收益率取决于所选时期以及选择的特定参数。

附录 C

72 法则及其他原理

72 法则给出了复利利率和复利增长问题的近似解。这一法则告诉我们需要多长时间才能让固定收益率下的财富翻倍，使用 72 法则时，计算出的收益率为 7.85% 的翻倍周期是精确的[①]。对于更低的收益率，实际翻倍周期会比用 72 法则计算出的数字短一些；而在更高的收益率下，翻倍周期则比计算值稍长。表 C–1 在第 2 列罗列了使用 72 法则计算的周期结果，而第 3 列中则给出了精确的结果。“精确法则数”一栏中罗列的是，为了得到精确周期，应该把 72 替换为多少。比如说，对于 8% 的收益率，精确到第 2 位小数点的真实法则数字为 72.05，这表示 72 法则近似的精度很高。注意第 4 列中“精确法则数”中的数字应该等于第 1 列中的收益率乘以对应第 3 列中的数字（翻倍的实际周期数）。第 4 列中的数字之所以并不完全符合这一结果，是因为第 3、4 列中的数字仅仅精确到小数点后 2 位。

擅长心算的人会注意到实际法则数在收益率每升高 1% 后都

① 年收益率 7.85% 的翻倍周期大约为 9.1721 年，使用 72 法则计算的结果为 9.1720 年。——译者注

会变动大约 1/3；因此一个简单的计算精确法则数近似值的公式是：72+（R–8%）/3。以 1% 为例，用公式算出的法则数为 69.67，而精确值为 69.66；对于收益率达到 20% 的情况，用公式算出了 76.00，而精确值为 76.04。这一公式针对表 C–1 中的情况都能算出很近似的数字。

表 C–1　72 法则表格

	翻倍所用的周期数		
每周期收益	72 法则结果	实际结果	精确法则数
1%	72	69.66	69.66
2%	36	35.00	70.01
3%	24	23.45	70.35
4%	18	17.67	70.69
5%	14.4	14.21	71.03
6%	12	11.90	71.37
7%	10.29	10.24	71.71
8%	9	9.01	72.05
9%	8	8.04	72.39
10%	7.2	7.27	72.73
12%	6	6.12	73.40
15%	4.8	4.96	74.39
20%	3.6	3.80	76.04
24%	3	3.22	77.33
30%	2.4	2.64	79.26
36%	2	2.25	81.25

这一法则背后的原理同样适用于其他财富乘积。比如说，想要得到财富翻 10 倍所封面周期的法则，只需要把表格里的所有数字除以 0.30103（也就是 $\log_{10}2$）。所以对于 8%，我们会得到近似数 240，这就成了财富翻 10 倍所需周期的“240 法则”。结论就是，以 8% 的年

收益率增长，需要 240 ÷ 8=30 年能将财富翻 10 倍。

当伯克希尔 – 哈撒韦公司想要以 20 亿美元现金买下肖氏工业（Shaw Industries）时[①]，一个经理提到，他们的收益与 16 年前相比提升了 10 倍。根据 240 法则，我们很快发现相对应的年增长率为 240 ÷ 16=15%，而实际数字就是 15.48%。

① 《洛杉矶时报》，2000 年 9 月 7 日，C5 版。

附录 D
普林斯顿 – 新港合伙公司的收益表现

表 D–1　年收益率百分比

起止日期	普林斯顿—新港合伙公司（1）	普林斯顿—新港合伙公司（2）	标普 500 指数（3）	美国 3 个月国债总收益
11/01/69—12/31/69	+4.0	+3.2	–4.7	+3.0
01/01/70—12/31/70	+16.3	+13.0	+4.0	+6.2
01/01/71—12/31/71	+33.3	+26.7	+14.3	+4.4
01/01/72—12/31/72	+15.1	+12.1	+19.0	+4.6
01/01/73—12/31/73	+8.1	+6.5	–14.7	+7.5
01/01/74—12/31/74	+11.3	+9.0	–26.5	+7.9
01/01/75—10/31/75*	+13.1	+10.5	+34.3	+5.1

（续表）

起止日期	普林斯顿—新港合伙公司（1）	普林斯顿—新港合伙公司（2）	标普 500 指数（3）	美国 3 个月国债总收益
11/01/75—10/31/76	+20.2	+16.1	+20.1	+5.2
11/01/76—10/31/77	+18.1	+14.1	–6.2	+5.5
11/01/77—10/31/78	+15.5	+12.4	+6.4	+7.4
11/01/78—10/31/79	+19.1	+15.3	+15.3	+10.9
11/01/79—10/31/80	+26.7	+21.4	+32.1	+12.0
11/01/80—10/31/81	+28.3	+22.6	+0.5	+16.0
11/01/81—10/31/82	+27.3	+21.8	+16.2	+12.1
11/01/82—10/31/83	+13.1	+10.5	+27.9	+9.1
11/01/83—10/31/84	+14.5	+11.6	+6.5	+10.4
11/01/84—10/31/85	+14.3	+11.4	+19.6	+8.0
11/01/85—10/31/86	+29.5	+24.5	+33.1	+6.3
11/01/86—12/31/87**	+33.3	+26.7	+5.1	+7.1
01/01/88—12/31/88	+4.0	+3.2	+16.8	+7.4

（续表）

起止日期	普林斯顿—新港合伙公司（1）	普林斯顿—新港合伙公司（2）	标普500指数（3）	美国3个月国债总收益
总计增长百分比	2 734%	+1 382%	545%	345%
年化收益	19.1%	15.1%	10.2%	8.1%

* 财政年度开始日期从1月1日更改至11月1日。

** 财政年度开始日期更改回了1月1日。

注：总计增长百分比和年化收益是根据最原始的数据和21/31/88的数据得到的。

01/01/89至05/15/89的数据缺失是由于以下几个原因。

（1）合伙关系正处于清算期间并且有一系列资本支出。

（2）这段时间我们并没有参与传统业务，并且资金的收益率由于太复杂很难计算。

（3）得到的数字都是估值。

我们的合伙公司原先是叫"可转换对冲合伙公司"，在11/01/75时改名为"普林斯顿－新港合伙公司"。

（1）计算结果计算的是在将收益分配到普通合伙人之前的情况，包括管理普通合伙人。

（2）总计到有限合伙人。

（3）包括分红。

附录 E
我们对某财富 100 强公司（XYZ）的统计套利结果

XYZ 公司业绩总结表涵盖了十几年的基础统计数据。这些数据为无杠杆的扣费前结果。对于投资者而言，实际收益率会比表中的更好，因为在实际操作中，杠杆收益能够超过费用。

图 E–1 则比较了 XYZ 公司、标普 500 和美国国债 +2% 的财富累积相对值。从 1994 年年底至 2000 年 8 月 1 日，是史上最大的牛市之一。标普 500 以每年 26% 的平均增长率爆炸式地上涨，在这短短的五六年间，财富值增长至原先的 3.7 倍。

图 E–1 还显示了从 1998 年 8 月 1 日到 2002 年 2 月中期显著增长的差异性。涉及的成因包括从 1998 年 8 月由长期资产管理公司引发的股灾、2000 年 3 月互联网板块的崩盘，以及发生在 2001 年 9 月 11 日世贸中心双子塔的恐怖袭击。

表 E–1　XYZ 公司套利统计结果

	开始日期	08/12/1992
	截止日期	09/13/2002
	交易月份	122
	XYZ	标普 500
年化收益	18.20%	7.77%
年化标准偏差（风险）	6.68%	15.07%
收益 / 风险	2.73	0.52
一美元增长为	5.48	2.14

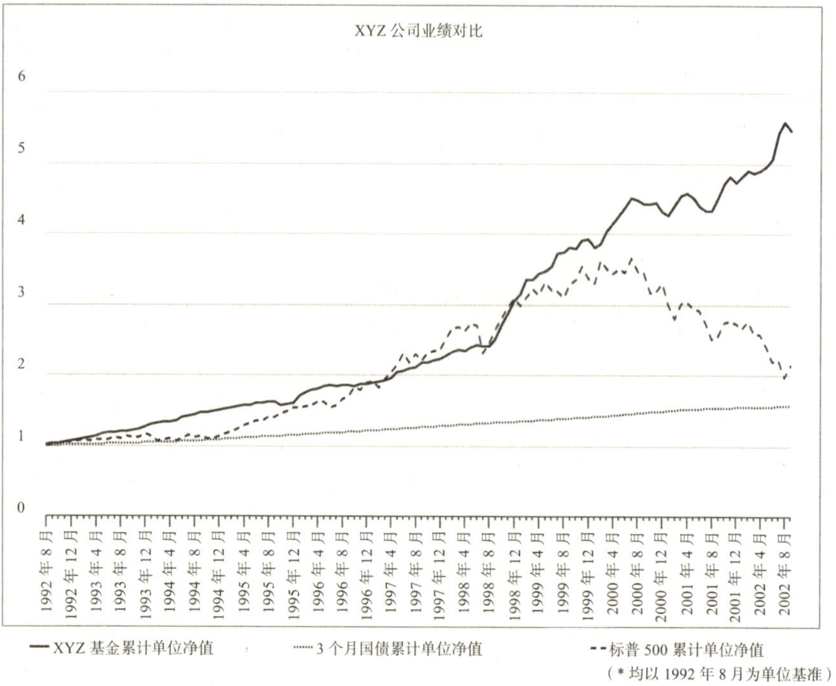

图 E–1　XYZ 公司业绩对比

致　谢

“所有的写作都是重写”是我在写稿和修稿时领悟到的要求。从在不同阶段阅读了部分或整体手稿的读者那里，我收到了无数重要的意见。在此我要对你们表示感谢：凯瑟琳·鲍德温、理查德·高尔、朱迪·麦科伊、史蒂夫·水泽、艾伦·尼尔、汤姆·罗林杰、雷蒙德·斯尼塔、杰夫·索普、卡伦·索普、瑞安·索普、薇薇安·索普和布莱恩·蒂奇纳。

艾伦·尼尔将我难认的手写稿编辑成了打印稿，欣然忍受了大量修改。兼为专业编辑和作家的理查德·科思和兰登书屋编辑威尔·墨菲，在米卡·卡苏加的协助下，提出了从语态到内容的详细的逐行修改建议。罗宾斯经纪公司（The Robbins Office）的大卫·哈尔彭在整个过程中对我帮助匪浅。

有些章节是基于我在金融杂志《维尔莫特》上的文章写成的。感谢杂志创办人保罗·维尔莫特和编辑丹·图尔鲍尔为我提供了这一讨论平台，在这点上，他们都为本书做出了贡献。

我复核了大量的信件、新闻剪报和财务记录以确认书中提及的事实。文中可能还有错误，对此我表示歉意。书中使用化名的目的在于保护隐私和机密，或者避免对个人或实体的声誉产生负面影响。

我将自己从童年到老年所取得的成就归功于生命中出现的重要人物，他们构成了我的人生：家人、朋友、导师、老师以及在我身边工作的伙伴和同事。尤其是我已故的妻子薇薇安，她对我的爱和支持横跨了将近六十年。